大数据联盟数据服务模式

翟丽丽　胡艳玲　邢海龙　著

国家自然科学基金项目"大数据联盟云服务模式研究"（项目编号：71672050）
国家自然科学基金项目"跨界联盟协同创新资源整合机制研究"（项目编号：71774044）
资助
国家自然科学基金青年项目"云制造联盟创新生态系统演化机理与运行机制研究"（项目编号：71804035）

科学出版社
北京

内 容 简 介

大数据产业的发展改变了企业管理决策的过程和方式，极大地促进了信息产业的发展和商业模式的变革。单一企业越来越难以满足用户日益增长的对大数据全面化和个性化的需求，大数据联盟为企业提供了整合数据资源、提高服务能力和层次的有效途径。本书首先阐述大数据联盟的概念并揭示联盟合作机理，在此基础上，给出大数据联盟数据资源获取、数据产品及服务定价的机制和方法，最后系统介绍由数据聚合服务、数据挖掘服务、数据决策支持服务和数据推荐服务组成的大数据联盟数据服务模式体系。该体系可实现按需使用、易拓展、计费灵活的大数据服务，实现不同领域的数据资源重组、关联和共享，从而为用户提供不同层次的服务。

本书具有较强的逻辑性和可读性，可供企业数据管理人员、高校科研人员和相关专业研究生阅读与参考。

图书在版编目（CIP）数据

大数据联盟数据服务模式 / 翟丽丽，胡艳玲，邢海龙著. —北京：科学出版社，2022.3

ISBN 978-7-03-071404-6

Ⅰ. ①大…　Ⅱ. ①翟…　②胡…　③邢…　Ⅲ. ①企业管理-数据管理-服务模式-研究　Ⅳ. ①F272.7

中国版本图书馆 CIP 数据核字（2022）第 015814 号

责任编辑：邓　娴/ 责任校对：贾娜娜

责任印制：张　伟/ 封面设计：无极书装

科学出版社 出版

北京东黄城根北街 16 号

邮政编码：100717

http://www.sciencep.com

北京九州迅驰传媒文化有限公司 印刷

科学出版社发行　各地新华书店经销

*

2022 年 3 月第　一　版　开本：720 × 1000　1/16

2023 年 1 月第二次印刷　印张：20 1/2

字数：410 000

定价：206.00 元

（如有印装质量问题，我社负责调换）

前　　言

随着移动互联网、智能终端、云计算、物联网技术的飞速发展，大数据作为重要的生产资源和要素，正在引领新一轮生产力的增长和消费者盈余浪潮的到来。为了促进数据资源（data resource，DR）的转移、共享和利用，以满足用户对数据分析应用需求为目的的大数据服务蓬勃发展，目前消费市场已经进入极度精细化和全面化发展阶段，用户对数据服务的需求越来越无法由单独一家或几家企业来满足。解决这一问题的根本出路是通过数据共享的方式，组建大数据联盟（big data alliance，BDA）。通过构建多渠道、多层次、多角度的网络式联盟，促进大数据产业链条中地域分散的数据提供商、数据分析商、网络运营商、应用服务提供商协同深度合作，根据市场需要灵活整合数据资源，同时可以增加信用，减少风险，降低成本，进而增强联盟成员的竞争力，以高效地为社会提供各种不同类别和不同层次的数据服务。在完成国家自然科学基金项目“大数据联盟云服务模式研究”等项目的基础上，本书首先明确了大数据联盟的成员组成及其相互关系，揭示了大数据联盟的形成动因和合作机理。其次，分析了大数据联盟数据资源获取要素、方式与过程，构建了数据产品及服务定价的方法策略。最后，针对提高数据资源的使用效率，提供优质数据服务问题，构建了由数据聚合、数据挖掘、数据决策支持和数据推荐组成的大数据联盟数据服务管理体系。

全书共分为 7 章。第 1 章是对大数据联盟进行系统概述，介绍大数据产生背景、大数据产业发展历程和分布特点，界定大数据联盟的内涵、特征和成员关系，揭示大数据联盟产生的动因和合作机理。第 2 章介绍大数据联盟数据资源获取。首先，从数据资源价值角度出发，对大数据联盟成员数据资源进行分类。其次，基于本体论构建大数据联盟数据资源三元组表示模型。最后，运用本体资源描述框架（resource description framework，RDF）和 Docker 技术对抽取到的数据资源进行转换与存储，从而实现联盟数据资源标准化存储。第 3 章阐述大数据联盟数据产品及服务定价。在分析数据产品及服务内涵、特征的基础上，构建了大数据联盟数据产品及服务的交易流程和定价方法体系框架。在数据产品定价方面，深入分析了大数据联盟数据产品交易特征和定价影响因素，将数据产品的折旧速率和定制化程度引入供需双方的动态效用函数中，构建了成员企业分别在单归属和部分多归属两种市场情况下的数据产品定价模型，并制定了数据产品定价策略。在数据服务定价方面，综合考虑交易双方对数据服务的感知质量和平台的供需信息匹配程度对贴现因子的影响，将交易双方和联盟平台对定价结果的影响引入讨价还价中，构建了数据服务的三阶段 Rubinstein 讨价还价定价模型，并制定了相应的定价策略。第 4 章阐述了大数据联盟数据聚合服务。在深入分析数据聚合服务价值共创机理的基础上，根据大数据联盟运作流程、数据资源特点及面向服务的体系结构（service oriented architecture，SOA）理论，构建了价值共创视角下大数据联盟数据聚合服务模式框架。首先，在原始层级数据聚合服务模式方面，以用户需求为导向，构建了大数据联盟数据产品服务组合模型，并运用文化量子粒子群算法对该优化问题进行求解，从而获取了适合于用户个性化需求的数据产品服务组合方案。其次，在特征层级服务模式方面，综合考虑用户需求识别、标签提取、全景建模、配置交付和反馈等要素的相互作用，构建服务过程模型。最后，在决策层级数据聚合服务模式方面，运用可拓理论，以决策层级数据聚合服务架构为依托，将服务模块基元依据用户的核心需求进行可拓变换，构建了大数据联盟可拓服务模型，以实现服务内容合并、增添、删减及扩散，从而为用户提供有针对性的决策支持服务方案。第 5 章阐述了大数据联盟数据挖掘服务。根据大数据联盟运作的特点，结合数据→信息→知识→智能（data to information to knowledge to intelligence，DIKI）概念模型对数据演化过程进行分析，将数据挖掘服务层次划分为以数据层级挖掘、特征层级挖掘和决策层级挖掘为核心的服务体系。首先，在标准化数据挖掘服务模式方面，针对数据挖掘服务的特点，在传统的跨行业数据挖掘标准流程（cross industry standard process for data mining，CRISP-DM）模型基础上进行扩展，提出了大数据联盟数据挖掘服务过程模型。其次，在定制化数据挖掘服务模式方面，以用户需求为导向，构建了大数据联盟数据挖掘服务组合模型，并通过对联盟成员能力矩阵的构建，运用蚁群算法对联盟成员企业能力进行最优求解，从而构建适合于用户特征层级挖掘服务需求的服务组合方案。最后，在智能化数据挖掘服务模式方面，融合智能决策理论和知识推理方法，构建可以进行服务重用的、快速响应的、智能化的服务模式，实现数据挖掘服务可扩展性，实现快速的、准确的、智能化的服务方案。第 6 章阐述了大数据联盟决策支持服务。运用超循环理论揭示了大数据联盟决策支持服务耦合机理，根据用户需求的特征设计了大数据联盟决策支持服务模式。基于完全用户信息的决策支持服务模式，包括用户需求描述、信息搜索和匹配、服务方案形成及交付和反馈、信息交互和跟进的服务方式等内容。基于不完全用户信息的决策支持服务模式，包括用户需求挖掘、缺失信息补充、服务方案形成、交付和反馈、精细咨询和多重协商的服务方式等内容。第 7 章阐述了大数据联盟数据推荐服务。

在分析大数据联盟推荐要素和类型基础上，将用户需求与推荐方式相结合，设计了大数据联盟数据资源推荐过程模型，揭示数据资源流动方向及推荐机理。在此基础上，构建了以提高数据资源使用价值、提升联盟竞争力为目标的综合的数据推荐服务体系框架。在个性化推荐服务方面，将用户综合贡献度和粗糙集方法相结合，对联盟数据资源交易的用户进行有效识别，利用简易信息聚合（really simple syndication，RSS）技术和改进的二分网络算法对不同用户进行数据资源推荐。在群推荐服务方面，在群体用户画像的基础上，结合用户近期需求，对用户进行二次分群。为保证推荐结果在用户群整体满意度较高，采用改进的模糊多准则（visekriterijumska optimizacija i kompromisno resenje，VIKOR）算法，对候选数据资源进行折中排序，形成数据资源推荐列表推送给用户群，并进行了推送效果检验。

本书由翟丽丽负责全书体系设计和统稿。第 1 章和第 5 章由邢海龙负责撰写；第 2 章和第 4 章由胡艳玲负责撰写；第 3 章、第 6 章、第 7 章由翟丽丽负责撰写。

本书得到科学出版社和诸多学者、专家的支持和帮助，在此表示衷心的感谢，同时感谢参考文献的作者。由于水平有限，书中不妥之处恳请广大读者批评指正。

编　者

2021 年 11 月

目　　录

第1章 导　论

1.1 大　数　据

1.1.1 大数据产生背景

随着互联网的广泛普及，云计算、物联网、人工智能等新兴技术发展迅猛，随之而来的是源源不断产生的具有多种类型的数据。截至2020年3月，我国网民规模达9.04亿人，互联网普及率达64.5%[1]，传感器市场规模达1 678亿元。在新一代信息技术的支持下，庞大的用户量、传感器、移动终端等产生了海量数据，覆盖各行各业、体量庞大的数据中蕴含着巨大的价值，它是现代社会的一种重要的资源。国家大数据战略提出将大数据作为基础性战略资源，实施促进大数据发展，以推动数据资源共享开放和开发应用。在《促进大数据发展行动纲要》等政策文件的指引下，我国已形成了以贵州、京津冀等8个国家大数据综合试验区为引领，东部、中部、西部、东北4个聚集区域协同发展的格局，探索公共数据开放共享、大数据创新应用、数据中心整合利用等，促进我国大数据产业发展。同时，大数据是省级机构改革的一大亮点，多省设立了省级大数据管理机构，以促进数据汇集，打破信息孤岛，实现数据价值最大化[2]。

大数据蕴含巨大的商业价值，如何有效地组织和利用大数据，已引起产业界和学术界的高度重视。众多互联网企业都纷纷投入数据资源竞争中，以滴滴快的、百度糯米、美团大众点评等为代表的企业也通过合并、补贴让利等方式扩大用户，试图占有更多的用户数据资源。目前，数据已经不仅仅被看作一种资源，它还将成为一代“基础设施和土壤”。对数据的利用，已经从单领域数据利用发展为对多领域数据的整合利用。但目前互联网企业对数据的整合还处在底层建设阶段，即将不同社会领域、不同企业和不同部门掌握的数据打碎重新聚合。今后的主要任务是将这些聚合数据再进一步整合，从而为更高层次、更大层面的管理提供数据服务。面对这样一种新形势，企业应该采取什么样的商业模式迎接新的竞争，这不仅是企业界应当思考的问题，也是学术界亟待解决的理论问题。

1.1.2 大数据发展驱动要素

（1）企业——内源力。新一代大数据基础设施具有数据量大、数据来源范围广、数据结构多样化等特点。任何一家企业都无法掌握全部的数据。因此，大量地域分散的企业在各种契约和协议约束下，在数据交易和大数据产业运作中，为弥补数据资源缺口、实现优势互补而相互合作。在合作中成员企业相互依存且相互独立，以数据资源共享为纽带，共同围绕用户个性化、多样化、动态化的需求，通过多种形式实现资源优势互补，为用户提供富有创造性、将产品与服务整合在一起的服务解决方案。

（2）用户需求——拉动力。大数据市场用户需求处于爆发期，消费市场已经进入极度精细化和全面化阶段，加之互联网经济也日渐繁荣，仍有巨大的利润增长空间，目前国内市场前景十分可期。根据市场中用户的个性化需求灵活整合数据，同时可以增加信用，减少风险，降低成本，进而增强竞争力，实现高效地为社会提供各种不同类别和不同层次的数据服务。

（3）政府——激励力。“十三五”期间，我国经济社会发展对数字化赋能建设提出了更高的要求，政府对大数据服务行业的支持力度空前。我国政府积极实施“国家大数据战略”，致力于“推动互联网、大数据、人工智能和实体经济深度融合”[3]，高度重视大数据的共享和应用。目前，基于大数据共享的数据服务活动日趋活跃，呈现出欣欣向荣的景象。

（4）技术——支撑力。以开源为主导、多种技术和架构并存的大数据处理技术架构体系已经初步形成，大数据技术创新取得了明显突破。先进的大数据处理技术为企业开展多种形式的数据利用提供了重要的支撑，使数据资源跨企业流动成为可能。

（5）数据资源势差——循环动力。企业为了弥补数据资源缺口，通过数据服务平台、技术标准、数据接口、数据共享协议、监管机制等不断地交互共享，共同开展数据服务活动。因此，数据资源势差使得企业之间数据共享获得循环的动力支持。

因此，企业的“数据资源缺口”是数据资源共享的内源力，这是大数据发展的重要前提条件；用户需求是关键的拉动力，促进企业间数据合作行为的发生，同时也决定了数据价值释放的深度；政府的激励和引导是重要的激励力，为大数据发展指明了方向；数据处理技术提供了支撑力，技术水平的提高为合作企业间数据业务往来的实现提供了重要支撑；数据资源势差成为企业不断进行数据资源共享的循环动力。如图 1-1 所示，这些作用力彼此之间相互作用、相互联系、相互影响，为大数据发展提供了重要的助推作用。

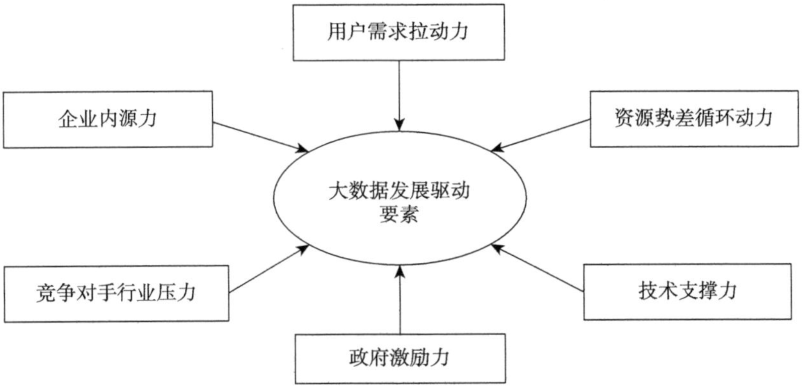

图 1-1　大数据发展驱动要素

1.1.3　大数据定义及特征

大数据的出现不仅改变了企业管理决策的过程和方式，更极大地影响了信息产业的发展及其商业模式的改变，引起了国内外学者的广泛关注。国内外研究主要表现在以下几个方面。

1. 大数据定义

伴随着新兴信息技术的发展，数据正以前所未有的发展速度不断累积，大数据时代已经到来[4]。在 20 世纪 80 年代，美国科学家托夫勒（Toffler）在著作 *The Third Wave* 中曾提到大数据这个名词，并对其加以赞赏[5]。目前，学术界还没有对大数据相关概念达成共识，不同专家、组织机构从不同视角给出了不同的定义。美国国家科学基金会（National Science Foundation，NSF）将大数据定义为多种数据源生成的大规模、多元化、复杂、长期的分布式数据集[6]。维基百科则将大数据定义为难以用常规的数据处理方法和工具对其进行抓取、管理的、复杂的数据集合[7]。麦肯锡公司从生产要素角度对大数据进行概念界定，强调其扮演着重要的经济角色，将对全球经济社会发展产生重要影响[8]。Floridi 将大数据表述为由工具、传感器、网络互动、电子邮件、视频、点击数据流等相关数字来源构成的数据集合[9]。俞立平指出大数据是工业传感器、互联网、移动数码等固定和移动设备产生的结构化数据、半结构化数据与非结构化数据的总和[10]。杨善林和周开乐基于大数据资源观和管理视角，认为大数据是一类能支持管理决策的重要资源[11]。Lwin 和 Bogdanov 基于技术升级的视角，认为大数据作为一种新兴的互联网技术，有助于传统产业的转型升级[12]。尽管国内外专家学者对大数据定义的表述各具特色，但可以得到的普遍性结论是，大数据在数据维度、数据规模和产生速度等方面均超出了传统数据库管理工具和软硬件技术的处理能力，并带来了巨大的市场空间和前所未有的产业创新机遇。

2. 大数据特征

NetApp 公司认为大数据应包括 A、B、C 三大特征要素，分别为分析（analytic）、高带宽（big bandwidth，BB）和大内容（big content，BC），其中分析是指通过对大数据进行实时分析，帮助人们获得新见解；高带宽是指快速有效地消化和处理大数据；大内容是指大数据的结构化、半结构化与非结构化特征，以及对数据存储扩展的高要求[13]。IBM 公司在大数据的 3V 特征，即体量（volume）、速度（velocity）和多样性（variety）基础上，又补充了精度（veracity），形成 4V 描述。后来，又出现了价值（value）、多变性（variability）、黏度（viscosity）、邻近性（vicinity）、模糊性（vague）等，形成了“3+xV”的描述[14]。Wu 等提出了大数据的 HACE 特性，认为大数据是异构的（heterogeneous）、自治的（autonomous）、复杂的（complex）和不断演化的（evolving），并从数据挖掘视角提出了三层大数据处理模型[15]。杨善林和周开乐认为大数据资源是一种重要的战略性信息资源，与煤、石油、天然气等自然资源有一定的相似性，并从大数据的复杂性、决策有用性、高速增长性、价值稀疏性、可重复开采性、功能多样性方面研究分析了大数据资源的管理特征[11]。Moorthy 等提出大数据的特征在 4V 的基础上还应具备：效（validity）、值（value）、变（variability）、源（venue）、词（vocabulary）、惑（vagueness）等特征[16]。李涛和高良谋认为大数据的特征在 3V 的基础上还应该具有 4C 的特征，即广泛覆盖性（cover）、复杂联系性（contact）、丰富来源性（cause）、多元传递性（convey）[17]。

1.2　大数据产业及发展

1.2.1　大数据产业链

大数据产业是指以数据生产、采集、存储、加工、分析、服务为主的相关经济活动，包括数据资源建设、大数据软硬件产品的开发、销售和租赁活动，以及相关的信息技术服务。随着大数据产业的不断发展，数据服务、基础支撑和融合应用相互影响，逐渐形成了完整的大数据产业链[18]，如图 1-2 所示。

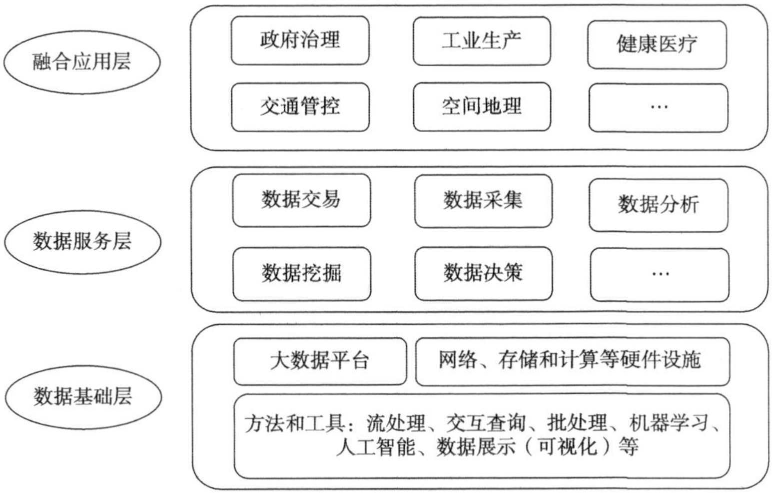

图 1-2 大数据产业链示意图

（1）数据基础层是整个大数据产业的关键支撑层，它包括网络、存储和计算机等硬件设施，大数据管理平台，以及各种与数据采集、处理、分析和展示相关的方法和工具。目前，国内骨干软硬件企业陆续推出自主研发的大数据基础平台产品，一批信息服务企业面向特定领域研发数据分析工具，部分企业积极布局深度学习等人工智能前沿技术，在语音识别、图像理解、文本挖掘等方面抢占技术制高点。在开源技术方面，我国对国际大数据开源软件社区的贡献不断增大[19]。

（2）数据服务层是整个大数据产业的中间层，为不同的用户提供多种形式的访问接入，包括移动终端和各种专用终端等，提供数据交易服务、数据采集服务、数据分析服务、数据挖掘和数据决策支持服务。这一层次，通过识别和描述用户服务需求，使候选服务目录和数据资源建立有效关联，实现服务功能的封装和调用。此外，为数据服务的综合管理提供各种核心功能，包括服务计费管理、服务质量管理、数据服务管理及服务接口管理等。

（3）融合应用层是大数据产业发展的重点，不仅包含通用型的数据产品，同时面向众多细分行业提供具体场景下的解决方案。以用户需求为导向，通过建立大数据联盟的模型库、方法库和知识库，深入探究数据资源背后潜藏的规律，从而为用户提供可动态调整的决策支持服务。

1.2.2　大数据产业发展历程和现状

1. 大数据产业发展历程

伴随着云计算、移动互联网、物联网、智能终端等新兴技术的不断涌现，数据正以指数级的速度不断累积，呈现爆炸式增长态势，大数据时代波澜壮阔的画卷正在逐步展开。世界已进入“数据为王”的时代。我国大数据产业发展可以划分为 3 个阶段[18]。

（1）2010~2014 年是大数据概念“头脑风暴”与示范应用阶段。随着物联网、智能通信、移动云计算等技术的迅猛发展，人类社会中的数据种类和规模得到了前所未有的增长，标志着大数据时代正式到来。众多的大数据企业家进行技术研发、商业模式探索，在医疗、电商领域进行示范性应用，跟上了国际产业发展的潮流。

（2）2015~2018 年是大数据产业创新应用和产业布局规划阶段。众多互联网企业纷纷投入数据资源竞争中，百度（Baidu）、阿里巴巴（Alibaba）、腾讯（Tencent）等互联网企业通过收购、投资、战略合作、赋能支持等多种方式进入线上到线下（online to offline，O2O）、互联网金融等新型商业模式，与掌握各领域数据的企业开展合作，其行为不以赚取利润为目的，而是以掌握更多数据资源为目的，努力抢占大数据资源。2015 年，国家发布《促进大数据发展行动纲要》，2016 年工业和信息化部正式印发了《大数据产业发展规划（2016~2020 年）》，进一步明确了我国大数据的主要任务、重大工程。与此同时，大数据综合试验区建设是此阶段国家统筹推进大数据产业发展的重要举措。大数据产业与实体经济等深度融合，形成了数字经济发展的浓厚氛围。

（3）2019~2022 年是大数据产业价值凸显和智能化发展阶段。随着大数据与人类社会的交汇融合，大数据产业将进入快速发展的阶段。2018 年大数据产业发展规模达 5 400 多亿元，连续三年的复合增长率超过了 35%，2020 年，产业规模达到 10 000 亿元。在移动互联网、超级计算、脑科学等新理论技术的推动下，将推动构建共创分享的智能经济形态，大数据产业发展进入智能化阶段。

2. 大数据产业发展现状

现在我国大数据产业正处于良好的发展机遇时期。一是我国数据资源大量积累，为大数据产业发展提供了重要的原料。现代信息化技术的应用，引发了数据量的爆发式增长，如随着互联网与移动互联网的普遍接入，我们可以用智能手机打车、叫外卖、支付订单等，拓展了数据的重要来源渠道。二是大数据在互联网服务中得到广泛应用，大幅度提升网络社交、电商、广告、搜索等服务的个性化和智能化水平，催生共享经济等数据驱动的新兴业态，旺盛的市场需求是我国大数据产业发展创新的强大内生动力[19]。三是政府的高度重视和服务体系建设为大数据产业发展创造了优良的环境。习近平总书记在十九大报告中也重点阐述了对大数据产业创新发展的新要求。报告指出："加快建设制造强国，加快发展先进制造业，推动互联网、大数据、人工智能和实体经济深度融合，在中高端消费、创新引领、绿色低碳、共享经济、现代供应链、人力资本服务等领域培育新增长点、形成新动能。"①

1.2.3 大数据产业分布

我国大数据产业集聚区主要位于经济比较发达的地区，北京、上海、广东是发展的核心地区，这些地区培育了知名互联网和技术企业，引进高端科技人才，具有国家政策支撑等良好的发展基础，形成了比较完整的产业业态，而且大数据的产业规模在不断扩大。目前，我国大数据产业分布主要呈现以下格局[20]。

（1）京津冀地区依托北京，尤其是北京中关村在信息产业方面积累了领先优势，孵化和培育了一批有影响力的大数据企业，它是目前我国大数据企业集聚的重要枢纽，不仅如此，其中的部分数据企业甚至将自己的影响力扩展到天津和河北等区域，形成了京津冀大数据走廊的格局。

（2）珠三角地区依托广州、深圳等地区的产业优势，发挥广州和深圳两个国家级计算中心的集聚作用，在一批发展大数据的骨干企业的带领下，逐渐形成了集聚的发展态势。

（3）长三角地区依托上海、南京等地区，不断推进大数据与当地智慧城市、云计算的紧密结合，吸引了一大批大数据企业，促进了大数据在当地的快速发展。

（4）大西南地区以贵州、重庆为代表城市，虽然其地理位置处于经济比较落后的西南地区，但是这些城市依托政府对大数据产业发展提供的助力支持，积极引进大数据企业和相关人才，力图抢占大数据发展的机遇。

---

① 习近平. 决胜全面建成小康社会 夺取新时代中国特色社会主义伟大胜利——在中国共产党第十九次全国代表大会上的报告[EB/OL]. https://www.12371.cn/2017/10/27/ARTI1509103656574313.shtml，2017-10-27.

1.3　大数据联盟

1.3.1　大数据联盟概念界定

大数据联盟是指在大数据背景下，为了促进数据资源在不同应用场景的流通增值，打通大数据相关产业链环节壁垒，制定大数据产业相关行业标准与规范，促进数据资源的交互、共享、利用及大数据相关产业生态发展，由若干企业、科研院所、高校、政府、中介组织机构等组建的一种新型网络组织形式。翟丽丽等认为大数据联盟各成员可以共享自身资源，对各类资源进行拆分、关联与融合，激活沉睡资源，进而优化联盟内资源配置方式，以数据资源需求为导向，数据资源任务为牵引，促进大数据联盟成员资源的广泛交流与合作，弥补各成员优势资源匮乏的缺陷[21]。联盟由各行业、各产业及各领域的企业、组织、团体等构成，具体如下。

（1）数据资源相关企业。数据资源相关企业是大数据联盟中主要的成员类型。主要包括基础设施提供商、数据资源提供商、分析技术提供商、服务应用提供商等大数据产业链条上各个环节的企业。这些企业的所有经营活动都是围绕数据资源展开的，它们或具备强大的计算处理能力，或具备特定领域的核心数据资源，抑或者拥有强大的数据资源整合加工能力，是大数据联盟数据挖掘服务实现的核心力量和参与者。

（2）高校及科研院所。高校及科研院所是大数据联盟形成新知识和新技术的主要来源之一，主要负责为大数据联盟提供知识专利、人才培养、知识教育等相关工作。通过源源不断地为联盟提供创新成果和人才资源，实现知识共享和人才交流，促进产学研业务的开展和协同合作，提高联盟的科研及创新能力。

（3）中介组织机构。中介组织机构主要由学会、协会、管理委员会等构成，成立的目的是实现和维护联盟成员的利益，以及对成员行为进行监督和约束。其主要职能包括：相关活动的组织与召开、促进企业间的交流与信任、推动行业发展及行业标准的制定等。中介组织机构在大数据联盟中主要起督导和管理的作用。

（4）金融机构。大数据联盟金融机构主要有风险投资基金、商业银行等。其主要职能包括：为大数据联盟成员企业提供资金保障、确保大数据联盟成员可以快速实现战略目标等。金融机构对大数据联盟的高效、稳定运行起重要作用。

1.3.2 大数据联盟特征

大数据联盟作为一种新兴的联盟形式，注重数据资源的供需关系、数据资源的属性及各成员间数据资源的互补性，不仅具有传统联盟的特点，还具有其自身的特殊性，主要特征如下。

（1）多元性。多元性是指联盟成员所属领域的差异性。大数据联盟属于产学研联盟的一种特殊形式，联盟内各成员来自各行各业，通过不同领域及产业链的资源互补合作，实现资源的价值创造和增值。

（2）资源共享性。资源共享性是大数据联盟组建的基础。大数据联盟通过优势资源互补，提升整体竞争实力，每个成员都需拥有共享意识，将自身现有资源共享，各成员间资源相互关联渗透，充分发挥现有资源的最大效率。

（3）组织动态性。大数据联盟通过资源的交流合作组成复杂的网络组织，随着联盟活动的进行及成员自身战略的考量，不断会有成员进入和退出，进而影响联盟整体的组织形态。联盟需要处理好成员在共享资源时的利益与风险问题，即资源共享与资源排他性使用之间的博弈问题。

（4）服务性。服务性是指大数据联盟组建的意义。大数据联盟要通过联盟活动为联盟成员提供优质数据服务，满足成员的需求，进而提升联盟的整体竞争力和抗风险能力。大数据联盟可以提供一系列的数据服务，随着联盟的不断完善与发展，联盟提供的服务内容与方法逐渐出新，服务领域逐渐宽泛。

（5）提供“双池”。大数据联盟可视为由若干企业、高校、科研院所、中介组织机构、政府等构成的成员池及由这些成员提供的资源构成的资源池。在大数据联盟成员池和大数据联盟资源池中，大数据联盟成员可快速找到最佳的合作伙伴，从而把握市场机遇，提升竞争力。

1.3.3 大数据联盟形成动因

1. 核心能力理论的提出

关于联盟形成动因的研究，国内外学者主要分为资源学派和能力学派[22]。资源学派是20世纪80年代中期以来具有广泛而深远影响的学术流派，其理论以资源基础理论为代表，经过Winter、Barney、Schendel、Cool、Peteraf等的发展，已经形成一个比较完整的理论体系。资源基础理论主要从一般的资源概念入手，分析企业内部的组织优势和劣势，并分解出导致企业竞争力差异的战略性资源。资源基础理论认为联盟的形成动机是为了使企业获取互补性资源，这里资源指的是格兰特等划分的“专用性资源”或与“核心竞争力”相关的资源。这些资源一般在市场交易中难以获取，或者即便可以获取但是要花费很高的成本。因此，资源基础理论指出战略联盟是企业间资源一体化的结果，是由战略性资源需求和社会资源创造的机会共同推进的合作关系。为了克服波特战略思想的缺陷，80 年代中后期，以普拉哈拉德、哈默、Stalk、Evans 等为代表的核心能力观受到理论界的青睐。研究视角开始由企业外部转向企业内部，并提出了核心能力和动态能力学说，目前它已成为企业战略研究的主流理论之一。能力学派认为核心能力来自企业组织内的集体学习、经验规范及组织成员的相互交流和共同参与，为企业提供以核心竞争能力和支柱优势为基础的一种技能或互补性资产[23]。Teece 等学者则认为，具有有限动态能力的企业，面对激烈的市场环境和稍纵即逝的市场机遇，如果不能及时地、不断地培养竞争优势，企业将会失去其生存的空间，直至消亡[24]。核心能力理论分析的基本单元不再是笼统的“资源”，而是将关注点集中在企业以竞争能力和竞争优势为基础的，互补性资产、多方面技能和运行机制的有机融合，体现了企业所拥有的专有知识体系的独一无二性、与众不同性和难以模仿性等特点，为企业战略管理提供了丰富的理论基础。

2. 核心能力的获取方式

企业从本质上讲是能力的结合体。虽然企业由有形资产和无形资产构成，但是企业发展的决定因素并不是资产，而是这些资产背后所蕴藏的能力。企业的长期竞争优势来自企业的多元的核心能力，这些核心能力不是某种单一的企业资源，而是多方面资源、技术、知识的有机组合。企业核心能力理论认为，企业在发展过程中需要不断适应外部环境的变化，更新自身的能力，从而提高企业的竞争优势。然而，企业在生产经营过程中，并不会拥有所有能力，因此，需要外部获取或内部组合来弥补自身能力的不足。核心能力理论指出，企业要想获取核心能力主要有三种途径[25]，即市场交易、企业研发、联盟共享。

（1）市场交易。通过市场交易的方式获取核心能力是一种最直接、最快捷的途径。并且，目前现实中也存在一些专门的知识产品交易市场，如专利技术市场、数据交易市场等，这为通过市场交易获取核心能力提供了便利条件和可行性。

（2）企业研发。通过企业研发的方式获取核心能力是很多具备一定实力的企业首选的途径。通过对企业组织内部知识、资源、技术、能力进行有机整合与创新，从而迅速占领市场，获得高额的利润。

（3）联盟共享。通过联盟共享的方式获取核心能力是一些中小型企业获取核心能力的最佳途径。受复杂的市场环境、较弱的风险承受能力、单薄的资金链等因素影响，企业通过自主研发和市场交易获取核心能力的可能性减小，而通过联盟间知识的流动、转移、学习等过程，可快速实现资源的优势互补和能力的快速提升。

3. 大数据企业核心能力体系构建

核心能力理论认为企业核心能力的可持续性和可获取性对企业竞争优势具有重要的影响。因此，如何形成和获取核心能力是企业关注的重点问题。企业在经营过程中为了获取市场竞争力，需要通过市场交易、企业研发和联盟共享三种途径提高自身的核心能力优势。因此，从企业核心能力视角，结合潘汉尔德和哈默对企业核心能力的概念界定和要素构成，并根据大数据企业的特点，构建以数据资源能力、数据技术能力和数据服务能力为核心的大数据联盟成员企业核心能力体系架构，如图 1-3 所示。

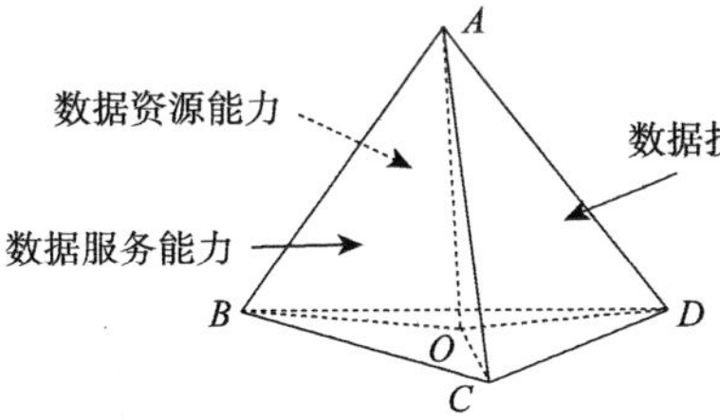

图 1-3 大数据企业核心能力体系

（1）数据资源能力。数据资源能力是指企业具备丰富的业务数据资源获取和整合的能力。例如，移动、联通、电信三大运营商的移动用户数据资源；美团外卖、饿了么外卖等企业的用户偏好行为数据资源；滴滴出行、共享单车等企业的地理空间数据资源。这些企业在数据资源获取方面具有较强的能力，具备丰富的、海量的用户行为数据、地理空间数据等大数据资源。

（2）数据技术能力。数据技术能力是指企业具备雄厚的大数据技术的能力。该技术能力一般指的是大数据基础架构技术、数据安全技术、数据采集技术、数据挖掘技术和数据分析技术等。通常，具备这些能力的企业可以为其他企业提供技术支持，其中代表性的企业有恒拓开元、360 安全科技、深圳视界（八爪鱼）、智慧星光、时趣互动等。

（3）数据服务能力。数据服务能力是指在数据资源能力和数据技术能力的基础上，对外提供的一种以大数据为依托的、以服务内容为导向的服务能力。其服务内容包含基础设施服务、数据采集及获取服务、数据交易、数据分析挖掘服务等相关服务内容。其中代表性的企业有阿里云、京东云、数据交易所、浪潮云等。

在大数据企业核心能力体系四面体 *ABCD* 中，三角形 *ABC*、*ABD* 和 *ACD* 分别代表数据服务能力、数据资源能力和数据技术能力，三种能力的共同作用和结合构成企业的核心能力体系，即四面体 *ABCD*。然而，衡量企业竞争力的标准并不是将这三种能力的强弱进行简单叠加，而是这三种能力之间相互影响和作用的关系，因此，可以将四面体 *ABCD* 的投影 *BCD* 作为衡量企业核心能力的标准，其中将 *ABC*、*ABD* 和 *ACD* 在底面 *BCD* 上的投影 *BOC*、*BOD* 和 *COD*，看作企业在数据服务、数据资源和数据技术三方面能力的大小。

4. 基于核心能力理论的大数据联盟形成动因

数据资源能力、数据技术能力和数据服务能力，这三种能力并不是单独存在的，而是相互渗透、相互关联的。通常情况下，每个大数据企业都具备数据资源能力、数据技术能力和数据服务能力，但是每个企业的这三方面能力各有侧重和差异。当企业出现“能力缺口”时，会采取交易、研发和共享等行为，来弥补企业的“能力缺口”。以数据技术能力获取为例，假设企业 *A* 和企业 *B* 为大数据企业。此时企业 *A* 的战略目标是希望在一定时间内提高某种关键的技术能力，而企业 *B* 恰好拥有，且只有企业 *B* 拥有该项技术能力。其核心能力体系结构如图 1-4 所示。

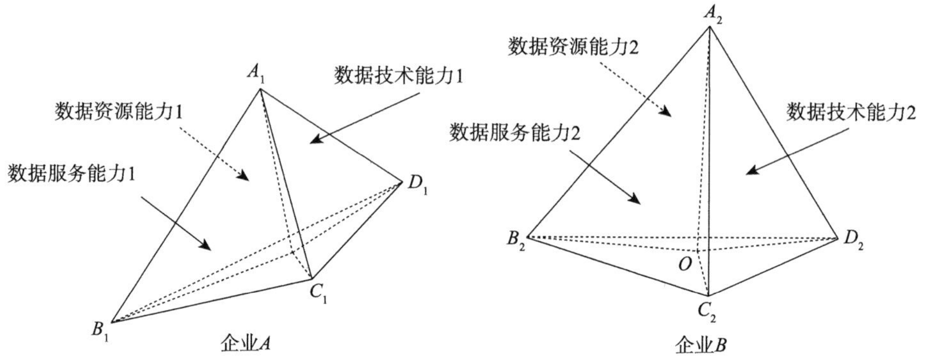

图 1-4　企业 *A* 和企业 *B* 的核心能力体系结构

通过图 1-4 可以发现，企业 *A* 的数据技术能力较弱（三角形 $A_1C_1D_1$ 的投影面积较小），而企业 *B* 在数据技术方面能力较强（三角形 $A_2C_2D_2$ 的投影面积较大），分析企业 *A* 通过市场交易、企业研发和联盟共享三种途径，获取所需数据技术能力的可行性及优势和劣势，以揭示大数据联盟的形成动因，具体分析过程如下。

1）企业 A 向企业 B 进行购买

市场交易为数据技术能力获取提供了可行性。因此，如果企业 A 向企业 B 进行购买，主要存在两种情况，一种情况是企业 B 愿意与企业 A 进行市场交易，另外一种情况是企业 B 不愿意与企业 A 进行市场交易。当企业 B 不愿意与企业 A 进行市场交易时，会出现市场失灵现象，导致企业 A 无法通过市场交易获取所需的数据技术能力，战略目标失败。当企业 B 愿意与企业 A 进行市场交易时，分两种情况讨论。

第一，核心数据技术交易壁垒过大，难以吸收和消化。企业一般都会加强对核心数据技术的保护，因此，市场交易过程中存在一定的交易壁垒。虽然协商和谈判能力可以降低交易过程中的风险，但是市场交易是一次性的价格机制，通过市场交易的简单契约无法杜绝机会主义行为。如果企业 B 在交易过程中有所保留，在缺少相应先备知识的情况下，会导致企业 A 在短时间难以对核心数据技术能力实现吸收和消化。

第二，数据能力背后的专有知识转移难度大，交易获取不现实。数据技术能力背后的专有知识往往嵌入在一定的组织结构中，它是一种隐性的知识，难以通过市场交易实现完全转让。

2）企业 A 自行研发

企业 A 通过自行研发获取所需的数据技术能力可能会面临以下两个问题，导致战略目标失败。

第一，不可控制因素过多。首先，在自主研发过程中，人力、物力和财力的不断投入，造成研发成本不可控制；其次，由于企业自身技术能力和知识结构有限，研发成功的概率不可控制；最后，由于技术创新是一种新生产品，其市场接收能力和消费者反应是不可控制的。

第二，市场机遇的稍纵即逝性。知识技术研发并不是一朝一夕可以完成的，它是知识、技术、资源不断整合和创新的过程，导致自主研发时间过长。较长的研发周期可能会错失瞬息万变的市场机遇，甚至关乎企业 A 的存亡。

3）企业 A 与企业 B 组建联盟

通过组建联盟获取所需数据技术资源是需要一定前提条件的，主要取决于企业 A 与企业 B 的规模实力对比情况，而两企业的规模与实力之间的差异，会使企业存在合并和联盟两种合作方式，具体分析如下。

第一，在企业 A 的规模大于企业 B 的情况下。当企业 A 的规模大于企业 B 的规模时，在企业 B 不排斥与企业 A 进行合并的情况下，企业 A 可能会对企业 B 进行并购。然而由于企业文化、组织模式等差异，可能会出现两个组织的核心能力在短时间内难以融合，两个企业无法实现协调运作，不能充分发挥所获取的核心能力优势。因此，合并在短期内并不是企业 A 最理想的合作方式，而可以与企业

B 建立联盟合作关系，通过资源共享降低合并风险，进而快速实现战略目标。

第二，在企业 A 的规模小于企业 B 的情况下。当企业 A 的规模小于企业 B 的规模时，企业 A 对企业 B 进行并购显然不现实，此时企业 A 可以向企业 B 提供某些优势资源作为交换条件（如市场份额、核心资源、核心技术或者股份交换等），与企业 B 建立联盟合作关系。这样，不仅可以使企业 A 获取自身匮乏的核心资源，还能通过联盟实现短时间内的核心能力的提升，因此，这种联盟合作关系对于企业 A 来说具有重要战略意义。

第三，在企业 A 和企业 B 都是中小型企业的情况下。如果企业 A 和企业 B 都是中小型企业，那么为了提高市场竞争力和抓住市场机遇，企业 A 和企业 B 会非常愿意建立联盟合作关系，通过数据资源能力、数据技术能力和数据服务能力的快速整合，改善其能力结构，使双方企业的综合能力得到提升。

第四，在企业 A 和企业 B 都是大型企业的情况下。当企业 A 和企业 B 都是大型企业时，由于两个企业的组织结构过于庞大，首先，在有限的时间内难以协调统一，导致合并的方式很难在有限时间内完善并发挥作用，其次，大型企业合并需要一系列的谈判和签约过程，使企业针对现有的市场机遇进行战略目标实施的有效时间减短，会出现错失市场机遇或战略目标实施达不到预期等问题。因此，为了快速实现企业战略目标，双方企业很有可能会建立稳定的联盟合作关系，通过签订长期的、稳定的契约合同，提升企业间的合作深度，降低企业隐性知识转移的不确定性，最终实现企业双方综合能力的提升。

5. 大数据联盟的重要性分析

以大数据企业数据技术能力获取为例，分析大数据企业组建联盟的客观条件。当单一企业在某些数据资源和数据服务方面存在核心能力需求时，通过组建大数据联盟对大数据企业快速实现核心能力的获取具有重要战略意义，表现在以下几个方面。

1）在数据资源方面

大数据联盟在资源方面具有得天独厚的优势，在资源类型、资源数量、资源丰富程度上是单一企业无法企及的，其主要优势在于以下两方面。

第一，优化内部资源。大数据联盟改变了传统资源获取的方式，各成员企业在资源共享的基础上相互学习，实现高附加值的整合效应，从而使各成员企业实现内部资源的优化，提高企业市场竞争力。

第二，获取外部资源。联盟形成的最初动力源于联盟企业对稀缺的、有价值资源的获取，而大数据联盟可以整合各成员企业的优势资源，实现数据资源价值增值活动，进而提高整个联盟和成员企业的数据资源核心能力。

2）在数据技术方面

大数据企业通常具备雄厚的数据资源或数据技术实力，因此，数据技术的优势互补及创新是形成大数据联盟的主要动因之一，其主要优势在于以下几方面。

第一，技术优势互补。由于技术复杂性的日益增加，技术开发的成本也逐渐加大，技术开发失败的风险也越来越高。且一个新产品从开发到售后服务已经形成了一个庞大的系统工程，单个企业仅仅依靠自身拥有的技术能力难以快速形成新的产品对市场机遇进行响应。在此背景下，通过组建大数据联盟，依靠联盟强大的技术资源背景，进行技术优势互补，可以避免单个企业在技术研发过程中孤军奋战，导致行业范围内的重复劳动和资源浪费。

第二，促进技术创新。熊彼特指出技术创新不是孤立事件，在时间上不存在均匀分布，是成簇发生的。也就是说，当某项技术创新出现以后，可以引发一系列与之相关的技术创新，从而形成关于该技术的关联型创新组合。通过组建大数据联盟，可以聚集各成员企业的技术和知识资源，使其获取更有效的知识溢出效应，并在此基础上，进行相关技术的持续性创新，提高技术创新效率，降低技术创新成本。

第三，形成技术标准。大数据联盟承担着大数据产业技术创新的重任，而技术标准化是推动大数据产业技术创新和提升产业竞争力的重要途径。通过组建大数据联盟，吸引大数据产业链条中各企业和相关机构参与技术标准建设，并对其进行不断完善，可以促进技术标准在大数据产业内许可实施，将联盟技术标准上升为产业层面的技术标准，形成大数据产业技术标准化。

3）在数据服务方面

大数据联盟的形成不仅在资源获取和技术创新方面存在优势，在数据服务方面也存在一定的优势，主要体现在以下几个方面。

第一，降低数据服务成本。就大数据企业而言，在组建联盟之前需要花费大量的时间、精力和金钱去进行数据搜集、处理和模型构建，无形之中加大了服务的成本。大数据联盟聚集了大数据产业链条中各位置具备不同核心能力的企业，在服务实现过程中，能大大降低数据搜索和数据交易的成本，从而降低服务成本，提高服务竞争力。

第二，提高数据服务质量和效率。由于单一大数据企业难以在所有方面具备核心能力，势必在某些方面存在能力弱势或不足的现象。通过组建大数据联盟，进行数据资源、技术资源和服务资源优势互补，以服务组合的形式在节约服务成本的同时，能提高服务质量和服务效率。

1.4　大数据联盟合作机理

1.4.1　大数据联盟合作网络发展阶段

（1）分散发展阶段。在分散发展阶段，大数据企业由于自身实力和地域边界的限制，企业的经营范围和经营空间十分有限。此时合作网络尚未形成或形成的合作网络非常简单，其节点的辐射范围也非常有限。企业间的合作关系具有结构简单、关系不稳定等特点，难以形成显著的规模经济、范围经济和网络经济。因此，将这一无合作网络核心的、业务层面比较单一的、经营产品种类欠佳和柔性不足的合作网络发展阶段，称为分散发展阶段，其合作网络如图 1-5 所示。

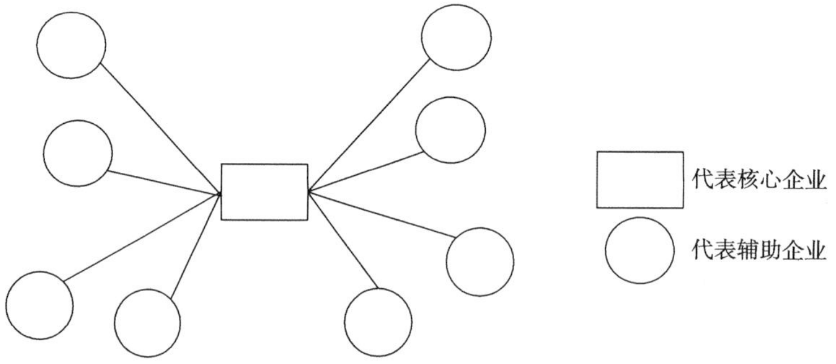

图 1-5　分散发展阶段示意图

（2）双边合作阶段。随着大数据市场的快速发展及用户需求的日益多样化，在市场环境的刺激下，大数据企业逐渐开始探索，与目标市场中的其他企业开展长期合作，以实现市场机遇的快速响应及企业竞争力快速提高。在这个阶段，合作网络形态开始由简单向复杂发展，并开始不断延伸和扩展，且经营范围逐步扩大。在组织层面主要表现为：合作对象通常为通过签订非正式契约或中短期协议，而形成的以互利互惠、合作与竞争共存为鲜明特点的双边关系。这种合作关系虽然实现了一定程度的规模效益，降低了交易成本，但是范围经济和网络经济效益十分有限，其合作网络如图 1-6 所示。

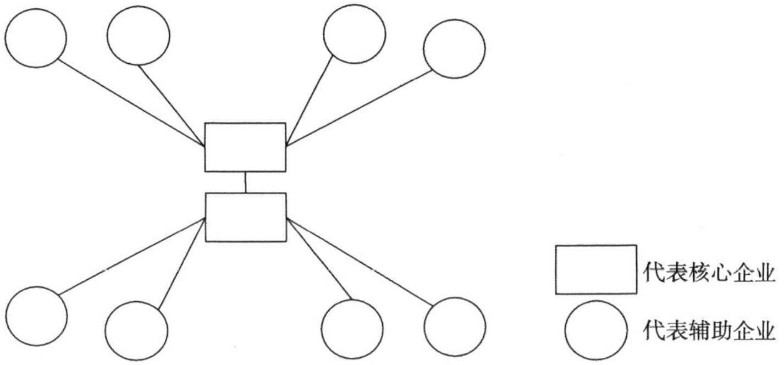

图 1-6 双边合作阶段示意图

（3）多边合作阶段。随着大数据市场的成熟和稳定，企业扩张规模的动机越来越强烈，双边合作已经无法满足集约化、网络化的业务需求，企业间的合作形态也发生了相应的变化。此时以多个核心节点为主要特征的联盟合作网络初步形成。企业通过股权或契约的形式组建稳定联盟，合作网络形态更加复杂化，“搭便车”等合作不确定性加大，并且企业间的协调难度也不断增大，其合作网络如图 1-7 所示。

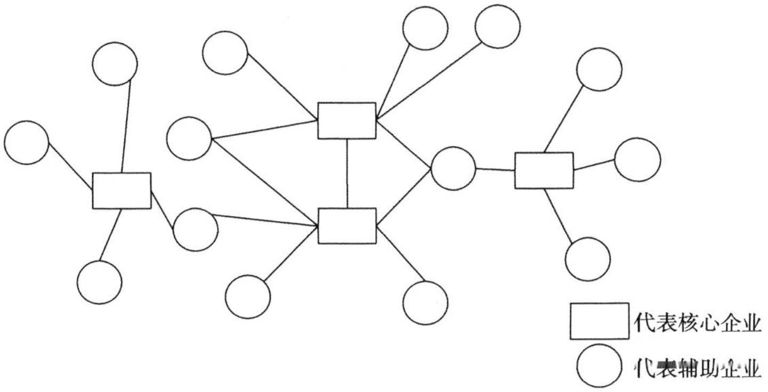

图 1-7 多边合作阶段示意图

（4）联盟网络阶段。联盟网络阶段是大数据企业合作网络协同的深化发展阶段，是多边合作的成熟阶段。这一阶段，随着联盟成员的加入，联盟网络中的节点和线路数量逐渐庞大，形成了相应的组织管理机构。并且在日常经营活动中，着重从整体和系统的视角去对合作网络进行资源整合和优化配置。通过搭建信息服务平台，注重信息化下成员间的信息互通互联，实现大数据产业链条上各环节服务的集成化、一体化，形成资源、组织、战略等相互协调的管理体系，其合作网络如图 1-8 所示。

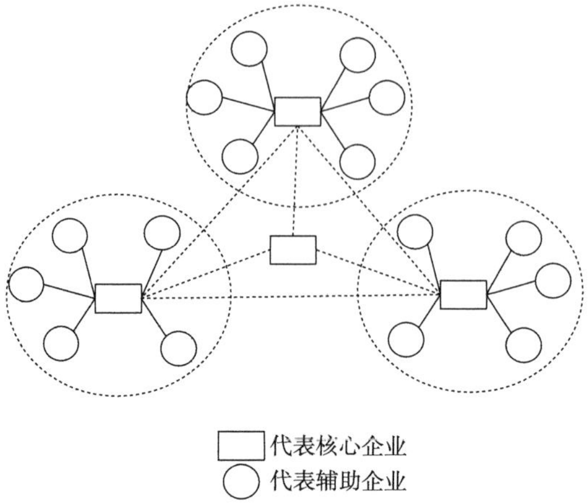

图 1-8　联盟网络阶段示意图

由上，为了弥补数据缺口，实现数据资源共享，联盟成员企业相互之间会建立密切的联系，从而形成多种有效的合作关系。其合作网络发展阶段特征如表 1-1 所示。

表 1-1　大数据联盟合作网络发展阶段特征

类别	分散发展阶段	双边合作阶段	多边合作阶段	联盟网络阶段
基础层	无网络或简单的单核网络，网点数量较少	简单双核网络，网点数量较分散发展阶段略有增多	多核网络，网络节点数量较多，组织模式多样	多层次网络结构，网络节点众多，集约化和一体化程度更高
组织层	成员单一	双边合作，成员数量有限，互惠性、不稳定性、非正式契约为主	多边合作，成员数量较多，非直接互惠性、股权契约形式为主	多边合作，成员数量众多，长期稳定，准入退出机制完善
管理层	无	合作范围有限，规范化管理	风险控制、关系管理、利益分配机制	更加注重联盟协同效果、稳定性及战略执行效果
信息层	无	简单对接	互通互联	构建信息平台，协调调度

1.4.2　大数据联盟资源共享关系

随着大数据联盟合作协同网络的形成，其数据流、信息流和资金流不断互动，在联盟利益与市场利润的驱使下，为了提高整体服务质量和整体竞争力，联盟成员企业会通过资源共享活动来弥补自身资源缺口，实现资源优势互补和服务增值。然而，在合作共享过程中，邢海龙等认为联盟成员企业之间存在一定的博弈行为，这种博弈行为可看作自身利益与联盟利益之间的博弈[26]。在自身利益最大化的诱惑下，联盟成员企业在共享过程中可能存在与联盟整体利益目标相违背的机会主义行为（如高额的投机收益等），使大数据联盟企业间的合作积极性和信任程度快速降低，甚至导致联盟解体。为此，通过研究联盟企业在资源（数据资源、技术资源、服务资源）共享过程中的博弈行为，找出影响联盟合作共享的主要因素并加以控制，对促进联盟稳定发展，保障联盟服务顺利开展具有重要的意义。因此，运用博弈论方法，结合大数据联盟成员特点，研究成员企业间在资源共享活动中的博弈行为，并提出以下假设。

假设 1-1：假设大数据联盟成员企业 A 和成员企业 B，它们的资源共享策略集均为[不共享，共享]。其中，当 A、B 选择不共享策略时，双方具备的资源存量为 $\pi_i(i=A,B;\pi_i>0)$，而选择共享策略时可以获取的共享收益为 $k_0\pi_i$，其中，k_0 为常数，表示共享收益系数。

假设 1-2：当 A、B 选择共享策略时，双方会获得一定的共享收益，与自身的学习能力系数 $\delta_i(\delta_i \geqslant 0)$ 和资源差异系数 $\xi(0\leqslant\xi\leqslant1)$ 相关，共享收益为 $\xi\delta_i a_{ij}$。其中，$a_{ij}(i,j=A,B;a_{ij}\geqslant 0)$ 为双方约定的资源共享量。

假设 1-3：在共享过程中会形成共享成本。与资源溢出系数 ε 和资源转移成本系数 θ 相关，共享成本为 $\theta\varepsilon a_{ij}$。

假设 1-4：当选择不共享策略获取的收益大于选择共享策略获取的收益时，成员企业会出现机会主义等行为，将这种通过机会主义行为所获得的收益定义为机会主义收益，即 γa_{ij}。其中，γ 为投机收益系数。

假设 1-5：在资源共享过程中，如果成员企业违背契约或者进行投机行为，那么会受到相应的惩罚，将这种惩罚所造成的成本定义为社会惩罚成本，用 $k_0\omega_i$ 表示。其中，$\omega_i(0<\omega_i<1)$ 为社会惩罚系数。

1. 资源共享博弈模型构建

通过上述模型假设，可以构建成员企业 A 和成员企业 B 分别选择共享策略和不共享策略时的收益矩阵，如表 1-2 所示。

表 1-2 联盟成员 A 和 B 的博弈收益矩阵

A	B	
	共享	不共享
共享	$(k_0(\pi_A+\delta_A\xi a_{BA}-\theta\varepsilon a_{AB}),k_0(\pi_B+\delta_B\xi a_{AB}-\theta\varepsilon a_{BA}))$	$(k_0(\pi_A-\theta\varepsilon a_{AB}),k_0(\pi_B+\delta_B\xi a_{AB}+\gamma a_{BA}-\omega))$
不共享	$(k_0(\pi_A+\delta_A\xi a_{BA}+\gamma a_{AB}-\omega),k_0(\pi_B-\theta\varepsilon a_{BA}))$	$(k_0\pi_A,k_0\pi_B)$

成员企业 A 和成员企业 B 在资源共享过程中存在重复博弈行为。假设 A 选择共享策略的概率为 $p(0 \leqslant p \leqslant 1)$，则选择不共享策略的概率为 $1-p$；B 选择共享策略的概率为 $q(0 \leqslant q \leqslant 1)$，则选择不共享策略的概率为 $1-q$。A 选择共享策略的收益 u_A、不共享策略的收益 u'_A 和平均收益 $\overline{u}_A$ 的计算结果如下：

成员企业 A 选择共享策略的期望收益 u_A 为

$$u_A = qk_0(\pi_A + \delta_A \xi a_{BA} - \theta \varepsilon a_{AB}) + (1-q)k_0(\pi_A - \theta \varepsilon a_{AB}) \tag{1-1}$$

成员企业 A 选择不共享策略的期望收益 u'_A 为

$$u'_A = qk_0(\pi_A + \delta_A \xi a_{BA} + \gamma a_{AB} - \omega) + (1-q)k_0 \pi_A \tag{1-2}$$

成员企业 A 的平均收益为

$$\overline{u}_A = pu_A + (1-p)u'_A = p(1-p)(u_A - u'_A) \tag{1-3}$$

根据上述公式可以计算出成员企业 A 选择共享策略的复制动态方程为

$$p' = p(1-p)k_0[q(w - \gamma a_{AB}) - \theta \varepsilon a_{AB}] \tag{1-4}$$

同理，可以计算出成员企业 B 选择共享策略的复制动态方程为

$$q' = q(1-q)k_0[(1-p)(\gamma a_{BA} - \omega) + \delta_B \xi a_{AB}] \tag{1-5}$$

采用 Jacobim 矩阵确定博弈平衡点的局部稳定性，其计算结果如下：

$$\textbf{Jacobim} = \begin{bmatrix} (1-2p)k_0[q(w-\gamma a_{AB})] & p(1-p)k_0[(w-\gamma a_{AB})] \\ q(1-q)k_0[(\omega-\gamma a_{BA})] & (1-2q)k_0[(1-p)(\gamma a_{BA}-\omega)+\delta_B \xi a_{AB}] \end{bmatrix} \tag{1-6}$$

定义两个多项式①和②分别表述如下。多项式①：$k_0(w-\gamma a_{AB})$；多项式②：$k_0(\gamma a_{BA} - w - \delta_B \xi a_{AB})$。其中，①表示当 A 选择不共享策略，而 B 选择共享策略时，A 所受的社会惩罚与投机收益的差值；②表示当 A 选择共享策略，而 B 选择不共享策略时，成员 B 所获得的投机收益与社会惩罚和如果共享所获得的收益的差值。然后，分情况讨论成员企业 A 和成员企业 B 在选择不同策略时的博弈平衡点局部稳定性，如表 1-3 所示。

表 1-3　博弈平衡点的局部稳定性

情形	（a）①<0 ②<0			（b）①>0 ②>0		
平衡点	DetJ	TrJ	稳定性	DetJ	TrJ	稳定性
(0, 0)	−	N	鞍点	−	N	鞍点
(0, 1)	+	−	ESS	+	+	不稳定
(1, 0)	+	+	不稳定	+	−	ESS
(1, 1)	−	N	鞍点	−	N	鞍点
情形	（c）①<0 ②>0			（d）①>0 ②<0		
平衡点	DetJ	TrJ	稳定性	DetJ	TrJ	稳定性
(0, 0)	+	−	ESS	−	N	鞍点

续表

情形	（c）①<0 ②>0			（d）①>0 ②<0		
平衡点	DetJ	TrJ	稳定性	DetJ	TrJ	稳定性
(0, 1)	−	N	鞍点	−	N	鞍点
(1, 0)	+	+	不稳定	+	+	不稳定
(1, 1)	−	N	鞍点	+	−	ESS

注：其中矩阵的行列式为 DetJ，迹为 TrJ，且 DetJ<0，TrJ 不确定时为鞍点；DetJ>0，TrJ>0 时为不稳定点；DetJ>0，TrJ<0 时为稳定点

根据成员企业 A 和成员企业 B 在选择不同策略时的博弈平衡点局部稳定性，可以画出演化相位图，如图 1-9 所示。其中 1 表示共享策略，0 表示不共享策略。

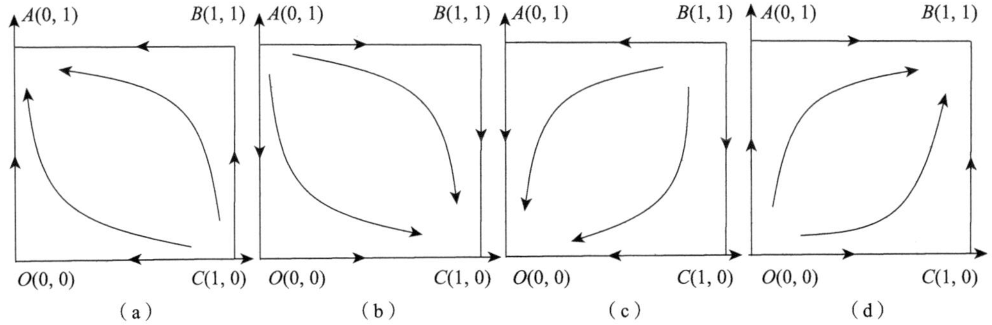

图 1-9　共享博弈演化相位图

通过图 1-9 可知，在满足①>0，②>0 时，意味着，当 A 和 B 在选择不共享策略时，A 受到的社会惩罚大于投机收益，而 B 受到的社会惩罚小于投机收益与共享收益的和，此时，通过策略调整，最终演化结果为（0, 1），如图 1-9（a）所示；而在满足①<0，②<0 时，意味着，当 A 和 B 在选择不共享策略时，A 受到的社会惩罚小于投机收益，而 B 受到的社会惩罚大于投机收益与共享收益的和，恰巧与（a）的演化路径相反，最终演化结果为（1, 0），如图 1-9（b）所示；在满足①<0，②>0 时，意味着，当 A 和 B 在选择不共享策略时，A 受到的社会惩罚大于投机收益，而 B 受到的社会惩罚大于投机收益与共享收益的和，通过策略调整，最终演化结果为（0, 0），如图 1-9（c）所示；而在满足①>0，②<0 时，意味着，当 A 和 B 在选择不共享策略时，A 受到的社会惩罚小于投机收益，而 B 受到的社会惩罚小于投机收益与共享收益的和，恰巧与（c）的演化路径相反，最终演化结果为（1, 1），如图 1-9（d）所示。

2. 合作共享博弈分析

为了进一步分析联盟成员企业在资源共享过程中的博弈行为，借助MATLAB软件分析数据资源转移成本系数θ、数据资源溢出系数ε、投机收益系数γ、社会惩罚系数ω等参数变化对合作共享策略选择的影响。将初始点定为[0.4，0.9]，[0.2，0.8]、[0.3，0.7]、[0.6，0.4]、[0.5，0.5]、[0.1，0.6]六个点，在$p,q\in[0，1]$的平面上，模拟这六个点向均衡点的演化路径。其中，p表示成员企业A选择共享策略的概率；$1-p$表示成员企业A选择不共享策略的概率；q表示成员企业B选择共享策略的概率；$1-q$表示成员企业B选择不共享策略的概率。

通过仿真分析可知，数据资源转移成本系数θ、数据资源溢出系数ε、投机收益系数γ、社会惩罚系数ω等参数的变化，使成员企业A和B数据资源共享路径呈现不同的均衡状态（图 1-10）。大数据联盟资源共享博弈是一个复杂的过程，其中，投机收益系数和社会惩罚系数对联盟成员企业进行资源共享策略的选择具有重要的作用，主要体现在：投机收益系数越大，成员企业越趋向于选择不共享策略；相反，社会惩罚系数大，会制约成员企业投机行为的发生，促进成员间进行共享，进而使成员企业趋向于选择共享策略。通过上述分析，在大数据联盟合作过程中，应当建立健全的奖惩管理机制，加强对成员的企业机会主义行为管理，增大社会惩罚力度，积极开展深层次共享活动，这是提高大数据联盟服务质量和稳定运行的根本保障。

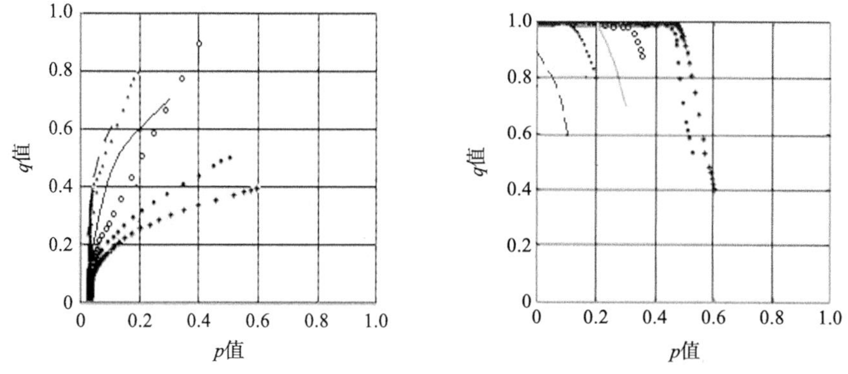

（a）$\omega=0.3$ $\theta=0.8$ $\gamma=0.6$ $\varepsilon=0.2$　　（b）$\omega=0.4$ $\theta=0.8$ $\gamma=0.5$ $\varepsilon=0.2$

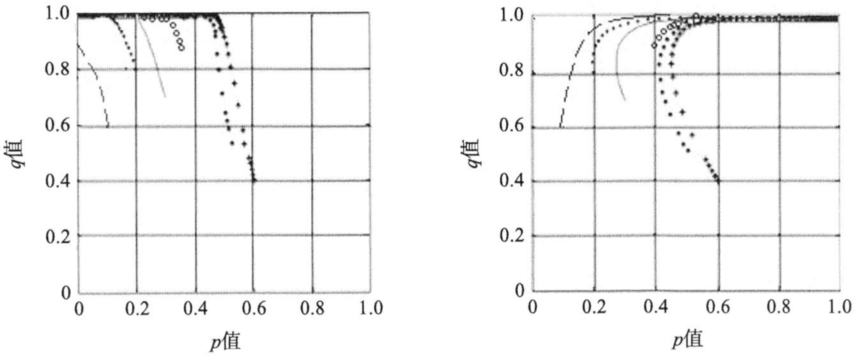

（c）$\omega=0.4$ $\theta=0.8$ $\gamma=0.7$ $\varepsilon=0.2$　　（d）$\omega=0.3$ $\theta=0.8$ $\gamma=0.4$ $\varepsilon=0.2$

图 1-10 不同参数变化下共享博弈演化分析

1.4.3 大数据联盟合作协同模型

1. 大数据联盟合作协同多维度分析

协同是企业间共生互长的一种相互关系，所强调的是企业间通过协同进行资源整合和价值创造过程，最终实现企业间的互补效应和协同效应。合作协同则是解释企业在合作过程中通过相互之间的资源、信息、知识的交互行为，实现自行组织、自行创生、自行演化、自主地从无序走向有序，从而形成机构有序或功能有序的协同网络。大数据联盟成员间合作主要是主体间资源、能力的交互行为。邢海龙等认为运用协同思想对大数据联盟合作机理进行揭示，可以有效分析大数据联盟合作过程中的协同要素，使大数据合作网络从无序向有序演化，促进大数据联盟稳定发展[27]。

安索夫在《公司战略：成长和扩张的企业政策分析技巧》一书中指出战略协同有利于组织更有效地整合内外部资源进而实现既定战略目标[28]。Amabile 等认为企业特征、环境特征和协同过程是企业合作协同成功的关键因素，并指出团队的共同目标及信息共享是实现协同关系的前提[29]。Emden 等认为组织间的技术、战略、关系的全面协同能够提升企业的创新绩效[30]。胡寅龙认为动力协同、路径协同和知识管理协同是联盟合作创新的重要组成部分[31]。张影则从资源整合的视角，从战略、组织和资源三个维度对协同要素进行分析，并构建了资源协同机理模型[32]。大数据联盟是由大数据相关企业、高校及科研院所、中介组织机构和金融机构所组成的复杂合作网络，其中战略、组织和资源是构成合作网络的必备要素。因此，结合相关研究成果，从战略层面、组织层面和资源层面三个维度对大数据联盟合作协同网络要素进行分析，如图 1-11 所示。

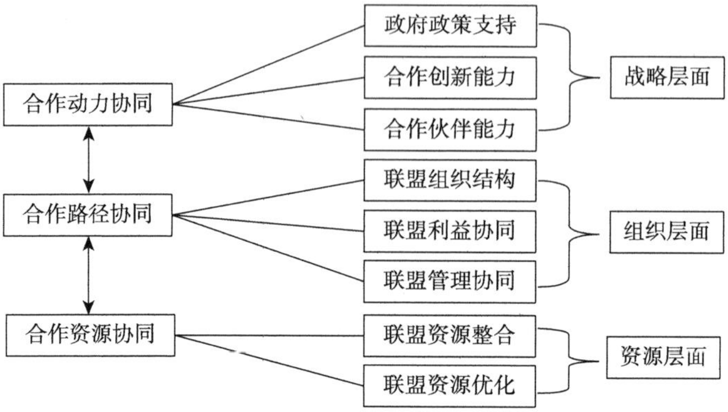

图 1-11　大数据联盟合作协同多维度分析

（1）合作动力协同。合作动力是战略层面的协同，是指那些能够刺激各企业参与到联盟合作的重要因素，起推动和促进的作用。它主要分为外部动力和内部动力，其中，外部动力主要是指政治经济环境，如政府的相关的政策法规等，这些因素都是刺激联盟进行合作的直接推动力，而内部动力是指企业组建联盟时，所考虑的合作伙伴的协同创新的能力及其他核心能力。

（2）合作路径协同。大数据联盟合作路径协同是合作目标、合作方式和利益分配的总和，从企业的视角看，大数据企业在合作过程中追求的是竞争优势和超额利润，而合作路径选择不当会引发合作方式冲突、利益冲突、知识产权冲突等问题。因此，为了实现联盟合作的战略目标，应在合作过程中选择正确的合作路径，明确知识产权及利益分配相关事宜，制定相应的管理制度，避免在合作协同过程中产生纠纷。

（3）合作资源协同。合作资源协同是指企业资源要素间的一种融合互动状态。通过大数据联盟企业间各类异质互补资源的互动，实现资源的合理优化，使资源得到充分利用，创造巨大价值。在有形资源协同方面，大数据联盟通过有形资源（如生产设备、基础设施等）的共享，实现成本节约和资源优化配置。在无形资源协同方面，大数据联盟通过无形资源（如专有技术、品牌形象、市场信息等）的共享，促进资源在合作主体间的流动与融合，提高核心能力，综合发挥资源效用。

2. 大数据联盟合作协同序参量确定

大数据联盟合作协同序参量也可以成为企业协同合作的内生动力。大数据联盟合作协同网络的形成与演化由序参量决定，它是各成员子系统介入协同运动程度的集中体现。从微观视角看，大数据联盟合作是企业与高校、科研院所、中介组织机构等进行资源创新、技术创新和服务创新的过程，在这个过程中，各参与主体都获得了一定的能力提升，创造出经济价值和社会价值，从而形成核心竞争力。于海艳从动力协同、路径协同和知识管理协同方面构建了企业战略联盟协同创新系统机制，揭示联盟协同创新机理[33]。孙斌和郑垂勇认为制度安排、稀缺性核心知识和关键技术是集群合作创新的内在驱动力和序参量[34]。因此，借鉴以上学者的研究可知，大数据联盟合作协同的序参量是合作创新能力，其中包括资源创新能力、技术创新能力和服务创新能力，主要理由如下。

（1）合作创新能力是大数据联盟合作协同的宏观表征。大数据联盟合作协同网络是一个复杂多变的网络，且合作网络中各方之间关系错综复杂。以合作创新能力作为序参量能够表现出资源创新能力、技术创新能力和服务创新能力的基本状况。它是一个描述大数据联盟合作协同网络能力的宏观参量，表现了大数据联盟合作的整体行为。

（2）合作创新能力是大数据联盟合作协同运动的最终产物。合作创新能力是大数据联盟各参与主体协同运动的综合表现，体现了内部相互作用的结果。通过建立彼此间的合作关系，产生协同关联效应，从而提升整体的核心竞争力和形成竞争优势。

（3）合作创新能力支配大数据联盟合作主体的行为。当合作创新能力产生以后，随着合作逐步加深，各参与主体进一步进行资源、技术、服务的相互融合。各参与主体创新能力提高的同时，根据合作创新能力的强弱状态，进行核心能力的动态调整，使合作协同过程中方向和目标一致。也就是说，合作创新能力可以支配各主体的行为，从而影响合作网络的发展和演化方向。

3. 大数据联盟合作协同理论模型

大数据联盟合作协同网络中各参与主体在序参量的支配下，开始资源和技术的不断交互，并进行资源创新、技术创新和服务创新等相关活动，使其合作协同水平不断提高，并由无序状态向有序状态升级。大数据联盟合作的稳定性取决于各成员间是否能良好地协同合作，并在此基础上建立互信互惠的紧密合作关系。并且合作动力协同、合作路径协同和合作资源协同三方面的有序协同，是实现联盟稳定发展和提供优质数据服务的基本条件，大数据联盟合作协同理论模型如图 1-12 所示。

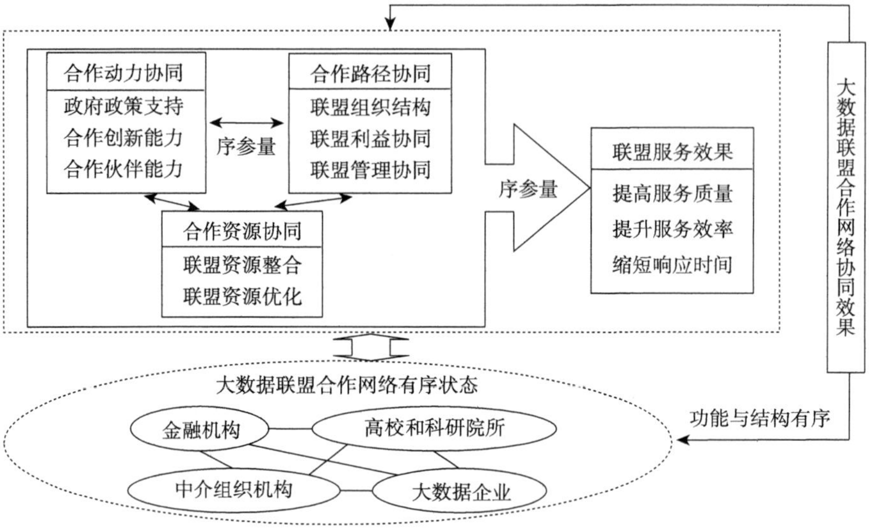

图 1-12　大数据联盟合作协同理论模型

大数据联盟合作协同的本质是使联盟内资源要素重新组合和升华的过程。在良好合作协同基础上，通过资源要素的不断流动和交互，实现单一企业无法获取的整体协同效应和绩效表现。因此，合作协同是实现联盟总体效益和稳定发展的基本前提和保障。

参 考 文 献

[1]中国互联网络信息中心. 第 45 次《中国互联网络发展状况统计报告》[R]. 2020.

[2]中国电子信息产业发展研究院. 中国大数据产业发展水平评估报告（2018 年）[R]. 2018.

[3]曹平，陆松，梁时柳. 大数据战略、知识管理能力与中国企业创新[J]. 产经评论，2021，12（2）：102-119.

[4]Hilbert M，López P. The world's technological capacity to store，communicate，and compute information[J]. Science，2011，332（6025）：60-65.

[5]Toffler A. The Third Wave[M]. New York：Bantam Books，1984：10-58.

[6]NSF. Core techniques and technologies for advancing big data science & engineering（BIGDATA）[EB/OL]. https://www.nsf.gov/attachments/124058/public/BIG-Data-Webinar-Honavar-Final-May8with508.pdf，2015-12-26.

[7]冯芷艳，郭迅华，曾大军，等. 大数据背景下商务管理研究若干前沿课题[J]. 管理科学学报，2013，16（1）：1-9.

[8]Manyika J，Chui M，Brown B，et al. Big data：the next frontier for innovation，competition，and productivity[R]. McKinsey & Company，2011.
[9]Floridi L. Big data and their epistemological challenge[J]. Philosophy and Technology，2012，25（4）：435-437.
[10]俞立平. 大数据与大数据经济学[J]. 中国软科学，2013，（7）：177-183.
[11]杨善林，周开乐. 大数据中的管理问题：基于大数据的资源观[J]. 管理科学学报，2015，18（5）：1-8.
[12]Lwin T K，Bogdanov A V. Definition and scope of big data problem[C]. Proceedings of 2018 2nd international conference on cloud and big data computing，Barcelona Spain，2018：38-41.
[13]NetApp. What is big data?[EB/OL]. https://www.netapp.com/artificial-intelligence/big-data-analytics/what-is-big-data/，2021-12-21.
[14]IBM. What is big data? [EB/OL]. https://developer.ibm.com/blogs/what-is-big-data-more-than-volume-velocity-and-variety/?mhsrc，2013.
[15]Wu X D，Zhu X Q，Wu G Q，et al. Data mining with big data[J]. IEEE Transactions on Knowledge and Data Engineering，2013，26（1）：97-107.
[16]Moorthy J，Lahiri R，Biswas N，et al. Big data：prospects and challenges[J]. The Journal for Decision Makers，2015，40（1）：74-96.
[17]李涛，高良谋. “大数据”时代下开放式创新发展趋势[J]. 科研管理，2016，37（7）：1-7.
[18]潘文. 我国大数据发展现状与趋势[J]. 领导科学论坛，2017，（4）：28-44.
[19]刘九如. 大数据产业发展进入新阶段[J]. 中国信息化，2019，（6）：3-5.
[20]个人图书馆. 深度解读我国大数据产业发展的现状及未来[EB/OL]. http://www.360doc.com/content/18/0424/00/45199333_748217031.shtml，2018-04-24.
[21]翟丽丽，沃强，张树臣. 大数据联盟动态网络结构演化模型研究[J]. 情报杂志，2017，36（6）：78-85，67.
[22]鲁开垠. 产业集群核心能力研究[D]. 暨南大学博士学位论文，2004.
[23]徐凤琴. 企业联盟及联盟竞争的博弈分析[D]. 中国农业大学博士学位论文，2004.
[24]Teece D J，Pisano G，Shuen A. Dynamic and capabilities and strategic management[J]. Strategic Management Journal，1997，18（7）：509-533.
[25]罗逊维. 跨国公司战略联盟形成机理研究[D]. 中南大学硕士学位论文，2005.
[26]邢海龙，高长元，翟丽丽，等. 大数据联盟成员间数据资源共享动态演化博弈模型研究——基于共享积极性视角[J]. 管理评论，2020，32（6）：155-165.
[27]邢海龙，高长元，张树臣. 基于系统动力学的大数据联盟稳定性模型构建与仿真研究[J]. 情报杂志，2017，36（10）：159-165.
[28]Ansoff H I. Corporate Strategy：An Analytic Approach to Business Policy for Growth and Expansion[M]. New York：McGraw-Hill，1965：45-68.
[29]Amabile T M，Patterson C，Mueller J，et al. Academic practitioner collaboration in management research：a case of cross-profession collaboration[J]. Academy of Management Journal，2001，44（2）：418-431.
[30]Emden Z，Calantone R J，Droge C. Collaborating for new product development：selecting the

partner with maximum potential to create value[J]. Journal of Product Innovation Management, 2006，23（4）：330-341.
[31]胡寅龙. 产学研结合技术创新协同机制研究[D]. 西安工程大学硕士学位论文，2012.
[32]张影. 跨界创新联盟资源整合机制研究[D]. 哈尔滨理工大学博士学位论文，2019.
[33]于海艳. 企业战略联盟协同创新机制研究[D]. 哈尔滨工程大学硕士学位论文，2014.
[34]孙斌，郑垂勇. 产业集群创新系统的序参量研究[J]. 统计与决策，2009,（6）：140-142.

第2章　大数据联盟数据资源获取

2.1　大数据联盟数据资源特征和类型

2.1.1　大数据联盟数据资源界定

数据资源作为现代社会发展所必需的新型资源，在医疗、政务、教育等领域发挥着巨大作用，且已有众多学者对数据资源的应用、管理等方面展开了相关研究，促进了数据资源的合理利用。

在数据资源应用研究方面，数据作为反映客观事物属性的记录，含有大量冗余数据，在对数据进行清洗、去冗余等预处理后，含有价值的数据被称为数据资源。数据资源具有的价值使其在各个行业中发挥着巨大的作用。为了解我国医疗产业发展现状，张黎黎等利用健康医疗大数据资源对我国医疗产业进行调查分析[1]；邱亮亮和李锦芝在现有政务数据资源实时交换总线技术的研究基础上，设计了政务数据实时交换总线技术功能模块，实现政府治理能力现代化[2]；高洁探索了大数据环境下数字图书馆数据资源建设对数字图书馆发展的影响机理[3]。

在数据资源理论研究方面，现有文献主要对数据资源共享及整合、数据资源交易、数据资源产权等展开研究。在数据资源共享及整合方面，邵玉昆对我国科技数据资源在开放共享领域的建设及其机制进行分析，深入探究国内外科技数据资源的开放共享情况[4]；为充分利用海量数据，提高信息获取效率，席敏对数据资源整合系统的构建进行研究[5]。服务数据资源作为一种在服务提供过程中产生的数据资源，拥有极高的使用价值，为充分发挥服务数据资源价值，翟丽丽等通过分析数据资源流动增值过程，制定资源推送服务架构，提出了一种基于互信息特征的制造业大数据联盟数据资源推送服务算法[6]。许璐基于区块链技术对服务数据资源交易进行研究[7]；陈英华针对由服务数据资源复杂性引起的交易量少、交易效率低等问题，对服务数据资源的元数据规范进行研究[8]。数据资源作为一种新型资源，其领域还没有健全的法律规章制度，导致数据资源产权混乱现象出现。姜璐针对服务数据资源缺少法律框架规制、权属难以界定等问题，对服务数据资源权利及描述标准进行研究[9]；魏鲁彬等研究发现数据资源产权的缺失，导致知识产权及隐私缺乏保护，由此设计了数据资源的产权分析框架[10]。

众多学者对数据资源管理展开了相关研究。王红梅从知识创新的角度对大数据资源管理系统进行研究，以提高海量异构分散的大数据信息资源管理效率[11]；张桂刚等针对互联网中海量数据资源处理难度大的问题，设计云环境下海量数据资源管理框架，给出了一个云环境下数据资源管理与应用的完整方案[12]。数据资源的有效管理有利于数据资源共享，提升数据资源利用效率。为实现数据资源在不同企业之间进行共享，胡艳玲等运用共生理论对大数据联盟中多主体间的数据资源共享关系进行分析，并构建了不同关系模式下的数据资源共享模型[13]；为提高云数据中心资源利用率与能源效率，减少能源消耗，实现绿色计算，王霆等进行了基于虚拟机整合的云数据中心资源管理研究[14]；牛庆松等提出以业务体系为基础数据资源梳理的方法，获取数据在系统中的分布情况及数据在业务流程中的关系，进一步形成企业级的数据资源管理体系[15]；考虑到静态数据资源管理在数据资源应用中逐渐成熟，而数据资源却实时变化，张程烨对动态数据资源管理机制进行研究[16]。

通过梳理数据资源研究文献可知，数据资源作为大数据联盟的核心资源，维系着联盟内部成员间的合作共享关系，并通过将数据资源提供给联盟用户获取利益。依据大数据联盟特征及现有资源定义研究，大数据联盟数据资源是指在大数据联盟相关技术或应用创新过程中，围绕联盟目标，各成员协同合作，共享的各自优势资源，主要包括各类形式资源及相关要素之间关系，这些要素具有较强的竞争力和特殊性，多为具有价值的优势资源，联盟目标的高效完成依赖于这些数据资源的优化配置。

2.1.2 大数据联盟数据资源特征

大数据联盟数据资源是联盟目标完成的关键，数据资源匹配度和特殊性对共享价值实现具有重要影响，主要具有以下特征。

（1）多源异构性。大数据联盟数据资源来源于各个成员及各个领域，不同成员拥有各自的数据资源收集方式，造成数据资源来源多样、类型多样、结构不统一，所以需要通过大数据联盟进行统一标准化处理。

（2）价值异质性。大数据联盟数据资源最基本的特征就是价值。异质性主要是指大数据联盟数据资源的难以模仿性和难以复制性。大数据联盟以数据资源为主，各成员间的数据资源具有一定的异质性，从而保持了资源整合后的低重复率和高可用性。

（3）流动增值性。大数据联盟各成员提供的数据资源具有可传递性，可以通过共享及数据资源的增值过程实现数据资源的流动，使得数据资源保持较高的活性和利用率，促进数据资源的充分交流与合作。

（4）共享连通性。大数据联盟各成员的数据资源要具有共享性，即为了企业或联盟的目标，各成员可以通过联盟的数据服务平台实现数据资源的无障碍交流，打通各环节壁垒，成员彼此间建立信任关系，加强沟通与合作，实现价值共享。

（5）持久应用性。大数据联盟数据资源作为可再生的资源，随着动态流动和交易使用，数据资源量不断膨胀。大数据联盟数据资源在完成联盟目标后，实现增值效应，产生具有新价值的数据资源并回归大数据联盟，供大数据联盟以后挖掘使用，具有可持续性。

2.1.3　大数据联盟数据资源类型

数据分类是大数据、数据产业、数据科学的最基本问题之一，其最终目的是促进数据的利用。现在对数据的分类方法有很多，具体分类的维度与分类要达到的目的相关。从数据是资源的角度出发，可按照数据的性质将数据资源分为三类：一是涉及国家安全及战略的数据资源，可看作战略物资；二是由大众产生的，或公共事业产生的，无法明确版权的公共数据资源，大众都享有使用权；三是各种可供交易的商品数据资源。从数据所属权角度对数据进行分类，根据数据的使用权、修改权、衍生权、许可权、再许可权等细分。根据数据的重要程度进行分类的，可以从重要性和对象的不同及不同领域进行归类。从不同的分类角度来说，同一个数据可能属于不同类别。数据交易类平台数据偏以共享科研数据为主，按照学科类目划分数据，具体细分为语音数据、图像数据、视频数据和微博数据等。

根据已有研究及对大数据联盟概念与特征的分析，从数据资源价值角度出发，将大数据联盟成员数据资源分为可共享数据资源和不可共享数据资源，具体分为一般性数据资源和核心数据资源，如表 2-1 所示。

表 2-1　大数据联盟数据资源分类

项目	一般性	核心
可共享	可共享一般性数据资源	可共享核心数据资源
不可共享	不可共享一般性数据资源	不可共享核心数据资源

可共享一般性数据资源主要是指不涉及企业核心业务及机密的并且可完成组织创新目标的数据资源，这部分数据资源数量及规模都比较大，数据共享安全风险较低，能够快速地共享出来供大数据联盟使用。可共享核心数据资源主要是指与企业核心技术与业务相关的可完成组织创新目标的数据资源，大数据联盟成员需要将这部分数据资源先进行适当脱敏处理，在尽可能不损害数据资源价值的情况下，共享给大数据联盟使用。

2.2　大数据联盟数据资源识别表示

2.2.1　大数据联盟数据资源识别

1. 数据资源预处理

1）数据资源缺失值处理

数据资源缺失值处理是数据处理过程中需要首先解决的问题，缺失值是指在数据记录中某些属性对应的数字为空。缺失值的出现通常可能是多种情况造成的，如数据收集人员在记录数据时操作失误、调查问卷中参与者没有填写、数据转移时数据部分属性或字段丢失。

大数据联盟存储不同联盟成员共享的数据资源，由于存储和调取等多种因素的影响，数据值存在缺失值较为常见。根据数据缺失数量多少可将数据缺失划分为单变量的缺失和多变量的缺失。在缺失评定中如果数据缺失对于分析结果没有影响，可以采用列表删除和成对删除的方法进行处理。当缺失的数据影响到数据分析的结果，并且不能判断所缺失的数据是否是机器或人为操作所致时，通常认定缺失结果符合随机缺失特性，联盟在进行缺失值处理时可采用平滑预测或者单值插补进行数据填补。此外，有些数据在所属列表中难以发觉存在的规律，则可以通过极大似然估计或者期望最大化（expectation-maximum，EM）算法进行数据的预测。联盟数据资源缺失值处理方法如图 2-1 所示。

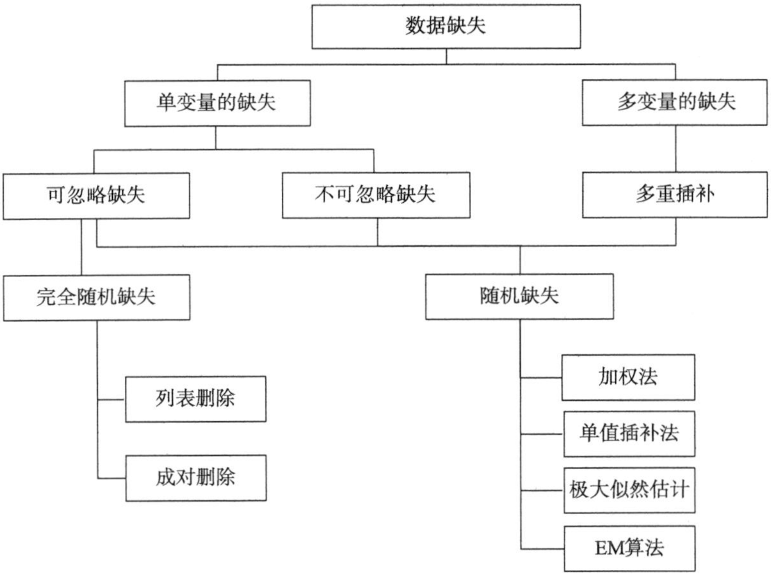

图 2-1　联盟数据资源缺失值处理方法

2）数据资源对象匹配

大数据联盟数据资源对象的匹配是在虚拟资源池构建过程中，虚拟资源池通过映射完的源数据库中的数据资源或数据库，依据一定的规则归并到相应结构类型中，便于数据转化和调用。通常可以根据数据资源符合哪种对象的概率进行匹配。匹配模型如下所示：

$$R=\frac{P(\gamma\in\varGamma|r\in M)}{P(\gamma\in\varGamma|r\in U)}$$

其中，$\varGamma$ 表示匹配规则集合；γ 表示 $\varGamma$ 中的一个匹配规则；R 表示一类进行匹配的数据；M 表示符合该种规则的属性集合；$P(\gamma\in\varGamma|r\in M)$ 表示在符合该规则的属性集合的支撑下确定该数据是这个规则的概率。R 的取值大表明该数据资源较符合 $\varGamma$ 对象类型的数据结构。如果 R 符合 γ 规则、比 $\varGamma$ 规则集中其他值都要大，则可以认定 R 数据资源可以归并到 γ 类型的数据库中。

依据上面的匹配模型，联盟数据资源对象匹配的过程如下。

第一，对源数据库中的数据和数据库进行处理形成单独数据点，在此过程中重复性的数据只生成一个数据点，其存储位置可以记录到数据库数据点处。

第二，根据用户所需的数据类型形成不同的数据类的规则，如数据按照结构存储在关系数据库管理系统（relational database management system，RDBMS）、对象关系数据库管理系统（object relational database management system，ORDBMS）等。

第三，对虚拟资源池中的数据节点依据匹配规则进行 MaxR 的计算，确定最为符合的数据存储对象并将对应数据节点的信息记录到存储对象中。

第四，为了控制源数据库中数据存储负载均衡，将已确定的匹配对象的数据节点在虚拟资源池中进行清除，新引入的数据按照映射关系重新编码并且不与之前任何节点编码重复。

第五，在步骤三中若对于某一个数据节点计算的所有 *R* 值差距较小且数值较小，则可认定该数据符合新的规则对象，而如果该规则对象没有定义，需要添加到规则列表中。

3）数据值冲突处理及提取

联盟数据资源的数据值冲突是指联盟存储的数据资源中，由于提供数据资源的联盟成员企业不同，不同企业对于数据存储时的参数标准、取值量纲会有所差异，同一个数据会以不同的数值或形式出现。为了避免大量数据冗余导致虚拟资源池中节点浪费和映射错误，联盟在数据从底层存储向虚拟资源池映射的过程中，制定了数据冲突解决办法，如图 2-2 所示。

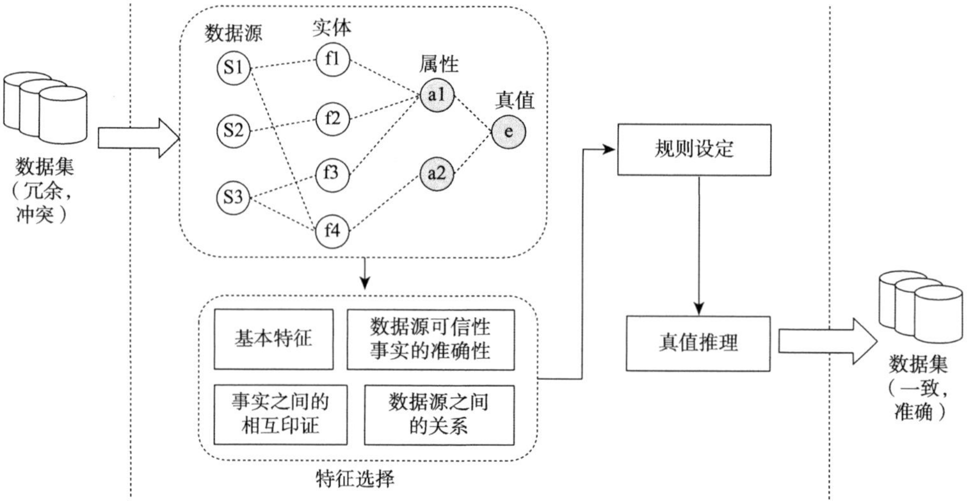

图 2-2　联盟数据资源数据值冲突处理过程

联盟将数据集进行属性解析，通过特征处理、规则设定及真值推理，可将多个数据集中的冲突数据进行一致化确定。

大数据联盟中虚拟资源池中的数据点通过规则匹配归并到对应的数据类型库中，实际的数据类型库中没有存储直接的数据资源，而是记录符合该种数据类型的数据在分布式文件系统（hadoop distributed file system，HDFS）中的存储位置。联盟数据资源交易平台在接收到用户购买需求后，将用户购买需求拆分成不同的需求点，每个需求点对应一部分数据。大数据联盟数据资源管理平台向涉及用户需求的云数据库发布数据需求信息，云数据库则向对应的数据类型库中发送数据提取信息。数据类型库通过查找存储的数据点的信息，直接从分布式数据库中抽取相应的数据。

2. 大数据联盟数据资源识别范围

1）数据资源基本信息

大数据联盟数据资源基本信息主要是指数据资源的种类信息、数量信息、属性信息等，包括数据资源的来源信息、数据资源的服务方式、数据资源的类型信息、数据资源的领域信息、数据资源的功能信息和数据资源的共享价值信息等，通过对数据资源的特征信息进行有效识别，可以对数据资源的更好利用起到促进作用。

2）数据资源共享情况

大数据联盟数据资源共享情况主要是指各成员通过大数据联盟数据服务平台进行的数据资源共享行为信息，包含数据资源的共享次数、共享成员和共享评价等，从大数据联盟数据资源的共享信息中可以发现隐藏的数据资源需求，从而找到提高数据资源利用效率的办法。

3）数据资源利用情况

大数据联盟数据资源利用情况主要是指在大数据联盟数据服务平台中的数据资源流动效率，明确哪些数据资源流动性较高、哪些数据资源流动性较低，了解这些信息，可以有针对性地采取措施激发数据资源的活性，提高数据资源的流动性和利用价值。

4）数据资源关联信息

大数据联盟数据资源关联信息主要是指大数据联盟数据服务平台中的数据资源间的关联性，数据资源与数据资源的耦合性和关联程度较大，可以通过重组融合以打通数据资源间的壁垒，发挥数据资源的最大利用价值，激活沉睡的数据资源，创造新的数据资源价值。

大数据联盟数据资源识别的主要内容如图 2-3 所示，通过对大数据联盟数据资源的有效识别，可以发现大数据联盟数据资源的缺口，针对联盟的数据资源缺口，联盟可以采取相应的措施弥补数据资源缺口，主要有联盟内部加工解决和外部购买或引入两种方式，进而完善大数据联盟数据资源的整体完整性和提高数据资源的整体价值性。

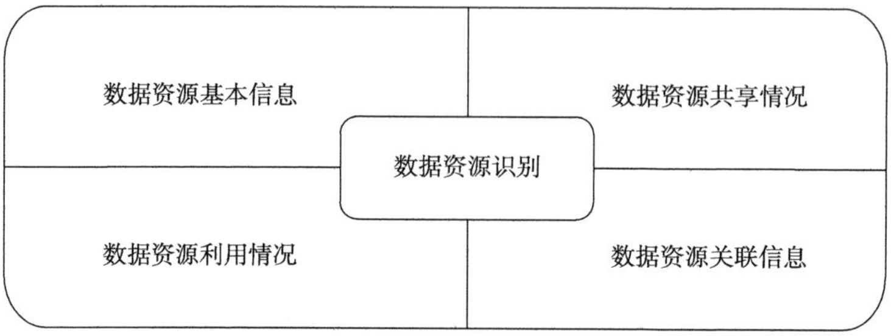

图 2-3　大数据联盟数据资源识别内容

3. 基于灰色关联的大数据联盟数据资源识别

大数据联盟核心数据资源也叫作关键共享数据资源，它的有效识别主要是识别相对富有更多价值的数据资源，这部分数据资源具有较高的异质性、难以模仿性和难以替代性，涉及部分成员企业的核心利益，即这部分数据资源对成员安全构成一定的影响，成员企业的核心竞争力在很大程度上来源于这部分异质的数据资源。通过核实大数据联盟的核心数据资源，可以明确各成员的共享贡献程度，以确保各成员的利益，并形成联盟整体竞争优势。大数据联盟核心数据资源具有难以复制性、难以模仿性、互补性和异质性等特点。为了对大数据联盟核心数据资源进行有效识别，采用灰色关联分析法。灰色关联分析法是灰色系统理论中非常重要的分支之一，它的基本思想是根据序列曲线几何形状来判断不同序列之间的联系的紧密程度，基本原则是通过各因素之间的相似程度来判断各因素之间的关联度。通过利用灰色关联分析法，将大数据联盟核心数据资源指标与联盟的竞争力指标进行关联分析，并将与联盟竞争力关联度较大的数据资源视为大数据联盟的核心数据资源，具体识别过程如下。

（1）确定大数据联盟核心数据资源的特性指标。根据 Barney 的观点，如果企业的资源具有难以模仿性、难以复制性和价值性，即企业拥有异质资源，则这些资源对企业的核心竞争能力具有显著正相关作用。Peteraf 认为企业的核心资源需要具备异质性、不完全流动性，对竞争的事前、事后限制等特征。根据资源基础理论及大数据联盟的特点，界定大数据联盟核心数据资源应具有不可复制性、价值异质性、高度竞争性、动态变化性和使用可控性等特性，以此为联盟提供持续的竞争优势。

（2）确定大数据联盟的竞争力指标。结合大数据联盟特点及发展需要，将大数据联盟的竞争力指标分为：①大数据联盟整体发展战略；②政府及市场需求导向；③大数据联盟整体综合能力；④大数据联盟市场机会；⑤大数据联盟文化制度及价值观。

（3）指标计算步骤如下：设大数据联盟的数据资源有 m 种，大数据联盟的竞争力指标有 n 个，w_i 为大数据联盟第 i 个竞争指标的权重，x_{kj} 为大数据联盟第 k 个样本的第 j 种数据资源特性指标经过标准化后的值。

第一步，确定最优指标集 $\{x_i\}=\{x_{i1}, x_{i2}, \cdots, x_{in}\}$，$x_i$ 为第 i 个大数据联盟竞争力指标的最优值。

第二步，计算两个指标间关联系数，将 $\{x_i\}=\{x_{i1}, x_{i2}, \cdots, x_{in}\}$ 作为参考数列（母因素），将 $\{x_k\}=\{x_{k1}, x_{k2}, \cdots, x_{kn}\}$ 作为比较数列（子因素），利用灰色关联分析法分别求第 k 个样本中第 j 种数据资源特性指标与第 i 个最优指标数值的关联系数，计算公式如式（2-1）所示：

$$\xi_k(j)=\frac{\min\limits_k \min\limits_j \left|x_{ij}-x_{kj}\right|+\rho \max\limits_k \max\limits_j \left|x_{ij}-x_{kj}\right|}{\left|x_{ij}-x_{kj}\right|+\rho \max\limits_k \max\limits_j \left|x_{ij}-x_{kj}\right|} \tag{2-1}$$

其中，ρ 为分辨系数，根据文献[17]应取分辨系数 ρ 等于 0.05，以符合人们的认知习惯，也符合统计数据分析领域的 0.95 原则。

第三步，指标关联度 $R_k=\sum \xi_k(j) \times w_j$。

（4）确定大数据联盟核心数据资源。根据关联度计算结果判断大数据联盟的核心数据资源，指标关联度高的判定为核心数据资源。

大数据联盟核心数据资源只是大数据联盟中的小部分，但它却是大数据联盟主要竞争力的来源。大数据联盟一般性的数据资源也叫作非关键共享数据资源，主要是指不涉及成员企业核心利益的数据资源，这部分数据资源具有较大的可复制性和可替代性，其他成员企业也可有相似数据资源。作为联盟的基础性数据资源，它是保证联盟平稳运行与发展的基石。各成员可以以较低的成本共享这部分数据资源，这样既保障了联盟活动的顺利进行，又能较好地维护自身利益不被侵害。

2.2.2　大数据联盟数据资源标签化

1. 大数据联盟数据资源标签化概念模型

数据资源作为大数据联盟的创新资源，对大数据联盟的长远发展有着重要作用。由于大数据联盟成员的多元性，其数据资源延伸至产业链各个方面，涉及多个领域的数据资源。利用这些数据资源可以对大数据联盟的发展及经济的增长起到推动作用。但是，往往大数据联盟数据资源属性等描述信息具有繁杂、冗长等特征，不利于快速准确地找出所需要的数据资源，也不利于大数据联盟对成员共享数据资源的优化管理和有效利用。具体如图 2-4 所示。

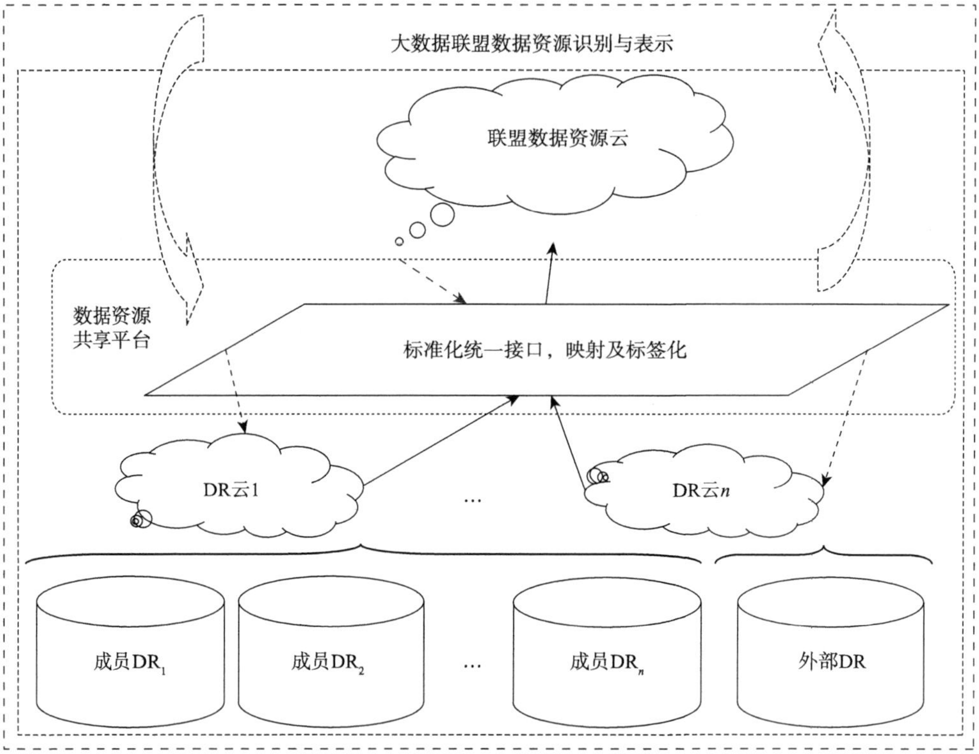

图 2-4　大数据联盟数据资源标签化概念模型

大数据联盟数据资源主要由大数据联盟成员共享的数据资源及少数从外部获取的数据资源构成。对这些数据资源进行有效识别，进行规范化处理，形成统一的标准化接口，存储到大数据联盟数据服务平台中，它们就成为大数据联盟的数据资源。对大数据联盟数据资源描述进行标签化处理，将大数据联盟数据资源进行细化，以能够快速搜索并获取所需数据资源为主要目的，提升大数据联盟数据资源的利用效率。

2. 数据资源标签化过程

大数据联盟数据资源标签化的目的是将识别的大数据联盟数据资源进行分门别类和适当分解，将数据资源描述进行更加详细的划分，使得数据资源的属性特征更加明晰判别，并且能够为后续数据资源的弥补划定更为清晰的界限，对大数据联盟的数据资源优化配置起到积极促进作用，如图 2-5 所示。

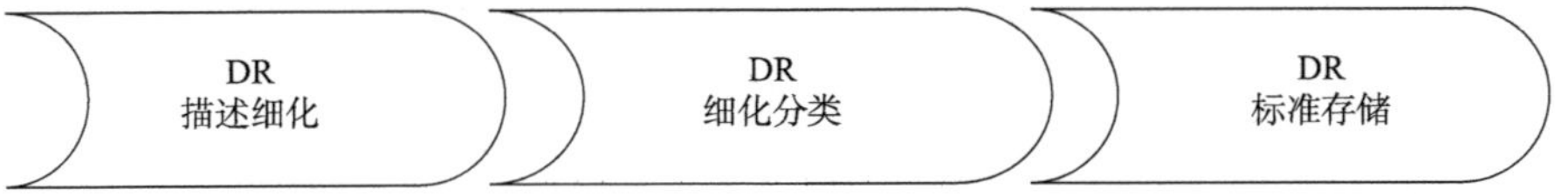

图 2-5　大数据联盟数据资源标签化过程

（1）大数据联盟数据资源描述细化。在对大数据联盟数据资源描述进行拆分表示时需要尽量保证数据资源描述的完整性、可读性和正确性，在不损失原有意义的情况下，最大限度地拆分原有数据资源描述，从而获取较为详细的数据资源属性描述特征，发挥大数据联盟数据资源的最大效用。

大数据联盟数据资源的细化处理可分为水平细化和垂直细化。大数据联盟数据资源的水平细化主要是指将一个大数据联盟数据资源描述拆分为多个描述片段，一个数据资源同时拥有多个子描述，数据资源的水平细化不按照数据资源进行分类拆分；大数据联盟数据资源垂直细化主要是指依据大数据联盟数据资源的不同业务类型进行分类，将一个数据资源描述根据其描述属性划分到所属领域，即基于领域的数据资源描述进行拆分，这种拆分属于比较规范的聚类拆分，按照大数据联盟数据资源属性特点进行划分，如图 2-6 所示。

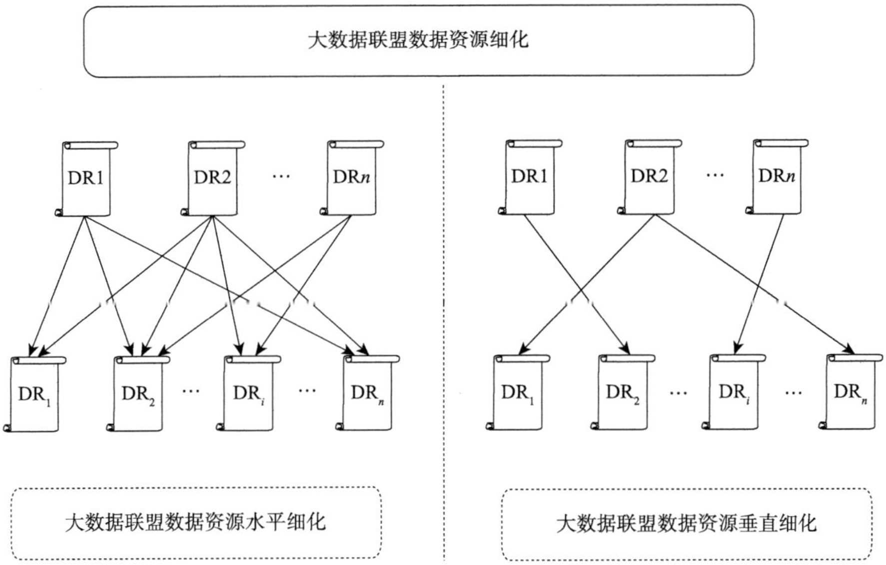

图 2-6　大数据联盟数据资源细化方法

（2）大数据联盟数据资源细化分类。大数据联盟数据资源细化分类是根据数据资源细化结果将大数据联盟不同数据资源进行分类处理，确定出不同数据资源具有哪些标签属性，此时，同一个数据资源可能满足多个分类标准，在不同的分类结果下，都能找到同一个数据资源，即大数据联盟数据资源具有多个标签，可以适用于不同情况的数据资源利用条件。大数据联盟数据资源细化分类主要是为了提高数据资源的规范性和搜索的速度，促进数据资源的高效匹配和推送等利用进程的提升。

（3）大数据联盟数据资源标准存储。大数据联盟数据资源标准存储是对细化分类后的大数据联盟数据资源进行规范，以大数据联盟规范的数据资源格式进行存储，构建大数据联盟数据资源云，以标准化的接口存储和调用数据资源，为更好地共享和利用大数据联盟数据资源提供支持，进而提高大数据联盟数据资源的利用效率和流通速度。

2.2.3　大数据联盟数据资源表示

1. 基于本体的大数据联盟数据资源表示方法

由于大数据联盟成员及成员类型的多元化，不同联盟成员间的数据资源表达方式、存储结构等存在较大差异，不利于大数据联盟成员间的数据资源共享与利用，降低了数据资源流动及增值的效率。异构的数据资源的统一表示及构建大数据联盟资源池是实现数据资源有效共享与利用的基础。所以，数据资源的适当细化处理及表示是大数据联盟数据资源高效利用的前提和基础。

大数据联盟是以数据资源共享为前提条件的，大数据联盟展开的活动和可持续发展都依赖于联盟成员的数据资源共享，所以针对大数据联盟数据资源表示问题，选取本体方法对大数据联盟数据资源进行统一规范和表示。本体的概念最初起源于哲学领域，其定义为对客观事物的系统描述即存在论，后来在其他领域广泛应用。在信息科学中，人们利用本体为不同系统间的知识共享和互操作提供手段，达到知识的表示、共享和利用目的。目前，被普遍接受的本体概念是 1998 年由 Studer 定义的，他认为本体是对“共享概念模型的明确形式化的规范说明”，包含概念模型、明确、形式化和共享四层含义[18]。

2. 大数据联盟数据资源本体构建过程

针对大数据联盟数据资源特征，对数据资源类型信息、领域信息、功能信息及共享价值信息进行适当细化和规范化处理。因此，按照大数据联盟设定的标准进行规范，为构建数据资源本体提供前期辅助支持，具体如图 2-7 所示。

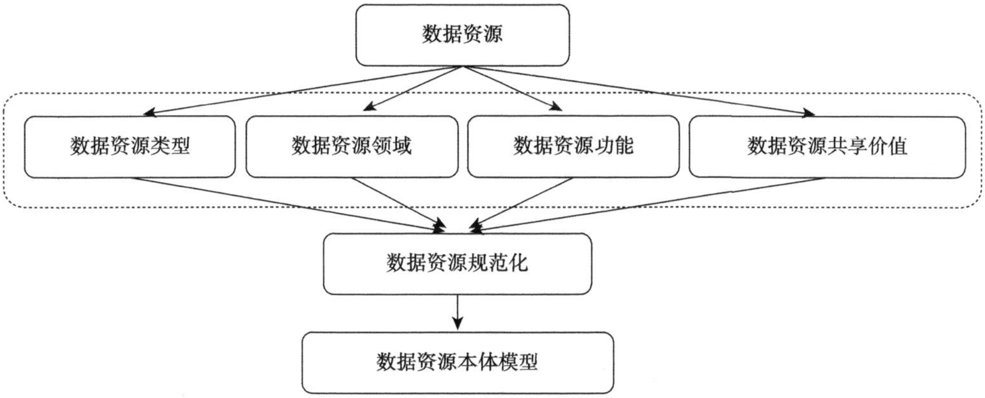

图 2-7　大数据联盟数据资源本体构建过程

3. 大数据联盟数据资源三元组表示模型

（1）大数据联盟领域本体构建。大数据联盟领域本体的构建主要是为了实现联盟领域数据资源的一体化表示，通过对大数据联盟内数据资源的相关概念及其相互关系的描述，反映数据资源内在的概念结构。大数据联盟领域本体可以用三元组表示：

$$DRDO=(DRGS, DRGR, DRSS) \tag{2-2}$$

其中，DRDO 表示大数据联盟领域本体；DRGS 表示大数据联盟领域概念的集合，由大数据联盟领域内的对象、属性和实例构成；DRGR 表示大数据联盟领域概念间关系的集合，由大数据联盟主体、大数据联盟客体及其二者关系构成；DRSS 表示大数据联盟领域概念间的层次结构。

（2）大数据联盟数据资源索引的建立。为了提高数据资源搜索效率，采用三元组对大数据联盟数据资源索引进行表示：

$$DRIO=(DRAD, DROD, DRLD) \tag{2-3}$$

其中，DRIO 表示数据资源索引；DRAD 表示数据资源属性的描述；DROD 表示数据资源的存储路径描述；DRLD 表示大数据联盟利用过程中提供的标准化接口。

2.3　大数据联盟数据资源传输存储

2.3.1　大数据联盟数据资源传输

1. 大数据联盟云数据库特点分析

大数据联盟的云数据库系统是由若干个节点在云中的结合，每个节点又包含各自的数据库系统及中央处理机。其主要特点如下。

（1）分布性。云数据库是海量式分布数据库的集合体，各个数据库地域性分布广泛，以节点的形式连接在云端，形成了整个分布式的数据系统。

（2）动态性。在大数据联盟的整个数据系统中，各节点数据库随着联盟成员企业的改变，而随时加入或者退出整个数据系统，动态性较强。

（3）大规模性。云数据库的大规模性主要体现在两个方面：一是云数据库由海量数据库群组成，数据库节点数量多；二是随着云计算的发展，每一个节点的数据量也在增加，数据库中的数据量较多。

（4）实时性。云数据库提供云端互联的技术，在查询数据及获取数据的时候可以不受时间限制。

（5）可伸缩性。云数据库可以根据需要灵活地对系统数据资源进行整合、扩展，从而使系统的利用率最大化。

云数据库的分布性、动态性、大规模性、实时性及可伸缩性等特点，打破了以往传统数据存储中集中式、静态性、局部性及不可扩展的存储方式。在云数据库的数据传输中引入蚁群算法。蚁群算法具有智能搜索、全局优化、分布式计算等特点，能够很好地适应云数据库动态性的特点。同时可以在蚁群算法中进行相应改进，改进原有的概率转移系数，增加蚂蚁在初始阶段选取数据库节点的多样性，获取云数据库中数据传输的全局最优解。

2. 概率转移系数确定

在云数据库网络中，过多地选择较短的解元素会造成云数据库节点性能大量损耗，严重时导致这些云数据库节点不可用，从而改变整个网络结构，降低整个网络性能。在蚁群算法中，为了避免蚂蚁从搜索的初始阶段就失去解的多样性及损害整个网络结构，在概率转移规则中增加一个概率转移系数，将该系数设定为先前蚂蚁选择经验的一个映射，让蚂蚁在搜索的初始阶段就开始考虑选取的解元素长度对解的质量影响，备选解元素引导蚂蚁走向较长的路径时，就减少该元素的权重，反之，如果走向短路径则增加权重，这样，可以增加选择路径的多样性，使其在搜索初期就选择多种路径，从而获得全局最优解。

首先引入如下变量。m 表示蚁群中蚂蚁数量（整个数据库系统中各营业网点云数据库数量）；α 表示信息素影响程度；β 表示启发信息影响程度；ρ 表示信息素挥发系数，其值小于 1；d_{ij} 表示边 (i, j) 的距离；η_{ij} 表示边 (i, j) 的启发因子，一般取 $\eta_{ij} = 1/d_{ij}$，这个值不随蚂蚁系统运行而改变；τ_{ij} 表示边 (i, j) 的信息素值；$P_{ij}^{k}(t)$ 表示在 t 时刻蚂蚁 k 从云数据库节点 i 转移到云数据库节点 j 的概率；i 为当前蚂蚁所在的云数据库节点；j 为蚂蚁尚未访问过的云数据库节点。

概率转移系数用 $\theta(i, j)$ 表示，其计算公式如下：

$$\theta(i,j)=\begin{cases}1-(|A(i,j)|)^{-1}\displaystyle\sum_{k\in A(i,j)}\frac{c(k)-c_{\text{mid}}}{c_{\max}-c_{\min}}, & \text{if}\ |A(i,j)|>0\\ 1, & \text{otherwise}\end{cases} \tag{2-4}$$

其中，$c_{\min}$ 表示蚂蚁 k 在当前迭代中所找到两个云数据库节点之间路径长度的最小值；$c_{\max}$ 表示最大值；c_{mid} 表示平均值。$c(k)$ 表示蚂蚁 k 所选择的边 (i, j) 的长度；$|A(i, j)|$ 表示本次迭代中经过了边 (i, j) 的蚂蚁的集合；$A(i, j)$ 表示经过边 (i, j) 的蚂蚁的数量。

蚂蚁在选择下一个云数据库节点时，计算当前节点与其可选范围内的节点连接而成的路径的累积值。设定区间[−1，1]，使所有蚂蚁走过的两云数据库节点之间的路径长度都映射到这一区间，其中−1 和 1 分别表示最短和最长路径长度的映射值；对于一个给定的边 (i, j)，用 1 减去经过边 (i, j) 的所有蚂蚁的映射后路径长度的平均值。如果边 (i, j) 主要出现在较短的路径上，映射后路径长度值会接近−1，$\theta(i, j)$ 会接近 2；反之，如果一条边 (i, j) 在本次迭代中主要用来构建较长的路径，$\theta(i, j)$ 会接近 0。

加入概率转移系数，目标节点被选择的概率用 $P_{ij}^{k}(t)$ 表示，其计算公式如下：

$$P_{ij}^{k}(t)=\begin{cases}\dfrac{\theta(i,j)[\tau_{ij}(t)]^{\alpha}\times[\eta_{ij}(t)]^{\beta}}{\displaystyle\sum_{j\in \text{allowed}_k}[\tau_{ij}(t)]^{\alpha}\times[\eta_{ij}(t)]^{\beta}}, & j\in \text{allowed}_k\\ 0, & \text{otherwise}\end{cases} \tag{2-5}$$

其中，allowed_k 表示在本次循环中蚂蚁 k 未曾访问的云数据库节点集合。

3. 大数据联盟数据传输路径优化步骤

基本假设：大数据联盟云数据库节点间不存在单向链路，即成员 A 数据库节点能够向成员 B 数据库节点传送数据，成员 B 数据库节点也能够向成员 A 数据库节点传送数据。

改进的蚁群算法的步骤如下所示。

（1）参数的初始化。令 $t=0$ 和 NC =0（ t 表示时间，NC 表示循环次数），设置最大循环次数 NC_{max}，初始禁忌表 $tabu_k$ 为空。令每条边 (i,j) 的初始化信息量 $\tau_{ij}(0)=\tau_0$， τ_0 为常数，且初始时刻 $\Delta\tau_{ij}(0)=0$ 。启发因子 $\eta_{ij}=1/d_{ij}$ 。设置参数 α 、β 、ρ 和 Q 的初始值。

（2）将 m 只蚂蚁放在 n 个云数据库节点上，用 s 表示蚂蚁的步数。将蚂蚁的初始云数据库节点加入当前禁忌表中 $tabu(s)$ 。

（3）蚂蚁数目 $k\to k+1$ 。

（4）计算每只蚂蚁选择下一个云数据库节点 j，其中， $j\in\{V-\mathrm{tabu(s)}\}$ ，V 表示所有云数据库节点数目。

（5）修改禁忌表 $tabu_k$ ， $tabu_k$ 表示蚂蚁 k 的禁忌表。

（6）若还有蚂蚁尚未访问完的云数据库节点，则跳转到（3），否则执行（7）。

（7）根据式（2-6）云数据库节点 i 和云数据库节点 j 之间路径的信息素量，经过 n 个时刻，对每条路径上的信息素进行更新。

$$\tau_{ij}(t+n)=(1-\rho)\times\tau_{ij}(t)+\rho\Delta\tau_{ij} \tag{2-6}$$

$$\Delta\tau_{ij}=\sum_{k=1}^{m}\Delta\tau_{ij}^{k} \tag{2-7}$$

$$\Delta\tau_{ij}^{k}=\begin{cases}Q/L_k\\0\end{cases} \tag{2-8}$$

其中，Q 为常数，表示蚂蚁所经过路径上的信息素总量； L_k 表示在当前迭代中，第 k 只蚂蚁所经过的路径长度； $\Delta\tau_{ij}$ 表示所有蚂蚁释放在路径 (i,j) 上的信息素总和； $\Delta\tau_{ij}^{k}$ 表示蚂蚁 k 释放在路径 (i,j) 上的信息素。引入信息素更新系数，$\Delta\tau_{ij}'=f(i,j)\sum_{k=1}^{m}\Delta\tau_{ij}^{k}$ 。

（8）若满足条件 NC≥NC_{max}，则执行（9），否则执行 NC = NC+1，跳转到（2）。

（9）输出最优云数据库数据传输路径，结束。具体流程如图 2-8 所示。

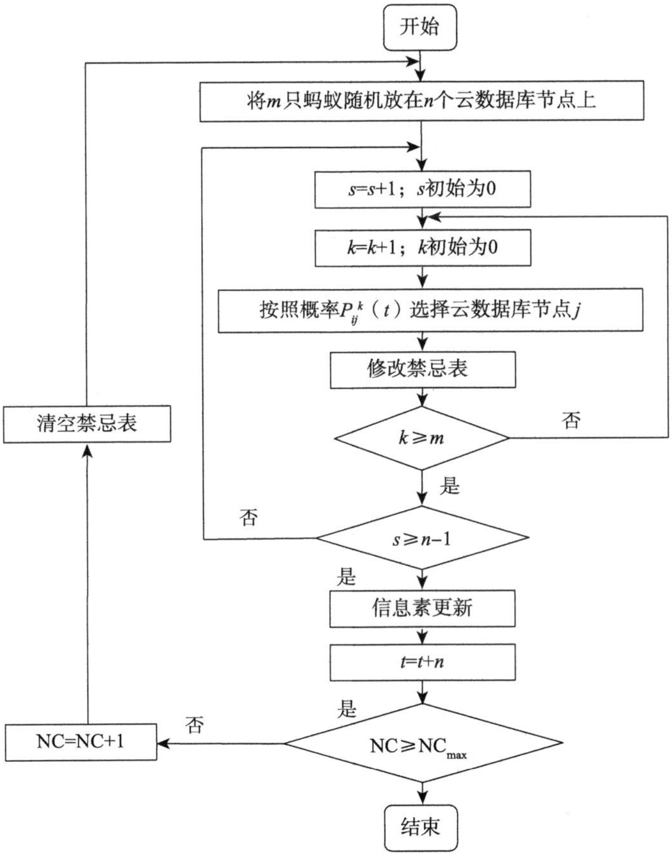

图 2-8　改进蚁群算法流程

2.3.2　大数据联盟数据资源转换

1. 大数据联盟数据资源转换目的

大数据联盟数据资源分布存储在不同的成员中，云内部及云与云之间的数据资源可能存储类型、格式等不同。为了使大数据联盟成员间数据资源更好地交互与共享，需要统一联盟内数据资源格式，将各种类型的数据通过数据转换，转换成消除各种不同语义、格式的标准数据资源。本书构建了一套适用于联盟数据资源的数据转换机制。数据资源转换的最终目的：一是实现大数据联盟数据资源共享；二是为用户（联盟外部需求者或者联盟成员）提供一个透明、统一的数据资源服务池。

2. 大数据联盟数据资源转换步骤

大数据联盟中数据资源虽然可以通过冲突值进行数据约简，达到数据规范化的效果，但是由于众多数据中数据变异程度较大，联盟企业中相关文本概念、非结构化数据较多，数据在利用中无法直接使用。联盟数据资源规范化处理就是为了统一数据表示规则，消除联盟成员间数据表示差异，使数据简单、单一化，并且不会改变数据中原有的关系模式。大数据联盟数据资源转换步骤如下。

（1）数据分析。数据分析是对虚拟资源池中映射的原始数据的属性和数值进行统计分析，通过数据挖掘方法发现数据取值规律、个别属性的特征及属性值变动的规则。

（2）定义转换规则与工作流。对于数据分析出的问题，数据通过分析数据所在属性的规律设定数据处理规则，并且根据数据的量级设定合理的工作流。

（3）数据验证。数据验证主要是对通过转化规则进行转化的数据进行验证，对部分样本数据集进行数据处理和结果检测。

（4）执行规范化处理。针对验证后的可行的数据集进行批量规范化操作。首先，对数据进行属性分离，按照类别划分属性。其次，对数据再次进行校验和订正。最后，将同种类型的数据按照统一的格式进行转换处理。

（5）数据回流。数据回流是将处理后的数据按照不同的类别存储到特定的 HDFS 中。

为了提高联盟数据规范化效率，可以在原有的大数据处理架构上引入数据仓库工具 Hive 进行数据规范化处理。其流程如图 2-9 所示。

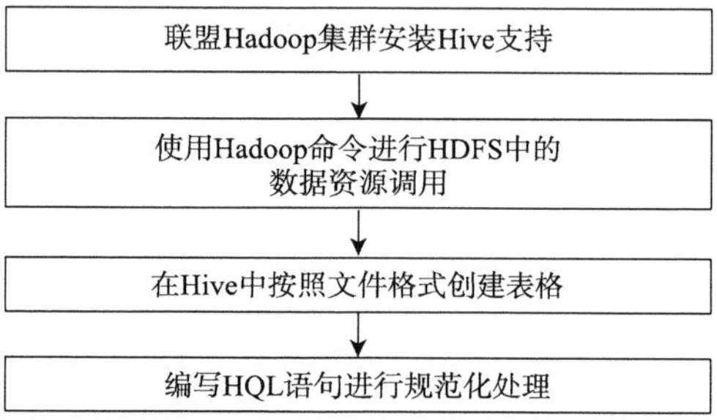

图 2-9　联盟数据规范化处理流程

HQL：hibernate query language，查询语言

3. 基于本体的大数据联盟数据资源转换模型

RDF 自身具有较强的规范性与标准性，而且 RDF 的可扩展性和自描述性转换

特点使得其能够适应数据源和环境的各种改变。另外，大数据联盟内数据资源种类多样，RDF 能为不同类型的数据资源提供处理平台，因此，提高了大数据联盟数据资源转换的自适应功能。基于本体的数据资源转换基本原理就是以 RDF 格式为中介，将从大数据联盟不同的云数据库抽取的异构数据资源按照转换与映射规则形成 RDF 的全局数据模型，进行验证处理之后，将其转换至大数据联盟数据库，具体数据资源转换模型如图 2-10 所示。

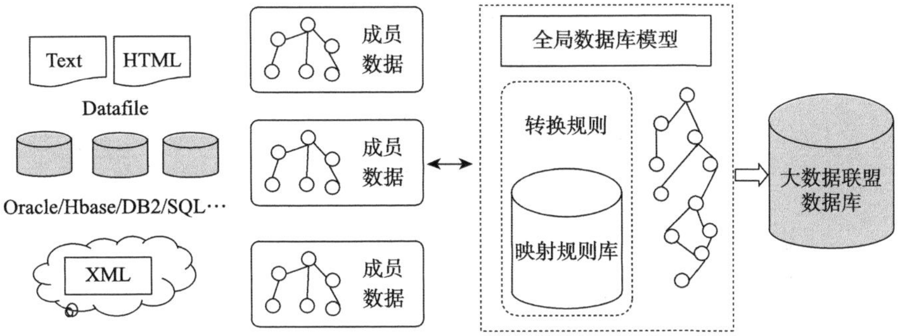

图 2-10　大数据联盟数据资源转换模型图

HTML：hyper text markup language，超文本标记语言

SQL：structured query language，结构化查询语言

XML：extensible markup language，可扩展标记语言

将大数据联盟数据资源转换描述为以下关系：

$$F(\text{MDataB}, \text{MDataA}, R, \text{DataB}) \rightarrow \text{DataA}$$

其中，MDataB 表示大数据联盟各成员局部数据模型；MDataA 表示大数据联盟全局数据模型；DataB 表示符合 MDataB 的数据集；R 表示局部数据 DataB 到全局数据 DataA 的转换规则；F 表示局部数据模型 MDataB、全局数据模型 MDataA、局部数据 DataB 及转换规则 R 到全局数据 DataB 的一种转换关系映射。

4. 大数据联盟数据资源转换规则

大数据联盟数据资源转换规则主要是对数据映射规则的设计，它是数据资源转换的关键之一。大数据联盟成员不同的异构数据源到目标数据的转换需要元数据映射规则，其能够表达它们之间的映射关系，如表 2-2 所示。

表 2-2　元数据信息映射规则关系

数据源数据	通用元数据
char	string
varchar	string

续表

数据源数据	通用元数据
numeric	decimal
boolean	bool
tinyint	integer
smallint	integer
bigint	long
real	float
double	double
binary	bytes
varbinary	bytes
time	date
timestamp	date

大数据联盟中数据资源的种类丰富复杂，来自不同成员的数据源之间的云数据存在各种差异，因此，设计了一种针对大数据联盟的数据资源转换规则，具体规则如下。

（1）大数据联盟数据资源中代表字符类型的元数据可以用 string 表达。

（2）大数据联盟数据资源中代表实数型及数据值型的元数据可以用 decimal、float 或 double 等表达，根据具体事例进行映射选择。

（3）大数据联盟数据资源中代表日期类型的元数据用 date 表达。

5. 大数据联盟数据资源特征构造

数据资源中拥有较好的特征属性，可以简化和节约数据分析和挖掘的时间。但是实际数据量的不足、数据属性较少时，往往只有通过复杂的模型才能分析提取有用信息。此外，用户提出的需求通常没有直接的数据与之对应，而是需要把现有的数据通过属性间的处理，构造出用户需要的数据。因此，特征构造在实际应用中需求点较多，较为重要。特征构造是指现有数据的属性通过属性间的结合创造出新的具有一定实际意义的属性。数据构造是特征工程中极为重要的一部分，好的特征可以简化模型，节约计算时间。目前在特征工程中没有自动化解决方法，通常需要人为进行特征构造。因此，联盟数据资源特征构造可以采用如下方法。

（1）单一变量处理。单一变量处理通常是指针对一个变量，通过一定的数学计算方法转化为新的属性。常用的处理方法是将数据进行开方处理、对数处理、归一化处理、径向基核处理、添加协变量处理等。

（2）两变量结合方法。两变量结合方法是特征构造中经常使用的方法，两变量间通过一定的数学运算规则形成新属性。常用的处理方法有变量间和差结合、变量间乘除结合、阈值选取、笛卡儿积处理、白化处理等。

（3）多变量结合方法。多变量结合方法通常运用综合评价相关方法对多个属性进行结合转化，常用的方法有利用主成分分析法构造、聚类方法构造、稀疏编码构造、随机森林算法构造等。

数据特征构造在实际应用中远比发现复杂模型重要，通常在推荐系统中给定的数据量和属性个数较少，如果利用属性间的关系进行相关属性构造，通常推荐结果较优。

2.3.3　大数据联盟数据资源存储

1. 大数据联盟数据资源存储性能分析

大数据联盟数据资源具有数据种类多、数据量大、数据访问频繁等动态性特点，这些特点均对联盟数据资源存储系统提出了存储性能要求。

（1）扩展性。大数据联盟的数据资源具有海量性，当数据存储量达到一定规模时，系统能够自动实现较高的扩展性能，通过增加服务节点将数据进行有效的分布式存储。

（2）高性能。大数据联盟存储系统能够满足云用户和各成员对数据资源读写的实时性与查询处理的便捷性。

（3）可伸缩性。大数据联盟存储系统需按需分配存储资源，有效解决负载均衡问题，提高系统资源的利用率。

（4）可靠性。大数据联盟数据存储系统必须具有较高的可靠性，一旦某一成员的服务器发生故障，系统必须保证迅速恢复其功能，具有高度的容灾能力，保证正常的服务不受影响。

（5）并发性。大数据联盟数据存储系统能够实现多个云用户同时进行读写等操作，并且保证数据的强一致性，实现系统对并发性的要求。

2. 大数据联盟数据资源存储技术的选择

随着时间的推移，联盟成员共享数据不断增多，为了有效应对日趋增多的数据资源，同时满足外界用户和联盟成员高效的资源存储调用，大数据联盟数据资源管理中心需要构建合适的数据资源存储框架。常用的大数据资源存储技术有如下三种。

（1）利用存储区域网（storage area network，SAN）技术存储。面对海量的数据资源存储，一般采用分布式集群存储。传统的集群是使用两台或者多台物理存储单元，将数据分散在每个存储单元上，这样可以避免单个存储单元性能上限影响数据的读取。但是随着数据量的剧增和光通道技术的产生及发展，现有的数据存储集群已不再限制在一定区域内，而是可以往更分散的地域扩展。SAN 是利用专用网络将不同数据存储器与服务器相连，是一种分布式的集群。正因为 SAN 是将存储器与服务器中的磁盘直接通过网线相连，在一定程度上形成了一个数据网络，在这个网络中能够实现数据快速存储、处理和共享。因此，这种存储技术能够满足大数据联盟数据资源的存储和管理需求。

（2）利用远程数据镜像。数据镜像最初在金融行业应用较多。金融领域中的业务交易和用户信息都必须保证数据的绝对安全。数据镜像通过多地区的专用数据存储装置将数据进行异地的多套备份和处理，在一定程度上能避免一处基站的损失影响数据的安全性。目前，随着磁盘阵列技术的进一步发展，异地存储和管理数据的效率进一步提升。跨区域的数据存储管理中心，可将多个地区的磁盘阵列群连接到智能磁盘管理器件上，实现便捷的数据管理。大数据联盟的联盟成员中有专门或者可以提供存储设备和服务器的硬件基础设施企业。由于大数据联盟的分布性特性，不同的基础设施企业所处的地理位置存在差异，在一定程度上也为搭建跨地区的数据镜像提供了可能。

（3）Push 技术存储。传统的数据存储备份是利用 Pull 的指令使主机或服务器执行相关操作，这种技术不仅访问速度有限，而且在多条指令同时发送时相互之间的干扰也会影响数据的相关操作。Push 技术的出现极大地改变了数据库的原有响应方式。Push 技术是通过用户服务器的机制，使服务器能够主动地向用户端发送数据相关操作指令，利用用户端代理指令集有效协调各服务器的工作。Push 技术目前被广泛地应用在跨平台的数据管理中，并且基于该技术的多个服务软件也被开发出来。大数据联盟进行跨区域数据管理也可以采用基于 Push 技术的相关软件，在一定程度上可以提高数据管理效率。

根据数据存储的位置、联盟成员具有的技术，大数据联盟可以从中选取适合联盟使用的存储模式，为联盟相关的数据服务提供保障。

3. 大数据联盟数据资源存储网的生成与更新

云计算的核心虚拟化技术使得大数据联盟能够独立于各种硬件设施运用数据资源。大数据联盟成员都拥有各自的数据中心，其经虚拟化后可以被抽象为不同的数据节点。大数据联盟所有的数据节点汇聚成一个虚拟的海量存储网络。随着大数据联盟成员企业各种不确定的变化，大数据联盟的存储网络也会随之动态变化，如节点的增加、减少或者失效等。因此，采用如下算法对大数据联盟数据存储网络进行管理与维护[19]。大数据联盟数据资源存储网络生成与更新具体算法步骤如下。

输入：新的数据节点；输出：存储网络。

步骤 1：扫描“心跳”文件，查询是否存在新节点的增减，若无，则原存储网络不变；若增加了新的数据节点，则进入步骤 2，若减少则进入步骤 3。

步骤 2：当大数据联盟存储网络增加了新的数据节点时，首先判断该节点的位置，并找到该节点物理连接的另一节点，将两节点之间用一条线连接。然后进行步骤 4。

步骤 3：当大数据联盟存储网络的数据节点被删除时，首先判断该节点的位置，并找到该节点物理连接的所有节点，将它们之间的所有连线删除。然后进行步骤 5。

步骤 4：计算存储网络中新增的数据节点的负载量，然后将负载节点提交数据资源调度算法，记录该节点的实际负载量，以供参考。

步骤 5：计算存储网络删除数据节点的具体存储资源内容，如资源名称、属性、数量等，然后转向步骤 6。

步骤 6：根据删除的资源内容，将需要复制的数据资源提交给资源迁移算法与副本管理算法。

步骤 7：循环进行数据节点增减判断，若无新的节点增减，则算法结束。

4. 大数据联盟数据资源存储管理模块

大数据联盟数据资源管理运作中，由联盟选取系统的管理团队，管理团队负责对联盟数据资源相关操作进行整体管理。同时为了打消提供数据源的联盟成员的顾虑，针对提供数据的成员需要委派其内部人员担任数据存储和操作的管理人员。这样在平台内部进行数据资源管理时，既有平台方的监控又有各自数据操作管理员的管理，可以从两个层面上保证联盟成员的数据资源的安全[20]。

根据联盟的业务和管理职能安排，设计大数据联盟数据资源存储管理系统，其结构如图 2-11 所示，大数据联盟数据资源存储管理系统主要由四部分组成。

（1）应用程序和用户端。该部分主要是联盟数据资源管理系统与外界的交互模块，用户或者相关的应用可以向管理系统发送数据需求和调用指令。管理系统在此开设的文件或数据操作接口可以收集相关请求，同时向管理系统的主管理模块传递请求。

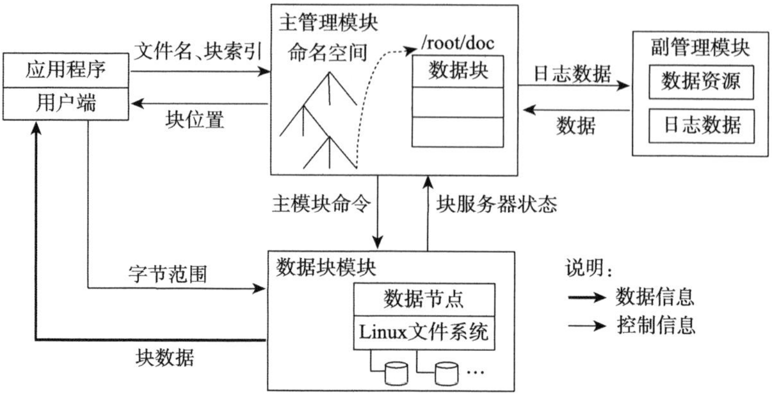

图 2-11　大数据联盟数据资源存储管理模块结构图

（2）主管理模块。主管理模块负责整个数据管理系统的管理工作，该部分存储数据点和数据库信息，在进行资源调度时负责管理整体运作过程。

（3）副管理模块。副管理模块主要是在主管理模块更新或者暂时性瘫痪时，为应用程序和用户端提供数据资源的浏览，出于权限原因，其提供的服务只能浏览部分源数据，不能发布数据调用指令。待主管理模块工作正常时，为主管理模块递交数据请求记录。此外，副管理模块还可负责记录管理系统运作日志，便于配合系统维护人员进行系统的修复。

（4）数据块模块。数据块模块是数据存储的实际位置，该位置由专门的数据管理人员负责管理。该模块相关人员通过接受主管理模块传递的数据调用指令，通过数据点快速寻找需要调取的数据位置，并且根据数据请求选取有效的数据字段范围，并发送给应用端和用户端。

5. 基于 Docker 的大数据联盟数据资源存储

大数据联盟的物理存储域由分布在各个不同地理位置的成员企业数据中心和服务区组成，其存储着大数据联盟企业和客户的各种数据资源。为了使大数据联盟的数据中心朝着规模大、能耗低、绿色的方向发展，采用基于 Docker 容器的方式，实现数据资源的灵活存储。基于 Docker 容器的大数据联盟数据资源存储的具体步骤如下。

步骤 1：构造一个连接了联盟成员所有节点的数据卷容器以方便节点之间的数据共享。

步骤 2：对于 NameNode 节点，使用数据卷与 dfs.name.dir 进行相应的结合，实现文件目录树及元数据的数据写入。

步骤 3：对于 DataNode 节点，使用数据卷与 dfs.data.dir 进行相应的结合，实现大数据联盟各个数据节点的数据存储、更新和维护。

步骤 4：获取大数据联盟中各个节点的 IP（internet protocol，网际互联协议）地址并将其告知给联盟中的所有其余节点，以实现联盟数据节点网络的正常建立与通信，使数据能够被灵活调用与读取。

大数据联盟数据资源存储参数配置需要与数据卷及数据卷容器相结合。通过对大数据联盟多个容器中的各节点所分发的 IP 地址进行收集汇总，同时将所收集的数据通信节点的 IP 地址与容器名进行映射匹配，在收集映射信息后，再分发到各个节点，从而保证大数据联盟数据存储通信节点之间的正常通信，提升数据资源存储效率[21]，如图 2-12 所示。

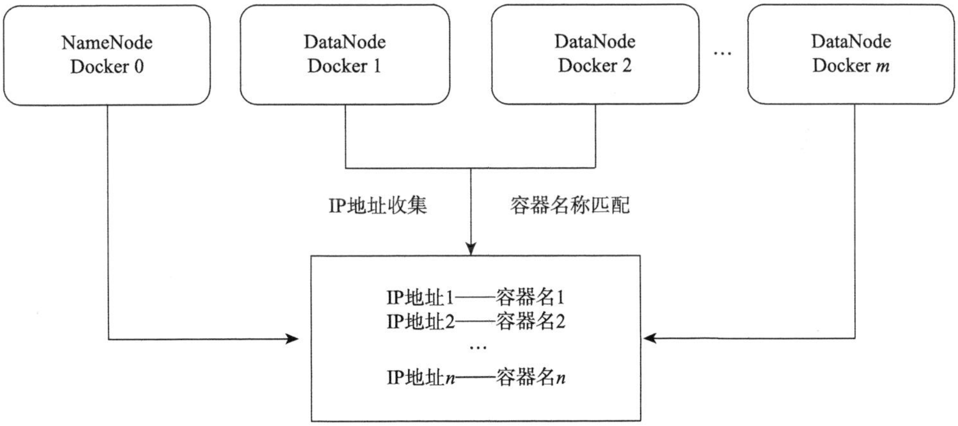

图 2-12　大数据联盟数据存储通信节点 IP 获悉方案图

参 考 文 献

[1]张黎黎，杨龙频，董方杰，等. 中国健康医疗大数据资源调查与分析[J]. 中国卫生信息管理杂志，2019，16（3）：263-267.

[2]邱亮亮，李锦芝. 政务数据资源实时交换总线技术实现[J]. 数字技术与应用，2018，36（7）：164-165.

[3]高洁. 大数据环境下数字图书馆数据资源建设探究——基于国家科技数字图书馆的调查分析[J]. 中国基础科学，2018，20（3）：53-57.

[4]邵玉昆. 科技数据资源的开放共享机制研究[J]. 科技管理研究，2019，39（13）：177-181.

[5]席敏. 数据资源整合系统的应用实现[J]. 中国新通信，2019，21（7）：116.

[6]翟丽丽，沃强，张树臣. 制造业大数据联盟资源推送服务算法[J]. 计算机集成制造系统，2017，

23（11）：2371-2381.
[7]许璐. 分析区块链在数据交易中的应用[J]. 智库时代，2018，（44）：38-39.
[8]陈英华. 数据交易背景下服务数据资源元数据规范研究[D]. 北京邮电大学硕士学位论文，2019.
[9]姜璐. 基于 ODRL 的服务数据资源权利及描述标准的研究[D]. 北京邮电大学硕士学位论文，2019.
[10]魏鲁彬，黄少安，孙圣民. 数据资源的产权分析框架[J]. 制度经济学研究，2018，（2）：1-35.
[11]王红梅. 基于知识创新的大数据资源管理系统研究[J]. 管理观察，2018，（26）：98-99.
[12]张桂刚，李超，张勇，等. 云环境下海量数据资源管理框架[J]. 系统工程理论与实践，2011，31（S2）：28-32.
[13]胡艳玲，高长元，张树臣. 大数据联盟数据资源共享关系及建模分析[J]. 情报理论与实践，2018，41（10）：28-33.
[14]王霆，董启文，范斐斐. 基于虚拟机整合的云数据中心资源管理研究[J]. 计算机工程，2016，42（9）：5-14.
[15]牛庆松，姚刚，蒋雷雷，等. 基于业务体系的企业级数据资源管理体系研究[J]. 电子元器件与信息技术，2018，（7）：50-54.
[16]张程烨. 基于元数据的动态数据资源管理机制研究[J]. 信息技术与信息化，2017，（12）：146-148.
[17]申卯兴，薛西锋，张小水. 灰色关联分析中分辨系数的选取[J]. 空军工程大学学报（自然科学版），2003，（1）：68-70.
[18]Studer B，Benjamins V R，Fensel D. Knowledge engineering：principles and methods[J]. Data & Knowledge Engineering，1998，25（1/2）：161-197.
[19]张影. 移动云计算联盟数据资源整合机制研究[D]. 哈尔滨理工大学硕士学位论文，2016.
[20]翟丽丽，张影. 移动云计算联盟数据资源管理模式[M]. 北京：科学出版社，2018.
[21]陈芳州. 基于 HDFS 的云环境数据存储优化技术研究[D]. 南京邮电大学硕士学位论文，2019.

第3章　大数据联盟数据产品及服务定价

3.1　大数据联盟数据产品及服务定价框架

3.1.1　数据产品及服务内涵和分类

1. 数据产品和数据服务的内涵

1）数据产品

为了完整系统化地分析数据产品的内涵，从数据产品化的过程角度分析其生产过程。数据的产品化过程是对于原始数据进行纠错、补漏、标准化和整合等环节[1]，其核心是降低用户对原数据的使用门槛，提高用户对数据进行再分析的技术效率。原数据的价值属性使其能够通过数据资源交易平台等中介机构或组织进行交易，实现变现。Nair 和 Narayanan 分别通过分析数据对组织的可用性和结合数据类型与数据源，将大数据分为外部结构化数据、内部结构化数据、外部非结构化数据、内部非结构化数据[2]。此外，按照大数据的产生领域，目前实际应用程度较高且学术界关注程度较高的原数据有网页数据、日志数据、电信数据、电力系统数据、国民经济统计数据、企事业单位内部数据和互联网实时监控数据。从原数据到数据产品就是利用大数据、云计算、移动互联网等新型信息处理技术，通过对海量基础数据进行计算、挖掘、可视化分析，使其能够为用户提供数据辅助决策，是对原数据所含信息的提炼融合过程，在实际交易和使用中数据产品提供方通过提供数据包或应用程序设计接口(application programming interface，API)使用户实现对数据产品的浏览、查询和调用。Huang 等认为数据产品是移除无用信息后的一种新的数据形式，并将其定义为原数据的小体量的提炼总结，可以直接用于响应用户查询[3]。Niyato 等认为数据产品是可以通过数据访问和处理以获取知识并应用于用户决策的一种产品[4]。基于此，结合现有数据产品的功能和特点，将数据产品定义为：以大数据分析处理技术为基础，经过数据分析—数据标准化处理—数据融合—数据封装四个处理阶段，以数据包或 API 形式为提供方式，以数据产品公司或交易平台在线交易为交易渠道，具有经济价值且能够满足用户数据使用和分析诉求的新型数据产品。目前数据产品主要有两种交付形式：一是通过在线数据资源交易平台，用户通过 API 调用提供方完成的数据产品；二是以硬盘或者邮件形式为载体向用户交付。

2）数据服务

数据服务对商业规划、政府决策及新知识发现等所起的重大作用，使数据服务资源逐渐成为一种重要的战略性资源，受到学术界和企业界的普遍关注。有学者认为从大数据技术角度，数据服务包含大数据分析、大数据平台、数据库、商业智能（business intelligence，BI）、数据挖掘、编程语言、大数据查询、数据整合和传输工具。Zheng 等认为大数据服务包含大数据基础设施即服务、大数据平台即服务和大数据分析软件即服务三个方面[5]。韩晶认为目前政府、企业和科研机构所提供的数据服务主要有三类：数据查询/验证服务、面向企业的数据分析服务和数据集市[6]。林文敏认为云计算在资源使用和管理模式上为构建大数据服务提供了极大的潜力和优势，目前所开发的数据服务多为将已有服务迁移到云中执行、开发和部署，或是基于云的大数据处理技术和工具[7]。实践中，Facebook 和 Twitter 等互联网公司也选择使用云作为大数据服务的基础设施。阿里云也针对不同的用户需求，提供了从数据存储到数据分析的全数据链数据服务。通过对以上文献的分析可知提供数据服务不同于出售原数据，它是围绕大数据关键技术展开的各项活动。基于此，将数据服务界定为：数据服务是服务提供商将大数据技术以服务封装，依靠互联网交付的各种 IT 性能，通过虚拟化技术向用户提供动态性、多样化的大规模数据获取、计算、传输、存储等基础设施资源和数据挖掘、数据查询与分析和可视化展现等大数据多维分析服务，帮助用户实现对大数据技术应用的按需调用。

2. 数据产品和数据服务的特征

除了具备与信息产品相同的基本经济特征和物理特征外，数据产品和数据服务的特点表现在以下几方面。

（1）成本特殊。从数据获取—数据处理—数据交付的生产周期来看，数据产品的生产成本主要包含在这一过程中所投入的来源于数据搜集、存储、处理系统的建设费用和运维费用，而且由于数据产品易于被复制进行再交易，其边际成本基本为零。所以，数据产品的成本主要表现在其初次生产过程中所投入的资产。但是，以服务形式提供的数据产品除了前期研发投入的巨额资金，随着接入用户数量的增加，后续还需要不断地投入更多的资金进行服务支持和维护，以提高自身的存储容量、网络能力和客户支持服务等基本服务能力[8]。

（2）实时性。传统的数据产品和数据服务多注重对数据记录的存储和信息提取，对数据的实时传输需求不明显。随着大数据时代的到来，更多应用场景的数据分析从离线转向在线。数以亿计的网民群体通过互联网、医疗设备、视频监控、移动设备、智能设备、非传统 IT 设备等渠道将多类型实时数据传送到终端[9]。尤其是在移动互联网下，可以随时随地产生、上传数据，甚至实时分析共享。除了对实时原数据的需求，能够将碎片化的数据发挥出最大价值的实时大数据分析处理技术为数据服务用户提供了更实时有效的消费者信息，但是目前大数据时代的数据实时处理在数据处理模式的选择及改进上面临着一些新的挑战，还没有一个能够处理多类型数据的通用的大数据实时处理框架[10]。

（3）内在联系性。只包含少量离散个体数据的数据产品无法反映需求者想要了解的群体信息或行业信息，无法最大限度地发挥数据准确分析和预测的价值，只有汇集大量数据的大数据产品才能通过大数据分析技术从海量数据甚至全样本数据的潜在联系中判断数据的相关性，为决策者提供决策方向和依据，实现大数据产品的商业价值和社会价值。而且为了节约成本、提高数据处理效率，有数据服务需求的用户很少单独需要某一种数据处理服务，用户通常会选择某一数据服务提供商提供从数据获取到数据挖掘等一系列的综合性数据处理服务。

（4）交易平台化。以往数据产品的使用多是发生在企业、机构或者政府内部，很少涉及市场化的交易行为，因此标准化定价问题很少被提及。但是，大数据时代下各行业企业、机构和各级政府对数据产品和数据服务的需求已不再仅仅局限于自身的内部系统，又由于自身实力的限制，只能对外寻求大数据产品支持，面对错综复杂的供需双方的要求，大数据交易平台能够起到中介作用，为数据产品和服务交易提供便捷渠道、信用保障、安全保障和配套服务，实现统一评估、统一管理和统一交易。

3. 数据产品和数据服务的分类

（1）数据产品。通过对已有数据产品文献和在线交易中流通的数据产品分类的分析得出，对数据产品的分类方法主要有以下五种：按照数据格式分为视频、音频、文本和图像数据产品；按照数据来源分为企业、政府、机构和个人数据产品；按照数据结构分为结构化数据、半结构化数据和非结构化数据；按照数据的应用方向分为便民服务、企业服务、政府决策和科学研究等；按照数据的应用场景分为精准营销、风险识别、信用评估、舆情监测和个性化推荐等。

（2）数据服务。由于数据服务是对数据的技术处理支撑，因此对数据服务的分类一般按照数据处理过程进行分类，分为数据采集与传输、数据存储与管理、数据计算处理、数据查询与分析及数据的可视化展现。

3.1.2 大数据联盟数据产品及服务交易主体和流程

1. 数据产品和数据服务交易内涵及特征

数据产品和数据服务交易的产生原因主要有两个方面：一是信息通信技术的飞速发展促进了虚拟化数据交易市场的产生和发展，并为数据交易提供了技术保障。大数据环境下信息通信技术为传统的数据管理和数据服务模式提供了挑战，传统的技术手段很难获取高质量的大数据资源，更无法完成从采集到分析的大数据处理全过程，也无法应对用户要实时从数据中提取有效价值的需求。二是商业机构对数据交易的强烈意愿和对政府数据的迫切需求促使数据交易需方市场形成。普通公司缺少专业的数据处理工具和专业技术人员，无法应对内外部实时产生的海量复杂数据的处理需求，更无法进一步从已有数据中挖掘价值支持自身的业务发展。此外，政府部门积累了海量的税收、征信、交通、气象等各类统计数据，却缺乏系统有效的数据处理能力，尤其是基层政府部门，难以把最贴近公民的基础数据转化为支撑其科学决策、建设公共服务体系和治理社会的有效数据基础。因此数据交易的产生既有其技术环境的支持，也有数据市场的迫切需求。

目前，国内外的数据产品和数据服务主要由数据资源提供方、数据交易中介机构和最终用户三方构成的数据交易市场完成。其中只要是掌握有效数据资源的个人、企业或政府都可以通过一定的认证方式后出售手中的数据资源；无论是数据交易所、数据市场、数据交易中心还是数据交易公司等都属于数据交易中介机构；而最终用户涉及各行各业的组织机构和个人。基于以上分析可以得出，数据产品及服务交易是大数据环境下的一种新兴数据服务形态。在大数据联盟中，数据产品和数据服务交易是形成数据共享的基础。大数据联盟的数据资源交易平台通过完成对原数据资源和数据服务的商业性交易行为，满足数据资源提供方和用户的各自的经济利益和数据资源需求，交易的结果是实现联盟内数据资源的转移，从而推动数据市场的完善和大数据产业的经济性发展。大数据联盟中数据产品和数据服务的交易有以下几个特点。

（1）数据产品提供方不直接接触最终用户。数据产品提供方不直接接触最终用户，不论是离线交易模式、在线交易模式，还是托管交易模式，数据产品的转移过程都是卖方—大数据联盟数据资源交易平台—买方的单项转移过程。

（2）区域型产业联盟组建综合性交易平台，专业型产业联盟组建单一性交易平台。按照某一地理区域组建起的大数据联盟聚集了该区域内金融、零售、交通和医疗等各领域的企业和其他组织机构，交易平台内汇集了多样的数据产品和综合性的数据服务。按照专业性聚集的大数据联盟由于专业领域的限制，单一地在地理信息、社交网络、网络信息等某一方面的数据产品更为突出。

（3）大数据联盟内有单独的数据产品和数据服务流通交易机制。我国有大量掌握海量、高价值数据资源的企业和机构，但却没有全国统一的数据流通标准，这在很大程度上限制了数据产品和数据服务的交易。为此，联盟会制定统一的数据流通和交易机制确保联盟内数据产品和数据服务交易的有序进行。

2. 数据产品和数据服务交易主体

（1）大数据联盟数据资源交易平台。由大数据联盟组建管理的大数据联盟数据交易平台是数据产品和数据服务交易中的交易中介机构，承担数据交易渠道和第三方交易担保的角色。平台定位于交易管理和交易撮合，自身不侧重数据加工和数据分析。平台内包括数据产品审核系统、数据产品上线系统、数据产品交付系统、数据产品安全保障系统和数据产品结算系统五个部分。平台提供完整的数据交易、支付、结算、交付、安全保障等综合服务，利用联盟组建的数据交易综合配套服务设施和制定联盟内统一的数据产品标准（基础标准、数据处理标准、数据安全标准、数据质量标准、产品和平台标准、应用和服务标准等），既负责审核整合数据产品和数据服务提供方上传的数据产品和服务信息及内容，也向需求方提供调用数据产品和数据服务的统一接口和服务平台。

（2）数据提供方。数据提供方由能提供数据资源的联盟成员担任。为了提供服务，扩展业务，提升自有数据资源的价值，数据资源拥有者有通过联盟平台进行交易的愿望。在联盟内，从数据源头流通出来的数据产品和数据服务通过联盟平台的统一标准化处理直接对接用户的最终需求。

（3）需求方。联盟内任何有数据需求的成员企业都能够成为数据需求方。并非所有的组织机构都有能力收集自己所需的大量综合性数据资源，因为这需要大量且长期的基础设施投入，而为了支撑业务在大数据环境下获得新发展，对它们来说通过交易平台购买数据产品和数据服务是行之有效的解决办法。此外，数据需求方还反映了数据交易的客观需求，也是大数据交易市场发展的主要推动力。良好的用户反馈还会带动周边组织机构加入大数据联盟，进入联盟内的数据资源交易平台，参与数据产品和数据服务的流通。

3. 数据产品和数据服务交易流程

数据产品及服务的交易不但可以使数据资源所有者的收益最大化，而且正规的数据交易行为可以保障用户对数据资源获得和使用的安全性，完善有效的数据产品及服务交易过程会给产品提供方和用户带来直接利益：联盟内的数据资源管理机制得到完善；充足的可共享的数据资源激发用户的数据价值创新；联盟成员间也会有更大的凝聚力和更丰富的数据资源存量。实际上，数据产品和数据服务的交易就是借助计算机、互联网和存储设备等工具实现数据或数据服务的转移过程。大数据联盟内数据产品及服务的交易流程如图 3-1 所示。

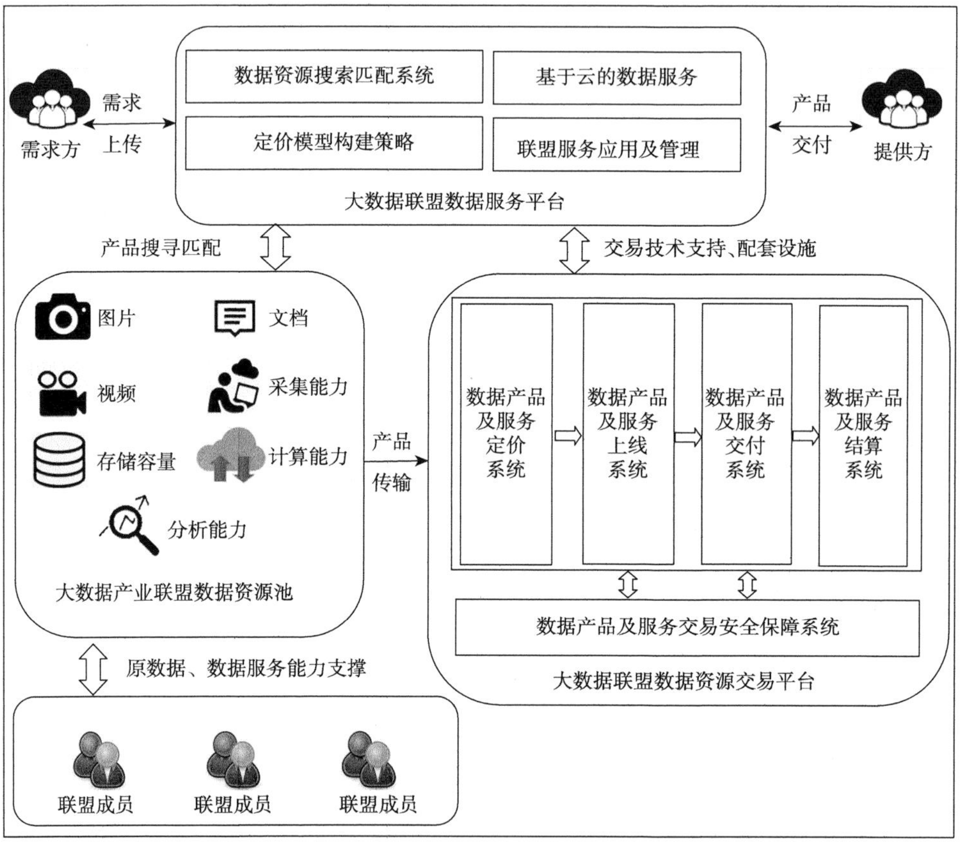

图 3-1　大数据联盟内数据产品及服务的交易流程

（1）大数据联盟数据资源池——数据资源收集与管理。联盟数据资源池内的数据资源来源于联盟内的各个成员组织，包括基础的原数据资源：图片、文档、视频等数据集，以及具有数据处理能力的企业所提供的数据采集、存储和计算等数据技术支持。

（2）大数据联盟数据资源交易平台——数据产品及服务交易。该平台专门从事对数据产品和数据服务交易的过程管理，对于从数据资源池中提取的数据资源根据需求方需求进行产品定价—产品上线—产品交付—产品结算，完成数据产品从处理封装到交付结算的全过程，此外，依靠联盟内的交易安全保障系统对该过程提供资金和数据等资源的安全支撑。

（3）大数据联盟数据服务平台——数据产品及服务交易过程支持。这是联盟内直接对接用户和产品提供商的平台，在该平台联盟进行对用户需求和提供商的搜索匹配，并通过统一的访问接口向所有联盟成员提供基本的大数据技术支持。

此外，其他组织机构若想获得联盟内的有偿数据资源，必须通过加入联盟才有在交易平台上挂牌出售或者购买数据产品的资格，这也是联盟吸引新成员和维护联盟稳定运营的策略之一，因此，所提出的数据产品和数据服务定价方法只适用于联盟内部的数据产品交易。

3.1.3　大数据联盟数据产品及服务定价方法研究架构

1. 数据产品和数据服务定价原则

联盟内的企业将追求经济效益作为数据产品定价的主要目的，但为了激发其他组织机构交换或者共享数据资源的积极性，会适当地减弱对经济效益的过度单一追求。对于其他非营利性机构，如高校、科研院所和政府部门，经济效益只是一种附加性收益，不是参与数据产品和数据服务交易的主要目的，更多的是想通过联盟渠道扩大自身获取或者交换数据资源途径。基于此，各类组织机构在联盟内对数据产品和数据服务的定价原则会在追求经济利益和促进数据市场开放发展的平衡之中。具体来说，在大数据联盟内，数据产品和数据服务的定价原则有以下几个。

（1）以追求经济利益为主导。获得经济利益是联盟成员进行数据产品和数据服务交易的主要动力，也是维持联盟长久稳定运营的重要因素。

（2）适当兼顾市场效益，灵活制定定价策略，促进数据市场繁荣。由于数据产品和服务在生命周期的不同阶段面对相异的产品价值量、市场需求和服务模式，提供方需要在不同的市场环境下制定不同的定价方法和策略，以保证提供方的基本利益和用户利益。尤其是数据产品和服务的价值具有明显的价值属性，在原数据获取和预处理的初级阶段，数据产品因稀缺性和原创性具有较高经济价值，但随着上市时间的推移，越来越多的相似数据产品和服务的竞争及数据时间价值的降低会削弱产品的经济价值。因此，为了适应市场的变化，提供方需要不断地调整自身的定价策略。

（3）着力维护联盟内数据资源交易平台的公平交易。联盟内的组织机构在经济实力、市场规模和数据资源上存在梯度落差，尤其是部分实力强劲的互联网企业，既拥有海量丰富的原数据，也有一定的数据处理能力，这在一定程度上损害了弱势企业平等交易的权利。为了避免在联盟内的交易市场造成部分企业对数据资源垄断的现象，对弱势组织机构造成交易信息获取和产品价格的不公平，数据产品和数据服务定价要正确反映市场的公平运作要求，以防止部分企业对数据产品和数据服务的垄断性经营。

大数据联盟数据产品定价目的有：规范联盟内数据产品交易市场秩序；提高数据产品交易效率；促进联盟内的数据资源流通。

2. 数据产品和数据服务定价方法体系框架

从产品形态上看，数据产品是提供方采集处理的数据集合，是有形产品，数据服务是提供方以服务形式向用户提供的 IT 性能，是无形产品；从产品出售方式和交付方式来看，数据产品多为一种产品单独出售和一次性交付，而由于数据处理各阶段间的相互联系，数据服务可以以捆绑形式出售且自交付给用户后，仍要继续负责对产品的后续维护工作；从产品价值来看，用户对数据产品价值的评估可从数据量、数据完整程度和数据准确性等多方面进行定量评估，而用户对数据服务的价值评估受用户偏好、服务质量和专业知识限制等多种因素的影响，导致用户和服务提供方间易形成价格感知差距。大数据联盟数据产品及服务定价方法整体框架，如图 3-2 所示。

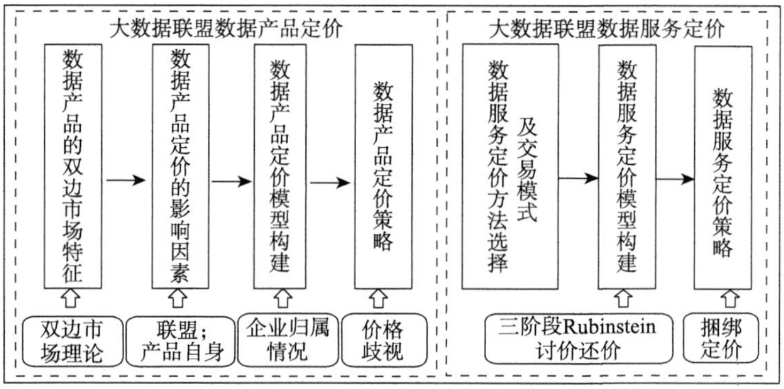

图 3-2　大数据联盟数据产品及服务定价方法整体框架

因此，如果使用相同的方法对数据产品和数据服务进行定价是不合适的，要根据联盟情况和数据产品特点分别利用双边市场理论和三阶段 Rubinstein 讨价还价理论对数据产品和数据服务进行定价。

3.2　大数据联盟数据产品定价方法

利用双边市场理论的基本定价模型分析大数据联盟中供方企业对数据产品的定价情况。本节首先分析应用双边市场理论解决联盟内数据产品定价问题的可行性，然后分别建立在供方企业单归属和供方企业部分多归属两种情况下的数据产品定价模型。

3.2.1　大数据联盟数据产品交易流程和双边市场结构

1. 大数据联盟数据产品交易流程

大数据联盟内部参与数据产品交易的成员组织可划分为三个主体：联盟中的数据产品供应方企业和需求方企业及联盟内的数据资源交易平台。数据产品供应方和需求方企业由联盟成员企业构成，每一次数据产品交易，供需双方企业都需要通过数据资源交易平台沟通完成，数据资源交易平台只负责供需双方间的需求协调和交易匹配，同时监控双方的交易行为，起到监督交易的作用，在每次的交易中收取一定的交易费用，但平台不干涉数据产品供应方对产品的定价行为。通过构建联盟内部数据资源交易平台结构，说明联盟内数据产品的交易过程，如图 3-3 所示。

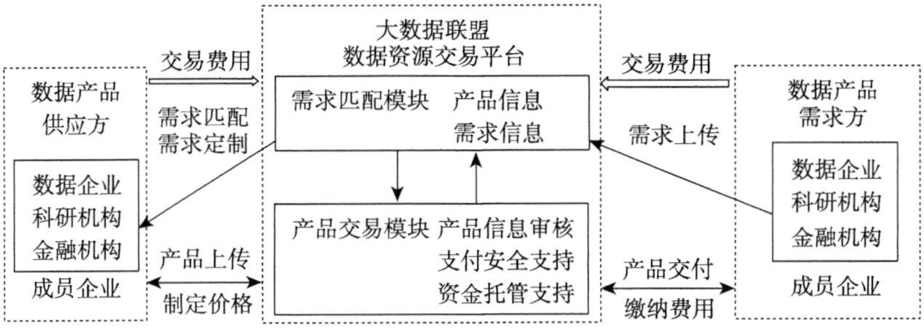

图 3-3　大数据联盟数据产品交易流程

从图 3-3 可以看出，在联盟的交易平台内，平台一边是以数据产品提供为中心的供方企业，另一边是需求各异的需方企业。联盟通过制定交易和运营机制吸引企业加入联盟，并通过交易平台使双方进行数据产品的线上信息交流，完成交易洽谈。联盟内的数据产品的开发商和服务商构成了数据产品供方企业，供方企业通过数据资源交易平台聚集用户，承接数据产品需求，降低数据产品生产、营销和交易成本，并通过交易平台获取需方企业的需求信息，以制定合理的产品定价机制和定价策略。联盟内有数据需求的成员构成数据产品的需求方企业。需求方企业可以通过交易平台快速获得所需数据产品的基本信息，通过比较权衡以最优购买价格获得产品。供需双方在平台两边不直接发生交易行为，只通过大数据联盟数据资源交易平台实现信息沟通和产品交易，既相互独立又相互作用，因此由大数据联盟数据资源交易平台和供需企业所构成的数据产品交易市场属于双边市场。

2. 大数据联盟数据资源交易平台的双边市场结构

从定价结构视角来看，双边市场在给定的价格水平下，价格结构会影响平台的总体交易量[11]。大数据联盟内数据资源交易平台在供需方企业的网络外部性影响下，企业所获得的效用与购买产品的用户规模正相关，从而提高交易平台的整体交易量，即交易平台的整体交易量受交易双方价格结构的影响上下浮动。根据双边市场理论，大数据联盟内的数据资源交易平台和数据产品的供需方构成的是一个简单的双边市场，如图 3-4 所示，实线箭头表示数据产品流动方向，虚线箭头表示资金流动方向。此外，联盟内数据资源交易平台链接数据产品的供需方企业，向供方企业授权平台使用的 API，提供调用共享数据资源和开发数据产品的基础工具等，向需方企业提供数据产品购买及使用环境等服务。供需方企业间虽然不直接接触，但在平台内网络外部性的影响下作用于供方企业的数据产品定价决策，也就是说，供方企业的定价行为受平台内供需方企业规模的影响。

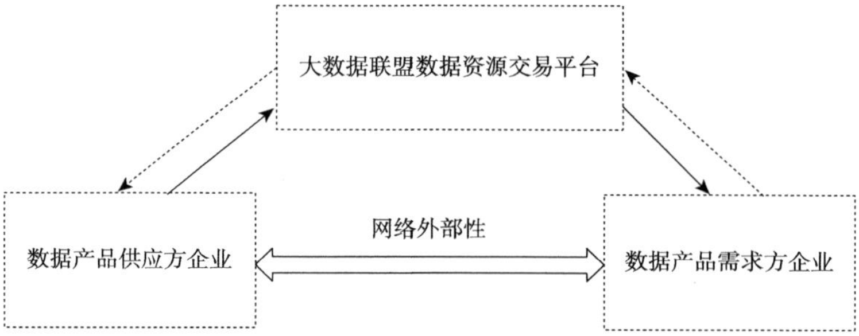

图 3-4　大数据联盟数据资源交易平台结构

3.2.2　基于联盟双边市场性的数据产品定价影响因素分析

上一小节的分析证实了用双边市场理论分析大数据联盟中供方企业数据产品定价问题的可行性。本小节主要讨论大数据联盟中，影响供方企业定价决策的主要因素。

1. 联盟影响因素

在大数据联盟数据资源交易平台中，联盟对数据产品的交易定价的影响体现在以下三个方面。

（1）组间网络外部性。联盟数据资源交易平台两边用户分别为数据产品的供方和需方，双方之间的需求相互补充。供方企业需要通过联盟数据资源交易平台吸引用户，获得需方企业的产品需求信息；需方企业则通过该平台对比权衡产品信息，以高效地搜寻匹配到所需的数据产品或产品开发商。

（2）组内网络外部性。平台内供需方企业间具有双向正的组间网络外部性。大数据联盟供方企业的效用随着需求方企业规模的增长而增大，而需求方企业的效用也会随着供方企业规模的增长而增大，也就是说，大数据联盟交易平台两边供需方企业效用的增加在于对方企业规模的扩大。同理，平台内每边用户群体之间具有负的组内网络外部性。大多数网络外部性会形成正反馈，但是对于数据产品提供方企业来说，掌握同种数据产品的企业数量越多，供方企业间的价格竞争越激烈，数据产品越容易被压低出售；同样，由于数据产品的价值稀缺性，对于需求方来说，拥有同种数据产品的企业数量越多，该数据产品的效用越低。

（3）成员企业的归属性。企业的归属类型决定了双边市场上企业定价的目标函数和最大化行为。在双边市场内存在两种企业归属行为——单归属和多归属。单归属是指企业只加入一个平台进行数据产品交易，企业的数据产品交易行为被限定在一个平台内完成，不存在其他的替代性平台供企业选择；多归属是指在竞争市场下，供方企业为了寻求更多的用户群体、获取更多的利润，需求方企业为了获得更多的数据产品同时加入多个交易平台的行为。目前国内已成立的大数据联盟有很强的地域属性，如中关村大数据联盟、中国光谷大数据联盟、上海大数据联盟和成都大数据联盟，分别融合了北京、华中、长三角和西南等区域的企业和政府数据资源，使得数据资源的聚集带有地域障碍。为了打破地域限制，获得更多的数据产品信息和资源，企业会同时加入多个大数据联盟，因此考虑到企业作为营利组织追求利润的本质，需要考虑部分企业在同一时间段内注册加入两个联盟情况下的数据产品交易行为。

2. 数据产品自身影响因素

（1）数据产品的时间效用。时间跨度是决定数据产品效用的重要指标之一，它衡量数据产品的及时性和适用程度，反映了数据产品根据客观实际的变化而及时更新的程度。不同行业和类型的数据，其时效性的变化过程存在差异，需要结合具体使用情景进行测度。数据产品的时间效用会影响后续的数据处理的效率和成本，时效性越高、越贴近需求方当下需求的原数据越容易被清洗脱敏，会降低对数据处理技术的要求，从而帮助产品提供方降低产品生产成本。

（2）数据产品的处理程度。数据产品的最终处理程度是由数据分析过程决定的，这也是对数据产品提取价值的过程。数据产品的处理程度在一定程度上反映了数据质量的高低。数据产品质量主要是指数据的准确性和完整性，一般来说，对原数据的分析处理程度越高，数据产品的脱敏和清洗度越高，原数据中的重复数据、噪声数据和无关数据对需求方的干扰程度越低，对需求方的指导程度就越高，反之，对需求方的作用就越低。

目前在数据交易市场上，数据产品主要以两种形式出售：一是由提供方直接发布在交易平台上，这类产品是由数据产品提供方自主分析用户需求后，发布在交易平台或其他交易渠道，可供用户直接选购的数据产品成品，无法根据需求方的需求进行修改；二是由提供商提供一个在线数据产品定制平台，用户可以使用提供商所提供的产品定制服务，提供方针对某一用户的具体需求，定制生产，解决特定用户的具体需求，由于该类产品内容独特，由定制服务制作完成的产品很难进行复用。无疑，由定制服务完成的数据产品更加契合用户的数据需求，站在用户角度，越契合其需求的数据产品质量越高，产品的处理程度越完善。因此，数据产品的定制化程度表示产品的质量和处理程度两个因素对产品定价的影响。

3.2.3 基于联盟双边市场性的数据产品定价模型

1. 模型基础假设

本小节重点研究网络外部性在联盟交易平台中对供方企业数据产品定价决策的影响，基于 Armstrong 对网络外部性、Poolsombat 和 Vernasca 及国内纪汉霖等学者对企业部分多归属的研究成果[12~14]，采用 Hotelling 模型分别研究供需方企业单归属和部分多归属两种情况下的数据产品定价模型。

除了联盟网络外部性和成员企业归属性的影响因素外，数据产品的价格还受其时间效用和处理程度的影响。考虑到数据产品在交易过程中虽然没有物理损耗，但其最大的价值损耗体现在随着时间流逝的价值损耗上，用$v = e^{-\lambda t}$表示数据产品在时间价值损耗下对需求方的动态效用，其中λ为折旧参数，表示数据产品的折旧速率，t表示时间，这样数据产品对需求方的效用在时间推动下由 1 向 0 产生价值损耗。除了由于时间产生价值损耗的客观因素，用$\xi(0<\xi<1)$表示产品的定制化程度来衡量数据产品的定制化程度，即供方生产该产品所投入的各项成本，将ξ代入公式$v = e^{-\lambda t}$，其动态效用如下：

$$v = \xi e^{-\lambda t} \tag{3-1}$$

该式表示数据产品在时间价值损耗和定制化程度影响下对需求方的效用。

2. 供方和需方企业单归属

基于 Hotelling 模型，考虑联盟成员只加入一个大数据联盟，即联盟内的需方和供方全部加入一个联盟垄断交易平台中进行交易，此时无须考虑平台差异问题。假定联盟平台是利润最大化的，平台对两边均采取两步收费制，如图 3-5 所示。γ_1和γ_2表示需方企业对供方企业和供方企业对需方企业的组间网络外部性参数$(\gamma_1,\gamma_2>0)$；β_1和β_2表示平台中两边用户的组内网络外部性参数$(\beta_1,\beta_2>0)$；P_{s1}和P_{s2}表示平台向两边用户收取的费用；P_{t1}和P_{t2}表示每次交易中平台向供方和需方用户收取的交易费用，假设平台收取的交易费用以每次的交易总额为基础计算。n_1和n_2表示供方和需方在平台两边上用户的数量，且n_1和n_2也是u_1和u_2的函数，令$n_1=\varphi_1(u_1)$，$n_2=\varphi_2(u_2)$。

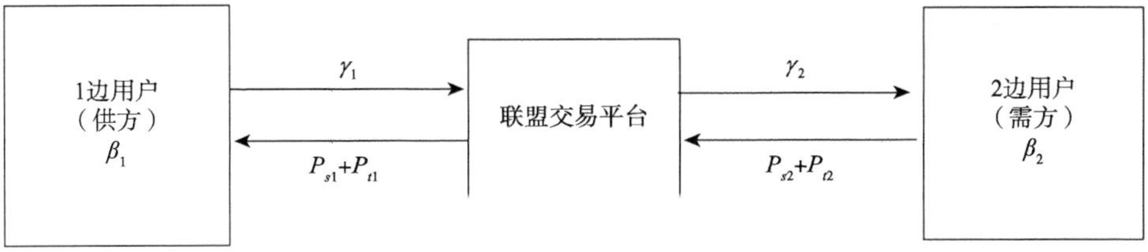

图 3-5　供方企业单归属的市场结构

成员企业进入平台的效用分别为

$$\begin{cases} u_1 = \gamma_1 n_2 - \beta_1 n_1 - P_{s1} \\ u_2 = \gamma_2 n_1 - \beta_2 n_2 - P_{s2} \end{cases} \tag{3-2}$$

式（3-2）表明成员企业在平台一边上单归属所获得的效用等于该成员企业加入该平台所获得的网络外部性效应乘以平台另一边的成员企业数量减去该成员企业在平台内的组内网络外部性效应乘以平台自身一边的成员企业数量，再减去平台收取的注册费用。$\gamma_1 n_2$和$\gamma_2 n_1$表示企业加入平台后在组间网络外部性影响下增加的收益；$\beta_1 n_1$和

$\beta_2 n_2$ 表示企业在自身一边组内网络外部性影响下减少的收益。表示出 n_1 和 n_2：

$$\begin{cases} n_1 = \dfrac{\gamma_1 n_2 - P_{s1} - u_1}{\beta_1} = \varphi_1(u_1) \\ n_2 = \dfrac{\gamma_2 n_1 - P_{s2} - u_2}{\beta_2} = \varphi_2(u_2) \end{cases} \tag{3-3}$$

求解出平台收取的注册费用：

$$\begin{cases} P_{s1} = \gamma_1 n_2 - \beta_1 n_1 - u_1 \\ P_{s2} = \gamma_2 n_1 - \beta_2 n_2 - u_2 \end{cases} \tag{3-4}$$

由此可得在企业刚刚进入联盟后只考虑注册费用时，平台的收入为

$$\pi = P_{s1}\varphi_1(u_1) + P_{s2}\varphi_2(u_2) \tag{3-5}$$

由平台利润最大化的一阶条件求解得到：

$$\begin{cases} u_1 = (\gamma_1 + \gamma_2)n_2 - 2\beta_1 n_1 - \dfrac{\varphi_1(u_1)}{\varphi_{u_1}(u_1)} \\ u_2 = (\gamma_1 + \gamma_2)n_1 - 2\beta_2 n_2 - \dfrac{\varphi_2(u_2)}{\varphi_{u_2}(u_2)} \end{cases} \tag{3-6}$$

得到平台的最优定价策略：

$$\begin{cases} P_{s1} = -\gamma_2 n_2 + \beta_1 n_1 + \dfrac{\varphi_1(u_1)}{\varphi_{u_1}(u_1)} \\ P_{s2} = -\gamma_1 n_1 + \beta_2 n_2 + \dfrac{\varphi_2(u_2)}{\varphi_{u_2}(u_2)} \end{cases} \tag{3-7}$$

考虑数据产品的价值损耗和定制化程度，需求方购买该产品的期望效用函数为

$$u_x = (\gamma_2 n_1 - \beta_2 n_2)v - P - P_{s2} - P_{t2} \tag{3-8}$$

其中，P 为产品供方的产品价格。假定 u_0 和 Q 为需方和供方的基础效用和产品需求量，令 $P_{ssi} = P_{si} + P_{ti}(i=1,2)$，供需方企业进入平台后在进行数据产品交易时的效用函数分别为

$$\begin{cases} u_3 = u_0 + (\gamma_1 n_2 Q - \beta_1 n_1 Q)v + PQ - P_{ss1} \\ u_4 = u_0 + (\gamma_2 n_1 Q - \beta_2 n_2 Q)v - PQ - P_{ss2} + u_x \end{cases} \tag{3-9}$$

在双方产品产量和需求量平衡的情况下，使供需方企业效用一致解得产品需求为

$$Q = \frac{P_{ss1} - P_{ss2} + u_x}{(\gamma_1 n_2 - \gamma_2 n_1 + \beta_2 n_2 - \beta_1 n_1)\xi + 2P} \tag{3-10}$$

在企业单归属的条件下企业利润只在一个交易平台产生，此时的企业利润函数为

$$\pi = PQ \tag{3-11}$$

在企业利润最大化的目标下，可以得到产品定价 P 为

$$P=\frac{\sqrt{X^2-2X\left(P_{ss1}-P_{ss2}+\left(\gamma_2 n_1-\beta_2 n_2\right)\xi e^{-\lambda t}\right)}-X}{2} \quad (3\text{-}12)$$

其中，$X=\left(\gamma_1 n_2-\gamma_2 n_1+\beta_2 n_2-\beta_1 n_1\right)\xi e^{-\lambda t}$。

3. 供方和需方企业部分多归属

同样采用标准的Hotelling模型框架分析当联盟交易平台中部分成员企业多归属于两个平台时供方企业的定价行为。假设两个平台 A 和 B 在线段[0, 1]均采取两步收费制，平台两边用户供应方和需求方 k 和 m 在线段上均匀分布且为部分多归属，在两边平台进行寡头价格竞争，平台 A 和 B 的组间网络外部性系数分别为 γ_1 和 γ_2、组内网络外部性系数分别为 β_1 和 β_2，供应方 k 在平台 A 和 B 上一边的单归属用户数量分别为 n_k^1 和 n_k^2，部分多归属的用户数量为 N_k，将用户规模均标准为 1，即 $n_k^1+n_k^2+N_k=1$，P_i^{sj} 为企业进入两平台的注册费用，P_i^{tj} 为每次交易中企业缴纳的交易费用（i=k, m; j=A, B）。平台和两边成员企业关系如图 3-6 所示。

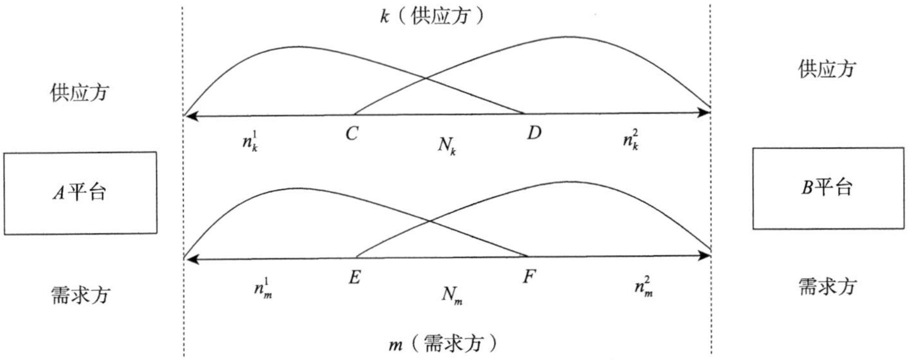

图 3-6　供方企业部分多归属的市场结构

考虑供方企业 k 在进入 A 平台上单归属的净效用为

$$u_k^1=\gamma_1\left(n_m^1+N_m\right)-\beta_1\left(n_k^1+N_k\right)-P_k^{sA}-x \quad (3\text{-}13)$$

k 在 B 平台的单归属的净效用为

$$u_k^2=\gamma_2\left(n_m^2+N_m\right)-\beta_2\left(n_k^2+N_k\right)-P_k^{sB}-y \quad (3\text{-}14)$$

k 多归属时的净效用为

$$u_k^{12}=\gamma_1 n_m^1+\gamma_2 n_m^2+\frac{\gamma_1+\gamma_2}{2}N_m-\beta_1\left(n_k^1+N_k\right)-\beta_2\left(n_k^2+N_k\right)-P_k^{sA}-P_k^{sB}-1 \quad (3\text{-}15)$$

联盟平台两边用户群 k 和 m 分别存在临界点 C、D、E 和 F，使得用户在临界点上选择单归属或多归属的效用相同，分别令 $u_k^1=u_k^{12}$，$u_k^2=u_k^{12}$，可得

$$\begin{cases} C = 1 - \gamma_2 n_m^2 + \dfrac{\gamma_1 - \gamma_2}{2} N_m + \beta_2\left(n_k^2 + N_k\right) + P_k^{sB} \\ D = 1 - \gamma_1 n_m^1 + \dfrac{\gamma_2 - \gamma_1}{2} N_m + \beta_1\left(n_k^1 + N_k\right) + P_k^{sA} \end{cases} \tag{3-16}$$

因为$n_m^1 + n_m^2 + N_m = 1$，根据 Hotelling 模型，C 点左侧为 k 中单归属于 A 平台的企业，D 点右侧为 k 中单归属于 B 平台的企业，因此令$C = n_k^1$，$D = n_k^2$，可得

$$\begin{cases} n_k^1 = 1 - \dfrac{\gamma_1 + \gamma_2}{2\left(1+\beta_2\right)} n_m^2 + \dfrac{\gamma_1 - \gamma_2}{2\left(1+\beta_2\right)}\left(1 - n_m^1\right) + \dfrac{P_k^{sB}}{1+\beta_2} \\ n_k^2 = 1 - \dfrac{\gamma_1 + \gamma_2}{2\left(1+\beta_1\right)} n_m^1 - \dfrac{\gamma_1 - \gamma_2}{2\left(1+\beta_1\right)}\left(1 - n_m^2\right) + \dfrac{P_k^{sA}}{1+\beta_1} \end{cases} \tag{3-17}$$

对称地可以得到：

$$\begin{cases} n_m^1 = 1 - \dfrac{\gamma_1 + \gamma_2}{2\left(1+\beta_2\right)} n_k^2 + \dfrac{\gamma_1 - \gamma_2}{2\left(1+\beta_2\right)}\left(1 - n_k^1\right) + \dfrac{P_m^{sB}}{1+\beta_2} \\ n_m^2 = 1 - \dfrac{\gamma_1 + \gamma_2}{2\left(1+\beta_1\right)} n_k^1 - \dfrac{\gamma_1 - \gamma_2}{2\left(1+\beta_1\right)}\left(1 - n_k^2\right) + \dfrac{P_m^{sA}}{1+\beta_1} \end{cases} \tag{3-18}$$

解得 k、m 在平台两边单归属的成员企业数量为

$$\begin{cases} n_k^1 = \dfrac{2}{\left(2-\gamma_1^2-\gamma_2^2\right)\left(1+\beta_2\right)} P_k^{sB} - \dfrac{\gamma_1+\gamma_2}{\left(2-\gamma_1^2-\gamma_2^2\right)\left(1+\beta_2\right)} P_m^{s1} \\ \qquad - \dfrac{\beta_1-\beta_2}{\left(2-\gamma_1^2-\gamma_2^2\right)\left(1+\beta_2\right)} P_m^{sB} + \dfrac{-\gamma_2^2+\gamma_1\gamma_2-\gamma_1-\gamma_2+2}{\left(2-\gamma_1^2-\gamma_2^2\right)\left(1+\beta_2\right)} \\ n_k^2 = \dfrac{2}{\left(2-\gamma_1^2-\gamma_2^2\right)\left(1+\beta_1\right)} P_k^{sA} - \dfrac{\gamma_1+\gamma_2}{\left(2-\gamma_1^2-\gamma_2^2\right)\left(1+\beta_1\right)} P_m^{s2} \\ \qquad - \dfrac{\beta_1-\beta_2}{\left(2-\gamma_1^2-\gamma_2^2\right)\left(1+\beta_1\right)} P_m^{sA} + \dfrac{-\gamma_1^2+\gamma_1\gamma_2-\gamma_1-\gamma_2+2}{\left(2-\gamma_1^2-\gamma_2^2\right)\left(1+\beta_1\right)} \\ n_m^1 = \dfrac{2}{\left(2-\gamma_1^2-\gamma_2^2\right)\left(1+\beta_2\right)} P_m^{sB} - \dfrac{\gamma_1+\gamma_2}{\left(2-\gamma_1^2-\gamma_2^2\right)\left(1+\beta_2\right)} P_k^{sA} \\ \qquad - \dfrac{\beta_1-\beta_2}{\left(2-\gamma_1^2-\gamma_2^2\right)\left(1+\beta_2\right)} P_k^{sB} + \dfrac{-\gamma_2^2+\gamma_1\gamma_2-\gamma_1-\gamma_2+2}{\left(2-\gamma_1^2-\gamma_2^2\right)\left(1+\beta_2\right)} \\ n_m^2 = \dfrac{2}{\left(2-\gamma_1^2-\gamma_2^2\right)\left(1+\beta_1\right)} P_m^{sA} - \dfrac{\gamma_1+\gamma_2}{\left(2-\gamma_1^2-\gamma_2^2\right)\left(1+\beta_1\right)} P_k^{sB} \\ \qquad - \dfrac{\beta_1-\beta_2}{\left(2-\gamma_1^2-\gamma_2^2\right)\left(1+\beta_1\right)} P_k^{sA} + \dfrac{-\gamma_1^2+\gamma_1\gamma_2-\gamma_1-\gamma_2+2}{\left(2-\gamma_1^2-\gamma_2^2\right)\left(1+\beta_1\right)} \end{cases} \tag{3-19}$$

此时在只考虑企业初入联盟平台缴纳注册费用下的平台收益函数为

$$\begin{cases}\pi_A = P_k^{sA}\left(1-n_k^2\right)+P_m^{sA}\left(1-n_m^2\right)\\ \pi_B = P_k^{sB}\left(1-n_k^1\right)+P_m^{sB}\left(1-n_m^1\right)\end{cases} \tag{3-20}$$

在联盟平台价格对称和利润最大化的条件下，联立式（3-19）和式（3-20），解得平台对用户群 k、m 的注册费用为

$$\begin{cases}P_k^{sA} = P_k^{sB} = \gamma_1\gamma_2 - 2\gamma_1 - 2\gamma_2 - \gamma_1^2 - \beta_2 + \beta_1\\ P_m^{sA} = P_m^{sB} = \gamma_1\gamma_2 - 2\gamma_1 - 2\gamma_2 - \gamma_2^2 - \beta_1 + \beta_2\end{cases} \tag{3-21}$$

需方企业对某一种数据产品的需求只能从一个交易平台上获取，考虑每次交易中企业缴纳的交易费用，令需方分别在 A 和 B 平台上对数据产品的期望效用函数为

$$\begin{cases}u_x^A = \gamma_1\left(1-n_k^2\right)\xi - \beta_1\left(1-n_m^2\right)v - P_A - P_m^{sA} - P_m^{tA}\\ u_x^B = \gamma_2\left(1-n_k^1\right)\xi - \beta_2\left(1-n_m^1\right)v - P_B - P_m^{sB} - P_m^{tB}\end{cases} \tag{3-22}$$

假定 P_A 和 P_B 为两个平台产品供方的产品价格，k 和 m 加入两平台的基础效用相同，Q_A 和 Q_B 为供方和需方的基础效用和产品需求量，使平台两边的供需方企业效用一致，解得双方企业通过平台进行数据产品交易时的效用函数为

$$\begin{cases}u_k = \left(u_A + \gamma_1\left(1-n_m^2\right)vQ_A - \beta_1\left(1-n_k^2\right)vQ_A + P_AQ_A - P_{mmk}^A\right)\\ \qquad + \left(u_B + \gamma_2\left(1-n_m^1\right)vQ_B - \beta_2\left(1-n_k^1\right)vQ_B + P_BQ_B - P_{mmk}^B\right)\\ u_m = \left(u_A + \gamma_1\left(1-n_k^2\right)vQ_A - \beta_1\left(1-n_m^2\right)vQ_A - P_AQ_A - P_{mmm}^A\right)\\ \qquad + \left(u_B + \gamma_2\left(1-n_k^1\right)vQ_B - \beta_2\left(1-n_m^1\right)vQ_B - P_BQ_B - P_{mmm}^B\right) + u_x\end{cases} \tag{3-23}$$

解得产品需求为

$$\begin{cases}Q_A = \dfrac{P_{mmk}^A - P_{mmm}^A + u_x^A}{\left(\gamma_1+\beta_1\right)\left(n_k^2 - n_m^2\right)v + 2P_A}\\ Q_B = \dfrac{P_{mmk}^B - P_{mmm}^B + u_x^B}{\left(\gamma_2+\beta_2\right)\left(n_k^1 - n_m^1\right)v + 2P_B}\end{cases} \tag{3-24}$$

在企业部分多归属的条件下企业利润产生有两种情况：单归属的企业利润只在一个联盟产生，多归属的企业利润在两个联盟产生，此时企业利润函数为

$$\pi^k = \pi_k^A + \pi_k^B = P_AQ_A + P_BQ_B \tag{3-25}$$

在企业利润最大化的目标下，可以得到：

$$\begin{cases} P_A = \dfrac{\sqrt{Y^2 - 2Y\left[P_{mmk}^A - P_{mmm}^A + \gamma_1\left(1-n_k^2\right)\xi e^{-\lambda t} - \beta_1\left(1-n_m^2\right)\xi e^{-\lambda t}\right]} - Y}{2} \\ P_B = \dfrac{\sqrt{Z^2 - 4Z\left[P_{mmk}^B - P_{mmm}^B + \gamma_2\left(1-n_k^1\right)\xi e^{-\lambda t} - \beta_2\left(1-n_m^1\right)\xi e^{-\lambda t}\right]} - Z}{2} \end{cases} \tag{3-26}$$

其中，$Y=(\gamma_1+\beta_1)\left(n_k^2-n_m^2\right)\xi e^{-\lambda t}$，$Z=(\gamma_2+\beta_2)\left(n_k^1-n_m^1\right)\xi e^{-\lambda t}$。为了更具一般性，将上述结论应用到存在多个联盟数据资源交易平台的交易市场中时依然成立。因此，如图 3-7 所示，当供方企业加入 f 个联盟交易平台时，在第 g 个平台的最终的数据产品定价为

$$P_g = \frac{\sqrt{W^2 - 2W\left[P_{mmk}^g - P_{mmm}^g + \gamma_g\left(1-\sum_{h=1}^{g-1} n_k^h\right)\xi e^{-\lambda t} - \beta_g\left(1-\sum_{h=1}^{g-1} n_m^h\right)\xi e^{-\lambda t}\right]} - W}{2} \quad (2 \leqslant g \leqslant f) \tag{3-27}$$

其中，$W=\left(\gamma_g+\beta_g\right)\left[\left(n_k^1-n_m^1\right)+\left(n_k^2-n_m^2\right)+\cdots+\left(n_k^{g-1}-n_m^{g-1}\right)\right]\xi e^{-\lambda t}$；$\gamma_g$ 和 β_g 分别表示供方企业在第 g 个联盟交易平台的组间网络外部性和组内网络外部性；n_k^h 和 n_m^h 为供方企业和需方企业在非 g 平台上的单归属用户数量。特殊地，当 $f=1$，即企业只加入一个联盟平台进行交易时，由于考虑了平台内供需方企业间的两个组间网络外部性的影响，式（3-26）在 $\gamma_1=\gamma_2$，$\beta_1=\beta_2$ 的条件下成立。

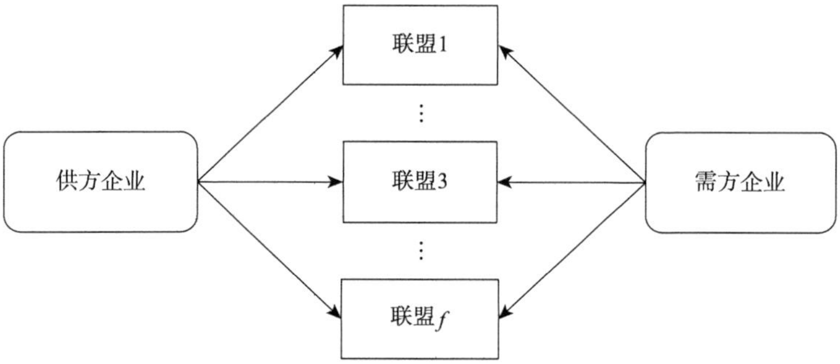

图 3-7　企业部分多归属的市场结构

4. 仿真分析

目前大数据联盟中的数据资源交易平台正处于起步阶段，在缺乏大量实证的市场数据时，基于平台基础数据的数值模拟是相对来说最有效的验证方法。因此使用 MATLAB 软件，通过数值实验揭示 A 和 B 两个联盟交易平台内组间网络外部性 γ 和组内网络外部性 β 对供方企业数据产品定价的影响，通过改变供需方成

员企业数量差和数据产品定制化程度两个主要因素，对企业单归属和部分多归属两种情况下供方企业对数据产品的定价情况进行多次模拟。假定在联盟交易平台运营初期供需方企业总数量较少，差值较大，为 50 万个，到后期在网络外部性的影响下加入平台的企业数量增加，供需方企业数量差缩小到 10 万个。为了在一张图中表现企业组间网络外部性和组内网络外部性对供方企业数据产品定价决策的影响，令 $\gamma_1=\gamma_2$，$\beta_1=\beta_2$。同时，令 $n_1\neq n_2$，$n_k^1\neq n_m^1$，$n_k^2\neq n_m^2$。

（1）企业单归属。以 A 联盟交易平台为例，相关参数取值：供方企业的网络外部性强度 $\gamma_1=\beta_1=0.5$，需求方企业的网络外部性强度 $\gamma_2=\beta_2=0.7$，供需方企业数量 $n_1=380$ 万个，$n_2=298$ 万个，平台向供需方企业收取的费用 $P_{ss1}=150$，$P_{ss2}=200$。由图 3-8 可知，在满足特定参数设置下，供方企业对数据产品的定价在同时衡量时间价值损耗和定制化程度的共同影响下稳步上升，取得最大值。如果仅考虑时间价值损耗，数据产品的价格下降，但时间价值损耗较小时，数据产品价格高于 $ss1$ 和 $ss2$ 两种情况；相反，如果仅考虑定制化程度，数据产品的价格上升，但一直低于同时考虑时间价值损耗和定制化程度共同作用的情况。

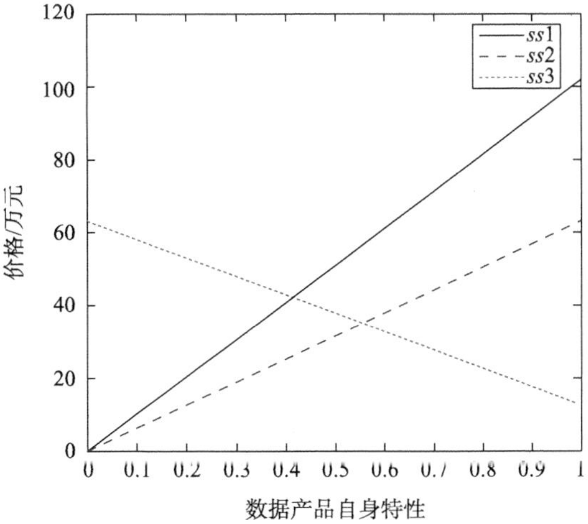

图 3-8　企业单归属

（2）企业部分多归属。以 B 联盟交易平台为例，计算企业部分多归属时供方企业数据产品的定价情况，相关参数取值：B 组间网络外部性 $\gamma_1=0.5$，组内网络外部性 $\beta_1=0.7$，A 单归属的供方企业数量 $n_k^2=120$，单归属的需求方企业数量 $n_m^2=150$，B 向供需方企业收取的费用 $P_{mmk}^A=150$，$P_{mmm}^A=200$。图 3-9 表明，在满足特定参数设置下，与企业单归属情况下不同，在仅考虑时间价值损耗的情况下，数据产品定价最高，且一直高于 $mm1$ 和 $mm3$ 的情况；在同时衡量时间价值损耗和定制化程度的共同影响下，数据产品价格最低。综合以上分析，供方企业在不同的交易环境中，应选择不同的定价方法。在企业单归属时，企业定价应同时考虑时间价值损耗和定制化程度的共同影响；当企业部分多归属时，为了提高收益，企业应重点衡量数据产品的时间价值损耗，弱化定制化程度对定价决策的影响。

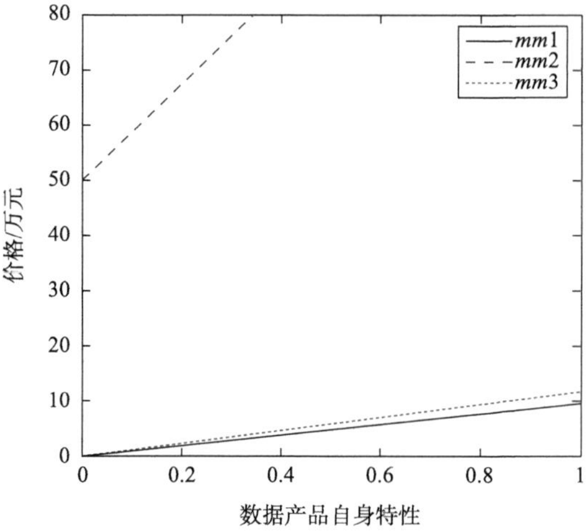

图 3-9　企业部分多归属

（3）企业单归属。当供方企业只选择加入 A 平台进行数据产品交易时，图 3-10~图 3-13 分别表示在联盟交易平台内供需方企业规模差分别为 $n_1 - n_2 = 50$ 万个、$n_1 - n_2 = 10$ 万个和定制化程度 $\xi = 0.3$、$\xi = 0.9$ 的情况下数据产品定价的走势。从图中可以看出，供方企业的定价决策会随着双方企业自身的组内网络外部性强度的增长而增大，随着企业间的组间网络外部性强度的增大而降低；同时，在产品定制化程度相同的情况下，企业数量差越大，数据产品价格变化越明显，即数据产品的定制化程度对产品价格的影响比平台两边的企业数量差明显。

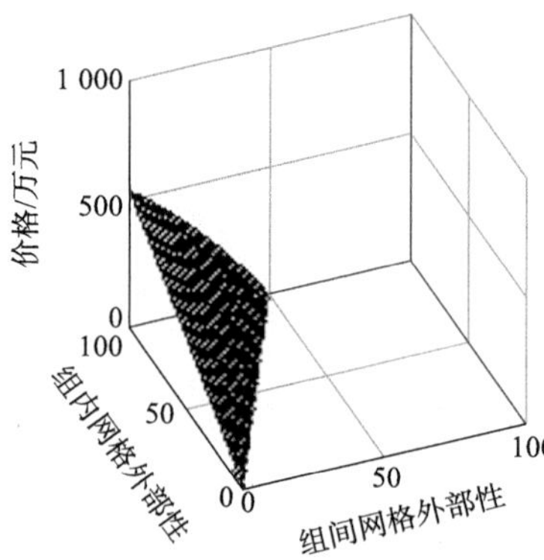

图 3-10　企业数量差 50，定制化程度 0.3

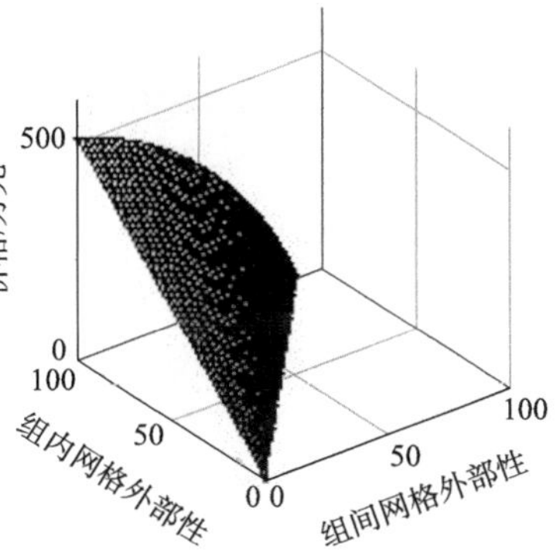

图 3-11　企业数量差 10，定制化程度 0.3

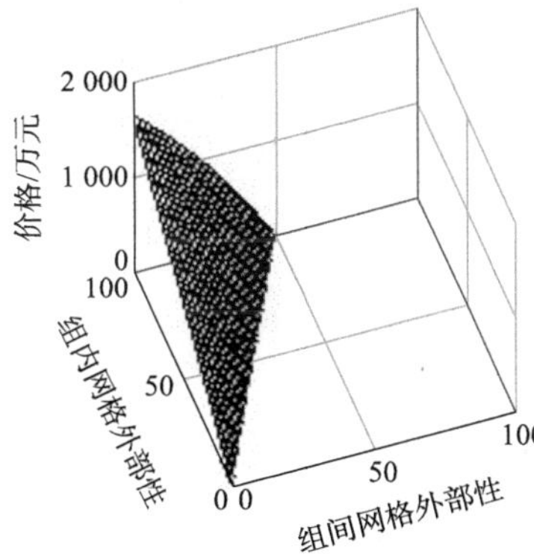

图 3-12　企业数量差 50，定制化程度 0.9

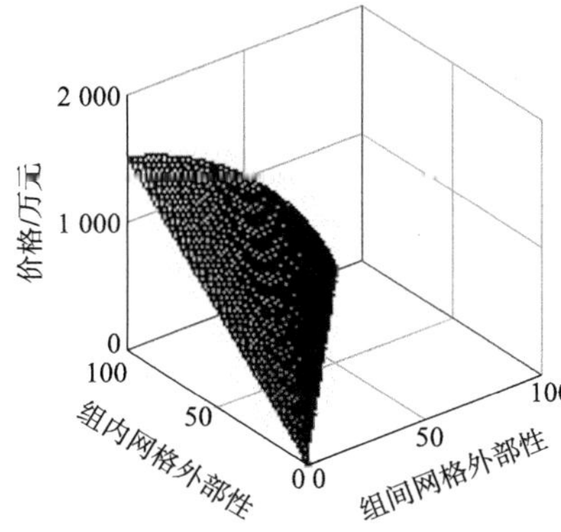

图 3-13　企业数量差 10，定制化程度 0.9

（4）企业部分多归属。这部分研究供方企业同时加入两个联盟交易平台时，在 *A* 平台上的数据产品定价情况。图 3-14~图 3-17 分别表示在平台费用相同的情况下，B 平台上单归属企业数量差分别为 $n_k^i - n_m^i = 50$ 、$n_k^i - n_m^i = 10$ 和定制化程度 $\xi = 0.3$ 、$\xi = 0.9$ 时，数据产品价格的变化情况。可以看出：多归属于两个交易平台的供方企业的产品定价普遍低于企业单归属时的产品价格；同时，供方企业的产品定价会随着双方企业间的组间网络外部性强度的增长而升高，但是同样也会随着自身组内网络外部性强度的增大而下降；此外，在产品定制化程度相同的情况下，B 平台两边企业单归属数量差较低的一方，产品价格变化较平缓，即 B 平台上单归属企业数量差对产品价格的影响程度不如数据产品的定制化程度明显。

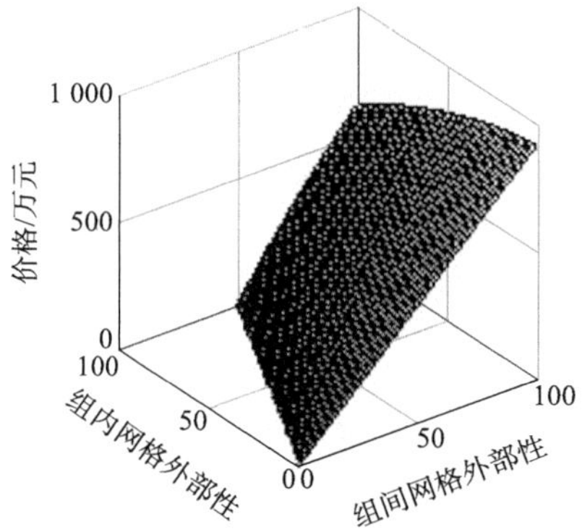

图 3-14　B 平台企业数量差 50，定制化程度 0.9

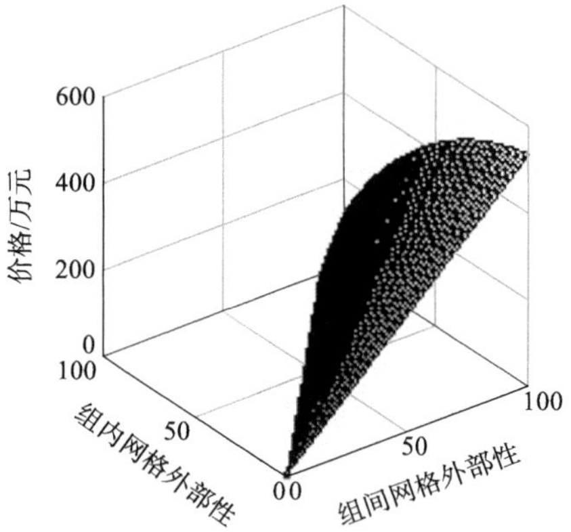

图 3-15　B 平台企业数量差 10，定制化程度 0.3

由以上分析可知，在企业单归属的市场环境下，供方企业的产品价格与双方企业自身的组内网络外部性成正比，与企业间的组间网络外部性成反比；在企业部分多归属的市场环境下，供方企业的产品价格与双方企业自身的组内网络外部性成反比，与企业间的组间网络外部性成正比。在实际中，单一平台内供方企业

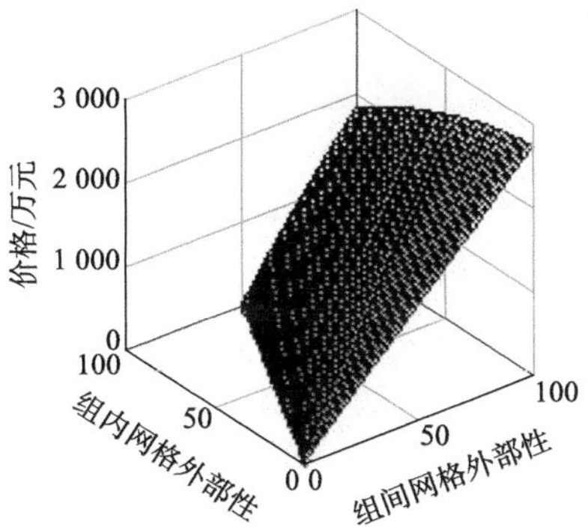

图 3-16　*B* 平台企业数量差 50，定制化程度 0.3

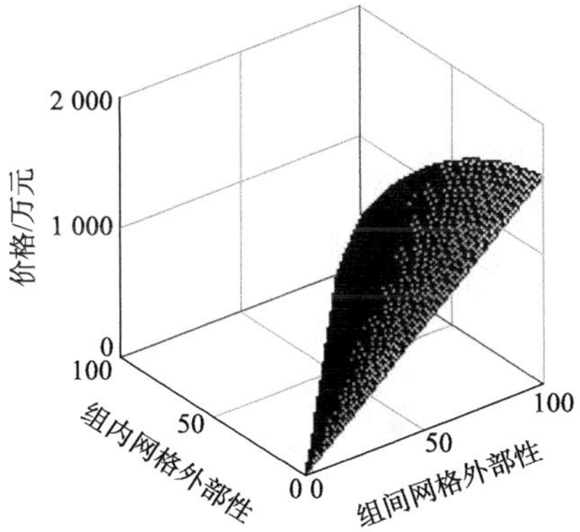

图 3-17　*B* 平台企业数量差 10，定制化程度 0.9

数量的增长不但能够吸引更多的需方企业，同时单个供方企业的竞争优势会下降，此时企业会降低产品价格，以寻求更多的产品销售量；当企业同时加入两个平台时，若 *A* 平台的供方企业数量增长会吸引需方企业加入，此时供方企业会将 *A* 平台作为自己的主要销售市场，为了弥补在 *B* 平台的损失，企业会适当地提高产品价格。同时，平台自身两边企业数量差和对边平台两边企业数量差对产品定价的影响不如定制化程度明显；此外，在企业数量差较低的情况下，两种市场环境下供方企业的产品定价差距不大，这是由于当平台内或平台间供需方企业数量差距不明显时，供方企业的市场优势并不突出，因此制定的产品价格较低。

3.2.4　大数据联盟数据产品定价策略

本小节将分别对两种情况下的定价模型进行分析，确定出两种市场情况下供方企业的定价策略。针对两种不同的市场情况，视市场或成员企业类别而确定价格的价格歧视策略更符合双边市场下数据产品的定价情况。

1. 供方企业单归属—完全价格歧视

假设平台为供方企业和需方企业服务过程中的固定成本分别为 f_S 和 f_D ，可变成本分别为 v_S 和 v_D ，每次交易中交易成本分别为 c_S 和 c_D ， λ 为用户中可以成功交易的概率。在两步收费制下联盟利润为平台收取注册费用时的净收益与收取交易费用时的净收益总和：

$$\pi^{ss}=\left[n_1\left(P_{s1}-f_S-v_S\right)+n_1\lambda\left(P_{t1}-c_S\right)\right]+\left[n_2\left(P_{s2}-f_D-v_D\right)+n_2\lambda\left(P_{t2}-c_D\right)\right] \tag{3-28}$$

此时供方企业利润为

$$\pi^{ssS}=PQ$$
$$=\frac{8u_0\left[\sqrt{X^2-2X\left(P_{ss1}-P_{ss2}+(\gamma_2n_1-\beta_2n_2)\xi e^{-\lambda t}\right)}-X\right]}{\left[3(\gamma_1n_2-\beta_1n_1)+4(\beta_2n_2-\gamma_2n_1)\right]\xi e^{-\lambda t}+14\left[\sqrt{X^2-2X\left(P_{ss1}-P_{ss2}+(\gamma_2n_1-\beta_2n_2)\xi e^{-\lambda t}\right)}-X\right]} \tag{3-29}$$

其中， $X=(\gamma_1n_2-\gamma_2n_2+\beta_2n_2-\beta_1n_1)\xi$ 。联盟和供方企业的价格和利润比较表，如表 3-1 所示。

表 3-1　联盟和供方企业的价格和利润比较表

考虑平台收费的影响	大数据联盟	供方企业
平台收费（万元）/产品定价（万元）	$P_{s1}=-\gamma_2n_2+\beta_1n_1+\frac{\varphi_1(u_1)}{\varphi_{u_1}(u_1)}$ $P_{s2}=-\gamma_1n_1+\beta_2n_2+\frac{\varphi_2(u_2)}{\varphi_{u_2}(u_2)}$	$P=\frac{\sqrt{X^2-2X\left(P_{ss1}-P_{ss2}+(\gamma_2n_1-\beta_2n_2)\xi e^{-\lambda t}\right)}-X}{2}$
利润（万元）	$\pi^{ss}=[n_1(P_{s1}-f_S-v_S)+n_1\lambda(P_{t1}-c_S)]+[n_2(P_{s2}-f_D-v_D)+n_2\lambda(P_{t2}-c_D)]$	$\pi^{ssS}=\frac{8u_0\left[\sqrt{X^2-2X\left(P_{ss1}-P_{ss2}+(\gamma_2n_1-\beta_2n_2)\xi e^{-\lambda t}\right)}-X\right]}{\left[3(\gamma_1n_2-\beta_1n_1)+4(\beta_2n_2-\gamma_2n_1)\right]\xi e^{-\lambda t}+14\left[\sqrt{X^2-2X\left(P_{ss1}-P_{ss2}+(\gamma_2n_1-\beta_2n_2)\xi e^{-\lambda t}\right)}-X\right]}$

供方企业的数据产品价格与双方企业自身的组间网络外部性成反比，与企业间的组内网络外部性成正比。当供需方企业间的组间网络外部性足够大时，联盟为了吸引更多的成员企业会降低注册费用，甚至采取免费或是补贴政策，此时平

台两侧企业间的组间网络外部性 $\gamma_1 - \gamma_2$ 的差值越大，企业对产品的定价越高。当 γ_1 足够大时，说明需方企业数量的增加带给了供方企业更大的效用，供方企业占据市场优势，为了抓住机会获取更多的利润，供方企业会提高产品价格，同理，当 γ_2 足够大时，联盟交易平台内数据产品供给丰富，需方企业可依据自身需求比价挑选，供方企业为了增加产品竞争力会降低销售价格。当供需方企业间的组内网络外部性足够大时，说明平台两方的企业内部由于成员企业的相似性较高，导致竞争激烈，联盟为了维持交易平台的正常运营会提高成员企业加入联盟的注册费用，此时供需方企业组内网络外部性的差值即 $\beta_1 - \beta_2$ 越大，供方企业对产品的定价越高，当 β_1 足够大时，表示供方企业内部竞争激烈，为了争取更多的产品销量，企业会降低产品定价，同理，当 β_2 足够大时说明需方企业内部竞争激烈，此时供方企业占据交易优势，会以提高产品价格的方式提高盈利。

结论：当企业单归属于一个联盟内的数据资源交易平台时，供方企业的数据产品价格与双方企业自身的组内网络外部性正相关，与企业间的组间网络外部性负相关。这是由于企业在刚加入联盟时，提供相似产品的企业数量较少，供方企业间的竞争压力较小，企业可以较高的价格出售产品；随着加入联盟的供方企业数量的增多，在同质产品竞争激烈的情况下，供方企业会面对降价出售的压力。因此，在这种市场环境下完全价格歧视的定价策略更适用于供方企业做出定价决策，对于直接提供的无法修改的数据产品，供方企业可以基于产品内容细分进行差别定价，需方企业根据所调用的具体内容模块付费，而对于定制化数据产品这种为解决特定问题而定向生产的产品，价格歧视策略能够最大限度地使企业获取利润。在完全价格歧视的定价策略下，当供方企业所出售的数据产品占据稀缺性和动态时间价值的优势时，企业可以以谋取市场利润最大化为目标，按照需方企业数据产品消费能够给付的最高金额收费，后期随着产品优势的减弱逐渐降价至产品的成本价值，最后选择退出市场或者在原有数据资源的基础上重新升级再出售。

2. 供方企业部分多归属—不完全价格歧视

假设平台为供方企业和需方企业服务过程中的固定成本分别为 f_S^j 和 f_D^j，可变成本分别为 v_S^j 和 v_D^j，每次交易中交易成本分别为 c_S^j 和 c_D^j，λ^j 为交易成功的概率。企业在 A 平台和 B 平台收取注册费用时的净收益与收取交易费用时的净收益总和如下：

$$
\begin{aligned}
\pi_A^{mm} &= \left[\left(P_k^{sA} - f_S^A - v_S^A\right)\left(n_k^1 + N_k\right) + \lambda^A\left(n_k^1 + N_k\right)\left(P_k^{tA} - c_S^A\right)\right] \\
&\quad + \left[\left(P_m^{sA} - f_D^A - v_D^A\right)\left(n_m^1 + N_m\right) + \lambda^A\left(n_m^1 + N_m\right)\left(P_m^{tA} - c_S^A\right)\right] \\
\pi_B^{mm} &= \left[\left(P_k^{sB} - f_S^B - v_S^B\right)\left(n_k^2 + N_k\right) + \lambda^B\left(n_k^2 + N_k\right)\left(P_k^{tB} - c_S^B\right)\right] \\
&\quad + \left[\left(P_m^{sB} - f_D^B - v_D^A\right)\left(n_m^2 + N_m\right) + \lambda^B\left(n_m^2 + N_m\right)\left(P_m^{tB} - c_S^B\right)\right]
\end{aligned} \tag{3-30}
$$

供方企业利润为来自两个联盟交易平台的利润总额，可得供方企业利润为

$$
\begin{aligned}
\pi_k &= \frac{4\left(\sqrt{Y^2 - 2Y\left[P_{mmk}^A - P_{mmm}^A + L\right]} - Y\right)\left(P_{mmk}^A + L - 2\sqrt{Y^2 - 2Y\left[P_{mmk}^A - P_{mmm}^A + L\right]} + 2Y\right)}{8\left(\gamma_1 + \beta_1\right)\left(n_k^2 - n_m^2\right)\xi \mathrm{e}^{-\lambda t} + 8\sqrt{Y^2 - 2Y\left[P_{mmk}^A - P_{mmm}^A + L\right]} + Y} \\
&\quad + \frac{4\left(\sqrt{Z^2 - 2Z\left[P_{mmk}^B - P_{mmm}^B + R\right]} - Z\right)\left(P_{mmk}^B + R - 2\sqrt{Z^2 - 2Z\left[P_{mmk}^B - P_{mmm}^B + R\right]} - 2Z\right)}{8\left(\gamma_2 + \beta_2\right)\left(n_k^1 - n_m^1\right)\xi \mathrm{e}^{-\lambda t} + 8\sqrt{Z^2 - 2Z\left[P_{mmk}^B - P_{mmm}^B + R\right]} - Z}
\end{aligned} \tag{3-31}
$$

其中，$Y = \left(\gamma_1 + \beta_1\right)\left(n_k^2 - n_m^2\right)\xi \mathrm{e}^{-\lambda t}$，$Z = \left(\gamma_2 + \beta_2\right)\left(n_k^1 - n_m^1\right)\xi \mathrm{e}^{-\lambda t}$，$L = \gamma_1\left(1 - n_k^2\right)\xi - \beta_1\left(1 - n_m^2\right)\xi \mathrm{e}^{-\lambda t}$，$R = \gamma_2\left(1 - n_k^2\right)\xi - \beta_2\left(1 - n_m^1\right)\xi \mathrm{e}^{-\lambda t}$。具体价格和利润如表 3-2 所示。

表 3-2　联盟和供方企业的价格和利润表

考虑平台收费的影响	大数据联盟	供方企业
平台收费(万元)/产品定价（万元）	$P_k^{sA} = P_k^{sB} = \gamma_1\gamma_2 - 2\gamma_1 - 2\gamma_2 - \gamma_1^2 - \beta_2 + \beta_1$ $P_m^{sA} = P_m^{sB} = \gamma_1\gamma_2 - 2\gamma_1 - 2\gamma_2 - \gamma_2^2 - \beta_1 + \beta_2$	$P_A = \dfrac{\sqrt{Y^2 - 2Y\left[P_k^{tA} - P_m^{tA} + \gamma_1\left(1 - n_k^2\right)\xi \mathrm{e}^{-\lambda t} - \beta_1\left(1 - n_m^2\right)\xi \mathrm{e}^{-\lambda t}\right]} - Y}{2}$ $P_B = \dfrac{\sqrt{Z^2 - 2Z\left[P_k^{tB} - P_m^{tB} + \gamma_2\left(1 - n_k^1\right)\xi \mathrm{e}^{-\lambda t} - \beta_2\left(1 - n_m^1\right)\xi \mathrm{e}^{-\lambda t}\right]} - Z}{2}$ $Y = \left(\gamma_1 + \beta_1\right)\left(n_k^2 - n_m^2\right)\xi, Z = \left(\gamma_2 + \beta_2\right)\left(n_k^1 - n_m^1\right)\xi$
利润（万元）	$\pi_A^{mm} = [(P_k^{sA} - f_S^A - v_S^A)(n_k^1 + N_k) + \lambda^A(n_k^1 + N_k)(P_k^{tA} - c_S^A)] + [(P_m^{sA} - f_D^A - v_D^A)(n_m^1 + N_m) + \lambda^A(n_m^1 + N_m)(P_m^{tA} - c_S^A)]$ $\pi_B^{mm} = [(P_k^{sB} - f_S^B - v_S^B)(n_k^2 + N_k) + \lambda^B(n_k^2 + N_k)(P_k^{tB} - c_S^B)] + [(P_m^{sB} - f_D^B - v_D^A)(n_m^2 + N_m) + \lambda^B(n_m^2 + N_m)(P_m^{tB} - c_S^B)]$	$\pi_k = \dfrac{4\left(\sqrt{Y^2 - 2Y\left[P_{mmk}^A - P_{mmm}^A + L\right]} - Y\right) \times \left(P_{mmk}^A + L - 2\sqrt{Y^2 - 2Y\left[P_{mmk}^A - P_{mmm}^A + L\right]} + 2Y\right)}{8\left(\gamma_1 + \beta_1\right)\left(n_k^2 - n_m^2\right)\xi \mathrm{e}^{-\lambda t} + 8\sqrt{Y^2 - 2Y\left[P_{mmk}^A - P_{mmm}^A + L\right]} + Y}$ $+ \dfrac{4\left(\sqrt{Z^2 - 2Z\left[P_{mmk}^B - P_{mmm}^B + R\right]} - Z\right) \times \left(P_{mmk}^B + R - 2\sqrt{Z^2 - 2Z\left[P_{mmk}^B - P_{mmm}^B + R\right]} - 2Z\right)}{8\left(\gamma_2 + \beta_2\right)\left(n_k^1 - n_m^1\right)\xi \mathrm{e}^{-\lambda t} + 8\sqrt{Z^2 - 2Z\left[P_{mmk}^B - P_{mmm}^B + R\right]} - Z}$ $Y = \left(\gamma_1 + \beta_1\right)\left(n_k^2 - n_m^2\right)\xi \mathrm{e}^{-\lambda t}$ $Z = \left(\gamma_2 + \beta_2\right)\left(n_k^1 - n_m^1\right)\xi \mathrm{e}^{-\lambda t}$ $L = \gamma_1\left(1 - n_k^2\right)\xi - \beta_1\left(1 - n_m^2\right)\xi \mathrm{e}^{-\lambda t}$ $R = \gamma_2\left(1 - n_k^2\right)\xi - \beta_2\left(1 - n_m^1\right)\xi \mathrm{e}^{-\lambda t}$

$$\begin{cases}\dfrac{\partial P_A}{\partial \gamma_1}=\dfrac{1}{4\sqrt{2}\sqrt{\xi e^{-\lambda t}\left(n_k^2-n_m^2\right)\left[1-\gamma_1\left(1-n_k^2\right)\xi e^{-\lambda t}+\beta_1\left(1-n_m^2\right)\xi e^{-\lambda t}\right]-Y\xi e^{-\lambda t}\left(1-n_k^2\right)}} \\ \qquad -2\xi e^{-\lambda t}\left(n_k^2-n_m^2\right) \\ \dfrac{\partial P_B}{\partial \gamma_2}=\dfrac{1}{4\sqrt{2}\sqrt{\xi e^{-\lambda t}\left(n_k^1-n_m^1\right)\left[1-\gamma_2\left(1-n_k^1\right)\xi e^{-\lambda t}+\beta_2\left(1-n_m^1\right)\xi e^{-\lambda t}\right]-Y\xi e^{-\lambda t}\left(1-n_k^1\right)}} \\ \qquad -2\xi e^{-\lambda t}\left(n_k^1-n_m^1\right)\end{cases} \tag{3-32}$$

已知$1-n_k^2>0$，$\xi e^{-\lambda t}>0$，所以$1-\xi e^{-\lambda t}\left(1-n_k^2\right)<0$，$\partial P_A/\partial\gamma_1$大小取决于$n_k^2-n_m^2$和$1-\gamma_1\left(1-n_k^2\right)\xi e^{-\lambda t}+\beta_1\left(1-n_m^2\right)\xi e^{-\lambda t}$。当$n_k^2-n_m^2\to 1$时，$\partial P_A/\partial\gamma_1<0$，此时供方企业的产品定价与组间网络外部性负相关，供方企业为了提高产品竞争力会降低产品定价；当$n_k^2-n_m^2\to -1$时，$\partial P_A/\partial\gamma_1>0$，此时供方企业的产品定价与组间网络外部性正相关，为了获取更多的产品利润，供方企业会提高产品定价。

观察组内网络外部性与供方企业的数据产品定价的关系得到：

$$\begin{cases}\dfrac{\partial P_A}{\partial \beta_1}=\dfrac{1}{4\sqrt{2\xi\left(n_k^2-n_m^2\right)\left[1-\gamma_1\left(1-n_k^2\right)\xi+\beta_1\left(1-n_m^2\right)\xi\right]+2Y\xi\left(1-n_m^2\right)}}-2\xi\left(n_k^2-n_m^2\right) \\ \dfrac{\partial P_B}{\partial \beta_2}=\dfrac{1}{4\sqrt{2\xi\left(n_k^1-n_m^1\right)\left[1-\gamma_2\left(1-n_k^1\right)\xi+\beta_2\left(1-n_m^1\right)\xi\right]+2Y\xi\left(1-n_m^1\right)}}-2\xi\left(n_k^1-n_m^1\right)\end{cases} \tag{3-33}$$

由式（3-33）可知$\partial P_A/\partial\beta_1$的正负受到$\left(n_k^2-n_m^2\right)$和$1-\gamma_1\left(1-n_k^2\right)\xi e^{-\lambda t}+\beta_1\left(1-n_m^2\right)\xi e^{-\lambda t}$的影响。当$n_k^2-n_m^2\to 1$时，$\partial P_A/\partial\beta_1<0$，此时供方企业的产品定价与组内网络外部性负相关，供方企业在A平台的组内网络外部性的增大会引起产品定价的下降；当$n_k^2-n_m^2\to -1$时，$\partial P_A/\partial\beta_1>0$，此时供方企业的产品定价与组内网络外部性正相关，供方企业在A平台的组内网络外部性的增大会引起产品定价的上升。

在这种市场环境下，供方企业面对更加复杂和庞大的需求，不完全价格歧视的定价策略指导供方企业在基于需求划分数据产品版本的基础上进行定价决策，这样不论供方企业在哪个联盟内占据交易优势，都能够从需求方的角度出发，既能保证需求方之间的效用差距促使其选择更贴合自身期望的数据产品，又能把握需求方的适用性，推出完整的系列产品使产品的总价值最大化。

3.3 大数据联盟数据服务定价方法

传统的数据服务计费模式主要有基于时间计费、基于流量计费和基于服务质量计费三种。以上三种计费模式各有计费侧重点，因此不能全面考虑到数据服务计费的影响因素，也不适用于大数据环境下数据服务的提供方式和使用方式。目前数据服务的计费方式分为两种模式：按量付费和预付费。其中，按量付费模式是一种先使用后付费模式，会按照需求方的实际服务使用最大值收取费用，一般该模式按小时计费。预付费模式中需求方预先根据自身对于数据服务需求的评估购买固定量的数据服务用来抵消实际服务使用量，而超出固定量的使用量继续以按量付费模式计费。实践中，Google、Amazon 和阿里云等大型数据服务提供商都采用了分级定价方式，依据内存、虚拟内核速度和通信带宽等性能的不同分级定价。但是，即使是不同等级不同价格的分级定价模式也易忽略需求方的个性化需求，没有为交易双方提供讨价还价空间和对价格的沟通谈判机会。

3.3.1 大数据联盟数据服务定价方法选择及交易模式

1. 大数据联盟数据服务定价方法选择

数据服务与数据产品不同，数据产品的价格可以依据其数据准确程度、完整程度、折旧程度和联盟等客观影响因素进行定量评估，需求方也更关注数据产品本身的质量，但在提供数据服务的过程中需求方受服务价值认知等主观因素和大数据联盟的影响易对服务质量产生主观价值判断，不能照搬数据产品的定价方法进行衡量，需要从大数据联盟交易平台和数据服务质量两个角度对数据服务价格进行判断。

（1）数据服务价格衡量的特殊性。数据服务的交易过程包含数据处理技术的提供和接受使用过程，在这一过程中数据服务价格除了受数据服务质量高低的影响，还受大数据联盟交易平台的服务水平等环境的影响[15]。此外，由于数据服务的技术专业性，部分用户无法依靠自身信息准确衡量其技术价格，交易双方容易形成较大的价格认知差距。因此传统的固定定价机制不能满足需求方的多样需求，而在讨价还价中交易双方能够通过对方的实时反应及时调整出价。

（2）联盟数据资源交易平台的中介职能。联盟内的数据资源交易平台不仅为数据产品的交易提供了现实渠道，也通过联盟制定的数据产品交易规范为交易过程提供安全保障和价格监管，作为能够同时沟通交易服务提供商和需求方的中介平台，联盟数据资源交易平台为交易双方的讨价还价提供了可能。

（3）交易双方存在预期价格差距。由于部分需求方的非专业性和双方考虑定价因素的差异，双方对数据服务的价格评估易产生很大的偏差，同时，数据服务提供商对需求方期望价值的预期又带有很大的主观性，因此交易双方需要合适的环境进行讨价还价，从而降低需求方的购买风险，确定双方满意的最终交易价格。此外，在典型的三阶段轮流出价过程中，交易双方均有一次出价和同意上家出价的机会，都能够根据对方的报价了解其预定成交价区间，并依此做出反应。因此三阶段的讨价还价过程不但能够满足交易双方基本的出价和还价需求，而且限制了交易双方无限制的时间成本损耗。

2. 基于联盟数据资源交易平台的数据服务交易模式

在联盟数据资源交易平台中，数据服务的交易活动依旧由三方主体完成：联盟数据资源交易平台、数据服务提供方和需求方。首先数据服务需求方向交易平台提交服务需求，交易平台根据需求方的服务需求匹配合理的数据服务提供商，再将匹配后的结果反馈到提供商，由提供商决定是否接受此次的讨价还价交易，若提供商接受，则由交易平台询问需求方是否参与此次讨价还价，若同意，交易双方按照交易平台制定的讨价还价交易规则进行交易；若提供商不接受平台的匹配结果，则再由平台重新匹配其他提供商。联盟数据资源交易平台、数据服务提供商和需求方的数据服务交易模式，如图 3-18 所示。

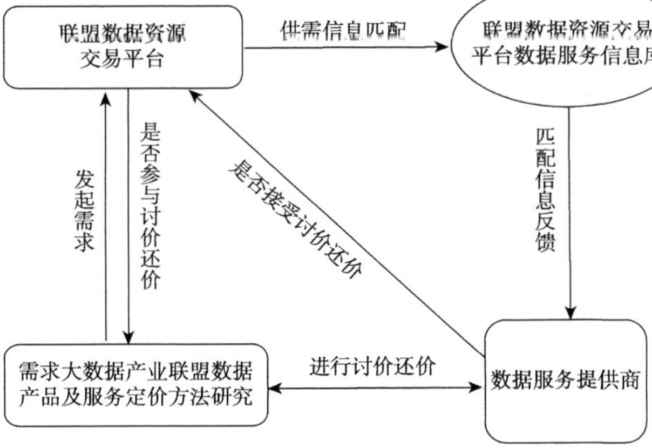

图 3-18　联盟数据服务交易模式

3.3.2 基于三阶段 Rubinstein 数据服务讨价还价定价模型

1. 数据服务基础价格确定

数据服务提供方和需求方的衡量因素不同导致双方产生期望价格差距。在确定期望价格时，需求方多从自身数据服务使用感受出发，考虑因素主要为提供商服务运营经验、服务响应时间、技术水平和同类产品价格、服务运行速度。提供方多从数据服务开发成本和利润角度出发，考虑因素为服务开发维护成本、利润率和市场竞争情况。

（1）需求方预期价格确定。有关需求方对提供商服务运营经验、服务响应时间和技术水平的评价在讨价还价模型建立中的贴现因子中进行体现，假定用户对预期价格的确定只受同类产品价格的影响：

$$w_d = \text{avg}(p_1 + p_2 + \cdots + p_n) \tag{3-34}$$

（2）提供商预期价格确定。如上文中提到提供商通常提供按量付费和预付费两种付费选择，一般来说，提供商为了鼓励需求方提高服务数据用量会对预付费模式提供一定的折扣率，因此低需求需求方会选择按需付费，高需求需求方会选择预付费，此时提供商制定的基础价格为

$$w_s = \begin{cases} \sum_{i=1}^{n} \theta_i t \left(t < \dfrac{w}{\theta(1-\sigma)} \right) \\ \sum_{i=1}^{n} \sigma \theta_i t + w \left(t > \dfrac{w}{\theta(1-\sigma)} \right) \end{cases} \tag{3-35}$$

其中，t 为使用时长；θ 为单位时间对应费率；w 为预付金；σ 为预付模式中的折扣率。

2. 基础模型假设和参数改进

（1）讨价还价过程中存在两方理性参与者：S（提供方）和 D（需求方），交易双方在讨价还价过程中合理出价。

（2）交易双方的策略集合为：S 策略为{接受，不接受}；D 策略为{参加，不参加}。交易价格的谈判区间由 S 和 D 决定，S 可接受的价格区间为$[s_1, s_2]$，D 可接受的价格区间为$[d_1, d_2]$，双方的价格区间存在交集$\left(d_1 < s_1 \leqslant d_2 < s_2\right)$。

（3）讨价还价作为一个动态过程，共分为三个阶段，每个阶段中只有一方还价，t 表示阶段数；每阶段双方对产品的出价为 $p_t^i\left(i=s,d;t=1,2,3\right)$。

（4）w_s 和 w_d 分别为 S 和 D 对该数据服务的预估价值。

数据服务的价格同时受到大数据联盟和数据服务质量的影响，因此引入贴现因子、数据服务感知质量和平台供需信息匹配能力三个主要影响因素，构建数据服务提供方和需求方两方的三阶段讨价还价模型，同时经过讨论三个影响因素间的关系，将交易双方对数据服务的感知质量和平台的供需信息匹配程度两因素以贴现因子形式进行表示。

（1）以贴现因子 σ 表示时间参数。Gibbons 将贴现因子定义为“货币的时间价值”，反映交易时间对产品价格的影响，交易双方同时受到交易时间和价格的制约，想在最短的时间内以期望价格成交，时间越长对交易双方越不利，因此讨价还价的时间越长，贴现因子越小。

（2）交易双方对数据服务的感知质量。数据服务的价格除了与供应商采用的定价形式有关，还与其自身的服务内容有关，即具体的服务内容、所提供的功能、服务响应时间、数据存储传输量等因素，把由此带来的对数据服务价格的影响设定为数据服务感知质量，用 $\theta(0<\theta<1)$ 表示。若数据服务的服务性能越高，供应商对产品信心越高，产品价格越不会压低，甚至不同意进入下一轮的讨价还价阶段；而用户也就越相信产品质量，对供应商的报价越容易接受和妥协，此时数据服务的交易越容易达成，即用户对产品的认同程度越高，越容易丧失更低的购买价格，因此 θ 和 σ 为负相关关系。讨价还价过程中 S 和 D 对产品质量的认知不同，分别为 σ_s 和 σ_d，根据文献，令 $\sigma_s=1/\left(1+\theta_s\right)$，$\sigma_d=1/\left(1+\theta_d\right)$ $\left(0<\sigma_s,\sigma_d<1\right)$。

（3）平台的供需信息匹配程度——λ 直接影响双方交易成功与否。交易平台作为交易的中心环节负责对交易双方供需信息的匹配，平台对双方信息的分析匹配程度和效率越高，交易越容易在短时间内达成，即 λ 和 σ 为正相关关系，则 $\sigma_s=\left(1+\lambda\right)/\left(1+\theta_s\right)$，$\sigma_d=\left(1+\lambda\right)/\left(1+\theta_d\right)$ $\left(0<\sigma_s,\sigma_d<1\right)$。

3. 模型构建

将 S 和 D 无损收益标准化为 1。$t=1$ 时，S 出价 p_1^s，D 选择接受或拒绝，若接受，讨价还价结束，此时 S 的效用为 $\left(p_1^s-w_s\right)$，D 的效用为 $\left(w_d-p_1^s\right)$，若拒绝，讨价还价进入第二阶段；$t=2$ 时，D 出价 p_2^d，若 S 接受，讨价还价结束，此时 S 的效用为 $\sigma_s\left(p_2^d-w_s\right)$，D 的效用为 $\sigma_d\left(w_d-p_2^d\right)$，若拒绝则进入第三阶段；$t=3$ 时，S 出价 p_3^s，D 选择接受或拒绝，若接受，讨价还价结束，此时 S 的效用

为 $\sigma_s^2\left(p_3^s - w_s\right)$，D 的效用为 $\sigma_d^2\left(w_d - p_3^s\right)$，若拒绝，进入下一阶段。不失一般化，这样双方轮流出价，直到讨价还价进入第 n 阶段：若 n 为奇数，是 S 的第 $(n+1)/2$ 次出价，出价为 $p_{(n+1)/2}^s$，若 D 接受，此时 S 的效用为 $\sigma_s^{n-1}\left(p_{(n+1)/2}^s - w_s\right)$，D 的效用为 $\sigma_d^{n-1}\left(w_d - p_{(n+1)/2}^s\right)$；若 n 为偶数，是 D 的第 $n/2$ 次出价，出价为 $p_{n/2}^d$，若 S 接受，讨价还价结束，此时 S 的效用为 $\sigma_s^{n-1}\left(p_{n/2}^d - w_s\right)$，D 的效用为 $\sigma_d^{n-1}\left(w_d - p_{n/2}^d\right)$。由于 n 阶段讨价还价模型烦琐且不符合实际交易情景，以求解经典三阶段讨价还价模型为例，分析联盟交易平台对数据服务的讨价还价定价模式。通过以上概念界定和模型假设，建立数据服务三阶段讨价还价过程供应商—交易平台—需求方三方讨价还价模型，以博弈树来表示该三阶段讨价还价过程，具体如图 3-19 所示。

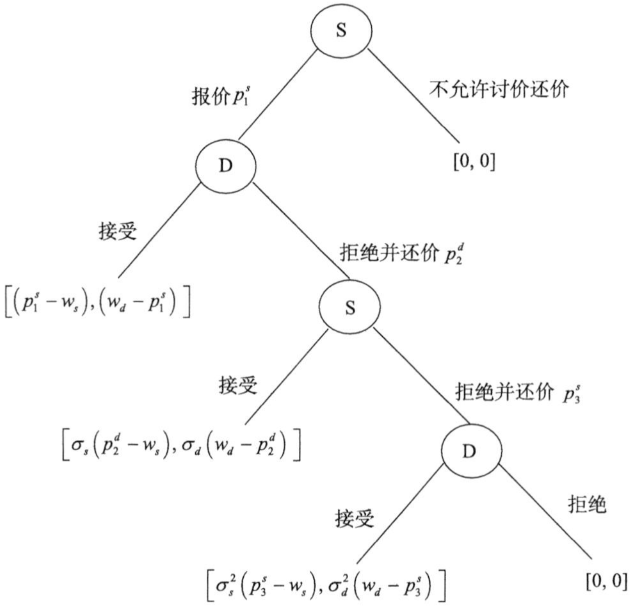

图 3-19　三阶段讨价还价过程图

4. 模型求解

用逆向归纳法求解 S 先出价的三阶段讨价还价过程，先从第三个阶段讨论双方的序列理性策略。$t = 3$ 是最后的成交机会，若使 D 接受此时 S 的出价，需要满足 $\sigma_d^2\left(w_d - p_3^s\right) \geqslant 0$，即

$$p_3^s \leqslant w_d \tag{3-36}$$

再来分析 D 的出价。t=3 时，$\sigma_s^2\left(p_3^s - w_s\right)$是 D 的最低出价，同时 S 根据 D 在 t=2 时的出价 p_2^d 认为此时 D 的价格预期服从$\left[p_2^d, d_2\right]$上的均匀分布。此时 S 出价 p_2^d 以达到期望利润的最大化，即

$$\max\left\{\sigma_s^2\left(p_3^s - w_s\right) \times \text{Prob}(D_{rra}) + 0 \times \text{Prob}(D_{rrr})\right\} \tag{3-37}$$

其中，$\text{Prob}(D_{rra})$和$\text{Prob}(D_{rrr})$分别为 D 接受和拒绝 S 出价 p_3^s 的概率。

$$\text{Prob}(D_{rra}) = P\left\{\sigma_s^2\left(p_3^s - w_s\right) \geqslant 0\right\} = P\left\{p_3^s \geqslant w_s\right\} = \frac{d_2 - p_3^s}{d_2 - p_2^d} \tag{3-38}$$

$$\text{Prob}(D_{rrr}) = P\left\{p_3^s < w_s\right\} = \frac{p_3^s - p_2^d}{d_2 - p_2^d} \tag{3-39}$$

$$\max\left\{\sigma_s^2\left(p_3^s - w_s\right) \times \frac{d_2 - p_3^s}{d_2 - p_2^d}\right\} \tag{3-40}$$

求得满足最优一阶化条件的 p_3^s，令

$$\frac{\sigma_s^2\left(d_2 + w_s - 2p_3^s\right)}{d_2 - p_2^d} = 0 \tag{3-41}$$

解得在第三阶段 S 的最优出价为

$$p_3^s = \frac{d_2 + w_s}{2} \tag{3-42}$$

将式（3-42）代入$\sigma_s^2\left(p_3^s - w_s\right)$，得到在$t = 3$时 S 在讨价还价结束后能够获得的最大收益为$W_3^s = \left[\sigma_s^2\left(d_2 - w_s\right)\right]/2$。当$t = 2$时，D 出价 p_2^d，此时 D 认为 S 能够接受的讨价还价区间在$\left[s_1, p_2^d\right]$上服从均匀分布。若 S 接受 D 的出价，需满足其在$t = 2$时的收益不小于在$t = 3$时的收益，即$\sigma_s\left(p_2^d - w_s\right) \geqslant \left[\sigma_s^2\left(d_2 - w_3\right)\right]/2$，解得

$$w_s \geqslant \frac{2p_2^d - \sigma_s d_2}{\sigma_s - 2} \tag{3-43}$$

在 S 做出选择后，需出价使得自己的期望效用最大化，则有

$$\max\left\{\sigma_d\left(w_d - p_2^d\right) \times \text{Prob}(S_{ra}) + \sigma_d^2\left(w_d - p_3^s\right) \times \text{Prob}(S_{rra})\right\} \tag{3-44}$$

其中，$\text{Prob}(S_{ra})$为 S 在$t = 2$时接受 D 出价 p_2^d 的概率，可得

$$\text{Prob}(S_{ra}) = P\left\{w_s \geqslant \frac{2p_2^d - \sigma_s d_2}{\sigma_s - 2}\right\} = \frac{p_2^d - \dfrac{2p_2^d - \sigma_s d_2}{\sigma_s - 2}}{p_2^d - s_1} = \frac{p_2^d(\sigma_s - 4) + \sigma_s d_2}{(\sigma_s - 2)(p_2^d - s_1)} \tag{3-45}$$

S 在 $t=2$ 时拒绝 D 出价 p_2^d 但接受在 $t=3$ 时 p_3^s 的概率为

$$\text{Prob}(S_{rra}) = P\left\{w_s < \frac{2p_2^d - \sigma_s d_2}{\sigma_s - 2}\right\}\text{Prob}(D_{rra}) = \left(\frac{\dfrac{2p_2^d - \sigma_s d_2}{\sigma_s - 2} - s_1}{p_2^d - s_1}\right)\left(\frac{d_2 - p_3^s}{d_2 - p_2^d}\right)$$

$$= \frac{\left[2p_2^d - \sigma_s d_2 + s_1(2-\sigma_s)\right]\left(d_2 - p_3^s\right)}{(p_2^d - s_1)(\sigma_s - 2)\left(d_2 - p_2^d\right)}$$

（3-46）

将式（3-46）和式（3-45）代入式（3-44）得

$$\max\left\{\frac{\sigma_d\left(w_d - p_2^d\right)\left(d_2 - p_2^d\right)\left[p_2^d(\sigma_s - 4) + \sigma_s d_2\right] + \sigma_d^2\left(w_d - p_3^s\right)\left(d_2 - p_3^s\right)\left[2p_2^d - \sigma_s d_2 + s_1(2-\sigma_s)\right]}{(p_2^d - s_1)(\sigma_s - 2)\left(d_2 - p_2^d\right)}\right\}$$

（3-47）

解得在第二阶段 D 的最优出价为

$$p_2^d = \frac{\sqrt{\sigma_d^2 A^2 - 3\sigma_d d_2(\sigma_s - 4)\left[w_s d_2(\sigma_s - 4 + 2\sigma_d) + 2\sigma_d p_3^s\left(p_3^s - w_s - d_2\right)\right]} - A\sigma_d}{3\sigma_d(\sigma_s - 4)}$$

（3-48）

其中，$A = (4-\sigma_s)(d_2 + w_d)$。

最后分析 S 在 $t=2$ 时的出价 p_1^s，当且仅当 $\left(w_s - p_1^s\right) \geqslant W_2^d$ 时成立，此时 S 的最大期望效用为

$$\max\left\{\left(p_1^s - w_s\right)\times\text{Prob}(D_a) + \sigma_s\left(p_2^d - w_s\right)\times\text{Prob}(D_{ra}) + \sigma_s^2\left(p_3^s - w_s\right)\times\text{Prob}(D_{rra})\right\}$$

（3-49）

其中，$\text{Prob}(D_a)$ 为 D 在 $t=1$ 时接受 p_1^s 的概率：

$$\text{Prob}(D_a) = P\left\{p_1^s \leqslant w_d\right\} = \frac{s_2 - p_1^s}{s_2 - s_1} \tag{3-50}$$

$\text{Prob}(D_{ra})$ 为 D 在 $t=1$ 时拒绝 p_1^s，且在 $t=2$ 时接受 p_2^d 的概率：

$$\text{Prob}(D_{ra}) = P\left\{p_1^s \leqslant w_d\right\}\times P\left\{w_s \geqslant \frac{2p_2^d - \sigma_s d_2}{\sigma_s - 2}\right\}$$

$$= \left(1 - \frac{s_2 - p_1^s}{s_2 - s_1}\right)\times\left(\frac{p_2^d(\sigma_s - 4) + \sigma_s d_2}{(\sigma_s - 2)(p_2^d - s_1)}\right)$$

$$= \frac{\left(p_1^s - s_1\right)\left[p_2^d(\sigma_s - 4) + \sigma_s d_2\right]}{\left(s_2 - s_1\right)\left(\sigma_s - 2\right)(p_2^d - s_1)}$$

（3-51）

同理可得，D 在 $t=1$ 时拒绝 p_1^s，在 $t=2$ 时拒绝 p_2^d，且在 $t=3$ 时接受 p_3^s 的概率 $\text{Prob}(D_{rra})$ 为

$$\begin{aligned}\text{Prob}(D_{rra}) &= P(D_r)\times P(S_{rra})\times P(D_{rra})\\ &=\left(1-\frac{s_2-p_1^s}{s_2-s_1}\right)\left(1-\frac{p_2^d(\sigma_s-4)+\sigma_s d_2}{(\sigma_s-2)(p_2^d-s_1)}\right)\left(\frac{d_2-p_3^s}{d_2-p_2^d}\right)\\ &=\frac{p_1^s-s_1}{s_2-s_1}\times\frac{2s_1-\sigma_s(s_1+d_2)}{(\sigma_s-2)(p_2^d-s_1)}\times\frac{d_2-p_3^s}{d_2-p_2^d}\\ &=\frac{(p_1^s-s_1)[2s_1-\sigma_s(s_1+d_2)](d_2-p_3^s)}{(s_2-s_1)(\sigma_s-2)(p_2^d-s_1)(d_2-p_2^d)}\end{aligned} \quad (3\text{-}52)$$

求得第一阶段 S 的最优出价 p_1^s：

$$p_1^s=\frac{(d_2-p_2^d)\left[(\sigma_s-2)(p_2^d-s_1)(s_2+w_s)+\sigma_s(p_2^d-w_s)\left[p_2^d(\sigma_s-4)+\sigma_s d_2\right]\right]}{2}+\frac{\sigma_s^2(p_3^s-w_s)(d_2-p_3^s)\left[2s_1-\sigma_s(s_1+d_2)\right]}{2} \quad (3\text{-}53)$$

5. 模型结果分析

$\sigma_s=(1+\lambda)/(1+\theta_s)$，$\sigma_d=(1+\lambda)/(1+\theta_d)$，从中可得交易双方的贴现因子与平台信息匹配程度成正比，与其自身对数据服务质量的评价成反比。下面具体分析每个阶段参与者出价与双方贴现因子的关系。

（1）第一阶段。通过上述分析可得数据服务提供商先出价的三阶段讨价还价的均衡结果如下。在第一阶段，供应商出价：

$$p_1^s=\frac{(d_2-p_2^d)\left[(\sigma_s-2)(p_2^d-s_1)(s_2+w_s)+\sigma_s(p_2^d-w_s)\left[p_2^d(\sigma_s-4)+\sigma_s d_2\right]\right]}{2}+\frac{\sigma_s^2(p_3^s-w_s)(d_2-p_3^s)\left[2s_1-\sigma_s(s_1+d_2)\right]}{2}$$

当 $w_d-p_1^s\geqslant\sigma_d(w_d-d_2)$ 时，用户接受价格，则有 $w_d\geqslant\dfrac{p_1^s-\sigma_d d_2}{1-\sigma_d}$，进入第二阶段。

在收益最大化条件下，p_1^s 对 σ_s 和 σ_d 分别求一阶导得

$$\begin{cases}\dfrac{\partial p_1^s}{\partial \sigma_s}=\dfrac{\left(d_2-p_2^d\right)\left[C-\left(p_2^d-w_s\right)\left((\sigma_s-4)\left(p_2^d-\dfrac{\partial p_2^d}{\partial \sigma_s}\sigma_s\right)-\sigma_s p_2^d\right)\right]}{2}\\ \qquad -\dfrac{\dfrac{\partial p_2^d}{\partial \sigma_s}\left[(\sigma_s-2)C+\sigma_s\left(p_2^d-w_s\right)\left(p_2^d(\sigma_s-4)+\sigma_s d_2\right)\right]}{2}\\ \qquad +\dfrac{\sigma_s^2\left(p_3^s-w_s\right)\left(d_2-p_3^s\right)\left[4s_1-(s_1+d_2)(2\sigma_s+1)\right]}{2}\\ \dfrac{\partial p_1^s}{\partial \sigma_d}=\dfrac{-\dfrac{\partial p_2^d}{\partial \sigma_d}\left[(\sigma_s-2)C+\sigma_s\left(p_2^d-w_s\right)\left(p_2^d(\sigma_s-4)+\sigma_s d_2\right)\right]}{2}\end{cases}\tag{3-54}$$

其中，$C=\left(p_2^d-s_1\right)\left(s_2+w_s\right)$。

（2）在第二阶段，用户出价：

$$p_2^d=\frac{\sqrt{\sigma_d^2A^2-3\sigma_d d_2(\sigma_s-4)\left[w_s d_2(\sigma_s-4+2\sigma_d)+2\sigma_d p_3^s\left(p_3^s-w_s-d_2\right)\right]}-A\sigma_d}{3\sigma_d(\sigma_s-4)}\tag{3-55}$$

当 $A=(4-\sigma_s)(d_2+w_d)$，且 $p_2^d\leqslant w_s\leqslant s_2$ 时，提供商接受价格，进入第三阶段。

在收益最大化条件下，p_2^d 对 σ_s 和 σ_d 分别求一阶导得

$$\begin{cases}\dfrac{\partial p_2^d}{\partial \sigma_s}=\dfrac{1}{24\sigma_d(\sigma_s-4)^2\sqrt{-2(d_2+w_d)-3d_2\left(B+w_d d_2(\sigma_s-4)\right)}}\\ \qquad +\dfrac{3\sigma_d^2(\sigma_s-4)(d_2+w_d)-\sqrt{\sigma_d^2A^2-3\sigma_d d_2(\sigma_s-4)B}+A\sigma_d}{18\sigma_d^2(\sigma_s-4)^2}>0\\ \dfrac{\partial p_2^d}{\partial \sigma_d}=\dfrac{\sigma_d}{4\sqrt{(\sigma_s-4)\left[2\sigma_d(\sigma_s-4)(d_2+w_d)^2-3d_2B-6\sigma_d d_2\left(w_s d_2+p_3^s\left(p_3^s-w_s-d_2\right)\right)\right]}}\\ \qquad -2\sqrt{\sigma_d^2A^2-3\sigma_d d_2(\sigma_s-4)B}+2A\sigma_d<0\end{cases}\tag{3-56}$$

其中，$B=w_s d_2(\sigma_s-4+2\sigma_d)+2\sigma_d p_3^s\left(p_3^s-w_s-d_2\right)$。

（3）在第三阶段，提供商出价：

$$p_3^s=(d_2+w_s)/2\tag{3-57}$$

当满足条件 $p_3^s\leqslant w_d\leqslant d_2$ 时，需求方接受该价格，否则谈判结束，交易失败。

讨价还价过程中虽然联盟交易平台的匹配能力一定，但双方对产品的服务性能

认知不同，因此$\sigma_s \neq \sigma_d \neq 0$，但由于交易平台的存在使得双方对数据服务质量的认知程度差异不大，所以不存在信息不对称情况下θ_s和θ_d相差极大的情况。将 S 和 D 无损收益总值标准化为 1，每阶段双方收益分别为v_t^s和v_t^d，此时求解均衡情况下服务性能和平台信息匹配能力对 S 和 D 收益的影响。$t=3$时，S 的无损收益为v_3^s，收益折现到$t=2$时为$\sigma_s v_3^s$，D 在$t=2$时的出价应满足$p_2^d \geqslant \sigma_s v_3^s$，因此$p_2^d=\sigma_s v_3^s$，D 的收益折现到$t=1$时为$\sigma_d\left(1-\sigma_s v_3^s\right)$，则 S 在$t=1$时的最优出价$p_1^s=1-\sigma_d\left(1-\sigma_s v_3^s\right)$，由于$t=1$和$t=3$时的收益应无差异，所以$v_3^s=v_1^s=1-\sigma_d\left(1-\sigma_s v_3^s\right)$，解得

$$\begin{cases} v_1^s=\dfrac{1-\sigma_d}{1-\sigma_d\sigma_s}=\dfrac{(\theta_d-\lambda)(1+\theta_s)}{(1+\theta_d)(1+\theta_s)-(1+\lambda)^2} \\ v_1^d=1-\dfrac{1-\sigma_d}{1-\sigma_d\sigma_s}=\dfrac{\sigma_d(1-\sigma_s)}{1-\sigma_d\sigma_s}=\dfrac{(\theta_s-\lambda)(1+\lambda)}{(1+\theta_d)(1+\theta_s)-(1+\lambda)^2} \end{cases} \tag{3-58}$$

v_1^s对θ和λ分别求一阶、二阶导得

$$\begin{cases} \dfrac{\partial v_1^s}{\partial \theta_s}=\dfrac{(\lambda-\theta_d)(1+\lambda)^2}{\left[(1+\theta_d)(1+\theta_s)-(1+\lambda)^2\right]^2} \\ \dfrac{\partial v_1^s}{\partial \theta_d}=\dfrac{-\lambda(1+\theta_s)^2(1+\lambda)}{\left[(1+\theta_d)(1+\theta_s)-(1+\lambda)^2\right]^2} \\ \dfrac{\partial v_1^s}{\partial \lambda}=\dfrac{(1+\theta_s)\left[(1+\lambda)(2\theta_d-\lambda+1)-(1+\theta_d)(1+\theta_s)\right]}{\left[(1+\theta_d)(1+\theta_s)-(1+\lambda)^2\right]^2} \end{cases} \tag{3-59}$$

$$\begin{cases} \dfrac{\partial^2 v_1^s}{\partial \theta_s^2}=\dfrac{-2(\lambda-\theta_d)(1+\theta_d)(1+\lambda)^2}{\left[(1+\theta_d)(1+\theta_s)-(1+\lambda)^2\right]^3} \\ \dfrac{\partial^2 v_1^s}{\partial \theta_d^2}=\dfrac{2\lambda(1+\theta_s)^3(1+\lambda)}{\left[(1+\theta_d)(1+\theta_s)-(1+\lambda)^2\right]^3} \\ \dfrac{\partial^2 v_1^s}{\partial \lambda^2}=\dfrac{2(1+\theta_s)\left[(\theta_d-\lambda)\left[(1+\theta_d)(1+\theta_s)-(1+\lambda)^2\right]^2\right]}{\left[(1+\theta_d)(1+\theta_s)-(1+\lambda)^2\right]^4} \\ \qquad +\dfrac{2(1+\theta_s)\left[2(1+\lambda)\left[(1+\lambda)(2\theta_d-\lambda+1)-(1+\theta_d)(1+\theta_s)\right]\right]}{\left[(1+\theta_d)(1+\theta_s)-(1+\lambda)^2\right]^4} \end{cases} \tag{3-60}$$

v_1^d对θ和λ分别求一阶、二阶导得

$$\begin{cases}\dfrac{\partial v_1^d}{\partial \theta_s}=\dfrac{(\theta_d-\lambda)(1+\lambda)^2}{\left[(1+\theta_d)(1+\theta_s)-(1+\lambda)^2\right]^2}\\ \dfrac{\partial v_1^d}{\partial \theta_d}=\dfrac{(\lambda-\theta_d)(1+\lambda)(1+\theta_s)}{\left[(1+\theta_d)(1+\theta_s)-(1+\lambda)^2\right]^2}\\ \dfrac{\partial v_1^d}{\partial \lambda}=\dfrac{(\theta_s-2\lambda-1)\left[(1+\theta_d)(1+\theta_s)-(1+\lambda)^2\right]+2(\theta_s-\lambda)(1+\lambda)^2}{\left[(1+\theta_d)(1+\theta_s)-(1+\lambda)^2\right]^2}\end{cases} \tag{3-61}$$

$$\begin{cases}\dfrac{\partial^2 v_1^d}{\partial \theta_s^2}=\dfrac{-2(\theta_d-\lambda)(1+\theta_d)(1+\lambda)^2}{\left[(1+\theta_d)(1+\theta_s)-(1+\lambda)^2\right]^3}\\ \dfrac{\partial^2 v_1^d}{\partial \theta_d^2}=\dfrac{(1+\theta_s)(1+\lambda)\left[(1+\theta_d)(1+\theta_s)-(1+\lambda)^2\right]\left[(1+\theta_s)(2\lambda-\theta_d+1)-(1+\lambda)^2\right]}{-\left[(1+\theta_d)(1+\theta_s)-(1+\lambda)^2\right]^4}\\ \dfrac{\partial^2 v_1^d}{\partial \lambda^2}=\dfrac{(1+\lambda)[2\theta_s+3\lambda+3]-2(1+\theta_d)(1+\theta_s)}{\left[(1+\theta_d)(1+\theta_s)-(1+\lambda)^2\right]^4}\end{cases} \tag{3-62}$$

当$\lambda>\theta_d$，$\partial v_1^s/\partial\theta_s>0$，$\partial v_1^s/\partial\theta_d<0$，$\partial v_1^s/\partial\lambda<0$；$\partial v_1^d/\partial\theta_s<0$，$\partial v_1^d/\partial\theta_d>0$，$\partial v_1^d/\partial\lambda<0$时。这表明，在双方通过交易平台进行数据服务交易时，当平台信息的匹配程度高于用户对服务产品质量的评价时，用户越不易同意供应商的出价，且提供方对自身数据服务质量的认知程度越高，越不同意用户的还价行为，讨价还价越不易成功。

当$\lambda<\theta_d$，$\partial v_1^s/\partial\theta_s<0$，$\partial v_1^s/\partial\theta_d<0$，$\partial v_1^s/\partial\lambda<0$；$\partial v_1^d/\partial\theta_s>0$，$\partial v_1^d/\partial\theta_d<0$，$\partial v_1^d/\partial\lambda>0$时。这表明，一旦平台匹配的数据服务质量低于用户预期，无论用户是否同意交易都无法达到用户的预期服务效益，即使提供商对自身数据服务质量的认可会在一定程度上提高用户的收益，也不易在用户方得到预期的服务价格。

当$\lambda=\theta_d$时，若供应商和用户对数据服务质量的认知完全相同，即$\theta_s=\theta_d$，则$\partial v_1^s/\partial\theta_s=0$，$\partial v_1^s/\partial\theta_d<0$，$\partial v_1^s/\partial\lambda>0$，$\partial^2 v_1^s/\partial\theta_s^2=0$；$\partial v_1^d/\partial\theta_s=0$，$\partial v_1^d/\partial\theta_d=0$，$\partial v_1^d/\partial\lambda>0$，$\partial^2 v_1^d/\partial\theta_s^2=0$，$\partial^2 v_1^d/\partial\theta_d^2=0$。此时，交易平台、提供商和用户对数据服务的匹配和认知完全一致，交易双方的收益在对自身数据服务认知一致时，达到双方收益的最大值，且双方收益都与平台信息的匹配程度正相关，但是提供商的收益与用户的服务产品质量认知负相关；若提供商对数据服务质量的认知高

于用户对数据服务质量的认知，用户收益在自身对质量认识的影响下能够得到极大值。这表明此时即使平台的信息匹配程度很高，但是提供商对用户出价不满意，越易拒绝此次讨价还价行为，相反，若讨价还价成功，用户甚至能够从中得到高于预期的收益；若供应商对数据服务质量的认知低于用户对数据服务质量的认知，提供商的收益在自身对数据服务认知的影响下存在极大值。这表明此时用户对产品的评价高于提供商，用户出价在很大程度上能够满足提供商预期收益，此时讨价还价容易成功。

6. 仿真分析

为了进一步说明贴现因子 σ 、数据服务质量 θ 和平台信息匹配程度 λ 对数据服务定价和交易双方效益的影响,利用 MATLAB 软件模拟在此条件下交易双方在讨价还价三个阶段的价格走势。由图 3-20~图 3-22 可知，在第三阶段数据服务提供商的出价与提供商的数据服务预期价格和需求方的预期最高价格正相关；在第二阶段需求方的出价随着双方贴现因子的下降而降低；提供商为了维护自身利润，在第一阶段的出价会高于双方预期，且与第二阶段的预期需求方出价正相关，与提供商贴现因子的变化关系不明显，如果讨价还价成功进行到第三阶段，双方的出价均会逐渐降低，趋近于双方的价格预期。综合上述分析，在数据服务提供商和需求方关于数据服务出价的三阶段讨价还价模型中，交易双方的出价逐渐趋近于双方预期价格，因此，理论上如果进行无限次讨价还价，双方均可以一个可接受的价格成功交易，而且，与贴现因子相比，对对方下期出价大小的预估在讨价还价中对双方本次出价的影响较大。

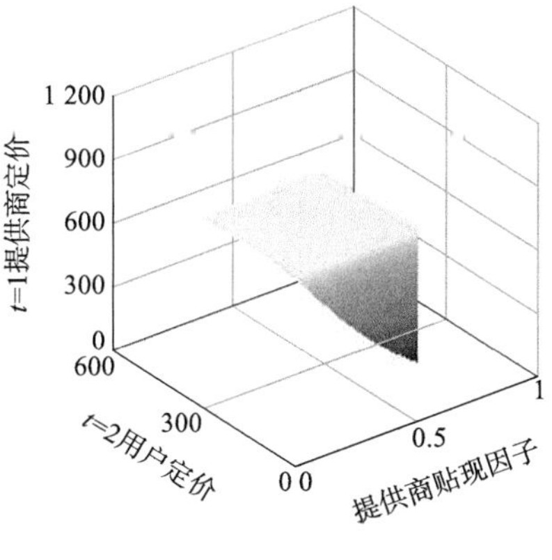

图 3-20　t=1 提供商定价

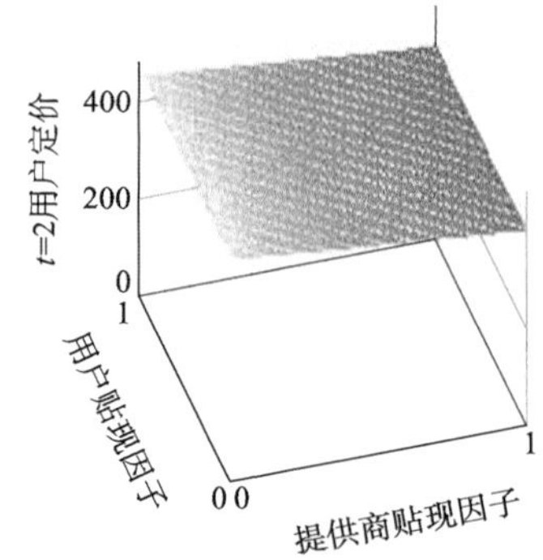

图 3-21　t=2 用户定价

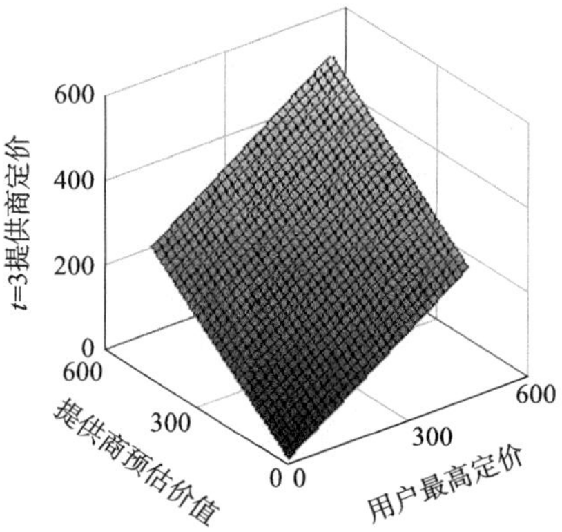

图 3-22　t=3 提供商定价

3.3.3　三阶段 Rubinstein 讨价还价下数据服务的捆绑定价策略

1. 数据服务捆绑定价策略的适用性分析

捆绑定价是将不同质的产品组合在一起，再制定统一价格进行出售，数据服务适用捆绑定价策略的原因在于以下两个方面。

（1）往往捆绑销售的价格低于单独销售的总价格，这对于边际成本较高的传统产品并不适用，但数据服务低边际成本的特点使其一旦回收固定成本，就可以不断地产生利润。

（2）数据服务向需求方提供实现数据获取—数据脱敏—数据存储—数据挖

掘等数据增值、处理全过程的技术支持，每一种单独的数据服务之间在数据处理技术上互相支持辅助，需求方通常会综合性地而非单一地衡量它们的价值与整体购买的成本和功能。例如，需求方在购买数据获取服务的同时，如果数据量超过需求方自身可以存储处理的范畴，就需要同时购买提供商提供的数据存储服务。因此，捆绑定价策略能够通过帮助数据服务提供商扩大需求规模来获得稳定的高产品收益。此外，在讨价还价中应用捆绑定价策略还能为需求方提供更多的讨价还价空间，尤其是同时购买多个数据服务的需求方在讨价还价过程中拥有更大的还价权利。

2. 数据服务的捆绑定价策略模型

本小节分析在捆绑条件下的产品定价和提供商利润。在捆绑定价情况下，假定需求方对捆绑产品的需求为线性函数，提供商共提供n种数据服务的捆绑，α表示捆绑后产品属性对产品整体价值的影响，捆绑后用户的产品需求和价格分别为$D_n(p)$、p_n，在捆绑策略下用户效用函数为

$$u_n = n^{\alpha} \times w_d \tag{3-63}$$

假定消费者剩余大于等于零，则：

$$n^{\alpha} \times w_d \geqslant p_n \tag{3-64}$$

w_d服从均匀分布，设其分布函数为$F(w_d)$，密度函数为$f(w_d)$，在消费者剩余大于等于零的基础上求解捆绑策略下用户的需求函数为

$$D_n(p_n) = \int_{p_n/n^{\alpha}}^{+\infty} f(w_d)\mathrm{d}w_d = 1 - \frac{p_n}{n^{\alpha} \times w_d} \tag{3-65}$$

在此情况下，数据服务提供商的利润函数表示为

$$\pi_n = p_n \times D_n(p_n) = p_n \times \left(1 - \frac{p_n}{n^{\alpha} \times w_d}\right) \tag{3-66}$$

当π_n取得最大值时，可得

$$p_n = \frac{n^{\alpha} w_d}{2} \tag{3-67}$$

在考虑贴现因子的影响下，求解数据服务提供商在每阶段的实际出价：假定S在$t=1$时提出最优出价$p_1^s = n^{\alpha} w_d/2$，$t=3$时，S的出价折损到第一阶段为$p_3^s = \sigma_d \sigma_s p_1^s$。

参考文献

[1]杨张博，王新雷. 大数据交易中的数据所有权研究[J]. 情报理论与实践，2018，41（6）：52-57.

[2]Nair B R，Narayanan A. Getting results from big data：a capabilities-driven approach to the strategic use of unstructured information[J]. Booz & Company，2012，25：56-71.

[3]Huang G，He J，Chi C H，et al. A data as a product model for future consumption of big stream data in clouds[C]. Services Computing（SCC），London，2015：256-263.

[4]Niyato D，Alsheikh M A，Wang P，et al. Market model and optimal pricing scheme of big data and internet of things（IoT）[C]. IEE International Conference on Communications（ICC），Malaysia，2016：1-6.

[5]Zheng Z，Zhu J，Lyu M R. Service-generated big data and big data-as-a-service：an overview[C]. Big Data（BigData Congress），California，2013：403-410.

[6]韩晶. 大数据服务若干关键技术研究[D]. 北京邮电大学博士学位论文，2013.

[7]林文敏. 云环境下大数据服务及其关键技术研究[D]. 南京大学博士学位论文，2015：18-26.

[8]冯芷艳，郭迅华，曾大军，等. 大数据背景下商务管理研究若干前沿课题[J]. 管理科学学报，2013，16（1）：1-9.

[9]孟小峰，慈祥. 大数据管理：概念、技术与挑战[J]. 计算机研究与发展，2013，50（1）：146-169.

[10]Stahl F，Schomm F，Vossen G，et al. A classification framework for data marketplaces[J]. Vietnam Journal of Computer Science，2016，3（3）：137-143.

[11]Rochet J C，Tirole J. Platform competition in two-sided markets[J]. Journal of the European Economic Association，2003，1（4）：990-1029.

[12]Armstrong M. Competition in two-sided markets[J]. The RAND Journal of Economics，2006，37（3）：668-691.

[13]Poolsombat R，Vernasca G. Partial multihoming in two-sided markets[J]. Department of Economics，University of York Discussion Papers，2016：10.

[14]纪汉霖. 用户部分多归属条件下的双边市场定价策略[J]. 系统工程理论与实践，2011，31（1）：75-83.

[15]张影，翟丽丽，王京. 大数据背景下的云计算联盟数据资源服务组合模型[J]. 计算机集成制造系统，2016，22（12）：2920-2929.

第 4 章　大数据联盟数据聚合服务

4.1　大数据联盟数据聚合层次

大数据联盟将不同类型成员企业可共享的数据资源进行聚合，共同实现数据资源价值转化与数据价值增值的目的，有助于提升联盟整体的数据价值密度[1]。因此，数据聚合是大数据联盟开展数据价值共创的关键环节。数据聚合是指利用先进的数据聚合方法和技术，将无序、散乱的数据资源进行整理、编排和组织，以发现有价值的数据、信息及知识。通过聚合，大数据联盟中分散的数据资源碎片将具备一定的系统性、完整性和价值性特点。

1. 数据聚合方法选择

CRISP-DM 方法是由欧盟资助下的一个兴趣小组开发并提炼而成的，主要包括业务理解（business understanding，BU）、数据理解（data understanding，DU）、数据准备（data preparation，DP）、建模（modeling）、评估（evaluation）和部署（deployment）6 个阶段，适合于对知识发现全过程的分析和描述。由于大数据联盟数据聚合本质上属于知识发现的过程，所以采用 CRISP-DM 方法作为大数据联盟数据聚合的基础理论支撑。具体表现为：在大数据联盟数据聚合过程中，BU 阶段主要指分析用户的需求，考虑风险和意外、成本和收益等，确定数据聚合的目标；DU 阶段始于搜集不同渠道的数据资源，以联盟成员企业的数据资源为主，同时也有行业和社会公开的数据资源，以及用户的数据源等，在这一过程中，注意检测数据的数量、探索数据中有用的数据子集、对数据进行装载和描绘、检查数据的完整性和准确性、填补数据中的缺失值等；DP 阶段主要包括从多源数据中构建形成数据集的全部内容，如制表、记录、数据变量的选择和转换、数据清理等，并根据工具的要求对数据进行格式化；建模阶段主要指选择和使用相应的建模方法，构造和评估模型并进行参数校准；评估阶段主要指对已经建立的一个或者多个高质量的模型进行评估，判断这些模型是否实现了用户所期望的目标；部署阶段主要指将所发现和获得的结果组织为可读文本的形式，便于用户能够理解数据聚合的结果。

2. 数据聚合过程模型

在 CRISP-DM 方法论的指导下，为了更加清晰地展示大数据联盟数据聚合情况，在对数据资源共享分析基础上，从价值共创视角，结合大数据价值孵化过程框架[2]，将大数据联盟数据聚合过程本质上抽象为由数据汇聚、数据关联和数据融合三个阶段所构成的线性过程模型，如图 4-1 所示。在数据聚合的这三个子过程中，每一个过程中包含的 CRISP-DM 方法的 6 个阶段有所不同。其中，数据汇聚主要对应 CRISP-DM 方法中 1~3 阶段，重点对零散地分布在不同渠道中数据资源的统一集成管理，并经过一定的变换装载到数据仓库，构成一个有序的整体；数据关联主要对应 CRISP-DM 方法中 1~6 阶段，侧重于在不同的粒度上实现对原始数据的抽取、转化和特征计算，实现对数据仓库中的数据进行多维分析和展现，属于一种探测式的数据分析；数据融合主要对应 CRISP-DM 方法中 1~6 阶段，注重利用数据挖掘算法和融合技术在特定情境下自动发现隐藏在数据中的模式，进一步拓展了数据关联分析处理的深度，能够获得关联分析处理所不能发现的更为复杂、细致的信息和知识。

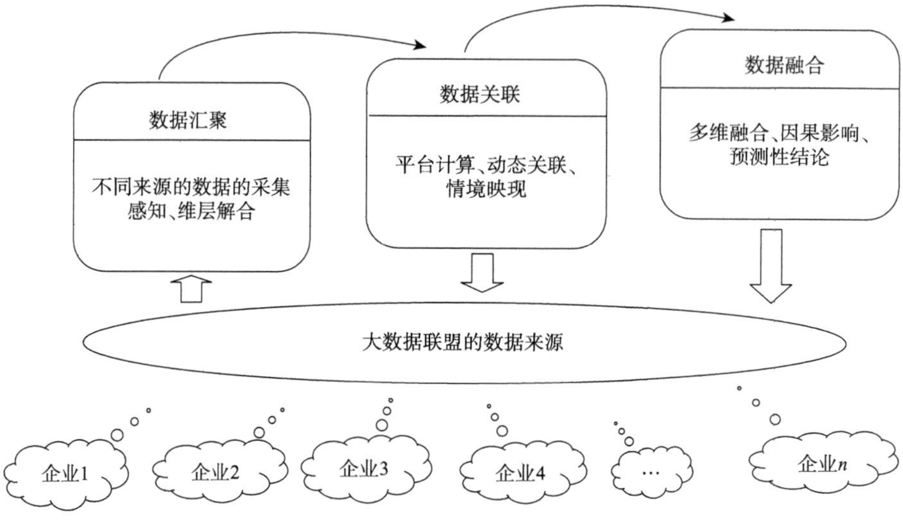

图 4-1　大数据联盟数据聚合过程模型

数据汇聚是指运用科学的聚合方法，将分散于大数据联盟中不同成员的零散的、孤立的数据资源通过一定的方式进行有序衔接，实施结构体系再建，使不同来源、不同层次、不同内容的数据资源进行综合集成，从而形成有价值的、完整的体系。数据关联是指以相关性分析为基础，通过组织提取数据资源中的特征，从数据资源中抽取信息或者萃取一些知识，得到一些真正有趣的发现，实现数据向信息（知识）的价值转化过程。数据融合是指通过运用先进的大数据处理技术，在信息或者知识中进行转换、集成和合并等处理，以进一步浓缩精炼形成新信息和新知识，从而为用户的领域问题求解构造有效的信息资源和知识资源，将大数据深层次的潜在价值释放出来。这三者之间具体的区别和联系，如图 4-2 所示。

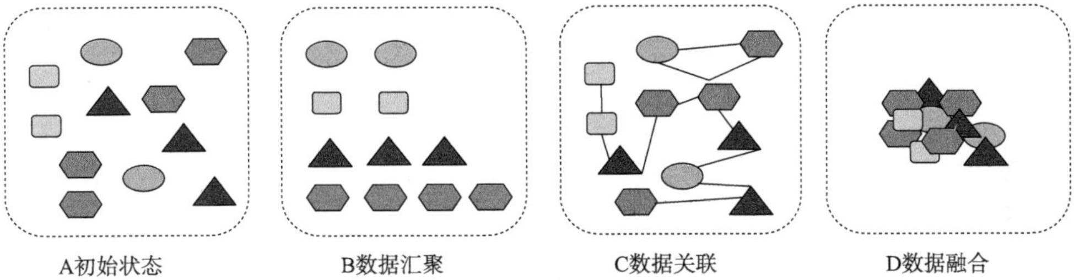

图 4-2　数据汇聚、关联、融合的区别和联系

其中，大数据联盟中不同类型的数据资源在没有经过有效地管理和组织时，具有离散、分布、异构等特性（图 4-2A），数据汇聚是指根据一定的规则，针对不同类型数据资源之间内在的共性联系对其进行统一管理，以便于对数据资源的进一步利用（图 4-2B），数据关联可建立不同类型数据资源之间的联系，从而形成有趣的收获和发现（图 4-2C），而数据融合通过抽取相应的数据单元，将其综合应用产生新信息和新知识（图 4-2D）。

基于上述对大数据联盟数据聚合过程的分析可知，通过对联盟中数据资源进行不断的汇聚、关联和融合，数据资源价值密度在逐渐提升。因此，为了更加清晰地阐述大数据联盟数据聚合不同阶段之间的联系，根据大数据领域的行业发展现状和学术研究，结合 Hall 和 Llinas 提出的数据聚合层次的分类框架[3]，提出价值共创视角下大数据联盟数据聚合过程的三个层次，分别是：原始层级数据聚合——数据汇聚；特征层级数据聚合——数据关联；决策层级数据聚合——数据融合。值得注意的是，在大数据联盟数据聚合过程中，需要对大数据联盟中的数据资源进行及时更新和补充，最大限度地保证大数据联盟数据资源的新鲜度，从而持续从数据中抽取信息和知识、精炼智慧，形成“数据汇聚—数据关联—数据融合”的正反馈循环。

上述数据聚合不同的层次之间存在着逐级递进的联系，也正是因为这种内在的联系，才使得大数据联盟数据资源实现了向信息、知识转化的可能性，体现了大数据联盟多主体之间价值共创阶段的不断演进。通过这三个层次之间的相互作用、相互联系和相互影响，能够更加全面地看待大数据联盟的数据资源聚合问题。

3. 原始层级数据聚合

在很早以前，数据被认为是有价值的，但是能够孕育巨大的商业价值的数据并不是传统意义上的数据，而应被称为数据要素或者数据资源。这是因为数据虽然蕴含巨大的价值，但却需要经过进一步的开发和利用，数据的价值才能够被逐渐释放和放大，这与要素和资源具有本质上的相似性。

（1）原始层级数据聚合实现途径。在大数据联盟运行过程中，能否正确有效地将分散在各个不同渠道中的数据资源有效地汇聚到联盟中，是原始层级数据聚合的关键，将直接影响联盟运行的效率和最终的服务结果。原始层级数据聚合实现途径主要包括数据抽取—转换—装载。本质上，将数据从不同的渠道中装入大数据联盟数据仓库的过程，就是数据的抽取、转换和装载过程，体现了符合联盟特定规则的数据流动过程，不同类型的数据从多个数据来源渠道流向统一的目标。在数据聚合服务云平台上，数据抽取—转换—装载过程的设计质量与对用户需求和大数据联盟数据仓库环境进行形式化的建模密切相关。在整个过程中，需要注意对数据质量的控制，对于出现的拼写错误、唯一性约束、相似重复记录、命名冲突、不一致的时间选择、互相矛盾的字段等问题，大数据联盟必须进行及时的处理和解决。

（2）原始层级数据聚合影响因素。在实践中，影响大数据联盟数据资源汇聚水平的因素归纳起来主要包括以下几个方面。

第一，数据资源传输通道和方式。针对不同类型的数据资源分别采取不同的传输设施，如互联网、移动终端、云存储等。在联盟成员数据资源传输过程中，不仅要注重海量数据在跨层级、跨地域之间数据传输的完整性和实时性，同时也要注重对数据传输的安全和监管方面的支持。尤其是，使用共同的交流术语进行及时有效的交流，有助于提高大数据联盟数据汇聚的效果。

第二，联盟网络结构、关系和认知[4]。一般情况下，大数据联盟中的核心企业为了维护在网络中的核心地位，往往更愿意积极主动地共享数据资源，非核心企业主要发挥辅助支持的作用。当联盟成员企业之间形成了互惠互利的共生关系时，数据共享将更容易发生。尤其是，联盟中不同类型的成员企业之间的价值观越趋向于一致，在彼此合作中越容易相互理解、产生信任，有利于形成数据共享的共识和认同感。

第三，成员企业地理距离。在大数据联盟中，成员企业在地理分布上往往呈现散落的特点，但是互联网和信息沟通技术的应用使得远距离之间的数据资源共享成为现实，促进了大数据联盟数据汇聚的实现。同时，数据资源互补性较大的企业之间，数据资源跨企业流动的效果往往更好。

4. 特征层级数据聚合

通过对数据资源的关联分析实现数据向信息（知识）的转化，逐渐释放大数据资源的价值，这也为后文决策层级数据聚合进一步从数据中抽取新信息（新知识）、凝练智慧、释放更深层次的数据价值奠定了基础。

（1）特征层级数据聚合实现途径。为了进一步从数据中提取信息和知识，特征层级数据聚合实现途径采用三层客户——服务器结构。第一层是在数据聚合服务云平台上搭建的数据仓库服务器，实现与底层运营的大数据联盟数据库系统的连接，主要完成数据一致性检验和预处理等操作；第二层是数据关联分析服务器，根据用户的需求对数据关联分析处理的各种操作进行分解，并通过调用大数据联盟数据仓库中的数据完成这些操作；第三层是前端的可视化分析的展现工具，用于将数据互渗关联的结果以直观、可理解的方式最终展示给特定场景下的用户进行使用。

（2）特征层级数据聚合影响因素。在实践中，对大数据联盟特征层级数据聚合阶段中数据资源价值的提炼，影响因素主要包括以下几个方面。

首先，关联技术。目前以开源为主导、多种技术架构并存的大数据处理技术体系已经初步形成，大数据技术创新取得了明显突破，这为联盟成员企业之间协同互助、探索数据资源中潜藏的关联性提供了重要的基础支撑，有助于描述某一事物中不同特征之间出现的规律和模式。

其次，全景联系。从全景视角大数据联盟分析数据资源之间的相关关系，并不断拓展惯常的要素之间的空间联系，强调“全景联系”。在特征层级数据聚合过程中需要以平台为桥梁，实现成员企业之间的多层次互动，围绕“大数据多源连接、计算应用、可视化分析”的实现路径，探索隐藏在数据资源之间内部联系的规律。

最后，特征计算。在特征工程里，一方面需要从业务角度加工新的计算指标，另一方面需要进行自动特征构建、特征选择、特征降维等方面的工作，进一步提升模型的性能。同时，云计算的快速发展实现了联盟中数据资源存储的标准化，有利于快速实现对联盟中海量数据资源的特征计算，进一步释放数据资源价值。

5. 决策层级数据聚合

（1）决策层级数据聚合实现途径。在大数据联盟中，决策层级数据聚合是在前两阶段聚合结果的基础上实现对数据资源的深度融合，实现途径主要包括 3 个层面：决策数据管理层、决策数据处理过程层、决策数据应用层。决策数据管理层为用户提供决策所需基于大数据联盟数据仓库的计算工具、存储设施、网络技术等，实现对数据的清理、集成、选择和转换；决策数据处理过程层通过数据仓库、HDFS、并行任务调度等方式实现对底层数据的协调、调用、分配及挖掘；决策数据应用层将数据融合获得的信息和知识进行模式评估，并以服务产品的形式进行工程化封装满足用户使用需求，并依托大数据联盟决策应用系统，指导实际业务的开展。

（2）特征层级数据聚合影响因素。在实践中，影响决策层级数据聚合的因素主要包括以下几个方面。

第一，思维驱动。许多管理决策的实现不仅需要洞悉数据资源间的关联，同时也需要知晓因果，这在一定程度上催生了以思维为导向的融合范式及其应用。例如，首先利用关联分析的方法发现数据资源间的关联，以缩减变量空间的范围，进而利用计量方法等手段解析变量之间的因果关系。实质上，这是一种将“数据关联+模型驱动”相结合的思路，对于为管理决策者提供辅助智能支持尤为重要[5]。

第二，技术增强。由于在变量空间中可能存在一些有趣的关联，在进一步运用因果模型方法解析变量关系时常常存在一定的困难，此时需要在更深层面上探寻变量之间的相互影响和作用机理，需要借助步进/层次/迭代的试错和启发建模等方式，实现更加多维度、多层次的感知和深入的辨识。利用技术增强，实现对联盟中的数据资源的深度融合，也需要相应的大数据服务行业领域中的高级人才、研发活动、资金财力等进行辅助支撑。

第三，使能创新。大数据联盟通过发现和寻找数据应用的途径，将数据融合的结果进行创新性的应用，实现数据价值的快速释放。通过把数据资源与多个领域场景进行渗透融合，带动新洞察、新模式和新规律，有利于将大数据联盟数据情报体系构建成用户的中枢决策大脑，为用户提供决策支持。

4.2 大数据联盟原始层级数据聚合服务

4.2.1 大数据联盟原始层级数据聚合过程

在大数据服务市场中，数据资源本身的价值日渐凸显，即数据或者数据产品也具有与普通商品类似的交易特征，可在流通交易中实现价值。为了促进数据资源的交易共享，面对不同的需求，成员企业分工合作利用先进的数据抽取、转换和装载并行处理技术，在指定的时间段内快速地将不同分布源中的数据统一集成到数据仓库中形成有序的数据资源体系，原始层级数据聚合过程如图 4-3 所示。

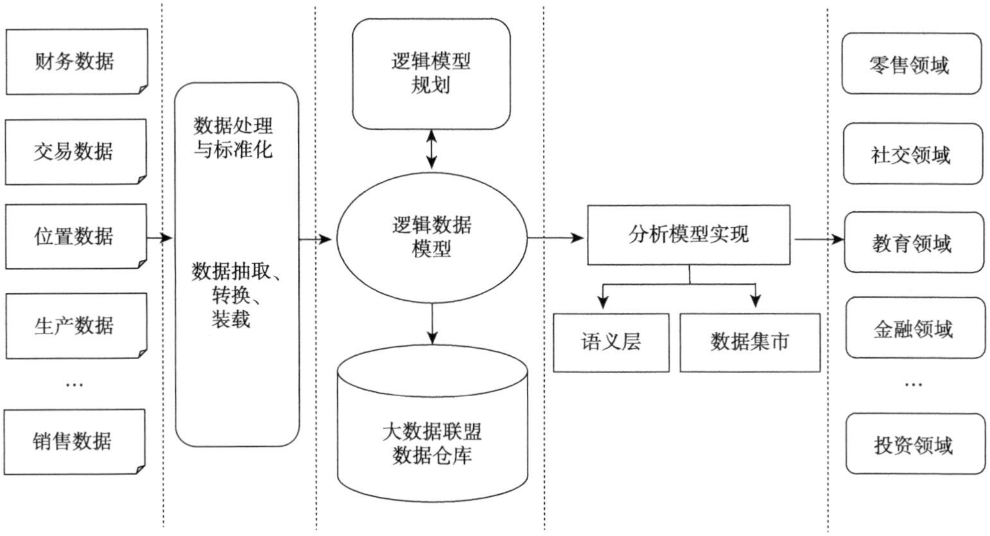

图 4-3　原始层级数据聚合过程

由图 4-3 可知，在大数据联盟原始层级数据聚合过程中，面对不同领域的用户需求，大数据联盟通过对多源异构数据进行标准化、抽取、转换、装载等一系列操作，将这些数据统一加载到大数据联盟数据仓库中，再利用分类技术加工将其放置到不同的数据集市，或者存放到数据聚合服务云平台多维的数据库上，以实现对大数据联盟原始层级的数据聚合。在整个过程中，必须保证数据的完整性、数据的可靠性传输及断点快速恢复的能力。

为了将原始层级数据聚合的结果转换成真正意义上可供交易的数据产品，大数据联盟中不同类型的成员企业协同互动，通过先进的移动通信技术，随时、按需地实现各类设计和生产服务资源的有序衔接，形成了多主体协同跨阶段的数据服务产品生产模式。在数据聚合服务云平台上，联盟中的成员企业实现基于流程的跨阶段协同生产，能够减少服务资源的浪费和闲置，降低数据服务产品生产成本，提升大数据联盟的竞争力，如图 4-4 所示。

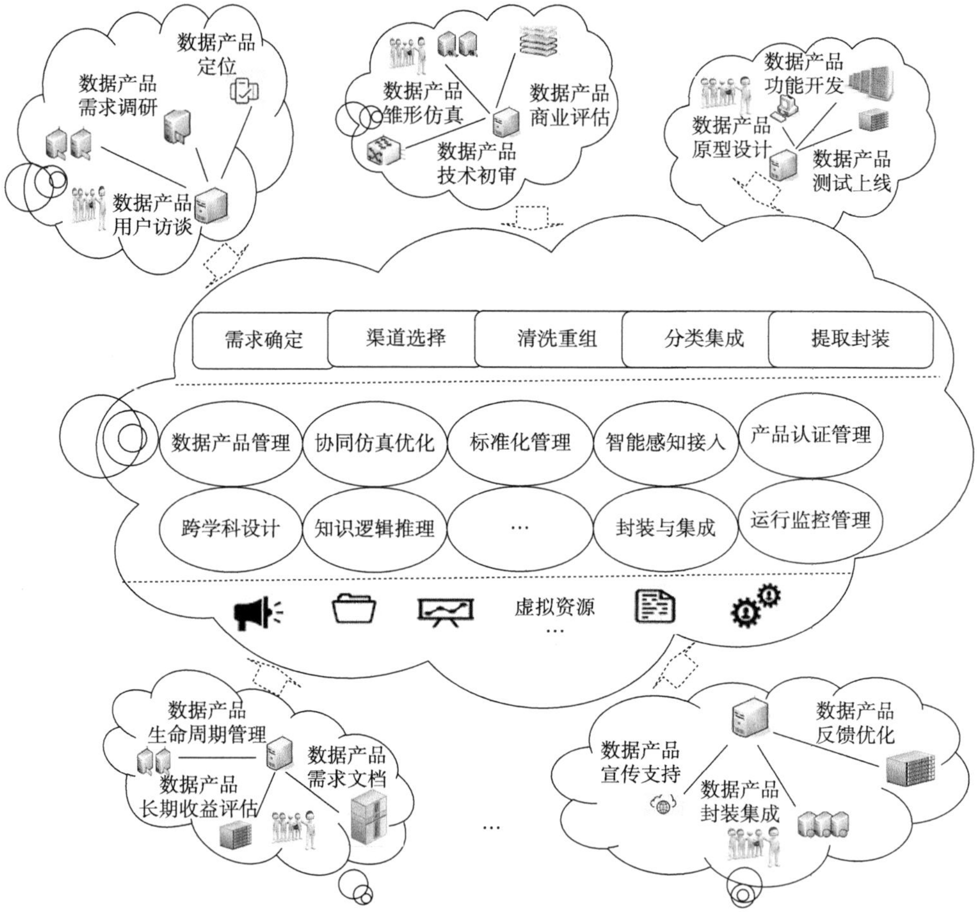

图 4-4　原始层级数据聚合服务产品形成示意图

4.2.2　大数据联盟原始层级数据聚合服务产品

从数据产品的功能角度，原始层级数据聚合服务产品是指利用数据清洗、建模和存储等技术，将联盟海量数据资源进行有序组织管理，以形成具有内容化、价值化、场景化特点的，能够为用户提供辅助支持的一种创新产品形式，本质上属于原始层级数据资源汇聚的结果。根据翟丽丽等提出的大数据产品分类框架[6]，结合大数据联盟对数据资源加工粒度的不同，将原始层级数据聚合服务产品划分为基础类产品和衍生类产品。

1. 基础类产品

基础类产品是指将分散在成员伙伴中的数据资源汇聚后，统一对其进行粗加工（数据清洗、组织、处理）等，以数据形式呈现的结果。按照不同的分类标准，基础类产品可被划分为多种类型，如基于不同类型云的划分思想，被划分为私有云数据、公有云数据和混合云数据。为了提高大数据联盟基础类产品交易的效率，借鉴贵阳大数据交易所的数据交易经验[7]，从用户需求所在行业角度出发，将基础类产品进行细分，主要包括电商大数据、能源大数据、金融大数据、教育大数据、交易大数据、社交大数据、商品大数据、交通大数据、社会大数据和自然环境大数据等。常见的基础类产品，如表 4-1 所示。

表 4-1　基础类产品

序号	基础类数据产品	核心数据解释说明
1	电商大数据	商品交易数据、商品物流数据、商品评价数据等
2	能源大数据	石油数据、电力数据、天然气数据、矿产数据等
3	金融大数据	企业金融投资数据、个体散户数据等
4	教育大数据	学习课程数据、教育投资额度数据等
5	交易大数据	个人消费大数据、个人征信记录数据等
6	社交大数据	位置数据、社交网络数据等
7	商品大数据	商品标签数据、商品认证数据、商品价格数据等
8	交通大数据	车辆位置数据、交通流量数据等
9	社会大数据	新闻数据、历史数据等
10	自然环境大数据	环境监测数据、天气变化数据等

2. 衍生类产品

衍生类产品是指大数据联盟基于成员之间的数据优势、技术优势和行业优势，对数据资源的细加工（数据清洗、建模、可视化等），并以报告的形式呈现给用户使用。按照不同的分类标准，衍生类产品可被划分为多种类型，如从性质上，报告被划分为综合性报告和专题性报告。为了促进大数据联盟衍生类产品交易的顺利实现，面向用户的重点领域需求，从行业视角将大数据联盟提供的衍生类产品进行细分，主要包括媒体营销报告、网络服务报告、文化娱乐报告、共享经济报告、人工智能报告、大社交报告、智能硬件报告、消费升级报告、汽车零售报告、教育投资报告等。常见的衍生类产品，如表 4-2 所示。

表 4-2　衍生类产品

序号	主要类型	核心内容解释说明
1	媒体营销报告	媒体矩阵、行业洞察等
2	网络服务报告	互联网流量计算、监测等
3	文化娱乐报告	互动娱乐、特色小镇等
4	共享经济报告	共享单车、在线短租等
5	人工智能报告	人工智能城市感受力等
6	大社交报告	社交应用需求、云通信等
7	智能硬件报告	智能家居、智能语音等
8	消费升级报告	人群洞察、生活形态等
9	汽车零售报告	二手车流通指数分析等
10	教育投资报告	课程选择、在线学习等

4.2.3　原始层级数据聚合服务过程

在服务经济发展新常态背景下，大数据联盟为用户提供的不再是单纯的数据产品，也不是纯粹的数据服务，而是创造性地将产品与服务整合在一起的解决方案。因此，原始层级数据聚合服务是一种创造性地将数据汇聚产品与服务紧密结合的服务解决方案，目的是满足用户的数据交易需求，使数据汇聚产品的交易和流通可以如“拧水龙头”一样按需使用。为了降低供需双方之间的交易成本，提升数据交易服务效率和服务效果。联盟成员企业与用户之间以电子交易为主要形式，通过数据聚合服务云平台开展合作。因此，交易行为和交易空间的虚拟化[8]是云平台与传统服务市场的主要区别。在借鉴国内外学者对数据交易服务过程的研究成果基础上，将原始层级数据聚合服务过程划分为 5 个阶段，如图 4-5 所示。

（1）需求描述阶段。当用户发布数据产品需求后，大数据联盟数据聚合服务平台立刻做出响应，对用户需求属性进行分解，明确用户所需数据产品的特定属性标识。

（2）信息搜索阶段。根据用户发布的需求记录表，在大数据联盟虚拟数据产品云池中进行搜索，实现面向用户个性化需求的数据产品高效率筛选。

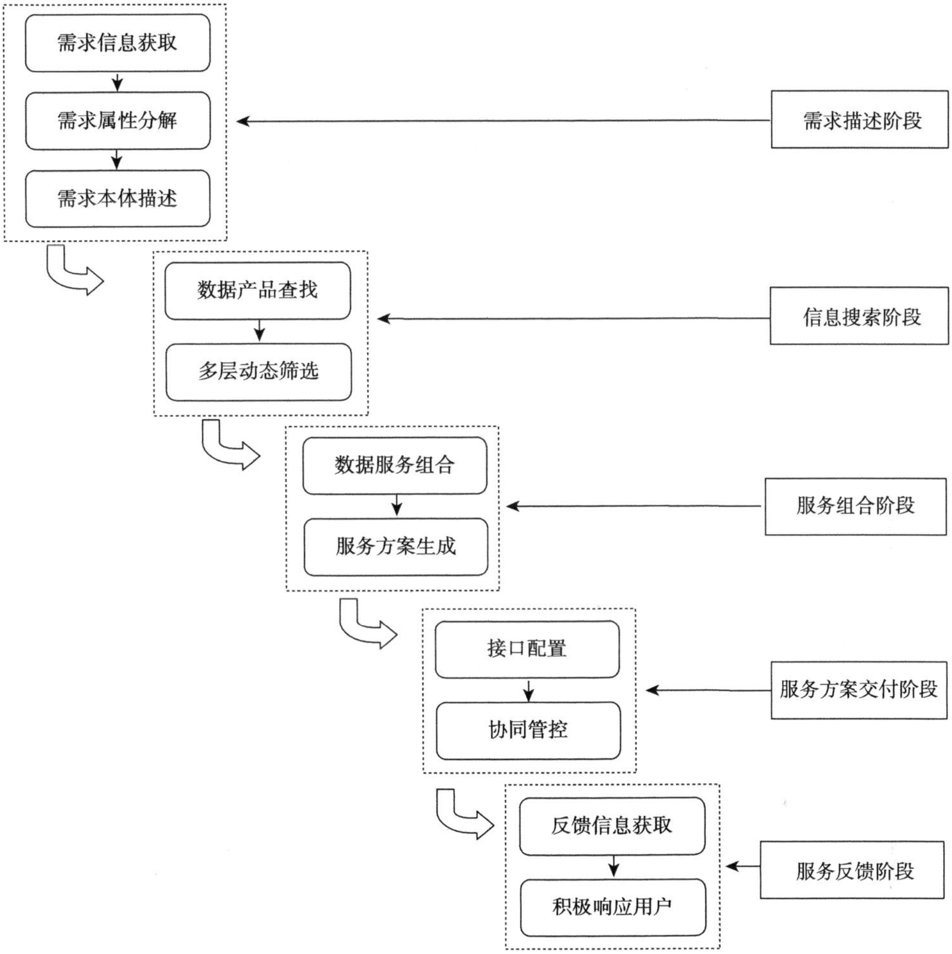

图 4-5　原始层级数据聚合服务过程

（3）服务组合阶段。在需求定义的范围内，将搜索后获得的单个数据产品服务进行组合，实现低耦合、高内聚的功能集成，为用户提供一种按需使用和释放的数据服务方案。

（4）服务方案交付阶段。在形成独立的数据服务方案后，根据服务协议，大数据联盟通过服务接口将数据服务方案交付给用户使用，高效率地开展供需对接活动。

（5）服务反馈阶段。通过获取用户反馈信息，从中发现各成员企业在原始层级数据聚合服务过程中的优势和不足，反馈的结果可以作为提升服务效果的依据，也可以给大数据联盟服务改进提供方向。

1. 用户需求形式化描述

大数据联盟利用先进的虚拟化技术将数据产品进行封装，实现数据产品的服务化，从而为用户提供个性化的产品服务解决方案。为了更好地满足用户的个性化数据产品交易需求[9]，利用 OWL-S（Ontology Web Language for Services，网络服务的本体语言）技术将用户的数据交易需求定义为 4 元组，具体内容如下：

$$DP\_R=\langle R\_Basic, R\_Domain, R\_Set, R\_QoS\rangle \tag{4-1}$$

其中，R_Basic 表示需求的基本信息，包括需求名称、类型和简要描述等；R_Domain 表示需求所属的行业领域；R_Set 表示需求分解后获得的需求集合；R_QoS 表示对数据产品质量的要求，包括可靠性、信誉度、可获得性、响应时间和价格等。

大数据联盟中，用户的个性化数据产品需求的形式化描述如下：

$$DP\_R\{DP\_Rprofile, DP\_Rset, DP\_RGrouding\} \tag{4-2}$$

其中，DP_Rprofile 描述数据产品需求的概要，数据聚合服务平台实现数据产品交易所需的数据产品服务的基本信息，包括需求名称、所需要的数据产品服务类型、数据产品服务价格、数据产品服务质量等；DP_Rset 描述需求经过属性分解之后获得的需求属性集合，包括数据产品服务子需求的数量、数据产品服务子需求之间的相关性联系，通过数据产品服务子需求中的需求描述进行数据服务匹配；DP_RGrouding 描述需求的访问方式和地址。

为了便于后文对数据产品需求和数据产品服务进行匹配，利用 OWL-S 技术，也相应地对数据产品服务进行建模描述。根据用户的个性化需求，运用 OWL-S 技术对数据产品服务进行描述，有助于实现数据产品服务的发现、组合和互操作，为用户提供高质量的数据产品服务奠定基础。

在数据聚合服务云平台上，大数据联盟提供的数据产品服务存储在虚拟的数据产品云池中，利用本体模型定义数据产品服务的 4 元组：

$$DP\_S=\langle S\_Basic, S\_Domain, S\_Status, S\_QoS\rangle \tag{4-3}$$

其中，S_Basic 表示数据产品服务的基本信息，包括该产品服务的名称、类型和简要信息等；S_Domain 表示数据产品服务所属的行业领域；S_Status 表示数据产品服务所处的状态；S_QoS 表示数据产品服务的质量，包括服务可靠性、服务信誉度、服务可获得性、服务响应时间和价格等。

大数据联盟中，数据产品服务形式化描述如下：

$$DP\_S\{DP\_Sprofile, DP\_SModel, DP\_SGrouding\} \tag{4-4}$$

DP_Sprofile 继承了 OWL-S 中的 ServiceProfile 类，描述数据产品服务的概要，包括服务名称、服务所需要的数据产品类型、数据产品服务价格、数据产品服务质量等；DP_SModel 继承了 OWL-S 中的 ServiceModel 类，描述数据产品服务流程，包括数据产品服务之间的顺序、制约关系等；DP_SGrouding 继承了 OWL-S 中的 ServiceGrounding 类，描述如何获取所需的数据产品服务，包括具体的访问细节和步骤等。

在大数据联盟数据聚合服务云平台上，基于 OWL-S 技术对数据产品需求和数据产品服务进行形式化描述，二者在属性值和类之间具有一一对应的关系，目的是为下文的数据产品需求和服务之间的多层次搜索奠定基础。

2. 信息搜索

在聚合服务云平台上，大数据联盟根据用户需求在数据产品云池中搜索所需的数据产品服务是一个复杂的动态过程。为了提高用户需求和数据产品服务搜索的效率，结合数据服务市场用户需求实际情况，提出一种数据产品服务与需求多层次搜索的动态模型，如图 4-6 所示。在联盟数据产品云池中采用逐层搜索的方式，计算不同层次之间的相似度，当达到规定阈值时再进入下一层次之间的搜索，以此类推，最终输出满足用户个性化需求的数据产品服务集合。

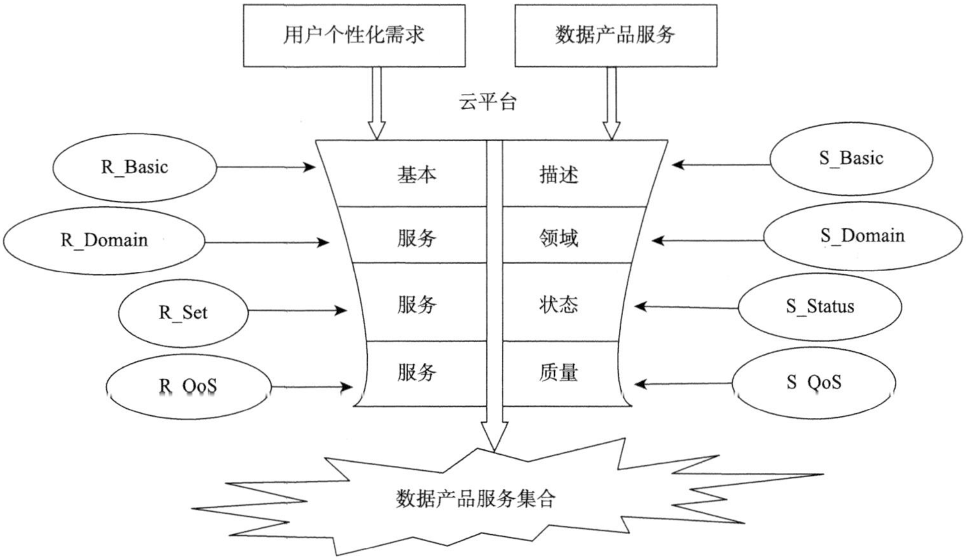

图 4-6　大数据联盟多层次动态服务搜索模型

（1）基本信息搜索。根据用户个性化需求，在大数据联盟数据产品虚拟云池中搜索所需的数据产品服务，主要从服务名称、服务描述、服务类型和使用限制条件等信息进行综合搜索，标志着用户需求和数据产品服务多层次搜索的开始。

（2）领域信息搜索。在上一阶段搜索基础上，根据需求的定义和描述，主要从数据产品服务领域等信息进行搜索，包括服务的语义和功能特性，快速过滤掉不相干的数据产品服务，提高数据产品服务搜索效率。

（3）状态信息搜索。在上一阶段搜索基础上，在用户需求定义的范围内，主要对数据产品服务状态进行搜索，搜索在用户需求范围内处于可用状态的数据产品服务资源。也就是说，需要明确大数据联盟虚拟产品云池中在用户需求工期结束前处于空闲状态的服务资源，明确数据产品服务的功能特性。

（4）质量信息搜索。在上一阶段匹配基础上，根据用户对数据产品服务的个性化需求，在数据聚合服务云平台上，从数据产品服务的质量、服务可靠性、服务信誉度、服务可获得性、服务响应时间和价格等方面进行搜索。

由上，在大数据联盟数据聚合服务云平台上，面向用户的个性化数据产品交易需求，经过上述四个层次的多层次动态搜索之后，获得了满足用户个性化需求的数据产品服务集合，实质是不同类型的数据产品服务组的集合。

3. 服务组合

在获取数据产品服务集合的基础上，为了提供给用户优质的数据产品服务组合方案，对数据产品服务组合问题进行描述，然后建立数据产品服务组合优选模型，并利用文化量子粒子群算法对该优化问题进行求解。

1）问题描述及定义

在大数据联盟中，基于需求的任务流表示从数据产品虚拟云池中选择和组合数据产品服务，以满足用户的复杂需求的过程。如图 4-7 所示。在面向用户的个性化数据产品服务需求时，每个数据产品服务都可以完成用户需求的某个功能方面。在联盟实施部署时，每个任务都被绑定到一个具体的数据产品服务。

假设基于需求的任务流定义如下：

$$\text{taskflow} = (\text{task}_1, \text{task}_2, .\cdots, \text{task}_i, \cdots, \text{task}_n)$$

其中，task_i表示第 i-th 个任务，n 表示任务总数。

为了完成每个任务，可以从数据产品云池中的候选服务组中选择单个数据产品服务。每个服务组定义如下：

$$\text{SG}_j = (\text{service}_{1,j}, \text{service}_{2,j}, \cdots, \text{service}_{i,j} \cdots, \text{service}_{k,j})$$

其中，$\text{service}_{i,j}$ 表示第 i-th 服务来自第 j-th 候选服务组；k 表示 j-th 候选服务组中服务的总数。

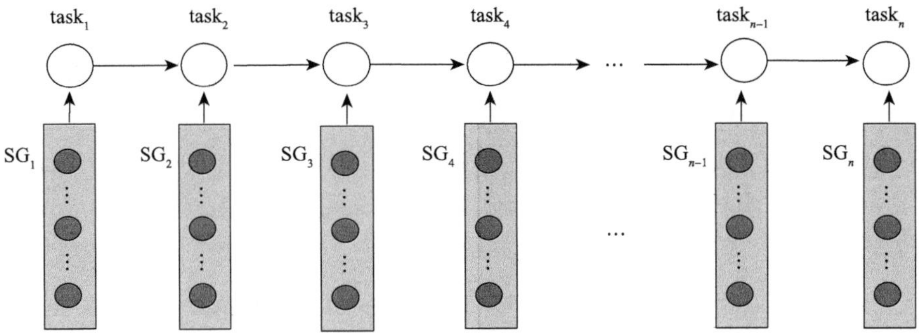

图 4-7　数据产品服务动态组合过程

根据数据产品服务的 QoS 参数，从数据产品云池中选择 n 个数据产品服务后，最优服务组合 $\mathrm{SC_{op}}$ 的输出可以描述为

$$\mathrm{SC_{op}}=(\mathrm{service}_{\mathrm{op}1,1},\mathrm{service}_{\mathrm{op}2,2},\cdots,\mathrm{service}_{\mathrm{op}n,n})$$

为了执行特定情境下的用户需求任务，大数据联盟应从数据产品云池中的候选服务组中选择单个数据产品服务。在实际中数据聚合服务云平台上主要的服务组合类型包括顺序、平行、交替和循环。由于其他类型的服务组合可以使用已有的技术转化为顺序服务组合，因此，重点关注顺序服务组合。

2）模型构建

在数据产品服务组合过程中，单个数据产品服务的 QoS 属性主要包括响应时间、声誉、可用性、吞吐量、可靠性和成本等。由于大数据联盟环境具有动态的复杂性，重点关注于动态的数据产品服务属性，分别是可用性、可靠性、声誉、响应时间和成本。

在大数据联盟中，数据产品服务的可用性和可靠性，始终是不断变化的。甚至，在某些特殊情况下，一些数据产品服务是不可靠的或者不能用的。为了快速地完成以需求为基础的任务流模型，数据产品云池内大量的数据产品服务的响应时间也是一个关键的影响因素。同样地，良好的声誉有助于提高这些候选服务的信任度，尤其是在服务组合的过程中遇到突发情况时，单个数据产品服务的声誉对于服务组合将产生至关重要的影响。为了获得满足用户的个性化需求，大数据联盟需要根据单个数据产品服务的 QoS 参数，从数据产品云池中计算输出，获得最优的产品服务组合方案。在数据产品云池内，每个数据产品服务具有五个参数，分别是可用性（Ava）、可靠性（Rel）、声誉（Rep）、响应时间（ResT）和成本（Cost）。

在数据产品服务组合过程中，可用性是将相应服务的可用性相乘的结果，如下所示：

$$S_{\text{Ava}}(\text{taskflow}) = \text{Ava}(s_{\forall i,1}) \times \text{Ava}(s_{\forall i,2}) \times \cdots \times \text{Ava}(s_{\forall i,n}) \quad (4\text{-}5)$$

在数据产品服务组合过程中，可靠性是将相应服务的可靠性相乘的结果，如下所示：

$$S_{\text{Rel}}(\text{taskflow}) = \text{Rel}(s_{\forall i,1}) \times \text{Rel}(s_{\forall i,2}) \times \ldots \times \text{Rel}(s_{\forall i,n}) \quad (4\text{-}6)$$

在数据产品服务组合过程中，服务声誉是将相应服务的声誉相乘的结果，如下所示：

$$S_{\text{Rep}}(\text{taskflow}) = \text{Rep}(s_{\forall i,1}) \times \text{Rep}(s_{\forall i,2}) \times \cdots \times \text{Rep}(s_{\forall i,n}) \quad (4\text{-}7)$$

在数据产品服务组合过程中，响应时间是将相应服务的响应时间加在一起的结果，如下所示：

$$S_{\text{ResT}}(\text{taskflow}) = \text{ResT}(s_{\forall i,1}) + \text{ResT}(s_{\forall i,2}) + \cdots + \text{ResT}(s_{\forall i,n}) \quad (4\text{-}8)$$

在数据产品服务组合过程中，成本是将相应服务的成本加在一起的结果，如下所示：

$$S_{\text{Cost}}(\text{taskflow}) = \text{Cost}(s_{\forall i,1}) + \text{Cost}(s_{\forall i,2}) + \cdots + \text{Cost}(s_{\forall i,n}) \quad (4\text{-}9)$$

为了计算的方便，将 $S_{\text{Cost}}(\text{taskflow})$ 记作 S_{Ava}。同理，其他的变量也做类似的变换，目的是使数据产品服务组合的适应度函数的值最大化。这是因为，如果数据产品服务的可靠性增加，服务质量就会得到提高，相应的服务组合的适应度函数的值将变大。可靠性和声誉等其他参数也遵循同样的模式。如果响应时间的值增加，服务质量就会降低，相应的服务组合的适应度函数的值将变小。成本也遵循同样的模式。

通过以上分析，面向用户个性化的数据产品交易需求，数据产品服务组合是一个优化问题，其目标是最大化适应度函数的价值，找到最优的数据产品服务组合方案。适应度函数如计算：

$$\begin{aligned}\text{Fitness} = {} & (\text{QW}_{\text{ava}} \times S_{\text{Ava}} / S_{\text{Ava}}{}^{\max}) + (\text{QW}_{\text{rel}} \times S_{\text{Rel}} / S_{\text{Rel}}{}^{\max}) + (\text{QW}_{\text{rep}} \times S_{\text{Rep}} / S_{\text{Rep}}{}^{\max}) \\ & + [\text{QW}_{\text{time}} \times (1 - S_{\text{ResT}} / S_{\text{ResT}}{}^{\max})] + [\text{QW}_{\text{cost}} \times (1 - S_{\text{cost}} / S_{\text{cost}}{}^{\max})]\end{aligned} \quad (4\text{-}10)$$

其中，QW 为加权因子，表示各自变量参数的重要程度。例如，QW_{ava} 表示可用性（Ava）的权重值。在数据产品服务组合过程中，用户可以通过设定 QoS 的权重值，来表达其各自对数据产品服务的 QoS 参数偏好。其中，数据产品服务的 QoS 参数权重值越高，对最终适应度函数值的影响越大。

3）模型求解

将量子粒子群算法的快速收敛特性与文化算法的自适应调节能力相结合，建立文化量子粒子群算法框架[10, 11]。其中，群体空间进行量子粒子群飞行计算，选择优势粒子更新信仰空间，信仰空间包括精英知识（elite knowledge，EK）和规范知识（normative knowledge，NK）。两个空间的交互方式如下：群体空间通过优势粒子更新信仰空间，而信仰空间通过影响函数，更新群体空间量子粒子群飞行的步长，最终形成了“双演化双促进”机制，从而提高算法的收敛效率和全局寻优能力，如图 4-8 所示。

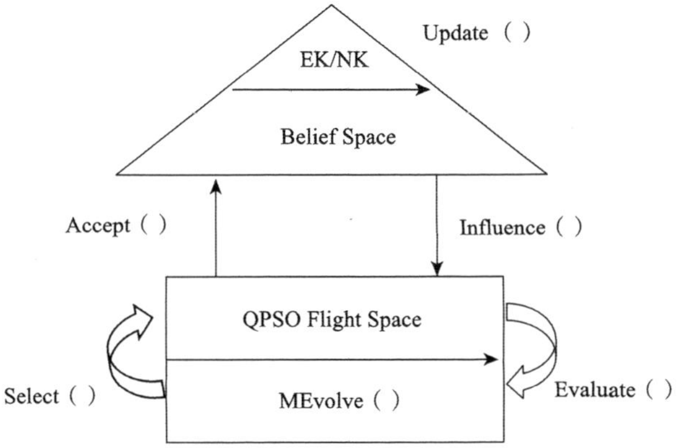

图 4-8　文化量子粒子群算法框架

文化量子粒子群算法中涉及的所有函数定义如下：Evaluate（ ）：计算每个粒子的适合度值，Evaluate（ ）函数定义为方程式（4-10），执行评价操作；Accept（ ）：提取 α 个优秀粒子到信仰空间，执行接受操作；Update（ ）：用 α 个优秀粒子替换信仰空间中的劣质粒子，执行更新操作；Influence（ ）：利用信仰空间的知识，引导群体空间中的粒子飞行搜索，执行影响操作；MEvolve（ ）：根据惯性加权系数执行进化操作。

文化量子粒子群算法的主要原理是：依据实数编码规则对量子粒子群和信仰空间编码，然后计算各粒子的适应度值。在群体空间进化过程中，将衡量算法的进化速度和衡量算法的粒子聚集度相结合，作为调节量子粒子群的惯性权重的变量，指导优势粒子的飞行。在信仰空间进化过程中，由量子粒子群进化保存的形式知识和规范知识进行引导，然后用信仰空间的影响操作对量子粒子群的进一步飞行进行指导，运算流程如图 4-9 所示。

第一，群体空间的更新方法。量子粒子群算法中粒子的状态不再由速度和位置决定，而是利用波函数 $\psi(p, t)$描述。然后通过求解薛定谔方程得到粒子在空间某一点出现的概率密度函数，再经由 Monte Carlo 方法的转换，将量子状态的粒子转换成平常状态。粒子的位置方程可以描述为

$$p(t+1) = p_{op}(t) \pm \beta \left| p_a(t) - p(t) \right| \ln\left(\frac{1}{u}\right) \tag{4-11}$$

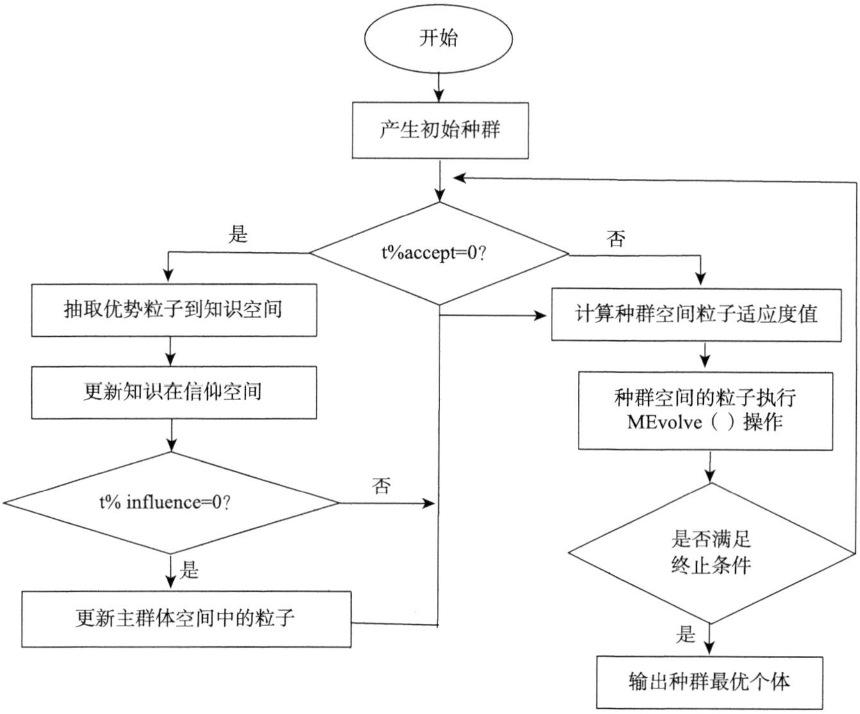

图 4-9　文化量子粒子群算法运算流程

其中，t 表示迭代次数；u 表示（0, 1）上服从均匀分布的随机数；$p(t)$表示第 t 次迭代时粒子的位置；$p(t+1)$表示第$(t+1)$次迭代时粒子的位置。

在式（4-11）中，$p_{\rm op}(t)$ 为 $p_i(t)$和 $p_g(t)$之间的随机位置，由式（4-12）决定：

$$p_{\rm op}(t)=\delta p_i(t)+(1-\delta)p_g(t) \tag{4-12}$$

其中，$p_i(t)$指第 i 个粒子的最佳位置；$p_g(t)$指所有粒子的最优位置；δ 指（0, 1）上服从均匀分布的随机数。

在式（4-11）中，$p_a(t)$为第 t 次迭代时群体空间中所有粒子的最优位置的平均值，由式（4-13）决定：

$$p_a(t)=\frac{1}{m}\left(\sum_{i=1}^{m}p_i(t)\right) \tag{4-13}$$

其中，m 为主群体空间中所有粒子的个数。

在式（4-11）中，β 为惯性权重，将衡量算法的进化速度和粒子聚集度相结合，作为调节量子粒子群的惯性权重变量，如下所示：

$$\beta=\gamma+\varepsilon \tag{4-14}$$

γ 为算法的进化速度因子（$0<\gamma\leqslant 1$），如下所示：

$$\gamma = f(p_g(t)) / f(p_g(t-1)) \tag{4-15}$$

其中，$f(p_g(t))$ 为第 t 次迭代时群体空间中所有粒子的最佳的适应度值；$f(p_g(t-1))$ 为第 $(t-1)$ 次迭代时所有粒子的最佳适应度值。

ε 为粒子聚集度（$0<\varepsilon\leqslant 1$），如下所示：

$$\varepsilon = M_t / f(p_g(t)) \tag{4-16}$$

其中，M_t 为第 t 次迭代时群体空间中所有粒子当前最佳位置的适应度平均值，如下所示：

$$M_t = \frac{1}{m}\left(\sum_{i=1}^{m} f_i(t)\right) \tag{4-17}$$

第二，信仰空间的更新方法。信仰空间包括 EK 和 NK。设 $E=\{E_1^t, E_2^t, \cdots, E_i^t, \cdots, E_\alpha^t\}$ 为精英知识的集合，E_i^t 表示第 t 次迭代时第 i 个优势粒子的位置信息，α 为优势粒子的总数；规范知识存储每个变量的取值区间范围。设 $N=\{N_1, N_2, \cdots, N_j, N_z\}$ 为标准知识的集合，第 j 个变量的区间可以具体描述为 $N_j=\{I_j, L_j, U_j\}$，$j=\{1, 2,\cdots, z\}$。其中，$I_j=[l_j, u_j]=\{l_j\leqslant x_j\leqslant u_j, x_j\in \mathbf{R}\}$ 表示变量的取值范围，L_j 表示变量取值的下限 l_j 对应的目标函数的适应度值，U_j 表示变量取值的上限 u_j 对应的目标函数的适应度值。

信仰空间的更新操作包括两部分。首先选取种群空间的第 t 次迭代时的前 n 个优势粒子更新信仰空间，第 i 个优势粒子按照如下所示更新信仰空间的精英知识：

$$E^{t+1} = \begin{cases} p_i(t), & f(p_i(t)) > E^t \\ E^t, & \text{otherwise} \end{cases} \tag{4-18}$$

规范知识的更新采用下式：

$$l_j^{\,t+1} = \begin{cases} x_{i\,i}^t, & x_{i\,i}^t < l_j^{\,t} \\ l_j^{\,t}, & \text{otherwise} \end{cases} \tag{4-19}$$

$$u_j^{\,t+1} = \begin{cases} x_{i,j}^t, & x_{i,j}^t > u_j^{\,t} \\ u_j^{\,t}, & \text{otherwise} \end{cases} \tag{4-20}$$

$$L_j^{\,t+1} = \begin{cases} f(x_i), & f(x_i) < L_j^{\,t} \\ L_j^{\,t}, & \text{otherwise} \end{cases} \tag{4-21}$$

$$U_j^{\,t+1} = \begin{cases} f(x_i), & f(x_i) > U_j^{\,t} \\ U_j^{\,t}, & \text{otherwise} \end{cases} \tag{4-22}$$

第三，接受操作。文化量子粒子群算法采用接受操作使种群空间中的精英个体进入信仰空间。每运行 accept 代时，从种群空间中选取α优秀粒子进入信仰空间。accept 公式如下所示：

$$\text{accept} = Q_1 + \frac{\text{currentiter}}{\text{maxiter}} + Q_2 \quad (4\text{-}23)$$

其中， maxiter 表示种群最大的迭代次数； currentiter 表示种群当前的迭代次数；Q_1和Q_2表示修正因子，通常设置为常数。

第四，影响操作。算法采用影响操作使信仰空间中的知识指导种群空间中粒子的飞行。每运行 influence 操作时，用信念空间中部分的适应度值较优的粒子替换相同数目的种群空间中适应度值较差的粒子。influence 公式如下所示：

$$\text{influence} = Q_1 + \frac{\text{maxiter} - \text{currentiter}}{\text{maxiter}} + Q_2 \quad (4\text{-}24)$$

采用如下影响函数，调整群体空间中粒子飞行的步长和方向，如下所示：

$$x_{i,j}^{t+1} = \begin{cases} x_{i,j}^t - (u_j^t - l_j^t) \times \text{N}(0,1), f(p_i(t)) > E_j^t \\ x_{i,j}^t + (u_j^t - l_j^t) \times \text{N}(0,1), f(p_i(t)) < E_j^t \\ x_{i,j}^t + (u_j^t - l_j^t) \times \varPhi\text{N}(0,1), f(p_i(t)) = E_j^t \end{cases} \quad (4\text{-}25)$$

其中，N(0, 1)为服从标准正态分布的随机数；$\varPhi$ 为变异算子，通常取值为 $0<\varPhi<1$。

在分析文化量子粒子群算法运行原理的基础上，进一步得到文化量子粒子群算法的运行过程，如表 4-3 所示。

表 4-3　文化量子粒子群算法运行过程

输入：QoS 参数、G，A，$M_{\max}$，α 的值；
输出：大数据服务组合的最佳结果；
步骤 1：随机初始化粒子在种群空间中的位置和速度；
步骤 2：使用 Evaluation ( ) 函数对迭代的粒子进行寻优评价；
步骤 3：从种群空间中提取 α 优势粒子，并将其转移到信仰空间；
步骤 4：使用信仰空间中的 Update ( ) 操作，更新 EK 和 NK；
步骤 5：如果累积的知识更新次数=ξ，对种群空间执行 influence ( ) 操作；
步骤 6：判断条件是否终止；
如果迭代次数=$M_{\max}$，输出最佳结果并停止迭代；
否则，迭代次数=迭代+1 并转至步骤 2；
依次循环，直至结束。

其中，算法中的一些关键参数如下：n 表示服务组的数量；QoS 参数包括：可用性（Ava）、可靠性（Rel）、信誉（Rep）、响应时间（ResT）和成本（Cost）；A 表示初始种群规模；$M_{\max}$ 表示最大迭代次数；α 表示优秀粒子数。

4. 服务方案交付

在大数据服务市场中，用户最终购买和使用的是数据服务方案，这意味着数据产品服务已经成为一种新型的解决方案形式在市场中流通。因此，大数据联盟最终交付给用户的是数据产品服务和使用模式。根据国内外学者对数据服务交付的研究成果，结合大数据联盟实际的运行情况，将原始层级数据聚合服务交付过程划分为：原始层级数据产品服务购买、原始层级数据产品服务计量、原始层级数据产品服务协同管控三个阶段。

（1）原始层级数据产品服务购买。大数据联盟通过服务协议将相应的数据产品服务方案提供给用户。在这一阶段，主要涉及用户资格身份认证，服务级别协议（service level agreement，SLA）确认，数据产品服务申请、变更和取消管理等。

（2）原始层级数据产品服务计量。大数据联盟根据用户的数据产品服务需求文档记录，按需提供数据产品服务组合方案，并通过服务计量的方式进行跟踪管理，形成可供用户查询的服务明细表。

（3）原始层级数据产品服务协同管控。大数据联盟和用户作为数据产品服务交易的双方，可使用聚合服务云平台上的服务监控工具，实现对数据产品服务交付的协同管控，以便及时发现服务交付中的故障问题并及时解决。

大数据联盟服务的核心和本质是按需服务。在数据聚合服务云平台上，这种按需服务的实现主要是以强大的 API 为支撑，按需求（on demand，OD）交付数据服务方案，为用户提供方便、快捷、无缝、动态的数据产品服务资源[12]。此外，大数据联盟也可通过邮箱、网盘、数据包、面对面交付等多种辅助渠道，将数据服务方案交付给用户使用。

5. 服务反馈

美国著名的社会学科学家赖利夫妇，在他们联合发表的文章《大众传播与社会系统》中，首次提出了新型的“社会传播模式”，认为每个人都是其所处社会群体中的“社会人”，总是受到不同层级传播系统的影响，体现了反馈的重要性。在原始层级数据聚合服务过程中，用户对数据产品服务的反馈不仅有利于发现成员企业在合作过程中的优势和不足，而且也可以作为下次提供产品服务的依据，提供联盟服务改进的方向。因此，为了有效率地获得用户对数据产品服务的反馈信息，运用“社会传播模式”管理思想，结合数据产品交易服务的虚拟性特点，构建原始层级数据聚合服务反馈框架，如图 4-10 所示。

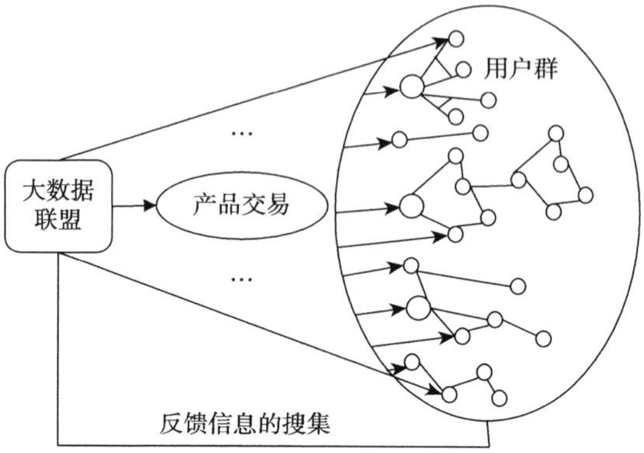

图 4-10　原始层级数据聚合服务反馈框架

（1）积极构建数据产品服务的“第三空间”。美国都市社会学家雷·奥登伯格认为在社会生活中，除了居住空间与工作空间以外的“第三空间”在价值的产生、传递与演进中发挥着重要的作用。因此，大数据联盟可以积极构建数据产品服务的“第三空间”，创建不同类型的用户社群，在每一个社群内成员之间可以建立网状链接，共创共享，并重视不同社群内用户对数据产品服务反馈信息的收集，并对用户的反馈信息进行及时地处理和响应，从而共创链接产生不同的价值。

（2）制定服务反馈制度。根据大数据联盟数据产品服务过程，在大数据联盟中，以用户的需求为导向，制定数据产品服务反馈信息制度，有利于实现对不同类型用户服务反馈信息的标准化处理，使大数据联盟能迅速地响应用户的反馈信息，认真听取用户的建议，及时改进服务中存在的问题。同时建立数据产品服务反馈登记制度、服务对象回访制度、服务工作人员的岗位责任制度和保密制度、服务反馈信息档案管理制度等，实现对不同类型用户需求反馈的规范化和标准化处理。

（3）建立服务反馈指标体系。大数据联盟需要建立全方位、动态的服务反馈指标体系，这有利于加强成员企业对不同类型服务反馈信息的全面认识和深入了解，同时它也是评价联盟数据服务绩效的重要依据。大数据联盟数据产品服务反馈指标体系必须具有实际的可操作性、客观性和合理性，能够反映出联盟服务中存在的问题。以此为基础，联盟做出妥善处理，从而提升用户的数据产品服务满意度。

（4）建立用户反馈吸引机制。用户作为大数据联盟服务对象，倘若能积极融入参与数据服务活动，将对大数据联盟健康有序发展产生至关重要的影响。针对不同类型的用户需求，大数据联盟需要建立数据产品服务反馈的吸引机制，积极引导用户做出服务反馈，鼓励用户对数据产品服务进行评价，了解用户的想法、期望和感知，从而帮助联盟及时获得用户的反馈信息，更好地开展大数据联盟数据产品服务价值共创活动。

4.2.4　原始层级数据聚合服务方式

为了满足用户的个性化数据产品服务交易需求，大数据联盟通过数据聚合服务云平台的形式提供原始层级数据聚合服务产品，目的是建立便捷的数据交易形式，打造连接供需双方的重要桥梁。

在大数据联盟中，用户需求分离点（user demand decoupling point，UDDP）是指数据聚合服务云平台为用户提供数据产品服务的转换点。在用户需求分离点的左侧，大数据联盟根据数据市场预测、用户浏览行为记录和注册信息等进行数据产品服务资源组织和推送；在用户需求分离点的右侧，大数据联盟按需获取并积极响应用户需求，为用户提供个性化的数据产品服务方案[13]，如图 4-11 所示。

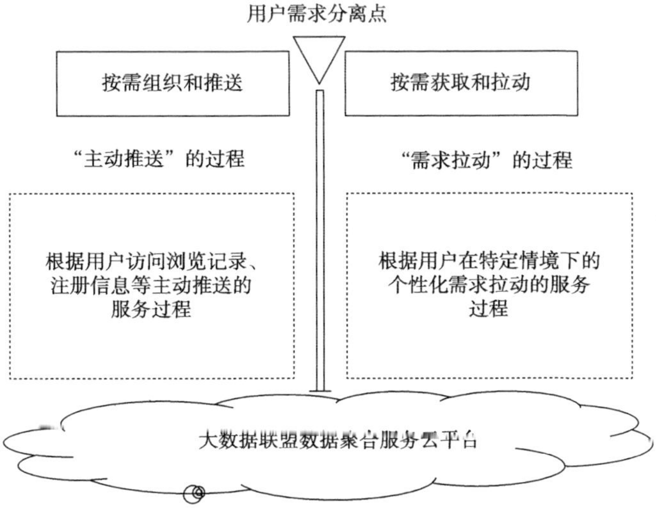

图 4-11　大数据联盟用户需求分离点

按照用户需求分离点对大数据联盟数据产品服务方式进行分类，具体包括定制服务方式和推送服务方式两类。定制服务方式是指用户提出服务请求后，联盟及时对数据资源进行提取、分类、搜索等处理，为用户提供个性化服务。推送服务方式是指根据联盟成员企业的历史数据和市场特点预测出潜在可能的需求，进行标准化推送式服务，该部分服务内容可以满足大部分用户对于当前热门数据资源的需求。

1. 定制服务方式

1）大数据联盟显性需求识别

大数据联盟数据资源的显性需求主要是指大数据联盟成员借助平台明确提出或发起的数据资源合作和交流请求，或是针对外部的数据资源服务请求，大数据联盟进行响应与需求的接收，通过大数据联盟内部解决数据资源的显性需求，提供数据资源方案和服务。大数据联盟数据资源的匹配主要是针对大数据联盟存在的显性需求进行的数据资源利用过程[14]。

第一，显性需求识别过程。大数据联盟数据资源需求者的显性需求以满足自身利益诉求为主要目的，需要对显性需求进行详细分析，挖掘需求者的真实需求，从而提供更优质的数据资源服务。因此，首先需要对大数据联盟数据资源需求者的数据资源需求进行判断，分析数据资源需求的可辨别性，根据判别结果决定是否构建数据资源的需求本体，如不可判别，则进一步确认数据资源需求，如图 4-12 所示。

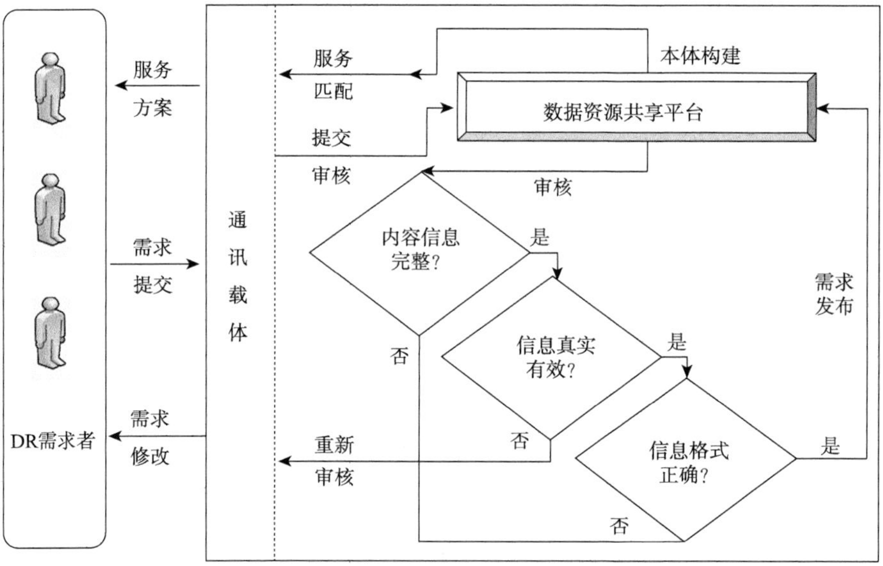

图 4-12　大数据联盟显性需求识别过程

第二，基于属性拆分的大数据联盟显性需求识别。大数据联盟数据资源需求识别是联盟数据资源匹配的起始工作，高质量的需求获取结果是联盟数据资源匹配成功的第一步，是完成数据资源快速搜索与选取的重要保障。准确高效的数据资源需求识别有助于提升联盟响应任务的时间与质量，以及数据资源的利用效率，进而间接提升联盟的竞争优势。大数据联盟数据资源显性需求识别主要是通过构建数据资源需求本体来实现。通过对数据资源显性需求的分析，借助大数据联盟领域本体的信息，进行数据资源需求的规范化处理与标准化表示，充分识别数据资源的需求信息，有利于快速搜索与选取合适的数据资源，为数据资源的高效匹配提供支持，最终实现提供精确的数据资源信息给数据资源需求者，提高数据资源的流通速度与利用效率，如图 4-13 所示。

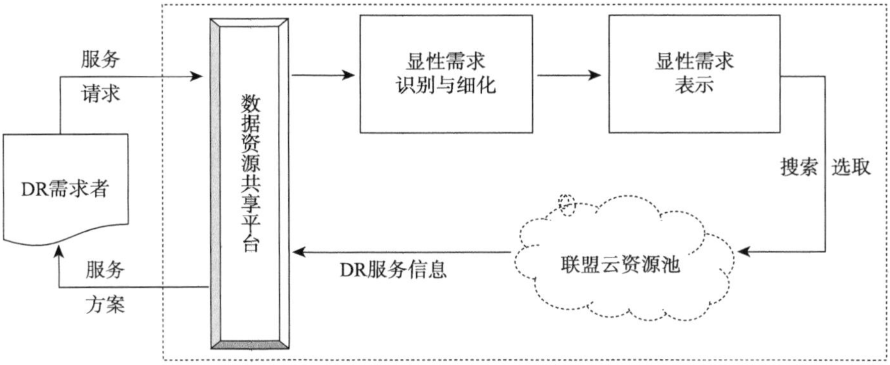

图 4-13　大数据联盟显性需求匹配框架

为了更精确地识别大数据联盟显性需求，提高大数据联盟数据资源的利用效率、流通速度和灵活分配特性，将大数据联盟数据资源显性需求属性拆分为四大类，包括类型属性、领域属性、功能属性和共享价值属性。通过区分数据资源的基本状况，可以更加准确高效地进行数据资源的搜索匹配，找到符合要求的数据资源，从而提供更优质的数据资源方案与服务。

第一，大数据联盟数据资源需求的类型属性。类型基本信息主要指大数据联盟数据资源的类型、文本描述信息等。数据资源类型，包括 API、数据包、文档、图像、图形、音频、视频等类型。

第二，大数据联盟数据资源需求的领域属性。领域属性主要是指大数据联盟数据资源所属的某个具体领域，根据领域本体及相关概念可以确定需求数据资源属于哪类领域，如电商领域、交通领域、医药领域等。

第三，大数据联盟数据资源需求的功能属性。功能属性是大数据联盟数据资源的用途描述信息，主要指对数据资源的文本描述信息，涵盖数据资源的具体实现的作用和用途信息，以及可以拓展使用的描述信息等。

第四，大数据联盟数据资源需求的共享价值属性。共享价值属性是指大数据联盟数据资源具有的约束条件，大数据联盟数据资源共享的服务次数、成本、评价、可靠性和异质性等信息，这部分是数据资源匹配中的重要评价指标，对大数据联盟数据资源搜索、选取具有显著影响，也会影响整体匹配的效果。

2）大数据联盟显性需求表示

第一，大数据联盟显性需求本体构建过程。针对大数据联盟数据资源需求描述，根据实际需要对数据资源需求类型信息、领域信息、功能信息及共享价值信息进行适当细化和规范化处理，按照大数据联盟设定的标准进行规范，识别数据资源需求，为构建数据资源需求本体提供前期辅助支持，具体如图 4-14 所示。

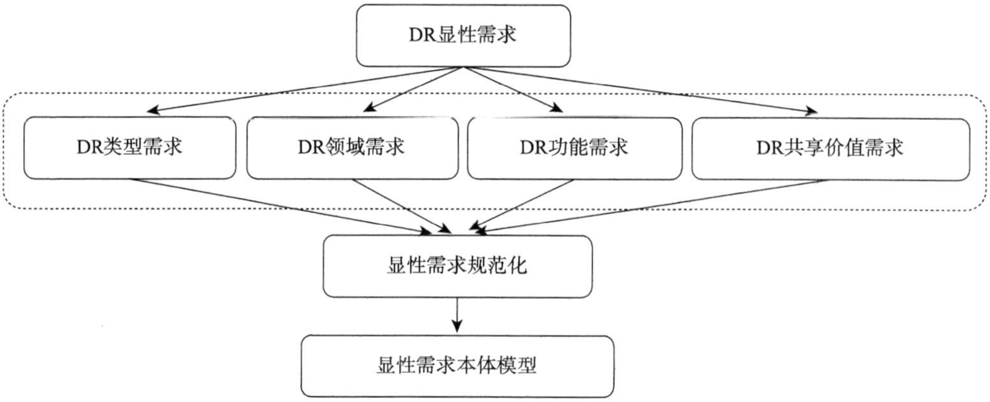

图 4-14　大数据联盟显性需求本体构建过程

第二，大数据联盟显性需求本体模型。

定义 4.1　大数据联盟数据资源需求本体（data resource requirement ontology，DRRO）可以表示为 $\text{DRRO}=\{\text{DRRT},\text{DRRD},\text{DRRF},\text{DRRS}\}$。其中，DRRT①、DRRD②、DRRF③、DRRS④分别表示数据资源需求本体的类型信息、领域信息、功能信息和共享价值信息。

大数据联盟共享数据资源的前提条件是合理地描述数据资源。本体是一种能在语义上描述信息概念模型的建模工具，能利用概念间语义的联系和属性的关系准确地描述领域数据资源的内在联系，并且可以利用逻辑推出概念间内在的联系。为此，采用本体建模的方法详细描述大数据联盟数据资源显性需求，建立的数据资源显性需求本体模型如图 4-15 所示。

① DRRT：data resource requirement type。

② DRRD：data resource requirement domain。

③ DRRF：data resource requirement function。

④ DRRS：data resource requirement share。

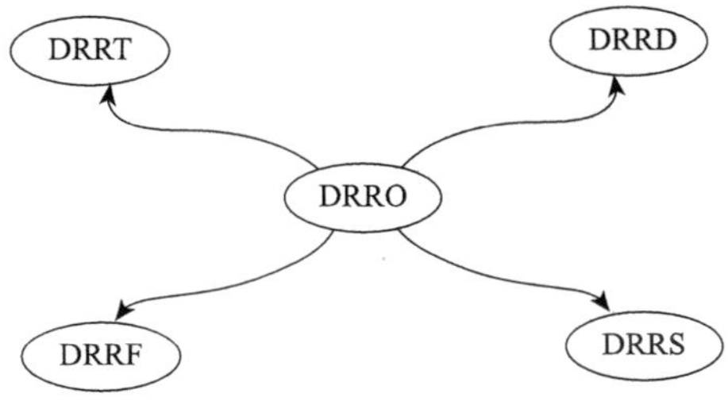

图 4-15　大数据联盟数据资源需求本体模型

3）大数据联盟显性需求与数据资源匹配

大数据联盟数据资源共享是大数据联盟数据资源有效利用的必然选择，而大数据联盟数据资源利用实质上是对大数据联盟数据资源的有效选取，大数据联盟数据资源选取关乎数据资源共享与利用效果的满意程度，因此，需要一种高效的数据资源选取方法为大数据联盟数据资源高效利用提供基础作用。

第一，大数据联盟数据资源搜索路径。大数据联盟数据资源需求的匹配方式一般分为两种，一种是大数据联盟内部解决，另一种是从大数据联盟外部获取。大数据联盟内部解决的方式主要是通过成员共享或加工数据资源后提供的解决方案，大数据联盟外部解决主要是根据需要从外部进行购买等。本书研究的主要是依靠大数据联盟内部解决，通过大数据联盟成员共享及加工数据资源以满足数据资源需求。依赖大数据联盟内部解决需求问题，首先需要了解各成员拥有的数据资源情况，明确哪些成员具有匹配的数据资源，然后根据数据资源需求匹配的结果进行筛选，选取更适合的成员数据资源，提供更优质的数据资源服务。

大数据联盟进行数据资源的搜索主要是通过数据资源共享平台，对平台存储的经过识别和标准化表示后的数据资源进行检索，查找符合数据资源需求的联盟数据资源，最终提供数据资源的接口服务，具体的搜索过程如图 4-16 所示。

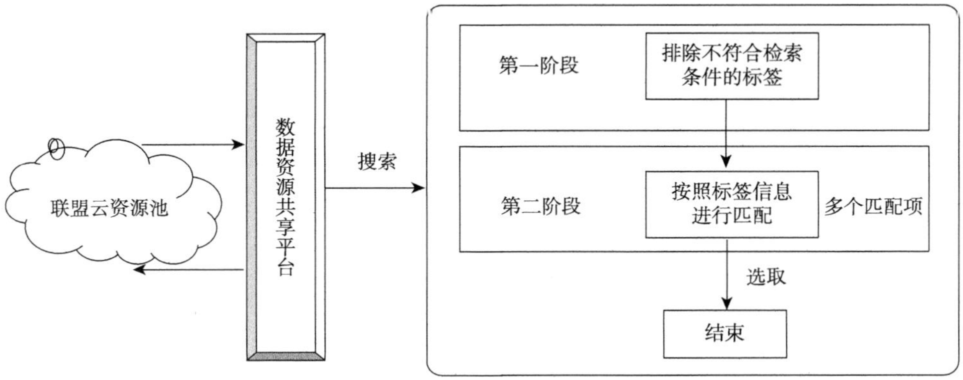

图 4-16　大数据联盟数据资源搜索过程模型

大数据联盟数据资源搜索路径围绕平台展开，以数据资源共享平台为主要渠道，平台当中存储着各成员的基本信息、数据资源的基本信息及各成员共享数据资源服务的基本信息等，利用平台可实现高效率的数据资源利用。

第二，大数据联盟数据资源多层次匹配模型。在建立数据资源服务本体及数据资源需求本体后，智能搜索满足需求的数据资源就可以转化为基于本体的映射方法来进行。定义大数据联盟数据资源服务本体模型如下：

定义 4.2　大数据联盟数据资源服务本体（data resource service ontology，DRSO）可以表示为 $\mathrm{DRSO}=\{\mathrm{DRST},\mathrm{DRSD},\mathrm{DRSF},\mathrm{DRSS}\}$。同理，DRST①、DRSD②、DRSF③、DRSS④分别表示数据资源服务本体的类型信息、领域信息、功能信息和共享价值信息。

根据以上分析及定义 4.1 和定义 4.2，构建大数据联盟数据资源多层次匹配模型，如图 4-17 所示。大数据联盟数据资源多层次匹配模型主要包括大数据联盟数据资源本体库和数据资源需求与服务匹配两大模块，对大数据联盟数据资源服务及数据资源需求本体的类型信息、领域信息、功能信息和共享价值信息进行匹配，每一个匹配阶段设定一个阈值，将匹配度大于阈值的数据资源进行下一阶段的匹配度计算，对匹配度大于所有四阶段的数据资源进行综合匹配度计算，最后得出数据资源匹配结果。具体的匹配流程如下。

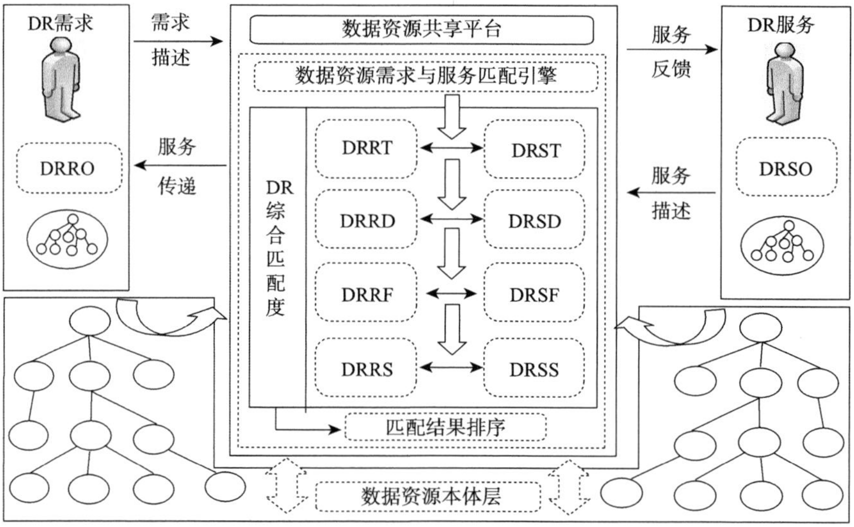

图 4-17　大数据联盟数据资源多层次匹配模型

① DRST：data resource service type。

② DRSD：data resource service domain。

③ DRSF：data resource service function。

④ DRSS：data resource service share。

大数据联盟数据资源类型匹配（data resource type match，DRTM）。对大数据联盟数据资源服务本体的 DRST 和数据资源需求本体的 DRRT 进行匹配，主要从数据资源类型层面进行匹配，设定阈值为 η_{type}。

大数据联盟数据资源领域匹配（data resource domain match，DRDM）。以用户需求为导向，对大数据联盟数据资源服务 DRSD 进行匹配，设定阈值为 η_{domain}。

大数据联盟数据资源功能匹配（data resource function match，DRFM）。根据相似度算法，计算数据资源间的相似度大小，设定阈值为 η_{applic}。

大数据联盟数据资源共享价值匹配（data resource share match，DRSM）。对大数据联盟数据资源共享价值进行匹配，设定阈值为 η_{share}。

由上，大数据联盟数据资源综合匹配（data resource comprehensive match，DRCM）综合不同匹配流程的结果，计算大数据联盟数据资源匹配的全局相似度，并根据相似度计算结果对候选的数据资源进行优劣排序，以选取最优的大数据联盟数据资源匹配结果。同时，设定综合匹配阈值为 η_{compre}。

4）大数据联盟数据资源匹配算法

第一，大数据联盟数据资源类型匹配。大数据联盟数据资源类型匹配主要从大数据联盟数据资源类型层面进行匹配，根据 Paolucci Massimo 提出的弹性匹配算法[15]，定义为

$$\text{TypeMatch}(\text{DRR},\text{DRS})=\begin{cases}0, & \text{其他情况}\\ 1, & \left((\text{DR}_\text{R}=\text{DR}_\text{S})\in\text{DRO}_\text{C}\right)\cup\left((\text{DR}_\text{R}\supset\text{DR}_\text{S})\in\text{DRO}_\text{C}\right)\end{cases}\tag{4-26}$$

其中，DRR 为数据资源需求者；DRS 为数据资源提供者；DRO_C 为 DRR 和 DRS 共同引用的数据资源本体集合；DR_R 为 DRR 在 DRO_C 中引用本体信息；DR_S 表示 DRS 在 DRO_C 中引用的本体信息。规定此处只有当 DRR 的 DR_R 和 DRS 的 DR_S 完全匹配或者 DR_R 包含 DR_S 的情况下，$\text{TypeMatch}(\text{DRR},\text{DRS})=1$，其他情况下 $\text{TypeMatch}(\text{DRR},\text{DRS})=0$。

第二，大数据联盟数据资源领域匹配。定义如下：

$$\text{DomainMatch}(\text{DRSD},\text{DRRD})=\begin{cases}0, & \text{其他情况}\\ 0.5, & (\text{DRD}_\text{R}\supset\text{DRD}_\text{P}\in\text{DRD})\cup(\text{DRD}_\text{R}\subset\text{DRD}_\text{P}\in\text{DRD})\\ 1, & (\text{DRD}_\text{R}=\text{DRD}_\text{P}\in\text{DRD})\end{cases}\tag{4-27}$$

规定此处只有当 DRD_P 和 DRD_R 完全匹配时 $\text{DomainMatch}(\text{DRSD},\text{DRRD})=1$，当大数据联盟数据资源需求与服务不完全匹配时 $\text{DomainMatch}(\text{DRSD},\text{DRRD})=0.5$，否则，$\text{DomainMatch}(\text{DRSD},\text{DRRD})=0$。

第三，大数据联盟数据资源功能匹配。大数据联盟数据资源功能匹配主要是对大数据联盟数据资源的功能描述进行匹配，该部分匹配是整个匹配过程的核心，决定着整个数据资源匹配过程的质量。设定 DRSF 具有 m 个功能描述，DRRF 具有 n 个功能描述，具体步骤如下：

对大数据联盟数据资源功能描述文本进行预处理。对 DRSF 和 DRRF 功能描述文本进行细化处理，即进行数据资源描述的拆分与表示，过滤掉描述中的特殊符号和无关描述修饰词，$\mathbf{DRSF}=\{\mathrm{DRSF}_1,\mathrm{DRSF}_2,\cdots,\mathrm{DRSF}_m\}$，$\mathbf{DRRF}=\{\mathrm{DRRF}_1,\mathrm{DRRF}_2,\cdots,\mathrm{DRRF}_n\}$ 为功能描述的拆分向量表示。

计算大数据联盟数据资源功能匹配度。从本质上讲，大数据联盟数据资源语义距离是比较数据资源需求与数据资源服务之间的相似度，两者语义距离越大，相似度就越低，反之，二者的相似度就越高，另外，大数据联盟数据资源概念的顺序相似性对文本的语义相似性具有一定影响，但所占比重不应该很大。因此，对于大数据联盟数据资源功能整体匹配度，公式定义如下：

$$\mathrm{ApplicationMatch}(\mathrm{DRSF},\mathrm{DRRF})=\begin{cases}0, & \delta=0\\ 1-\dfrac{2\sum\limits_{i=1}^{\delta}|f_i-e_i|}{\delta^2}, & \delta=2n\\ 1-\dfrac{2\sum\limits_{i=1}^{\delta}|f_i-e_i|}{\delta^2-1}, & \delta=2n+1\end{cases} \tag{4-28}$$

其中，如果 DRSF 和 DRRF 中的某两个大数据联盟数据资源概念相似性超过阈值（阈值一般设置为 0.85），则认为这两个数据资源概念匹配，并将其从 DRSF 和 DRRF 中移除，同时把这两个概念加入数据资源列表 F 和 E 中，直到 DRRF 和 DRSF 中的所有数据资源概念的相似性都小于指定阈值，将 F 和 E 列表中的数据资源概念按照其出现在 DRSF 和 DRRF 中的顺序进行排列。$|f_i-e_i|$ 表示数据资源功能描述文本中两个功能词 f_i 和 e_i 的相对距离；f_i 和 e_i 分别表示相似数据资源概念在 F 和 E 中的位置；n 表示任意正整数；δ 表示 DRSF 和 DRRF 功能词匹配的个数即在 F 和 E 列表中的概念词个数。

第四，大数据联盟数据资源共享价值匹配。大数据联盟数据资源共享价值匹配是大数据联盟数据资源匹配中的重要评价指标。大数据联盟数据资源共享服务参数主要包括数据资源服务的成本、次数、评价、可靠性和异质性等，大数据联盟数据资源共享价值匹配相似度定义如下：

$$\mathrm{ShareMatch}\left(\mathrm{DRSS},\mathrm{DRRS}\right)=\sum_{i=1}^{n}\omega_i\mathrm{Match}\left(\mathrm{DRSS}_i,\mathrm{DRRS}_i\right)$$

$$i=1,2,3,\cdots,n,\quad \omega_i\in[0,1],\quad \sum_{i=1}^{n}\omega_i=1 \tag{4-29}$$

其中，ω_i 表示第 i 个数据资源共享价值参量权重；n 表示大数据联盟数据资源共享价值参量的个数；DRSS_i 表示大数据联盟数据资源服务方共享价值的参量集合；DRRS_i 表示大数据联盟数据资源需求方共享价值参量集合。

对于大数据联盟数据资源共享价值信息中的数值参量的匹配计算。将大数据联盟数据资源共享价值数值参量转化为区间数的形式进行计算，从而计算求得两个数值的相似度大小，定义如式（4-30）所示。

$$\mathrm{Match}\left(\mathrm{DRSS}_i,\mathrm{DRRS}_i\right)=\begin{cases}0, & \left(\mathrm{DRSS}_i\cap\mathrm{DRRS}_i=\phi\right)\\ \dfrac{\mathrm{DRSS}_i\cap\mathrm{DRRS}_i}{\mathrm{DRSS}_i}, & \left(\begin{array}{l}\mathrm{DRSS}_i\cap\mathrm{DRRS}_i\neq\phi\text{ 且}\\ \mathrm{DRSS}_i\cap\mathrm{DRRS}_i\neq\mathrm{DRRS}_i\end{array}\right)\\ 1, & \left(\mathrm{DRSS}_i\cap\mathrm{DRRS}_i=\mathrm{DRRS}_i\right)\end{cases} \tag{4-30}$$

第五，大数据联盟数据资源综合匹配。根据式（4-31）计算综合匹配结果，排序如表 4-4 所示。

$$\begin{aligned}\mathrm{CompreMatch}\left(\mathrm{DRCP},\mathrm{DRCR}\right)=&\ \mu_1\mathrm{TypeMatch}\left(\mathrm{DRR},\mathrm{DRP}\right)\\ &+\mu_2\mathrm{DomainMatch}\left(\mathrm{DRSD},\mathrm{DRRD}\right)\\ &+\mu_3\mathrm{FunctionMatch}\left(\mathrm{DRSF},\mathrm{DRRF}\right)\\ &+\mu_4\mathrm{ShareMatch}\left(\mathrm{DRSS},\mathrm{DRRS}\right)\end{aligned}$$

$$\mu_i\in[0,1],\ \text{且}\sum_{i=1}^{4}\mu_i=1 \tag{4-31}$$

表 4-4 大数据联盟数据资源匹配结果排序

匹配结果排序	匹配成员企业	匹配 DR	综合匹配度
1	成员企业 1	DR1	匹配度 1
2	成员企业 2	DR2	匹配度 2
3	成员企业 3	DR3	匹配度 3

2. 推送服务方式

1）大数据联盟隐性需求识别

大数据联盟隐性需求主要通过大数据联盟数据资源共享平台来识别，平台不仅包含大数据联盟成员的基本信息和数据资源的基本信息，还包括成员的数据资源共享与利用记录等，如图 4-18 所示。

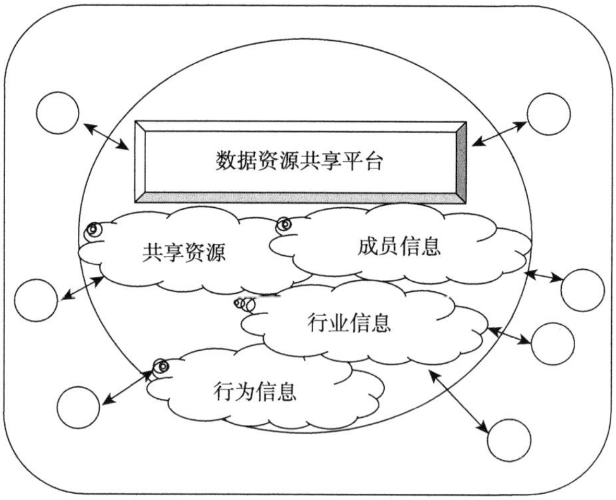

图 4-18　大数据联盟隐性需求信息构成

第一，隐性需求识别途径。大数据联盟数据资源需求者与数据资源共享平台间的互动与交流主要是指借助通信载体进行的数据资源浏览记录和相关数据资源共享服务与利用记录。数据资源需求者信息的获取包括成员基本信息的获取、成员数据资源共享服务记录的获取及其他有关数据资源需求者的信息获取。面向隐性需求的大数据联盟数据资源利用的完成主要是依靠数据资源需求者间彼此的评价，在每一次数据资源共享完成之后，都需要对大数据联盟数据资源的提供者、数据资源的可靠性、数据资源的价值等进行客观评价，并作为数据资源需求者对该类数据资源的综合评价，之后，提取大数据联盟数据资源需求者间的互信息特征，利用协同过滤算法实现数据资源的推送，完成大数据联盟数据资源的利用。

第二，隐性需求识别过程。大数据联盟隐性需求的识别要保证其信息的完整性、价值性和可操作性。首先，应获取有关成员的全部信息，包括成员基本信息、成员资源信息、成员共享记录信息和相关浏览记录等；其次，根据信息的完整程度进行筛选，选取成员的行为数据，包括对数据资源共享使用的评价信息，以及各评价数据资源的类别信息等；最后，开始展开对成员隐性需求的分析，提取联盟成员等需求者的偏好，确定推送数据资源的候选集，并将推送数据资源集进行排序推送给数据资源需求者，如图 4-19 所示。

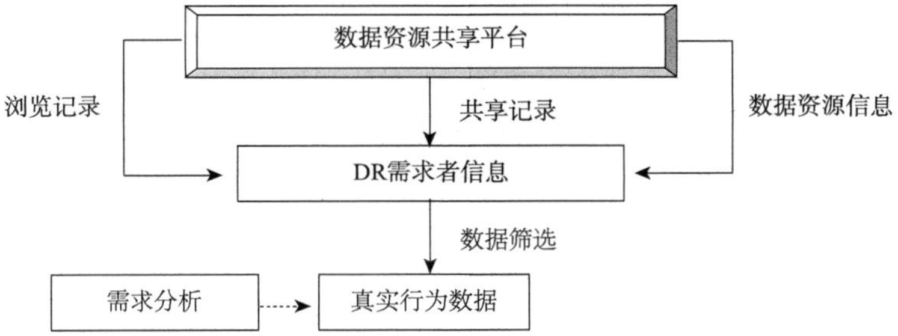

图 4-19　大数据联盟隐性需求识别过程

大数据联盟数据资源共享平台存储了全部大数据联盟成员的行为数据，是识别大数据联盟成员偏好的数据来源。

2）大数据联盟隐性需求互信息特征检测

大数据联盟成员信息中每一条联盟成员行为数据都代表了大数据联盟成员之间一次成功的数据资源共享行为，具体包括大数据联盟成员信息、联盟成员共享的数据资源信息、联盟成员对于当次共享行为的评价信息三个方面。其中，大数据联盟成员信息主要包括成员的注册信息、行业信息等基本信息和该成员拥有的资源信息等。联盟成员共享的数据资源信息主要是指当次共享行为中数据资源的各种属性信息，包括数据资源类型信息、功能信息、领域信息、共享价值信息、数据资源特征和规模信息等。大数据联盟成员的评价信息主要是指在结束每次数据资源共享行为时，数据资源需求方都会对当次共享行为进行评价，表达对数据资源共享行为的满意程度。

第一，大数据联盟行为数据筛选。大数据联盟成员的行为数据产生于联盟的数据资源共享行为过程，虽然每次都会要求对当次数据资源共享行为进行评价，但是由于联盟成员的惰性等会产生不真实的评价或评价缺失等问题，造成联盟成员评价不准确，而对于大数据联盟来说，真实的联盟成员行为数据对准确挖掘联盟成员数据资源偏好具有重要作用。因此，需要对获取的大数据联盟隐性需求信息进行预处理，筛选符合要求的大数据联盟成员真实行为数据，去除关联度低及无关的信息，保留较为完整的成员行为数据进行分析。但往往联盟成员的真实行为数据具有稀疏性，如何有效利用这部分数据，成为提高大数据联盟数据资源推送准确性，促进数据资源高效利用的关键。考虑到大数据联盟数据资源共享行为对大数据联盟的重要性，从联盟成员和共享数据资源这两个角度同时进行特征挖掘，引入信息熵和互信息化处理，分析联盟内数据资源的特征信息量，提取联盟成员行为数据的有效信息。

第二，基于信息熵的大数据联盟数据资源综合互信息计算。根据信息熵和互信息理论对联盟成员已评分数据资源的类别信息和评分信息进行预处理，提取大数据联盟成员的数据资源类别偏好权重。

大数据联盟成员—数据资源评分矩阵。该评分矩阵 $\boldsymbol{R}$ 是一个 $\boldsymbol{M} \times \boldsymbol{N}$ 的评分矩阵，$\boldsymbol{M}$ 代表成员数量，$\boldsymbol{N}$ 代表数据资源类别数量，$r_{ui} = 0$ 表示没有评分；$r_{ui} = k$，$0 < k < r_{\max}$，表示大数据联盟成员 u 对某个类别数据资源 i 有评分。

大数据联盟数据资源的信息熵。香农信息论中认为熵用来表示对信息不确定性的度量，采用数值的形式表达信息含量的多少。假设 X 是某个类别的数据资源，$p(x)$ 为 X 概率密度函数，则 X 的信息含量可以用信息熵 $H(X)$ 表示，定义如式（4-32）所示。

$$H(X) = -\sum p(x) \log p(x) \tag{4-32}$$

结合熵在大数据联盟数据资源中的应用，在现有研究基础上，定义一种基于大数据联盟数据资源类别信息的熵，用来衡量大数据联盟数据资源的类别信息对于联盟成员评分偏好的影响。同一个大数据联盟数据资源根据不同的分类标准可能同时属于多个类别，因此，大数据联盟数据资源类别信息熵应该能够同时体现数据资源的类别和评分信息，定义如式（4-33）所示。

$$H(X) = -\sum p(x) \log p(x) = -\sum_{i=1}^{n} \frac{i \times r_i}{n \times r_{\max}} \log \frac{i \times r_i}{n \times r_{\max}}, \quad (1 \leqslant i \leqslant n) \tag{4-33}$$

其中，r_i 表示成员对数据资源 X 的评分；i 表示数据资源 X 含有类别的个数；n 表示类别总数；$r_{\max}$ 表示最高分。

在大数据联盟成员的所有评分项中，具有相同评分且属于同一类别的数据资源往往具有较高的相似度，由于同属于一个类别的两个数据资源可能还具有其他类别信息，如果根据这些评分计算相似度，则可能会存在误差，数据资源类别信息熵将大数据联盟成员的评分看作对数据资源类别的评分，求得与所有数据资源类别最大评分之和的比，来表示数据资源具有的其他类别信息量。

大数据联盟成员评分类别互信息。数据资源互信息用来表示一个数据资源包含另一个数据资源信息量的多少，可用于衡量两个数据资源间相互关联程度的大小，即表示两个大数据联盟数据资源间包含共同信息的含量。对于两个大数据联盟数据资源 X 和 Y，它们的概率分布分别为 $p(x)$ 和 $p(y)$，联合分布为 $p(x,y)$，则数据资源 X 和 Y 的互信息 $I(X;Y)$ 如式（4-34）所示。

$$I(X;Y) = \sum_{y \in Y} \sum_{x \in X} p(x,y) \log \frac{p(x,y)}{p(x)p(y)} \tag{4-34}$$

大数据联盟数据资源综合互信息，定义如式（4-35）所示。

$$I(X;Y)=\sum_{y\in Y}\sum_{x\in X}\frac{i_{xy}\times r_{xy}}{\sum_x\sum_y i\times r}\log\frac{\dfrac{i_{xy}\times r_{xy}}{\sum_x\sum_y i\times r}}{\dfrac{i_x\times r_x}{n\times r_{\max}}\times\dfrac{i_y\times r_y}{n\times r_{\max}}} \tag{4-35}$$

其中，i 表示数据资源 X 和 Y 的含有的类别个数；r_x 和 r_y 表示数据资源 X 和 Y 的评分；i_{xy} 和 r_{xy} 分别表示数据资源 X 和 Y 的公共类别的个数和公共评分；$\sum_x i\times r$，$\sum_y i\times r$，$\sum_x\sum_y i\times r$ 分别表示数据资源 X 的类别评分信息和、数据资源 Y 的类别评分信息和与数据资源 X 和 Y 包含的所有类别评分信息和。

3）大数据联盟数据资源推送

大数据联盟数据资源协同过滤推送的主要流程是通过对大数据联盟成员的行为数据进行筛选、特征分析和互信息检测等操作，提取大数据联盟成员的特征，确定大数据联盟成员对于共享数据资源的特征偏好，结合大数据联盟成员在数据资源共享过程中进行的评分行为信息，计算确定与大数据联盟成员相似的最近邻成员，然后根据最近邻成员的评分信息确定目标大数据联盟成员的数据资源评分信息。根据预测得到的评分信息进行评分排序，并生成 TOP-N 数据资源推送结果，作为联盟隐性需求的解决服务方案，达到提高数据资源利用率的目的。联盟数据资源协同过滤推送算法流程如图 4-20 所示。

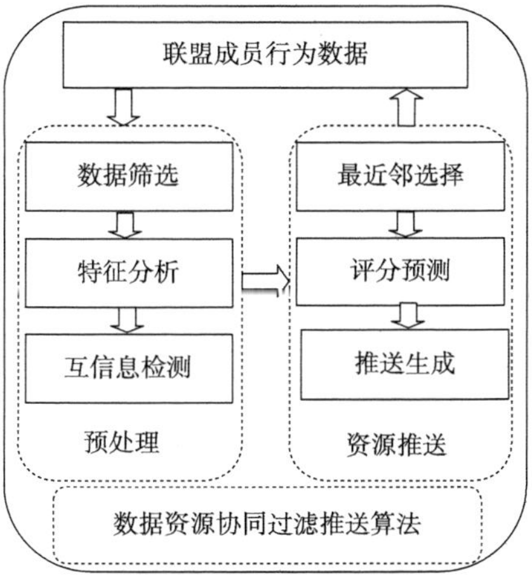

图 4-20　大数据联盟数据资源协同过滤推送算法流程

第一，大数据联盟数据资源协同过滤推送模型。大数据联盟数据资源推送主要是针对数据资源需求者的隐性需求展开的数据资源处理活动。隐性需求的获取是通过分析大数据联盟数据资源需求者信息及相关浏览行为记录展开的需求识别，进而根据发现的隐性需求制订相应的数据资源方案，推送给大数据联盟数据资源需求者，提高数据资源的活性及流通利用效率。如图 4-21 所示。

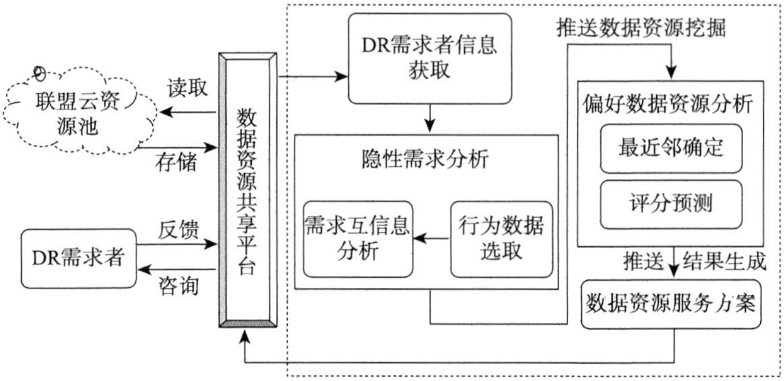

图 4-21　大数据联盟数据资源推送模型

第二，基于互信息的大数据联盟数据资源相似度计算。在计算两个大数据联盟数据资源的相似程度时，如果只是通过两个大数据联盟数据资源具有相同评分数量占所有数据资源评分的比重来衡量二者的相关度，就容易造成相似度的误差，因为在评分中与最高分和最低分邻近的评分同样表达了鲜明的意义，这种误差在大的评分制中比在小的评分制中影响大。为了避免这一情况，采用基于数据资源类别和评分的大数据联盟数据资源综合互信息来计算不同数据资源间的相似程度，这种方法既考虑了评分矩阵中的数据资源评分信息，又将已评分数据资源的类别信息融入相似度的计算过程中，从而将两个大数据联盟数据资源的相似度度量细化到数据资源的类别方面，又考虑到评分对于数据资源相似度的影响。

在采用大数据联盟数据资源综合互信息方法计算数据资源间的相似度前，先将互信息进行归一化处理，即将其值限定在[0, 1]之间，如下所示。

$$\frac{I(X;Y)}{\min\{H(X),H(Y)\}},\quad \frac{I(X;Y)}{\max\{H(X),H(Y)\}},\quad \frac{2I(X;Y)}{H(X)+H(Y)}$$

在计算大数据联盟数据资源相似度过程中，由于大数据联盟数据资源的评分信息具有稀疏性，数据资源类别数量单一，容易造成该大数据联盟数据资源与其他大数据联盟数据资源的相似度不准确，因此，用两个大数据联盟数据资源的平均熵$(H(X)+H(Y))/2$来代替相似度公式中的分母，得到的互信息相似度计算公式如式（4-36）所示。

$$\mathrm{SIM}(u,v)=\frac{2I(u;v)}{H(u)+H(v)} \tag{4-36}$$

第三，大数据联盟偏好数据资源评分预测。

（1）大数据联盟数据资源评分预测。大数据联盟成员评分预测的计算方法如式（4-37）所示。

$$r_{ui} = \bar{r}_u + \frac{\sum_{v \in N(n)} \mathrm{SIM}(u,v) \cdot (r_{vi} - \bar{r}_v)}{\sum_{v \in N(n)} \left| \mathrm{SIM}(u,v) \right|} \tag{4-37}$$

第一部分计算评分时，由于采用评分均值来表示评分，忽视具有相同意义的最近评分影响，降低体现大数据联盟成员偏好的效果。计算方法如式（4-38）所示。

$$r_u = \frac{\sum_{i=1}^{n} \frac{2I\left(X;X_i\right)}{H\left(X\right)+H\left(X_i\right)} \times r_i}{\sum_{i=1}^{n} \frac{2I\left(X;X_i\right)}{H\left(X\right)+H\left(X_i\right)}} \tag{4-38}$$

其中，$I(X; X_i)$的计算如式（4-35）；X 为目标数据资源；X_i 为大数据联盟成员已评分数据资源；n 为已评分数据资源的数量。

（2）改进的大数据联盟数据资源评分预测。依据大数据联盟成员最近邻评分的评分预测，采用改进后的大数据联盟数据资源互信息相似度进行计算，如式（4-39）所示。

$$r_{vi} = \frac{\sum_{v \in N(n)} \frac{2I(u,v)}{H(u)+H(v)} \cdot (r_{vi} - \bar{r}_v)}{\sum_{v \in N(n)} \frac{2I(u;v)}{H(u)+H(v)}} \tag{4-39}$$

则大数据联盟成员对于目标数据资源的最终评分如式（4-40）所示。

$$r = r_u + r_{vi} \tag{4-40}$$

根据大数据联盟数据资源需求者的需求信息，通过计算大数据联盟候选数据资源的预测评分，产生大数据联盟成员数据资源推送结果列表并对其进行排序（表 4-5），综合大数据联盟数据资源需求者所需数据资源的数量，确定针对大数据联盟成员的数据资源推送列表长度。通过大数据联盟数据资源共享平台成员界面、邮箱地址、订阅方式等途径推送给大数据联盟成员。

表 4-5　大数据联盟数据资源推送列表排序

推送目标成员	推送 DR	预测推送结果	排序
成员企业名称	DR 名称 1	预测评分 1	1
	DR 名称 2	预测评分 2	2
	DR 名称 3	预测评分 3	3

4.2.5　原始层级数据聚合服务保障措施

1. 安全防范保障

将区块链、物联网、智能防伪等先进技术，引入大数据联盟数据产品服务交易过程中，从汇聚成员企业数据资源的源头解决服务安全问题。将“数据源、成员企业、溯源”三者紧密结合，建立基于区块链的数据产品服务安全防范保障措施。

（1）服务安全事前防范措施。为了保证联盟数据库的安全，首先，通过建立高安全等级的系统，保证服务前数据库的安全性，并运用先进的数据库代理防止恶意的攻击，设置允许访问接入的IP白名单。其次，利用数据库防火墙解析查询功能，对访问环节进行最大范围的过滤。再次，通过大数据联盟公网地址自动开启的分布式拒绝服务攻击（distributed denial of service，DDoS）防护功能，对数据资源的访问进行严格把控。最后，在云平台上支持高效率的结构化查询语言审计功能，对所有的访问源头和行为及时进行记录，从而做到有据可查，最大限度地保证大数据联盟数据库的安全。

（2）服务安全事中化解措施。这是为了增强成员企业和用户之间的信任，及时处理服务过程中的安全问题。首先，大数据联盟利用区块链技术，支持多用户的定义，在产品服务中使多方主体联合信任背书。其次，集中控制在数据聚合服务云平台上所有数据产品服务的注册和寻址，扩展和部署各类安全控制策略，并管理相关用户口令、访问的令牌、各类密钥，降低信任背书的难度。最后，根据用户对数据产品服务的需求，积极组织更多的成员企业参与大数据联盟数据服务活动，共同补充和维护数据产品虚拟云池，服务过程中增强彼此的信任，及时化解服务的冲突和矛盾。

（3）服务安全事后防范措施。在大数据联盟数据产品服务交易过程中，利用区块链技术的不可篡改、时间戳等特性，对每一笔数据交易记录实现追溯，确保数据产品服务的透明化。甚至，当发生交易故障时，快速实现对相关成员企业的有效追责，对服务事后的安全进行防范，打造产品“服务升级”，培养用户对大数据联盟产生高度信任，促进数据产品的安全交易和流通，提高联盟数据服务效率。

2. 交易定价保障

在数据产品服务交易过程中，通常价格不仅能影响联盟和用户交易的顺利实现，也是影响数据资源流通和共享的关键要素。联盟对数据产品服务定价的目标是促进数据产品服务成交的数量和额度，获取利润。因此，从数据产品服务供需定价的角度，结合数据产品服务的虚拟特性，建立大数据联盟数据产品交易服务定价保障措施。

（1）需求预测保障措施。在对数据产品服务进行定价以前，尽量掌握大数据服务市场中用户及竞争对手的情报资料，并对其进行深入研究，为制订科学合理的定价方案做好前期预测准备。同时，联盟需要对服务市场中的同类产品进行调研分析，及时了解产品规格属性、市场价格、销售渠道等信息，尤其是要密切关注竞争对手的市场表现力。还需明确用户购买数据服务产品的理由，预测市场中的用户需求。在定价过程中，将服务市场中目标用户对数据产品服务价值的认知考虑其中。

（2）成本测算保障措施。大数据联盟需要对数据产品从投入到交付给用户全过程中的成本进行计算，包括生产总成本、平均成本和边际成本等。制定科学、准确的成本测算表，细化各项费用测算的数据生产成本构成科目，明确重要服务成本科目预算时提炼的系数值、测算的实际依据和指标，并设置风险事项，以风险概率的形式体现服务测算成本的风险因素的扰动和影响，修改市场投入、促销费用等多项成本科目的三级明细表，制定适宜的跨阶段成本分摊方法，使成员企业对数据产品服务的成本进行细致的梳理和测算。

（3）价格调整保障措施。面向用户的领域需求问题，联盟根据数据产品的类别、时间跨度、数据完整性、数据实时性等因素对数据产品价格进行分级定价，帮助数据产品需求者实现按需购买，按需使用。同时，根据市场中需求的变动情况，为数据产品服务设计自动的计价公式，实时浮动，便于用户通过数据聚合服务云平台查询所需的数据产品服务的实时价格，实现公开透明。

3. 运营监管保障

对云平台上数据产品服务运营的监管是保证大数据联盟数据产品服务实现的重要支撑。根据原始层级数据聚合服务过程，从数据产品需求者、数据产品交易活动、数据产品服务提供者三方面，建立数据产品服务运营监管保障措施。

（1）数据产品需求者监管措施。在原始层级数据聚合服务过程中，大数据联盟需要对数据产品需求者制定具体的管理办法，主要包括取得交易资格的条件、审核程序、交易手续等。在国家数据产品交易法律和行政法规框架的指导下，制定具体的数据交易规则，对数据产品需求者进行及时监管，约束数据产品需求者的行为，对数据产品服务交易过程中违反交易规则的行为进行及时处理。

（2）数据产品交易活动监管措施。首先，制定和执行数据产品服务具体规则，包括数据产品服务的种类和期限、操作程序、交易纠纷的解决、数据产品服务的暂停、恢复和取消交易等。其次，建立数据产品服务合同的生效和废止章程，并维护在服务交易过程中数据交易合同的有效性。最后，在数据聚合服务云平台上归档和保存数据产品服务资料，并制定相应的查询和保密管理措施，根据需要制定上述文件的保存期限，对大数据联盟整个数据产品服务交易活动进行监管。

（3）数据产品服务提供者监管措施。数据产品服务的提供者是大数据联盟中的成员企业。在数据聚合服务云平台上，制定成员企业在交易协议中的具体内容，使其切实履行交易业务规定中的具体细则。制定数据产品服务提供者的定期报告、临时报告的报告程序及回复质询的具体措施。对服务合作过程中发生的冲突和矛盾行为，建立顺畅的交流和沟通机制，制定仲裁条款，确保数据产品服务的提供符合交易要求。

4.2.6　原始层级数据聚合服务模式应用范围条件和选择依据

原始层级数据聚合服务模式是依托数据聚合服务平台，不同类型的成员企业基于数据资源共享、合作协同所形成的服务模式。其特点是以数据资源汇聚为基础，重点提高大数据联盟数据资源的交易效率和服务效果，具有特定的应用范围和条件。原始层级数据聚合服务模式能够将不同类型的成员企业的分散异构数据进行重组、关联，整合在一起，为用户按需提供个性化的数据产品交易服务方案。作为联盟最基础且在数据资源汇聚阶段时所形成的主导服务模式，以单纯的原始数据“粗加工”交易为主，适用于满足市场中用户对大数据资源的基础交易需求，可将分散在各行业领域的不同主体手中的数据资源汇聚到联盟中，通过统一规范的标准体现实现不同来源数据的共享、对接和交换，推动了数据交易从“无序化”向“规范化”的转变。

1. 应用范围条件

（1）服务客体条件。在大数据服务市场中，企业、政府、科研机构和个人等，都属于原始层级数据聚合服务的对象，当这些不同情境下的用户有对基础类数据产品和衍生类数据产品的交易需求时，适合通过大数据联盟选择原始层级数据聚合服务模式。

（2）服务主体条件。大数据联盟中的数据资源型企业、技术拥有型企业、服务应用型企业、网络业务型企业、基础设施型企业需要相互配合，集成不同渠道中的海量数据，对其进行加工处理形成序化的数据仓库体系，为用户提供基础类数据产品和衍生类数据产品服务方案。

（3）服务技术条件。在原始层级数据聚合服务过程中，描述用户需求、信息搜索、服务组合、方案交付和反馈，这些重要的服务环节需要雄厚的知识和技术作为基础，尤其是对数据清理、数据集成、数据变换及数据归约等底层的数据处理技术的熟练掌握，是原始层级数据交易的关键支撑。

2. 选择依据

在数据聚合服务云平台上，智能供需匹配引擎可以实现对数据资源服务业务信息的整合，统筹和优化联盟中的各项服务资源，支持基于用户个性化需求的原始层级数据聚合服务产品的匹配。在整个执行过程中，大数据联盟数据聚合服务云平台上的智能供需匹配引擎主要是以强大的算法库作为支撑，通过高效率的计算，为联盟用户提供与输入条件相关的数据产品、服务、功能和成员情况等匹配相应信息。

大数据联盟对每一个数据产品进行属性标识，借助于资源虚拟化封装技术、编码技术、分布式计算技术等，将相应的数据产品投入联盟虚拟的数据产品云池中，形成多种类型的数据产品虚拟上的集合。在虚拟云池中，每一个数据产品都具有独特的多属性标识，可以满足用户定制数据产品的交易需求，支持形成个性化的服务方案。在模式选择过程中，面向用户特定情境下的个性化需求，大数据联盟通过不同途径搜集用户的个性化需求信息，根据特定的规则将复杂的用户需求（UD_n）进行拆分表示，并通过大数据服务技术和工具形成可供搜索的子需求（$UD_{n1}, UD_{n2}, \cdots, UD_{nm}$），然后运用智能匹配算法，将用户个性化的需求与原始层级数据聚合服务产品进行动态匹配形成映射（data service，DS）。在数据聚合服务云平台智能引擎的支持下，通过不断地筛选、迭代，最终形成面向用户个性化需求的匹配结果，以此作为判断原始层级数据聚合服务模式的选择依据，如图 4-22 所示。

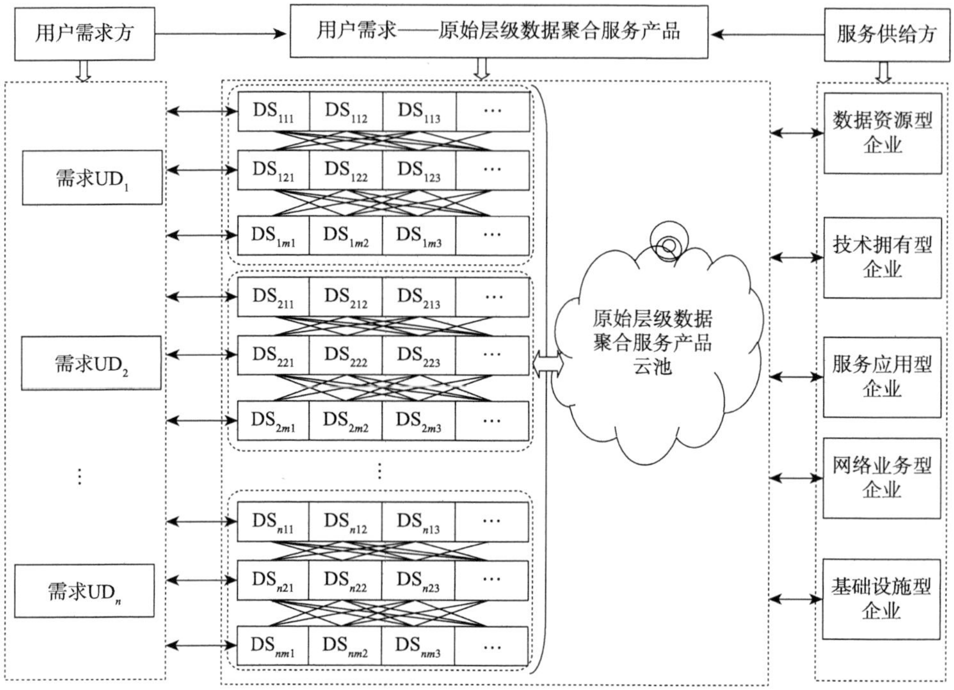

图 4-22　数据聚合服务模式选择过程

4.3　大数据联盟特征层级数据聚合服务

4.3.1　大数据联盟特征层级数据聚合过程

大数据联盟特征层级数据聚合是在数据关联阶段。面向用户的领域需求，在数据仓库的基础上，大数据联盟进一步抽取数据形成特定情境下的数据集市，通过对数据的多种可能的观察和计算，探究数据资源之间的关联，以提高联盟数据的价值密度和活性，进一步释放出数据资源中潜藏的价值。大数据联盟特征层级数据聚合过程如图 4-23 所示。

以用户需求为导向，大数据联盟在海量数据资源汇聚的基础上，通过聚合、子集、数据表示和数据描述等一系列操作，抽取合适的数据资源形成数据集市。根据用户服务定义与描述，在传统的统计学技术（搜索、比较、聚类、分类等）

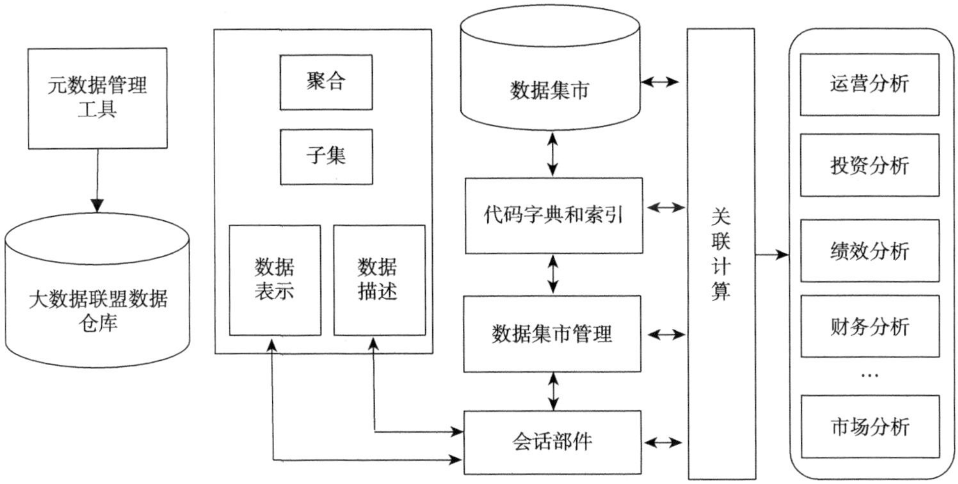

图 4-23　特征层级数据聚合过程

的基础上，引入可视化技术和云计算技术等新兴技术，基于多维度的关联计算，从特定的数据集市中提取信息（知识），从而形成一些真正有趣的收获和发现，并将数据分析关联的结果进行可视化表示，为用户提供清晰、直观的结果解释。

为了将特征层级数据聚合的结果转换成真正意义上可供交易的数据产品，大数据联盟以用户的数据关联分析需求为导向，综合运用数据服务基础设施，结合成员企业和用户形成的群体创新的力量和智慧，将海量数据资源蕴藏的价值进一步提炼，如图 4-24 所示。

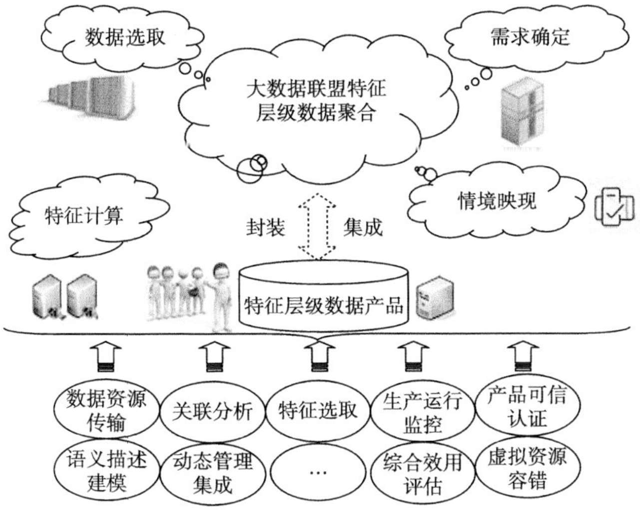

图 4-24　特征层级数据聚合服务产品形成示意图

在数据聚合服务云平台上，大数据联盟提供了丰富的模型、工具、算法等操作性服务资源，有助于实现数据互渗关联过程中所需资源的合理分配和调度，进一步释放数据资源价值和活力。

4.3.2 特征层级数据聚合产品

从数据产品功能角度看，特征层级数据聚合服务产品是指在大数据联盟数据仓库基础上，利用数据关联分析、建模和可视化等技术，通过进一步抽取数据资源的特征，获得的多维、动态的数据关联结果。这是一种能够为用户提供辅助支持的创新产品形式，本质上属于特征层级数据资源关联的结果。根据翟丽丽等提出的大数据产品分类框架[6]，结合大数据市场中用户的数据关联分析需求的实际情况，分别从画像维度、图谱维度和网络维度，综合拓展大数据联盟海量数据资源的关联分析结果，将特征层级数据聚合服务产品划分为三类，分别是画像类产品、图谱类产品、网络类产品。

1. 画像类产品

画像类产品是指为了满足用户对画像的使用需求，大数据联盟以数据仓库为依托，运用动态逻辑建模、DataV 可视化、标签提取等技术和工具，以画像的形式呈现数据资源互渗关联的结果。针对用户特定场景下的领域问题，联盟通过筛选条件、特征抽取、维度设置等一系列的服务操作，生成个性化的画像产品，以快速响应用户需求。画像类产品可被划分为多种类型，如行为画像产品、健康画像产品、企业信用画像产品、旋转设备画像产品等。为了提高大数据联盟画像产品交易的便捷性，结合大数据市场中用户需求现状，依据数据资源嵌入的领域不同，将大数据联盟提供的画像类产品进行细分，主要包括医疗画像产品、石油化工画像产品、新零售画像产品、汽车画像产品、信用卡画像产品、航空画像产品、人工智能画像产品、城市画像产品、旅游画像产品和房地产画像产品等。常见的画像类产品，如表 4-6 所示。

表 4-6　画像类产品

序号	画像产品种类	产品解释说明
1	医疗画像产品	移动医疗 APP 用户画像、用户行为画像等
2	石油化工画像产品	区域供暖画像、电力空调画像、车用燃油画像等
3	新零售画像产品	新零售店员画像、个体散户画像等

续表

序号	画像产品种类	产品解释说明
4	汽车画像产品	车主画像、未来汽车画像等
5	信用卡画像产品	个人消费画像、个人征信画像等
6	航空画像产品	智能设备画像、航空公司画像等
7	人工智能画像产品	人脸画像、考务画像、机器画像等
8	城市画像产品	城市环境生态画像、交通事故人群画像等
9	旅游画像产品	游客画像、景点商品画像等
10	房地产画像产品	房产中介画像、地产企业画像等

大数据联盟将分布在多个成员企业之间的数据资源进行特征抽取和关联分析，在平台上灵活多变地自由设置画像的维度，构建联盟成员企业和用户之间的交互式分析应用，能够帮助用户自由灵活地分析不同属性和行为之间的关联性，也为不同的使用场景提供了丰富的可能性。

2. 图谱类产品

图谱类产品是指为了满足用户对图谱的使用需求，从联盟的数据资源中进一步抽取特征，通过分析处理（数据整合、建模、可视化等），形成有价值的信息和知识，以图谱的形式呈现数据资源互渗关联的结果。联盟提供的图谱类产品，实现了对海量的结构化数据、半结构化数据、非结构化数据的关联和分析，通过智能算法构建动态的图谱，强调数据资源与不同行业的跨界互联，为其他产业的发展和升级提供助力支持，如可以深度分析金融企业的风险安全隐患、成长的前景、升级过程等，为其提供辅助支持。图谱类产品可被划分为多种类型，如知识图谱产品、遗传图谱产品、地学信息图谱产品、风险图谱产品等。为了促进大数据联盟图谱类产品的顺利交易，结合大数据市场中用户需求特点，依据数据资源嵌入领域的不同，将联盟提供的图谱类产品进行细分，主要包括医疗图谱产品、石油化工图谱产品、新零售图谱产品、汽车图谱产品、信用卡图谱产品、航空图谱产品、人工智能图谱产品、城市图谱产品、旅游图谱产品和房地产图谱产品等。常见的图谱类产品，如表 4-7 所示。

表 4-7　图谱类产品

序号	图谱产品种类	产品解释说明
1	医疗图谱产品	医疗开放知识图谱、互联网医疗市场生态图谱等
2	石油化工图谱产品	石油化工产业链图谱、石油化工流程图谱等

续表

序号	图谱产品种类	产品解释说明
3	新零售图谱产品	新零售商业图谱、新零售产业图谱等
4	汽车图谱产品	汽车标志图谱、汽车配件图谱等
5	信用卡图谱产品	信用卡办理流程图谱、信用卡还款流程图谱等
6	航空图谱产品	航线图谱、航空知识图谱等
7	人工智能图谱产品	人工智能产业生态图谱、人工智能技术图谱等
8	城市图谱产品	城市地标建筑图谱、城市发展历史图谱等
9	旅游图谱产品	景点美食图谱、历史名著图谱等
10	房地产图谱产品	房地产发展图谱、房产交易市场图谱等

在数据服务市场中，海量数据资源的价值在于能够反映现实和规律。大数据联盟利用人工智能、移动互联网和机器学习等技术，基于联盟中新鲜动态的海量数据资源，灵活生成针对不同领域问题的互渗关联图谱产品，为其他行业领域的发展提供助力支持，有利于推动经济和社会的健康持续发展。

3. 网络类产品

网络类产品是指以大数据资源的多源关联、计算应用、可视化分析等为基础，结合社会关系网络、时空网络、地理制图学等工具，建立具有丰富可视化表征的关联分析网络，以网络的形式呈现数据资源互渗关联的结果。在数据聚合服务云平台上，大数据联盟提供的网络产品有助于建立万物相连的动态连接，揭示不同事物之间的动态关系和规律，在很多场景下能够为用户提供辅助支持。网络类产品可被划分为多种类型，如社交网络产品、物流空间网络产品、运输网络产品、交通网络产品等。为了提高大数据联盟网络产品交易效率，结合大数据市场中用户需求现状，依据数据资源嵌入的不同领域，将大数据联盟提供的网络类产品进行细分，主要包括医疗网络产品、石油化工网络产品、新零售网络产品、汽车网络产品、信用卡网络产品、航空网络产品、人工智能网络产品、城市网络产品、旅游网络产品和房地产网络产品等。常见的网络类产品，如表 4-8 所示。

表 4-8 网络类产品

序号	网络产品种类	产品解释说明
1	医疗网络产品	智慧医疗网络、医疗互联设备网络等
2	石油化工网络产品	石油化工技术网络、石油化工动态网络等
3	新零售网络产品	新零售投资网络、新零售运营网络等
4	汽车网络产品	汽车检测网络、汽车交易网络等

续表

序号	网络产品种类	产品解释说明
5	信用卡网络产品	信用卡反欺诈网络、信用卡消费网络等
6	航空网络产品	航空发展网络、航空市场网络等
7	人工智能网络产品	人工智能演进网络、人工智能技术网络等
8	城市网络产品	城市交通网络、城市供电网络等
9	旅游网络产品	旅游路线网络、酒店互联网络等
10	房地产网络产品	房地产品牌网络、房产交易网络等

4.3.3　特征层级数据聚合服务过程

在大数据联盟统一的数据聚合服务框架支持下，特征层级数据聚合服务是指创造性地将数据关联产品与服务整合在一起的服务解决方案。本质上，特征层级数据聚合服务在大数据联盟云数据库的基础上，实现了对大数据联盟数据资源价值的进一步抽取和提炼，从中形成有趣的发现和结果提交给用户使用，目的是满足用户的数据关联分析需求。在特征层级数据聚合服务过程中，大数据联盟成员企业与用户联合互动，共同实现基于海量数据资源的协同关联分析，共创数据互渗关联服务解决方案。多主体之间利用社会化的协同创建技术，将联盟中不同类型的服务资源进行封装集成，实现价值共创网络中服务资源的动态配置和灵活使用，集合众智开展数据互渗关联服务活动。基于以上逻辑分析思路，将大数据联盟特征层级数据聚合服务过程划分为：用户需求识别、服务标签提取、服务全景建模、服务界面配置交付、服务反馈 5 个阶段，如图 4-25 所示。

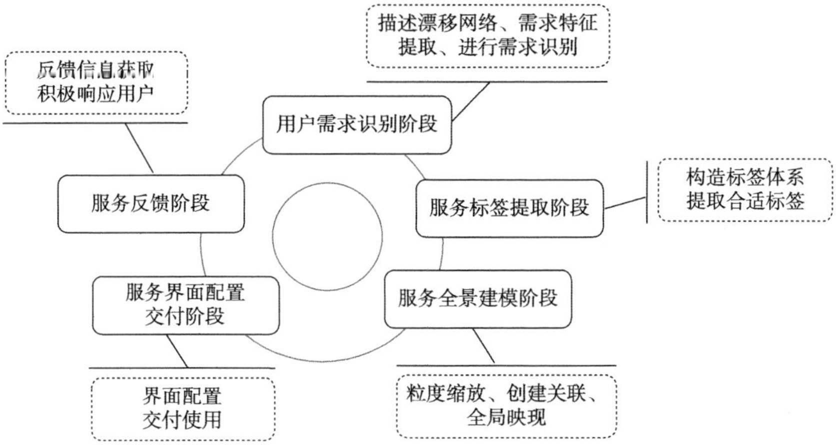

图 4-25　特征层级数据聚合服务过程

（1）用户需求识别阶段。在大数据服务市场中，搜集用户的碎片化需求信息，利用机器学习、人工智能、统计建模分析等多种形式的操作工具，识别用户需求漂移网络中的核心需求。

（2）服务标签提取阶段。在识别用户核心需求基础上，在数据聚合服务平台的丰富标签体系内，根据业务场景下的领域问题提取特征，随需选择合适的标签，为服务全景建模做准备。

（3）服务全景建模阶段。将提取后获得的服务标签进行配置，在需求定义的范围内构建全景化的视图，为用户提供一种按需使用和释放的数据关联服务方案。

（4）服务界面配置交付阶段。在形成独立的特征层级数据聚合服务方案后，根据签订的服务协议，对服务的界面进行配置，形成一种直观、便于用户理解的界面，进行供需对接。

（5）服务反馈阶段。提供获取用户反馈信息的多种途径，从中发现各成员企业在服务合作过程中的问题。信息反馈的结果可以作为大数据联盟服务效率改进的依据。

1. 用户需求识别

采用时间变量线性分段的方法[16]，将用户的模糊需求描述成一个 n 维的向量，具体表达式为 $\{(\text{word}_1, \text{timeperiod}_1), (\text{word}_2, \text{timeperiod}_2), \cdots, (\text{word}_n, \text{timeperiod}_n)\}$，其中 word_n 为第 n 个需求词，timeperiod_n 为第 n 个时间段。假设在特定情境下用户在每一个时段内对应一个重点需求词，而且每个需求词只在某一个时段内达到了需求最大值。已知用户在表达需求行为过程中，在第 i 个时段内，第 word_1 的检索次数为 a_{ij}'，那么，用户时序需求描述问题可转化成如下数学模型。

$$\max Q' = \sum_{i=1}^{n}\sum_{j=1}^{n} a_{ij}' x_{ij}'$$

$$\text{s.t.}\begin{cases} \sum_{i=1}^{n} x_{ij}' = 1 \\ \sum_{j=1}^{n} x_{ij}' = 1\ (i, j = 1, 2, \cdots, n) \\ x_{ij}' = 0 \ \text{ or } \ 1 \end{cases} \tag{4-41}$$

大数据联盟可根据实际服务场景选取合适的 n 值，运用匈牙利算法求解上述问题，获得用户的时序需求轴：$\text{word}_1 \to \text{word}_2 \to \cdots \to \text{word}_i \to \cdots \text{word}_n$。用户需求时序分布情况代表着用户需求的总趋势。

对于第一个时间段中每个加权需求词的时间元表示为[17]

$$\text{Weighted Semantic TimeGram} = \langle \text{word}_1, \text{weight}_1, \text{time}_1 \rangle \tag{4-42}$$

在相邻时段中的加权需求词时间元表示为

$$\text{Weighted Semantic TimeGram} = \langle \text{word}_2, \text{weight}_2, \text{time}_2 \rangle \tag{4-43}$$

计算前两个时段中加权需求词共现时间元，表示为

$$\text{Weighted Cooccurred WordTimeGram} = \langle \text{word}_1, \text{word}_2, \text{relation}_{\text{word}_1,\,\text{word}_2}, \text{time}_1, \text{time}_2 \rangle \tag{4-44}$$

通过调节系数 $\text{relation}_{\text{word}_1,\,\text{word}_2}$ 的值，不断迭代反复筛选，最终形成由时序需求轴衍生的多词共现组合的用户需求漂移网络。

1）需求识别方法

粗糙集（rough set，RS）理论是由 Pawlak 提出的一种人工智能方法，它最显著的特点是在不需要任何辅助信息的情况下，直接从给定集合的描述出发，分析不确定数据之间的关系提取出有用的特征，从而获得简洁的表达形式，被认为是处理不确定性和模糊问题的重要工具。支持向量机（support vector machines，SVM）是 Vapnik 等提出的一种机器学习方法，它以统计学中的 VC 维理论和结构风险最小化原则为基础，在很大程度上克服了“过学习”和“维数灾难”等缺陷，泛化能力较强，但是，过多的输入变量将直接影响需求识别的速度[18]。为了克服过多输入变量影响 SVM 需求识别效果的问题，从用户需求识别的细粒度角度，将粗糙集理论和 SVM 进行有机结合，提出并构造一种基于模糊粗糙集和 SVM 集成的需求识别方法。

2）用户需求识别过程

在构建用户需求漂移网络基础上，识别核心需求主要包括两个步骤。

第一，基于模糊粗糙集的需求特征提取。$G=(U, A, F, D)$是联盟用户的模糊需求信息系统，其中：

$$U=\{x_1, x_2, \cdots, x_n\},$$
$$A=\{a_1, a_2, \cdots, a_m\},$$
$$F=\{\tilde{A}_{jlj}: U \to [0,1](j \leqslant m, l_j \leqslant r_j)\},$$
$$D=\{\tilde{D}_l: U \to [0,1](l \leqslant r)\}$$

U 为非空有限对象的集合，称为需求状态域；A 为需求属性的集合；F 为全体属性的值域集合；D 为模糊决策集合。

则(U, P)为近似空间，由(U, P)产生的模糊等价类为

$$U/P=\{[x_i]_R | x_i \in U\} \tag{4-45}$$

其中，$[x_i]_P=\{x_i | (x_i, x_j) \in P\}$。

令 P，Q 为 U 中的等价关系，由文献[19]可知，对任意的 $x \in U$，模糊正域的

隶属度为

$$\mathrm{pos}_p(Q)_{(x)} = \bigcup_{x \in U/Q} \underline{P}X(x) \tag{4-46}$$

在此基础上，新的模糊依赖度函数可以表示为

$$r_p^{\delta}(Q) = \frac{\left|\mathrm{pos}_p(Q)_{(x)}\right|}{|U|} \tag{4-47}$$

用户的需求属性抽象描述为

$$\tilde{A}(l_1, l_2, \cdots, l_m) = \bigcap_{j=1}^{m} \tilde{A}jl_j (1 \leqslant l_j \leqslant r_j) \tag{4-48}$$

不同的需求属性在 B 上的投影记为

$$\begin{aligned} \Pi_B \tilde{A}(l_1, l_2, \cdots, l_m) &= \bigcap_{a_j \in B} \tilde{A}jl_j \\ &= \tilde{A}(l_j \mid a_j \in B) \end{aligned} \tag{4-49}$$

建立原始需求识别表 A，根据特定情境下实际的用户需求的特征，选择合适的离散化的方法，将原始需求识别系统中的数据进行统一的离散化处理，获得离散化的需求识别表 B。规则提取公式为

$$\Pi(\tilde{B} / \tilde{A}) = \vee(\tilde{A}(x) \wedge \tilde{B}(x)), x \in U \tag{4-50}$$

然后，初始化规则提取变量，识别规则的可信度描述为

$$\begin{aligned} M_B(l_j \mid a_j \in B) &= \{\tilde{D}_k \mid D_B{}^k(l_j \mid a_j \in B)\} \\ &= \max_{s \leqslant r} D_B{}^k(l_j \mid a_j \in B) \end{aligned} \tag{4-51}$$

如果 $M_B(l_j \mid a_j \in B) \geqslant \theta$，那么产生规则 $C_B(l_j \mid a_j \in B)$，计入规则表中，当小于最小可信度时，停止计算，输出所有规则和需求特征的子集。

第二，SVM 需求识别器。将上节提取的用户需求特征子集作为 SVM 识别器的输入变量，通过训练后可以判断用户的需求类型。由于一对一（one vs one，OVO）的识别方法的单个 SVM 容易训练，虽然计算复杂，但具有识别精度高的优势[20]。因此，基于文献[21]的思想，选用一对一的方法构造需求识别器，需要构建 $H(H-1)/2$ 个二值识别器，H 为所需识别需求的种类数。函数表达式为

$$y(x) = \mathrm{sgn}\left[\sum_{k=1}^{N} a_k \varphi(x, x_k) + b\right] \tag{4-52}$$

其中，子识别器合成策略采用混合矩阵法，最终识别结果由下式决定。

$$F' = \arg\max(\boldsymbol{M}_{K \times H}\ \boldsymbol{g}_H) \tag{4-53}$$

其中，$\boldsymbol{g}_H$ 代表 H 个子识别器的输出，$\boldsymbol{M}_{K \times H}\ \boldsymbol{g}_H$ 是混合矩阵。

2. 服务标签提取

标签通常是指一个描述事物对象的最小的描述单元。这是一种把数据形象化的描述方法，通常是对所要描述事物客观事实的抽象表达。本质上，标签是对事物属性状态给出的重要的结论，如性别的标签值为男和女、年龄的标签值为实际年龄、职业的标签值为教师、医生、工人、建筑师等。在大数据联盟数据聚合云平台上，标签可能是数值，也可能是 Key-Value 组织的列，还可能是多字段组成的事实表（如对象、时间、谓语、宾语）。大数据联盟成员企业协同合作为用户提供以数据仓库为基础的特征层级数据聚合服务，构建丰富的标签体系，在海量的数据资源中提取出合适的服务标签，对于满足用户的个性化数据关联需求至关重要。

1）服务标签体系建立

服务标签体系是运用标签化描述的方法，围绕多个实体对象和实体之间的联系而建立的标签库，是构建画像、图谱和网络的重要基础。大数据联盟通过人工和机器相结合的标签标注方法，建立丰富的标签库，同时监控各类标签的使用和效果，实时统计出热门和精选标签，替换库中不合理的标签，并根据业务的需要不断添加新标签，进一步推动大数据联盟数据标签体系的完善，形成动态的数据互渗关联服务标签集合。同时，如果用户有大量的实例数据资源，可以通过给实例资源绑定标签的形式，在平台上支持对实例资源进行分类管理，支持用户自定义新建标签。

根据大数据服务市场丰富的应用场景，在对用户数据关联需求深入分析的基础上，从“业务层次、应用领域、数据处理计算过程”建立三位一体的大数据联盟数据互渗关联服务的标签体系，如图 4-26 所示。

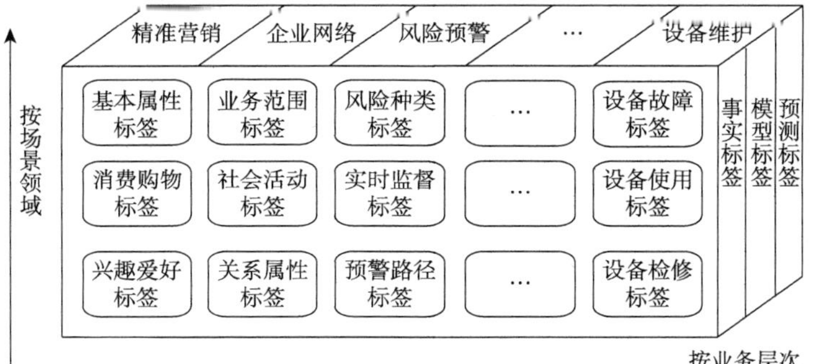

图 4-26　大数据联盟特征层级数据聚合服务标签体系

大数据联盟数据互渗关联服务标签库中的每一个标签是建立在联盟云中物化数据的基础之上的。也就是说落地到联盟云中的物理表上，这种方式有助于当调用多个类型的数据时，避免调用错误的发生，提高在数据聚合服务云平台上关联分析结果的稳定性。

2）服务标签提取方式

大数据联盟特征层级数据聚合服务是建立在统一的标签视图之上的创新型服务模式。在数据聚合服务云平台上，根据用户的需求，在 Hadoop 分布式平台的支撑下，凝练出所需的个性化特征关键词。在标签库中，“数据资源封装+标签动态提取”相结合的方式，既节省工作量又有很好的扩展性。

在服务标签提取过程中，大数据联盟将不同成员企业的服务能力进行虚拟化封装，针对用户需求通过数据聚合服务平台对标签动态灵活提取，这不仅需要基础的数据处理技术作为支撑，而且也需要关键性的服务工具作为服务支持。尤其是，在面对用户特定情境下的领域需求时，在原有共性技术体系的基础上，根据用户需求的变化情况，需要调用不同成员企业的关键的专业性较强的服务技术作为辅助支持。因此，联盟中不同成员企业的基础性技术和关键性技术的互补融合，有利于实现标签的灵活提取。

在特征层级数据聚合服务过程中，由标签模型视图层隔开联盟底层的复杂数据结构，灵活配置数据资源，能够大大提升在特定情境下成员企业的操作体验。具体表现为在标签视图之上灵活搭建所需的业务模块，以标签为工具实现对数据统一的业务计算操作，支持根据业务场景的需要随需选择标签。在实际操作过程中，在大数据联盟需要整合多个成员数据资源的情况下，这种动态标签提取的方式，具有非常好的扩展性。

3. 服务全景建模

大数据联盟特征层级数据聚合服务过程中的全景建模是将提取后获得的服务标签进行灵活部署，在需求定义的范围内构建全景化的视图，支持多维的透视和理解，目的是帮助用户形成对特定领域情境下问题的整体把控和认知，形成一种按需使用的数据关联分析方案。

1）服务全景建模过程

大数据联盟通过用户的注册信息、浏览记录和行为，识别用户的核心需求，并及时组织和调用不同类型成员企业的服务资源进行动态配置。在服务标签提取的基础上，同步智能导入所需的数据资源，实现服务全景建模。根据大数据联盟运行的实际情况，结合服务市场中用户需求的特征，将服务全景建模的过程划分为粒度缩放、创建关联、全局映现，具体内容如下。

第一，粒度缩放。针对用户的领域问题，将所需的不同粒度层级的数据资源进行缩放，这需要大数据联盟数据资源的粒度足够细作为支撑，同时需要联盟对于数据资源粒度转换具有分解和重新整合的能力。

第二，创建关联。在所需的不同粒度数据资源之间建立联系，创建标签、实体、关系之间的关联，实现了将信息碎片化的数据资源综合加工，最大限度地保证互渗关联结果的时效性和丰富性。

第三，全局映现。联盟需要在用户需求定义的范围内，利用移动互联、云计算技术等对数据关联分析的结果进行全局映现，还需要与可视化的图标和工具相结合，如地理地图图表、关系网络图表、文本特征的图表等。

2）服务全景建模方法

大数据联盟提供的全景建模是以实体、关系、标签三大元素为核心，对联盟云数据库中的资源进行网络化建模的方式[22]。实体是指某个客观存在的对象，如企业、用户、品牌、地址、设备、建筑物等，与物理上的属性表相对应，主键代表对象；关系是指所描述的对象与对象之间形成的动态的联系，与物理上的事实流水表相对应，如销售、维护、拓展、更新、维护、整修等；标签是指对所描述对象状态的明确客观的语义描述，与物理上的属性表相对应，除了主键以外的每一列都代表描述对象的属性。在数据聚合服务云平台上，联盟在海量物理数据和服务计算模型基础上建立动态逻辑模型，从而形成以实体、关系和标签为核心的全景建模。

在整个服务全景建模过程中，由于单一方法的局限性和不足，需要多学科融合的丰富方法体系的交叉融合作为支撑，以便于从这些海量的数据资源中灵活抽取特征，实现服务全景建模过程中服务资源的合理分配和调度，以快速地响应用户的个性化需求。在服务全景建模的不同阶段，所需建模方法也有所区别，具体如下。

第一，粒度缩放阶段。从大数据联盟数据资源中提取尽可能多的数据粒度信息，需要用到的方法有贝叶斯网络、降低维度算法、计算余弦相似度、皮尔逊相关系数、欧式距离、胶囊神经网络、循环神经网络等，以便于针对数据资源进行细粒度抽取和整合。

第二，创建关联阶段。依据相应的机器学习算法，如偏好计算、监督学习、关联规则学习、深度学习、集成算法、基于核的算法、回归算法、线性规划、多目标规划等，创建数据资源之间的关联。

第三，全局映现阶段。常用的有逻辑回归、逻辑推理、决策树、SVM、商业分析、模糊聚类、ElasticSearch、Quick BI、E-MapReduce 和 Data V 数据可视化等技术，将特征层级数据关联的结果进行全局映像，便于用户理解和使用。

4. 服务界面配置交付

1）服务界面配置

为了辅助用户解决在特定领域下的需求问题，在数据聚合服务云平台上，大数据联盟以全局映现的结果为基础，结合用户的领域需求的场景性、特殊性、动态性，开展服务界面配置，具体流程如图 4-27 所示。

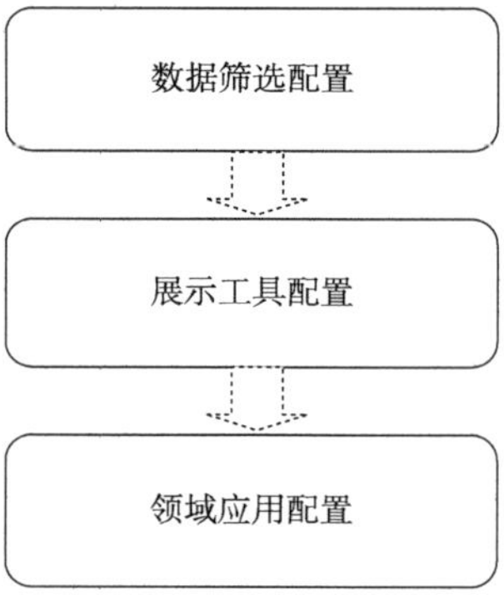

图 4-27　服务界面配置流程

第一，数据筛选配置。面向用户的领域需求问题，大数据联盟提供了多种基于标签的筛选条件，如标签标识（英文名称便于调用、中文名称便于查找）、标签描述、标签类目、为空条件、关联实体、值来源、值类型等。基于用户需求灵活地选择相应的标签，从而在联盟云中调用所需的数据资源，实现基于数据仓库数据资源的同步和索引，将数据资源与用户系统进行有序的融通。

第二，展示工具配置。在对筛选出来的对象进行多维度透视的基础上，为了帮助用户更好地解决领域问题，数据聚合服务平台支持软件开发工具包（software development kit，SDK）代码的方式提供结果界面展示配置工具，能够迅速生成交互式的分析应用结果。在特定情境下，让用户灵活及时准确地洞察实体之间的属性、行为和位置变更之间的关系，便于用户在特定情境下全面直观地认识和理解。

第三，领域应用配置。大数据联盟提供多个模块之间共享同一个标签视图的功能，使数据互渗关联分析的结果能够进一步与算法模块、工具模块、方法模块相结合，将分析筛选出来的对象与其他的应用系统相结合，如结合智慧交通系统运维管理、市场营销领域客户关系管理、企业生产经营设备监管等多个应用场景，帮助用户解决特定领域情境下的核心问题，提高用户的数据服务满意度。

2）服务交付

大数据联盟通过服务云平台将特征层级数据聚合服务方案直接交付给用户使用，具体交付的内容包括用户画像分析服务方案、设备管理服务方案、舆情监测服务方案、企业关系网络分析服务方案、风险图谱服务方案等。根据国内外学者对数据服务交付的相关研究成果，结合大数据联盟实际运营情况，将大数据联盟特征层级数据聚合服务交付过程划分为三个阶段。

第一阶段，特征层级数据聚合服务购买。面对用户的领域需求问题，大数据联盟通过服务协议将相应的数据关联服务方案提供给用户使用，并交付给用户相应的服务方案规格使用和操作说明，包括服务内容、服务级别、服务接口等。

第二阶段，特征层级数据聚合服务计量。大数据联盟根据用户的需求建立文档保存记录，按需提供服务方案，并按照预定的方式对服务交易的明细情况进行计量，形成可供用户查询的服务内容明细表。

第三阶段，特征层级数据聚合服务协同管控。面向用户需求，大数据联盟建立评审监督机制持续跟踪数据服务交付的持续性和有效性，以便于及时发现服务交付中的故障问题，在发生偏离时采取纠正措施，与用户进行协同管控。

5. 服务反馈

在 1954 年，威尔伯·施拉姆提出了双向的互动模型，指出了传播过程中信息双向沟通的重要性，认为传播者和受传者在传播过程中，一直进行着身份的更替和变换。在大数据联盟为用户提供特征层级数据聚合服务过程中，需要根据用户的需求进行信息的持续交流和互动，这与威尔伯·施拉姆提出的双向互动模型的理念具有本质上的一致性。因此，为了有效地获得用户的反馈信息，运用互动模式理论的思想，结合特征层级数据聚合服务的关联性特点，建立大数据联盟双向互动的反馈响应关系模型，如图 4-28 所示。

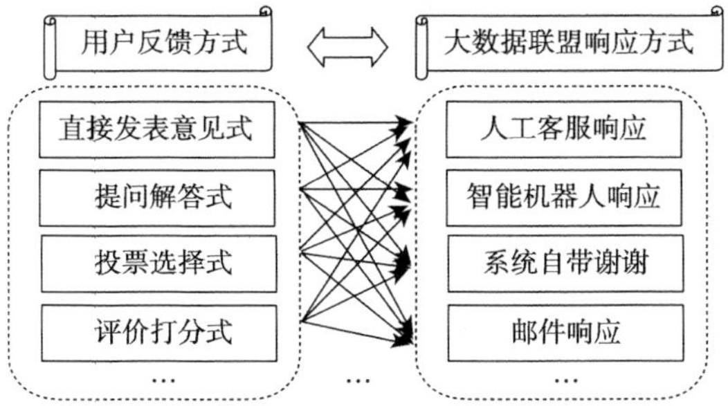

图 4-28　特征层级数据聚合服务反馈响应关系

（1）建立多元化反馈响应方式，保证互动顺畅沟通。大数据联盟需要建立多元化的反馈响应方式，如客服管家、电话回访、问卷调查、聚类调研、邮件调查、社区聊天室、社交媒体等，使用户能够通过媒体、网络、电话等多元渠道对互渗关联结果做出反馈，与用户保持紧密的互动关系，以提高用户满意度。尤其是当用户的参与意识不断提高时，联盟要积极做出回应，保证反馈互动渠道的畅通。

（2）提高联盟的服务管理能力，及时处理反馈信息。面对大数据市场中用户多渠道的反馈信息时，大数据联盟需要发挥成员的协同优势，快速有效地对需求做出积极的响应，使其更好地服务于用户，如保持活跃、高效率的回复、实时交流和立即行动等形式，关心用户的想法和建议，经常维护与用户的关系，让用户获得被重视的感觉，并结合用户需求对以后的服务进行持续改进。

（3）建立服务反馈部门或工作小组。积极开展特征层级数据聚合服务反馈信息的日常收集和处理工作，并指派特定的成员企业在多个渠道广泛收集用户对服务的反馈信息，同时负责对获取到的服务反馈信息进行及时处理，尤其要注意对电子邮件、门户网站、微博、微信等新媒体渠道中信息的积极响应，要维护与不同用户的良好服务关系。此外，还需通过云存储、编码技术等对不同类型用户的服务反馈信息进行分类、筛选和加工整理，实现对大量的服务反馈信息的分类归档和保存，这些重要的服务资料和信息，有利于指导大数据联盟数据服务活动的实践。

4.3.4 特征层级数据聚合服务方式

1. 智慧协同服务方式

在数据聚合服务云平台上，根据用户的个性化需求，将联盟云数据库中的数据资源进行动态链接，使原本离散、孤立的数据单元相互间以实体、标签和关系为基础进行互渗关联，形成特征层级数据聚合服务方案，辅助用户解决领域问题。面对用户的个性化服务情境，大数据联盟通过智慧协同服务方式，实现服务资源高效率地灵活配置。智慧协同主要体现为在数据资源的驱动下，以用户需求为导向，基于对联盟数据库的实时关联分析处理，结合群智感知的工具和方法，按需为用户提供画像、图谱和网络等服务的群智型服务方式。智慧协同的服务方式主要有以下几种。

（1）智慧协同管家。智慧协同管家通过多端触达（手机、笔记本、平板电脑等）的媒介，实现对用户问题的即时应答和回复。在数据聚合服务云平台上，根据用户在服务过程中存在的问题，智慧协同管家还提供一些自助工具，如找回用户名、修改和找回密码、手机绑定、交易明细、余额充值、账户信息更新、价格计算器、API 在线调试工具、自检工具、邮箱绑定等，促进大数据联盟数据互渗关联服务活动的有序进行。

（2）智慧协同社区。智慧协同社区为不同类型的用户提供服务交流的虚拟空间，有利于建立联盟和用户之间、用户和用户之间的动态链接。通过组织群体之间的交流活动，如通过智慧论坛、活动、直播等形式，创建不同的话题，打通与用户之间的服务对接桥梁，积极维护与用户间的友好合作关系，引发社区用户对联盟的认同感和归属感，从而形成对联盟提供服务方案的购买偏好，提升用户活动度和留存率。通过智慧协同社区的高效率运营，积极拓展大数据联盟服务的影响力与流量通道，不断优化数据互渗关联服务能力。

（3）智慧协同共创中心。智慧协同共创中心汇聚和传播联盟优质的互渗关联服务项目，为用户提供使用和分享的交流媒介。在这里，用户可以通过可视化的界面试用，了解联盟提供的画像、图谱和网络的服务项目，体验联盟特征层级数据聚合服务的魅力。同时，用户可以找到自己感兴趣的服务项目，积极参与、分享和交流，提出自己的建议和想法，融入成员企业的价值共创过程，让联盟特征层级数据聚合服务过程简单、高效，从而形成面向用户领域的个性化服务方案。

因此，智慧协同服务方式不仅需要大数据联盟拥有强大的数据资源关联分析技术作为基础支撑，而且也需要对用户需求进行精准识别和洞悉，发现用户需求的核心痛点。在此基础上，联盟成员企业还需与用户进行高效率的交流和互动，这样有利于激发群体智慧，共同打造基于多主体智慧集成的服务方案。

2. 跨界互动服务方式

互动源自社会学领域，本意是指对象之间通过相互影响、相互作用、相互联系而使彼此发生改变的动态过程。结合大数据服务的协同化、交互化和场景化特征，本书认为大数据联盟特征层级数据聚合服务的跨界互动服务方式是以成员企业与用户之间的互补性特征为基础，以大数据联盟数据资源库为合作纽带，运用移动计算、物联网和人工智能等先进的服务技术，使联盟成员企业各自突破固有边界，从而形成的一种合作创新型的服务方式，本质上体现了联盟成员企业与用户之间基于服务传递而发生的各种服务资源要素的共同培育，属于社会互动的范畴。

在 2004 年，著名的社会学家兰德尔·柯林斯认为互动总是发生在特定的情境之中，并首次提出了“互动仪式链”理论[23]。该理论认为成功的互动与互动双方拥有共同的关注点和分享共同的情感状态紧密相关，而且互动的过程实质上是多主体之间基于情感能量与符号资本的交换过程，体现了一种情感的纽带链接关系。鉴于此，结合大数据联盟特征层级数据聚合服务实际情况，将跨界互动服务方式划分为嵌入型跨界互动服务方式和开放型跨界互动服务方式两类，具体内容如下。

（1）嵌入型跨界互动服务方式。嵌入型跨界互动服务方式是指在为用户提供特征层级数据聚合服务过程中，成员企业嵌入用户的领域问题解决的整个阶段，在服务项目产生、设计和交付的不同阶段，探索并创建共同的关注点，增加多主体之间的信任和理解的创新型服务方式。在特定的服务情境中，大数据联盟可借助于具有实时性、可跟踪性和易变性的数据互渗关联分析结果，吸引用户的注意力，提升用户的参与度、主动性和更多碎片时间的投入。通过不断创建成员企业和用户的共同关注点——服务接触点，使参与服务活动的成员企业和用户之间不断地分享共同的情感状态。

（2）开放型跨界互动服务方式。开放型跨界互动服务方式是指在为用户提供特征层级数据聚合服务过程中，利益相关者之间建立紧密的互动合作关系，共同促进开放型的数据服务价值共创，增加多主体之间合作交流的创新型服务方式。随着成员企业和用户之间关注点的高度集中，能够逐渐产生相互信任和理解的情感纽带，有利于在持续的互动过程中不断交换符号资本和情感能量，促进多主体之间协同服务活动的顺利开展，使成员企业与用户共建联盟数据互渗关联服务的生态品牌。

3. 精准交互服务方式

面向特定领域情境下的用户需求，大数据联盟在汇聚海量数据资源基础上，利用先进的大数据技术和处理工具抽取特征，为用户提供实时分析和展示的数据互渗关联分析的结果，帮助用户更快更准地捕捉趋势和变化，并将其融入用户解决领域问题的过程中。因此，大数据联盟特征层级数据聚合服务是一种以立体化、可视化、交互化为主要特征的创新型业态。在实际运行过程中，精准交互服务方式主要分为两类，即同步式精准交互服务方式和异步式精准交互服务方式，具体内容如下。

（1）同步式精准交互服务方式。这种动态的同步式精准交互方式，不仅能够促进大数据联盟对数据资源的使用、关联和管理，而且有助于提升多主体之间信息交互体验的感知满意度。

（2）异步式精准交互服务方式。这种动态的异步式精准交互方式通常是在一定的时间期限内，在某些情况下联盟成员和用户之间通过这些交流工具和途径进行信息的交流和反馈，同时作为同步式精准交互方式的重要补充，主要发挥互补协同作用，让大数据联盟特征层级数据聚合服务变得更加直观、高效和精准。

4.3.5　特征层级数据聚合服务保障措施

在大数据服务时代，联盟利润增值点逐渐向服务端转移。基于“一切皆服务”的理念，大数据联盟致力于以数据资源为基础，通过数据计算和处理能力的深度挖掘，为用户提供安全、可靠的解决方案。特征层级数据聚合服务活动的顺利开展本质上需要服务情境、数据聚合服务平台和创新源互动网络之间三位一体的支撑，这三者之间相互联系、相互作用、相互影响，具有辩证统一的逻辑关系。因此，可以在服务主导逻辑（service-dominant logic，SDL）、行动者网络（actor-network，AN）和情境（situation）理论基础上，建立大数据联盟特征层级数据聚合服务保障措施，促进联盟特征层级数据聚合服务的顺利实现。

1. 情境层保障

服务创新情境是指大数据联盟特征层级数据聚合服务活动在一定时期内各种情况相对结合的境况。运用情境理论，结合大数据联盟实际的运行情况，从行业情境、市场情境、技术情境和组织情境四个方面，建立大数据联盟情境层保障措施。

（1）在行业情境层面，建立大数据服务行业标准保障措施。大数据联盟应积极发挥行业领头作用，与其他大数据服务行业组织一起，共建大数据行业服务发展标准，如大数据服务术语、大数据服务标准化工作指南、大数据服务企业的基本要求、大数据服务能力成熟度评价指标等。大数据服务术语标准用于统一该领域中出现的各类不同的专业服务名词。大数据服务标准化工作指南明确服务标准化工作的具体任务及标准编制等。大数据服务企业基本要求和能力成熟度评价指标用于对从事大数据服务的相关企业开展具体管理工作提出基础性要求。

（2）在市场情境层面，建立用户需求引导保障措施。大数据联盟必须有效地激活市场中用户的个性化需求。目前大数据服务市场应用势头强劲，已经进入极度精细化和全面化阶段，满足用户个性化情境需求，成为大数据联盟服务的重要推动力，需要前瞻性、创新性地看待用户的需求，培育和引导用户需求与消费，并对细化的大数据服务市场进行分析与判断，明确目标服务市场，同时对用户的需求进行正确引导，以按需、高效率地为用户提供特征层级的数据聚合服务。

（3）在技术情境层面，建立大数据服务关键技术共同研发保障措施。针对大数据特征层级数据聚合服务过程中的共性关键技术，鼓励成员企业共同参与研发，支持建立大数据联盟服务技术研发实验室，充分发挥成员企业各自的行业与技术影响力，使他们将自身技术能力向联盟开放。同时，在整个过程中，大数据联盟通过不断地吸纳和接收新的优秀的成员企业，力争在特征层级数据聚合服务关键技术领域有所突破。

（4）在组织情境层面，建立大数据服务品牌的保障措施。在为用户提供特征层级数据聚合服务过程中，大数据联盟通过举办工作坊课程、兴趣专题、内部分享会等活动，使成员伙伴彼此间互动合作和交流学习，形成积极开放、互惠共享、友好合作的文化范式。多主体之间实现基于数据资源共享技术和商业之间的转换，形成合力，可满足用户多样业务场景的需要，共建大数据服务品牌，提高联盟的知名度和美誉度，创造数据资源的经济利润和社会利润。

2. 创新源层保障

创新源互动网络是指在大数据联盟特征层级数据聚合服务活动过程中多主体之间相互交流、作用和影响所形成的互动网络。为了保证特征层级数据聚合服务活动的有序进行，运用行动者网络理论，认为大数据联盟是一个“连接纽带”，将核心企业、互补企业及用户等紧密联系在一起，通过“转译链接”中的问题化、权益化、摄入化和激活化四个过程，实现多主体之间的协同创造。基于以上的逻辑分析思路，建立大数据联盟创新源层保障措施。

（1）问题化——用户需求识别保障措施。问题化是指将用户核心需求进行识别的过程。大数据联盟需要建立长期有效的市场调研机制，定期对目标市场中用户需求变动情况进行收集和分析，利用定性和定量相结合的方式，及时了解目标市场中用户需求的发展趋势，并进一步验证需求，精准洞悉需求痛点，最终识别出用户的真正需求动机，并清晰准确地描述，从而为大数据联盟特征层级数据聚合服务方案做准备。

（2）权益化——利益确权保障措施。权益化是指联盟委员会通过一系列的管理手段和措施，将核心企业、互补企业的任务角色进行固化的过程。大数据联盟建立动态的协商渠道和沟通媒介，对成员企业参与价值共创获得的成果以契约的形式进行显性固化，并明确具体的利益分配规则，防止利益分配矛盾的产生。同时通过利益补偿和协商，参照多主体在特征层级数据聚合服务过程中的贡献度，对联盟数据聚合服务利益分配方案进行及时动态的调整，从而使多主体之间达成合作共赢的共识。

（3）摄入化——任务分配保障措施。摄入是联盟委员会为价值共创网络中的每一个行动者分配互相可以接受的任务的过程。在特征层级数据聚合服务过程中，面对用户的领域需求问题，基于联盟数据聚合服务价值共创网络，联盟委员会将服务总任务进行划分，并将各相互关联的子任务对接到具体的成员企业，实现多主体之间基于服务业务流程的动态联结，不断强化成员企业间的紧密合作关系，共同为用户提供优质的特征层级数据聚合服务方案。

（4）激活化——合作激励保障措施。激活是调动和配置各类成员企业的服务资源汇聚于联盟中的服务价值共创活动，有利于使价值共创网络中的行动者获得参与服务活动的协同收益，并积极参与协同治理[24]。在将参与互动的成员企业潜在利益显化的基础上，还需建立服务绩效考核办法，设立分级的合作激励措施和有针对性的合作激励手段，如优先合作奖励、创新奖励、资金奖励等，持续激励多主体在合作中的互动行为，提高成员参与服务活动的积极性。

3. 服务平台层保障

商业支持平台是指在大数据联盟作用下价值共创网络主体间通过服务活动把业务转变成利益相关者可以信赖的平台，具体指开放式服务创新驱动力模型中的轨道，主要包括“服务+产品”专业轨道、制度轨道、技术轨道和管理轨道。因此，可以从以下几个方面建立大数据联盟服务平台层保障措施。

（1）在“服务+产品”专业轨道层面，建立“产品+服务”标准保障措施。在一定范围内，构建联盟统一“产品+服务”标准，建立“产品+服务”标准体系结构图、“产品+服务”标准明细表及编制说明等。制定大数据联盟不同层次的“产品+服务”的标准，明确各类不同“产品+服务”标准之间相互连接的内在联系，并说明不同标准的先后顺序。同时联盟还需根据与其他行业之间的配合关系，建立与其他行业配合的标准，使联盟中不同层次的“产品+服务”形成的解决方案能够为其他行业的发展提供重要的辅助支持。

（2）在制度轨道层面，建立冲突协调保障措施。面向用户特定领域的服务需求，运用物联网、人工智能等先进技术，打破服务资源的固有边界。根据特征层级数据聚合服务运作过程，设立大数据联盟组织部门及其规章制度，制定不断约束和协调联盟中利益相关者关系的制度。同时建立不同成员企业之间的任务协同规则、合作中发生冲突的解决办法、利益补偿措施等，规范不同成员企业服务过程中的操作行为，合理配置不同过程阶段中所需的服务资源，实现有效衔接。

（3）在技术轨道层面，建立学习进化保障措施。大数据联盟特征层级数据聚合服务过程的实现，需要以先进的大数据服务技术作为支持。因此，联盟通过服务技术交流会、技术知识座谈会、现场直播等形式，进一步拓展成员学习的方式，营造良好的学习交流氛围，激发联盟成员企业的学习动力。同时成员企业必须不断保持高度的学习状态，制定合理的学习目标，学习如何利用移动互联、云计算和机器学习等技术提高服务效率，并提高自主学习能力，有利于不断积累并形成丰富的大数据联盟技术知识网络。

（4）在管理轨道层面，建立控制反馈保障措施。大数据联盟需要建立服务评估机制，对整个特征层级数据聚合服务过程进行持续跟踪，综合评价成员合作的服务效果，并利用数据资源关联、服务供给、运行管理及合作支持等多个不同维度的反馈信息，对大数据联盟特征层级数据聚合服务进行持续改进，动态调整大数据联盟服务供需匹配、成员间的连接关系、利益分配方式等内容，使大数据联盟特征层级的数据聚合服务效率不断提升。

4.3.6　特征层级数据聚合服务模式应用范围条件和选择依据

特征层级数据聚合服务模式是基于数据聚合服务平台，面向大数据服务市场中用户对数据资源的关联分析需求，通过成员企业的相互配合以进一步释放数据资源价值的服务模式，其特点是以数据资源关联分析为基础，重点提高大数据联盟不同来源数据之间的"全景联系性"，具有特定的应用范围和条件。

特征层级数据聚合服务模式从大数据联盟海量的数据资源中抽取特征、计算关联，为用户按需提供个性化的画像类产品、图谱类产品、网络类产品服务方案。作为大数据联盟数据聚合服务模式框架中的中间层，以探究数据资源背后隐藏的规律为主，适用于满足市场中用户对大数据资源的关联分析型需求，能够依托云平台中高质量的数据挖掘算法资源、规则库资源和方法论资源等，从大数据资源中挖掘有价值的结果，实现数据向信息（知识）的转化。

1. 应用范围条件

（1）服务客体条件。特征层级数据聚合服务模式适用于满足大数据市场中不同场景下用户个性化的数据关联分析型需求。目前选择这一层次的服务模式行业，涉及广告投放、金融投资、市场拓展及智慧物流等多个领域，它们的共性就是想要利用数据资源背后的关联关系指导管理实践，提升自身的核心竞争优势。

（2）服务主体条件。特征层级数据聚合服务模式需要按照不同的服务环节把任务分解到具体的成员企业，是一种集合群体智慧的价值共创行为，需要服务系统中的前后台分析部门、服务绩效管理及监控集中于服务活动发生的全过程，这些内容要求成员企业之间业务合作信任逐渐加强，共同发挥价值共创协同效应。

（3）服务技术条件。特征层级数据聚合服务模式在形式上完全依托数据聚合服务平台，使其具备了成本低廉和伸缩灵活的特点，要求成员企业熟练应用移动互联、云计算和智能感知等技术，能够从海量数据中提取具有商业价值的信息和知识。

2. 选择依据

特征层级数据聚合服务模式选择是在以用户个性化的需求和特征层级数据聚合服务关键路径的关联匹配的基础上进行的。大数据联盟数据聚合服务云平台存储了大量的服务供需信息，支持在特征层级数据聚合服务关键路径上的匹配活动，使大数据联盟和用户供需双方之间产生联结，促使画像类、图谱类和网络类服务方案的形成。面对用户的个性化情境需求，特征层级数据聚合服务过程中的重要环节，如图 4-29 所示。在这些服务环节上，用户和大数据联盟需要及时交流和沟通。尤其是，在需求识别阶段，大数据联盟通过特征层级数据聚合服务产品供给文本和用户个性化需求文本判断服务模式是否匹配、服务指标是否相符，然后供需双方沟通并寻求进一步合作交流。因此，在这一层次的服务模式中，服务供需文本的相似性是达成数据互渗关联服务合作的重要依据，服务供需文本的语言差异和内容的有效性决定了这一层次供需匹配的结果。在数据聚合服务云平台上，这两者之间的文本相似度越大，语言差异度越低，越有利于特征层级数据聚合服务行为的发生。

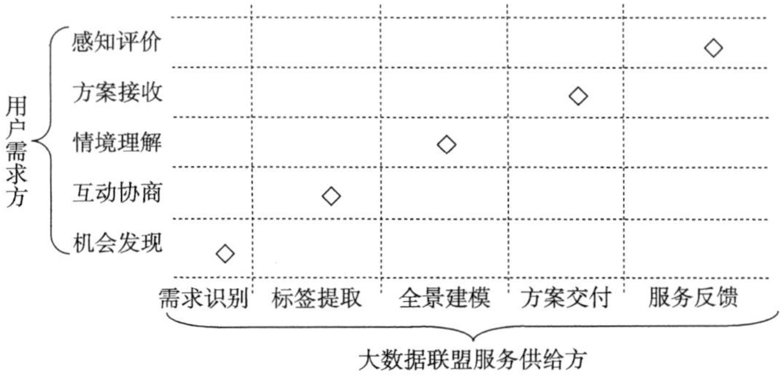

图 4-29　特征层级数据聚合服务关键路径

4.4　大数据联盟决策层级数据聚合服务

4.4.1　大数据联盟决策层级数据聚合过程

大数据联盟决策层级数据聚合是在数据融合阶段。为了适应大数据服务业智能化、协作化和场景化的发展趋势，满足用户的智能支持型需求，联盟利用先进的数据处理技术，对数据资源进行计算融合，在数据资源关联基础上探究因果关系，促进联盟中海量数据资源潜藏价值的进一步释放，从而实现更高层次的数据价值增值，大数据联盟决策层级数据聚合过程如图 4-30 所示。

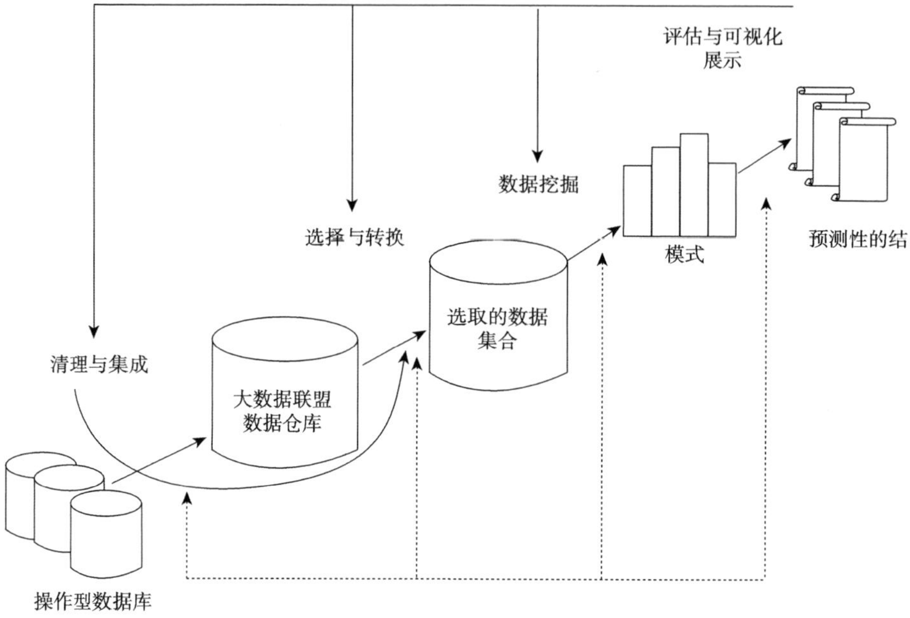

图 4-30　决策层级数据聚合过程

决策层级数据聚合的实现过程包括数据清理与集成、数据选择与转换、数据挖掘、数据评估与可视化表示等环节。在数据聚合服务云平台上，数据融合是一个循环反复的过程，如果任何一个步骤没有达到预期的目标，都将对数据融合的结果产生重要的影响，但是这里的每个步骤并不是必须执行，如在特定的领域需求下，操作型数据库不存在时，清理与集成的步骤将会省略。数据融合的结果可以用于指导用户解决特定情境下的领域问题，实现数据从知识到决策的价值发现过程。

为了将决策层级数据聚合的结果转换成真正意义上可供交易的数据产品，大数据联盟借助云计算、可信计算和移动计算等新兴技术，实现面向用户自主需求的知识、能力、资源的全方位地接入和智能感知，共同打造协同的优势。具体表现为成员企业在决策层级数据聚合服务产品生产过程中分工协作，实现设计、仿真、生产加工、测试、检验等多个环节的协同互动，从海量数据资源中发掘新信息、新知识，以形成决策层级数据聚合服务产品，如图 4-31 所示。

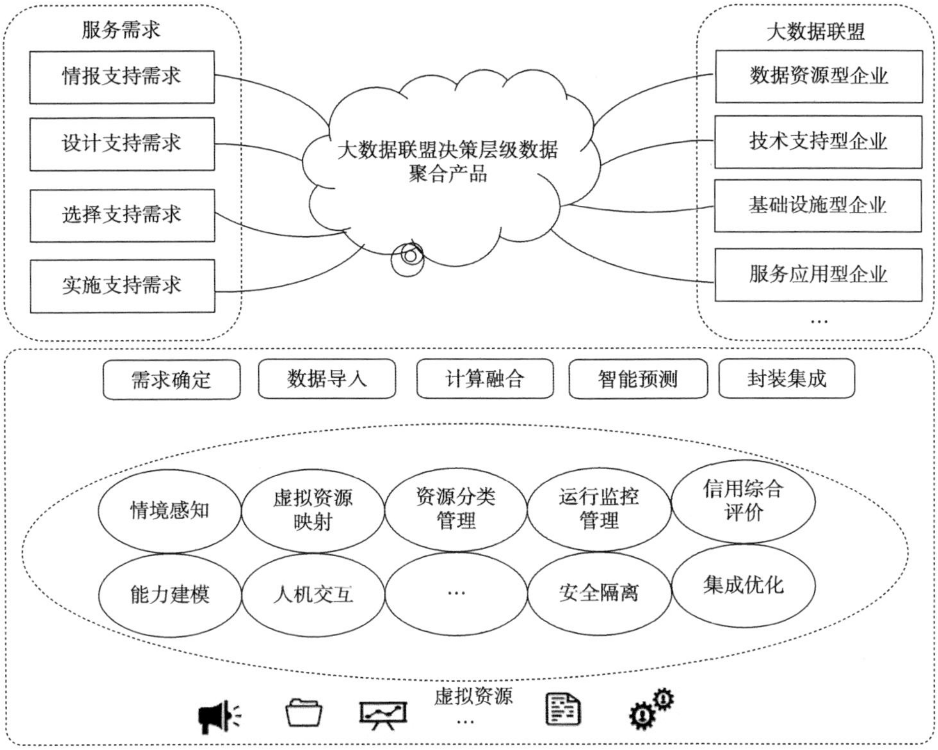

图 4-31　决策层级数据聚合服务产品形成示意图

4.4.2　决策层级数据聚合服务产品

从数据产品的功能角度看，决策层级数据聚合服务产品是指利用大规模机器学习和深度学习等技术，提取海量数据资源中包含的新信息和新知识，探究数据资源关联背后的因果关系，能够为特定场景下用户的决策提供辅助支持的一种创新产品形式，本质上属于决策层级数据资源融合的结果。根据翟丽丽等提出的大数据产品分类框架，结合西蒙对决策管理过程研究的理论成果[25]，将决策层级数据聚合服务产品划分为四类：情报支持类产品、设计支持类产品、选择支持类产品、实施支持类产品。

1. 情报支持类产品

情报支持类产品是指为了满足用户在情报活动阶段的决策支持需求，大数据联盟以数据库中海量数据资源跨界融合为核心，重新定义决策的事件和条件，为用户提供在情报活动阶段所需的数据资源融合结果。决策情报支持的产品种类有很多，如学校发展战略制定情报支持、突发事件应急决策的情报支持、商业模式创新中的竞争情报支持等。为了使大数据联盟情报支持类产品能更好地契合用户的需求，结合大数据市场中用户的需求现状，从组织管理的视角，将情报支持类产品进行细分，如表 4-9 所示。

表 4-9 情报支持类产品

序号	情报支持产品种类	产品解释说明
1	经营战略情报支持产品	市场选择情报、资源分配情报、价格情报等
2	组织结构情报支持产品	设计要素情报、制度形式情报、基本配置情报等
3	制度体系情报支持产品	制度文本情报、规范设计情报等
4	管理流程情报支持产品	监控流程情报、执行任务情报等
5	营销策划情报支持产品	营销渠道选择情报、商场铺货情报等
6	生产管理情报支持产品	业务选择情报、绩效考核情报等
7	质量管理情报支持产品	质量检验情报、标准情报等
8	业务流程情报支持产品	业务安排情报、业务统筹情报等
9	薪酬绩效情报支持产品	薪酬设计情报、支付形式情报等
10	人力资源情报支持产品	招聘渠道情报、人才引进情报、培训情报等

2. 设计支持类产品

设计支持类产品是指为了满足用户在决策设计活动阶段的支持需求，大数据联盟以人工智能、移动计算、物联网等为基础支撑，在决策设计活动中不断寻求和辨认限制性因素，为用户提供所需的数据资源融合的结果。决策设计支持的产品种类有很多，如决策支持数据库设计、决策支持架构设计、决策支持平台设计等，如表 4-10 所示。

表 4-10 设计支持类产品

序号	设计支持产品种类	产品解释说明
1	经营战略设计支持产品	产品测试设计、价格执行设计等
2	组织结构设计支持产品	过程标准设计、内容知识设计等
3	制度体系设计支持产品	制度体系监督设计、制度体系反馈设计等
4	管理流程设计支持产品	管理流程预测设计、管理流程补货设计等
5	营销策划设计支持产品	现场指挥设计、激励销售设计等
6	生产管理设计支持产品	生产进度设计、生产质量计划设计等

续表

序号	设计支持产品种类	产品解释说明
7	质量管理设计支持产品	成本控制设计、质量监督设计等
8	业务流程设计支持产品	业务活动整合设计、流程调整设计等
9	薪酬绩效设计支持产品	试点建设设计、推广设计等
10	人力资源设计支持产品	员工激励设计、培训设计等

3. 选择支持类产品

选择支持类产品是指为了满足用户在决策选择阶段的支持需求，大数据联盟运用数据计算、认知推理、协同控制与操作等能力，对决策计划进行比较和择优，为用户提供该阶段所需的数据资源融合的结果。决策选择支持的产品种类有很多，如供应商选择决策支持、在线商品选择决策支持、风险方案选择决策支持等，如表 4-11 所示。

表 4-11　选择支持类产品

序号	选择支持产品种类	产品解释说明
1	经营战略选择支持产品	产品监控选择、资源变更选择、价格调整选择等
2	组织结构选择支持产品	人员配置选择、委员会选择等
3	制度体系选择支持产品	制度规范选择、人员巡检选择等
4	采购流程选择支持产品	采购渠道选择、供应商选择等
5	营销策划选择支持产品	广告投入选择、营销协调选择等
6	生产计划选择支持产品	仿真与应急选择、预防性维护选择等
7	质量测试选择支持产品	质量监督选择、质量预警选择等
8	业务流程选择支持产品	业务层次选择、后勤保障选择等
9	薪酬绩效选择支持产品	事件监控选择、资金配置选择等
10	人力资源选择支持产品	招聘渠道选择、组织培训选择等

4. 实施支持类产品

实施支持类产品是指为了满足用户在决策实施活动阶段的支持需求，大数据联盟将技术资源、管理资源、知识资源、能力资源等要素有机集成，以辅助决策计划的实施，为用户提供该阶段所需的数据资源融合结果。决策实施支持的产品种类有很多，如财务系统运维实施支持、多目标决策实施支持、教育管理决策实施支持等，如表 4-12 所示。

表 4-12　实施支持类产品

序号	实施支持产品种类	产品解释说明
1	经营战略实施支持产品	产品测试实施、资源调配实施、价格调整实施等
2	组织结构实施支持产品	任务分工实施、过程标准实施等
3	制度体系实施支持产品	制度监督实施、管理反馈实施等
4	管理流程实施支持产品	生产管理实施、作业管理实施等
5	营销策划实施支持产品	广告投放实施、积分奖励实施等
6	生产管理实施支持产品	生产进度调整实施、生产成本变动实施等
7	质量管理实施支持产品	质量成本控制实施、质量改进实施等
8	业务流程实施支持产品	业务流程整合实施、后勤调整实施等
9	薪酬绩效实施支持产品	试点建设实施、试点推广实施等
10	人力资源实施支持产品	组织培训实施、晋升规划实施等

4.4.3　决策层级数据聚合服务过程

大数据联盟利用大规模机器学习和深度学习等技术，提取数据资源关联背后的因果关系，形成新信息和新知识，并进一步对其封装集成，形成多样的决策层级数据聚合服务产品，从而为用户提供决策过程中全方位的智能支持。大数据联盟决策层级数据聚合服务是指一种创造性地将决策层级数据聚合产品与服务有机结合在一起的解决方案。本质上，决策层级数据聚合服务在大数据联盟数据关联的基础上，实现了对数据资源价值的进一步释放，有助于促进大数据联盟成员间的数据资源协同价值创造，从而实现更高层次的数据价值增值。在决策层级数据聚合服务过程中，大数据联盟以数据聚合服务平台为依托，从海量的数据资源中洞察关联背后的因果关系，结合数据智能支持服务的模型库、方法库、知识库和工具库，为用户提供特定场景下的决策支持服务方案。根据大数据联盟运行的实际情况，将决策层级数据聚合服务过程划分为：用户需求挖掘、模块化创建、可拓模型构建、服务方案交付、服务反馈五个阶段，如图 4-32 所示。

（1）用户需求挖掘阶段。将大数据服务市场中用户没有意识到或者未能明确表达出来的需求，从多维动态的视角运用智能挖掘技术，挖掘用户需求体系中最深层次的需求痛点。

（2）模块化创建阶段。创建多个可以独立的，能够在整体中发挥作用的子模块，并利用技术型集成、管理型集成和知识型集成等手段，形成不同模块之间的联系。

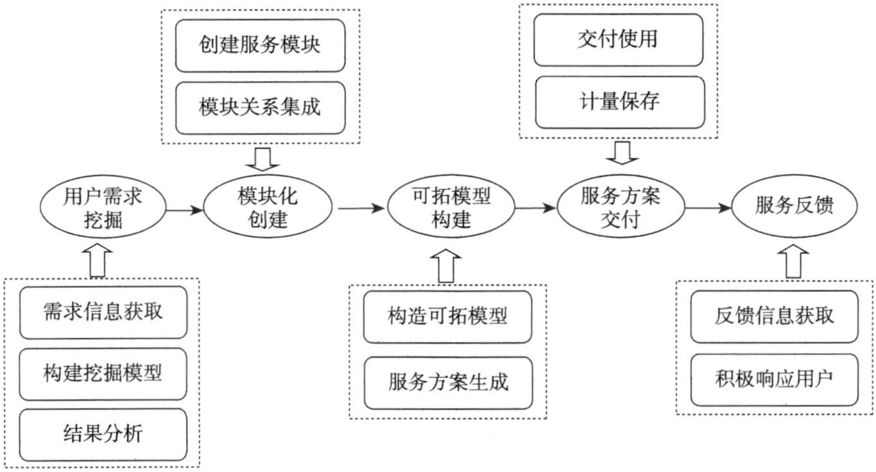

图 4-32　决策层级数据聚合服务过程

（3）可拓模型构建阶段。在大数据联盟数据资源服务架构的基础上，引入可拓学的工具，将服务模块基元依据用户的核心需求进行可拓变换，构建服务模型。

（4）服务方案交付阶段。以用户需求为导向，根据签订的服务合同，将最终的方案结果交付给用户使用，为用户的决策提供辅助支持。

（5）服务反馈阶段。运用互联网工具，结合新媒体手段，通过微信、微博和邮箱等方式，实现不同渠道的信息搜集，与用户进行在线实时的沟通和互动，并将反馈的结果作为服务方案优化的依据。

1. 用户需求挖掘

由于用户需求具有多样性和随机性特点，大数据联盟需要与用户进行不断交流，及时了解和掌握用户需求变化的趋势。在为用户提供决策支持服务过程中，用户没有意识到或者未能明确表达出来的需求，是用户需求体系中最深层次的部分。这是因为在特定的服务情境下，用户没有将潜在的意识转化为需求的条件，往往需要外在条件的引导和辅助，帮助用户挖掘深层次的数据服务需求。基于情境体验理论，结合大数据服务市场的用户需求的实际情况，构建大数据联盟用户需求挖掘概念模型，如图 4-33 所示。

大数据联盟通过搜集用户的属性信息、浏览记录、需求问题域、引导式问答等基础数据信息，结合正则化方法、决策树算法、人工神经网络、深度学习等数据处理技术，可实现用户多种维度（兴趣、社区、位置地域等）的模糊需求的可

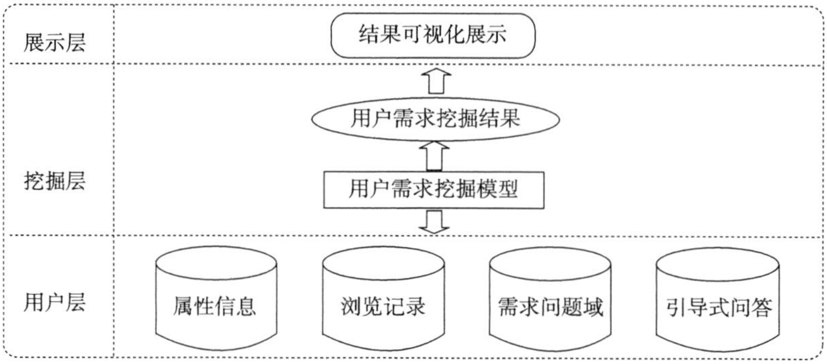

图 4-33　用户需求挖掘概念模型

视化表达，从而挖掘出用户需求深层次的潜在的联系规则和模式，进而提取出用户需求核心痛点。在数据聚合服务云平台上，用户需求挖掘主要是指从用户的浏览行为、购买习惯、个性特点等多个维度，将用户的需求信息进行挖掘统计，从而获取用户感兴趣的需求的过程。在整个过程中，往往需要统计学、在线分析处理、机器学习算法和模式识别等工具的支撑。在特定的服务情境下，通过挖掘用户的深层次需求，一方面，帮助用户更好地了解特定领域场景下的需求问题、洞悉自己的需求，为用户的决策提供智能支持；另一方面，能够针对用户的个性化需求，提供有针对性的决策支持服务方案，提升用户的服务感知满意度，促进大数据联盟数据服务价值共创活动的实现。

2. 模块化创建

Baldwin 和 Clark 认为模块化是指通过设计多个可以独立的，并且能够在整体中发挥作用的子系统来构建复杂的业务和产品的过程[26]。鉴于此，将大数据联盟服务模块化定义为：根据决策服务环节与服务要素的依赖关系，大数据联盟中不同类型的成员企业分工协作共同参与生产内部构造复杂的服务模块，不同决策支持服务模块间通过传递物质、信号和空间的规则形成特定情境下用户所需的决策支持服务功能[27]。

在决策层级数据聚合服务过程中，创建模块有助于整合联盟成员的服务资源，决策支持服务模块创建过程如图 4-34 所示，实线表示成员各自的企业边界，R_k 表示第 k 个非核心成员企业，其中 R_1 为联盟核心成员企业，R_1/E_1 表示生产决策支持服务模块 E_1 所需服务要素的集合；Z_i 表示第 i 类服务要素，Z_{ij} 表示第 i 类服务要素的第 j 个组成部分；虚线表示生产决策支持服务模块 E_1 所需服务要素的边界；箭头表示联盟成员企业之间的契约合作关系。在获得不同类型的决策支持服务模块后，大数据联盟通过技术型集成、管理型集成和知识型集成等手段，在数据聚合服务云平台上使决策支持服务模块之间实现关联和交互，从而形成决策层级数据聚合服务架构[28]。

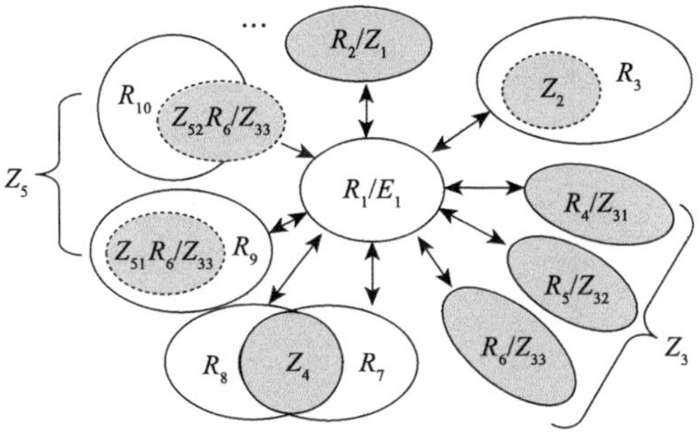

图 4-34　大数据联盟服务模块创建示意图

3. 可拓建模

在挖掘用户核心需求的前提下，以服务模块为基础，运用可拓理论构建大数据联盟可拓服务模型，为用户提供有针对性的决策支持服务方案，提升大数据联盟决策层级数据聚合服务的效果。

可拓学是以蔡文为首的中国学者提出的一门运用形式化的模型分析事物拓展可能性的新学科[29]。鉴于其对多主体协同服务过程中矛盾问题的良好解析[30, 31]，在识别用户核心需求的基础上，引入可拓理论构建大数据联盟的可拓服务模型。构建步骤分为三步：第一步，界定矛盾问题，大数据联盟用户需求和服务供给失衡矛盾，成为制约大数据联盟健康有序发展的关键问题。第二步，针对问题，以大数据联盟服务架构为依托，运用可拓思维，根据成员企业合作中的业务关系建立大数据联盟的物元、事元和关系元。第三步，运用可拓运算，实现不同服务模块的灵活组合，形成可拓服务方案。

（1）界定矛盾问题。当前大数据服务消费市场已经进入精细化和全面化阶段，但由用户需求与服务供给失衡引发的矛盾问题严重影响联盟运行的稳定性，成为在新一轮产业竞争中影响大数据联盟持续健康发展的关键问题。

（2）大数据联盟的物元、事元和关系元。运用有序三元组 $R=(N, C, V)$，对大数据联盟进行描述。

$$R_{大数据联盟}=R_{成员1}+R_{成员2}+\cdots+R_{成员k}+\cdots+R_{成员n} \tag{4-54}$$

其中，$R_{成员k}=\{N_{成员k}, C_{成员k}, V_{成员k}\}$，$C_{成员k}=\begin{bmatrix} c_{k1} \\ c_{k2} \\ \vdots \\ c_{kn} \end{bmatrix}$，$V_{成员k}=\begin{bmatrix} v_{k1} \\ v_{k2} \\ \vdots \\ v_{kn} \end{bmatrix}$ $(k=1, 2, \cdots, n)$。

同理，可建立联盟的事元(I)和关系元(Q)。

（3）可拓变换。根据用户的核心需求，以架构为依托，通过基元的可拓性，实现服务内容的合并、增添、删减及扩散，为用户提供基于大数据联盟的按需使用的、动态的、灵活的决策支持服务。因此，大数据联盟可拓服务模型，如式（4-55）所示。

$$I=\begin{pmatrix}\text{提供服务}, & \text{支配对象}, & \text{用户} \\ & \text{施动对象}, & R_{\text{大数据联盟}} \\ & \text{方法}, & \text{可拓变换} \\ & \text{接受对象}, & \text{服务池}\end{pmatrix} \tag{4-55}$$

其中，

$$\text{服务池}=\begin{bmatrix}\text{服务类型}, & \text{品牌管理跟踪与评估服务} & c_{s1},\ v_{s1} \\ & \text{产品测试与体验优化服务} & c_{s2},\ v_{s2} \\ & \text{质量管理情报支持服务} & c_{s3},\ v_{s3} \\ & \text{电商渠道及品类优化服务} & c_{s4},\ v_{s4} \\ & \text{商业尽职调查服务} & c_{s5},\ v_{s5} \\ & \text{上市公司基本面服务} & c_{s6}, v_{s6} \\ & \text{企业数据管理咨询服务} & c_{s7}, v_{s7} \\ & \vdots & \vdots\ \ \vdots\end{bmatrix}$$

设 $w=w(g)=\{g|g=(\varGamma, c, v),\ \varGamma\in\{N, d, s\}\}$为基元集合，称映射 $t:w\rightarrow p(w)$为 w 上基元的可拓变换，主要形式有：$t\varGamma=\varGamma'$；$t_1\varGamma=\varGamma\oplus\varGamma_1$、$t_2\varGamma=\varGamma\ominus\varGamma_1$；$t\varGamma=\lambda\varGamma$，当 $\lambda>1$ 时，为扩大变换。当 $0<\lambda<1$ 时，为缩小变换；分解变换：$t\varGamma=\{\varGamma_1,\varGamma_2,\cdots,\varGamma_n\}$，其中，$\varGamma_1\oplus\varGamma_2\oplus,\cdots,\oplus\varGamma_n=\varGamma$；复制变换：$t\varGamma=\{\varGamma,\varGamma^*\}$。通过对 $\varGamma$ 实施置换、分解、增减、扩缩等，为用户提供决策支持服务方案 SP 的一般形式，如下所示：

$$\text{SP}=\begin{bmatrix}\text{输出}, & \text{实现功能}, & \text{供需对接} \\ & \text{主要目的}, & \text{满足用户需求} \\ & \text{形成主体}, & \text{大数据联盟} \\ & \text{内容实质}, & \text{模块组合} \\ & \text{沟通方式}, & \text{多维协同交流}\end{bmatrix} \tag{4-56}$$

4. 服务方案交付

在决策层级数据聚合服务方案交付过程中，需要重视与用户需求的持续交互。

根据国内外学者对数据服务交付的研究成果，结合大数据联盟的实际运行情况，将决策层级数据聚合服务交付过程划分为：决策层级数据聚合服务购买、决策层级数据聚合服务计量、决策层级数据聚合服务协同管控三个阶段。

（1）决策层级数据聚合服务购买。为用户提供多种形式的购买渠道，如电脑、手机、平板等不同移动终端上，方便用户浏览、下单、并实时追踪订单信息。

（2）决策层级数据聚合服务计量。根据用户的个性化决策支持需求实际情况，建立保存文档，并按照预定的方式对服务交付过程中的交易信息进行存档和记录，使用户及时了解服务进展情况，主要包括服务级别、功能属性、费用计算等内容。

（3）决策层级数据聚合服务协同管控。大数据联盟通过提供多种形式的交流媒介，如大数据应用商店、大数据服务社区、大数据服务中心等，与用户保持有效的沟通和联系，实现与用户对决策服务方案交付过程的协同管控。

5. 服务反馈

1948 年，著名的传播学家拉斯韦尔，根据传播过程首次提出了“五 W 传播模式”，即传播者（who）、说了什么（says what）、通过什么渠道（in which channel）、对谁说（whom）、取得了什么效果（with what effect）。“五 W 传播模式”简明而清晰地揭示了传播过程中各组成要素和它们之间的相互关系。由于大数据联盟获得用户反馈信息过程，与信息传播过程具有本质上的一致性，根据“五 W 传播模式”理论，结合决策支持服务的交互特性，构建大数据联盟决策层级数据聚合服务反馈模型，具体流程如图 4-35 所示。

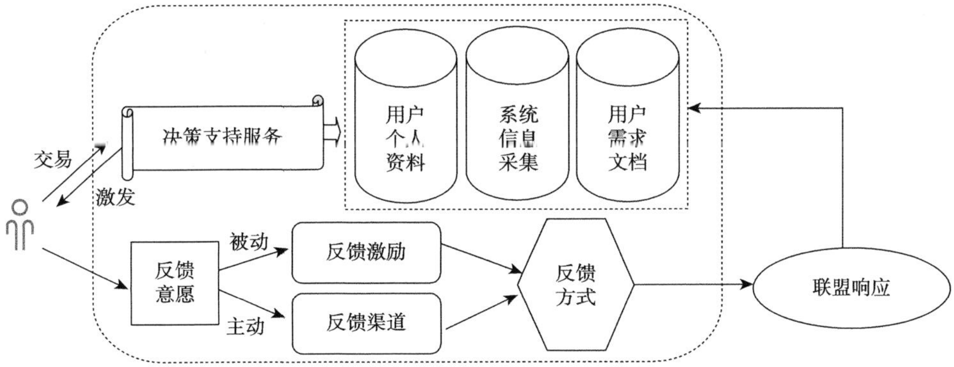

图 4-35　决策层级数据聚合服务反馈流程

（1）激励用户积极融入，主动做出反馈评价。用户作为联盟服务对象，是否参与服务反馈、参与程度如何，将对决策层级数据聚合服务反馈活动产生重要影响。大数据联盟必须首先调动用户参与反馈的积极性、主动性和创造性，建立适当的赏金制度，合理鼓励，将一部分价值让渡给用户，使用户积极参与服务反馈过程，主动做出反馈评价。同时通过多方位地开展服务接触活动，如奖励参与、活动抽奖、积分换购等，及时有效地获取用户对服务结果的反馈信息。

（2）激发不同渠道的服务反馈活力。在决策层级数据聚合服务过程中，用户是大数据服务反馈信息的源泉。大数据联盟可以通过举办主题性、趣味性和关联性的活动，吸引用户的注意力，鼓励用户积极融入，为获取用户的反馈信息进行持续拓展。对于提出重要反馈信息的用户应给予奖励，努力营造活跃的良性的互动氛围，积极鼓励用户参与服务需求反馈信息活动，并表达出自己的想法、建议和期望，激发不同渠道的服务反馈活力。

（3）构建完整高效的服务反馈系统。首先，明确用户需求的导向作用，重视决策层级数据聚合服务反馈系统的构建，将其作为大数据联盟有序发展的关键。其次，要科学制定、合理规划服务设施的布局，优化服务资源的配置，着力覆盖全方位的用户需求，制定多层次的服务反馈渠道和途径。最后，对于同一个用户的服务反馈信息应重视从多渠道进行搜集，并进一步分析、处理和回访，从而形成闭环的决策层级数据聚合服务的完整回路。

由上，通过获得用户的反馈，大数据联盟能够不断学习已有的决策支持服务方案与用户反馈评价之间的联系。在提供新服务过程中，根据服务情境和用户需求对服务评价进行预期，不断提升联盟中决策层级数据聚合服务效率。

4.4.4 决策层级数据聚合服务方式

1. 精细咨询服务方式

在大数据服务市场中，以用户个性化需求为导向，成员企业基于各自的服务能力实现优势互补，通过对大数据联盟数据仓库中数据资源深度融合和加工处理，为用户提供按需可拓的决策支持服务方案。在实际运行过程中，大数据联盟精细咨询服务方式主要体现为通过“线上实时交流+线下联合互助”相结合的形式，与用户之间及时交流和互动，如图 4-36 所示。

线上实时交流的服务方式主要体现在数据聚合服务云平台上，大数据联盟通过语音聊天室、视频会议和互动社区等方式，与用户之间保持高效率的信息交流和互动。这种动态的时效性较强的服务方式，有利于实现对数据服务资源的灵活动态配置，促进联盟成员企业与用户的及时交流和信息共享。线下联合互助的服务方式主要体现在成员企业和用户在实际场景下的交流和互动，包括“面对面”合作、电子邮件、问题库等。作为线上实时交流方式的重要补充，主要发挥互补作用。因此，

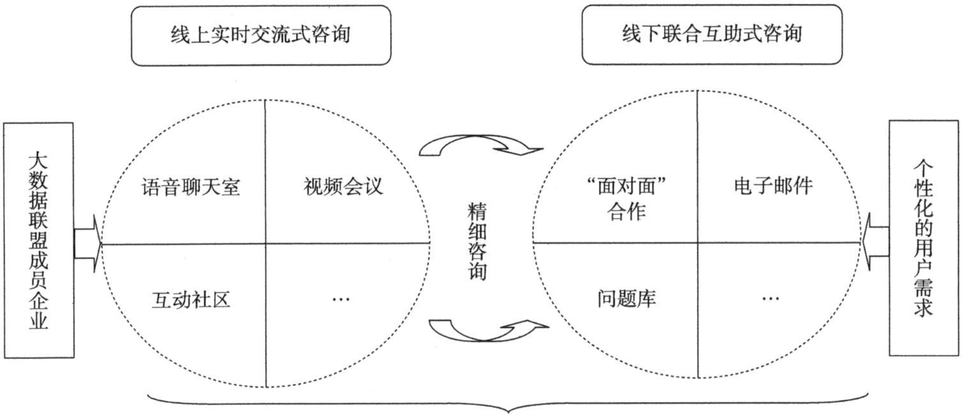

图 4-36　精细咨询服务方式示意图

通过“线下+线上”渠道的交流和互动，大数据联盟能够根据用户的个性化兴趣偏好、需求特征、期望目标，动态调整服务方案。因此，大数据联盟在为用户提供决策支持服务过程中，面对个性化服务情境，通过“线下+线上” 渠道相结合的服务方式，支持用户快速地形成对特定领域场景下问题的精准洞察，使其能够及时准确地掌握前沿资讯，并为其提供优质的决策层级数据聚合服务方案。

2. 委托代理服务方式

委托代理理论是制度经济学契约范畴的重要理论，它建立在非对称信息博弈的基础上，认为委托代理关系本质上属于契约关系。委托代理具体表现为授权者就是委托人，被授权者就是代理人。在大数据服务市场中，由于信息不对称现象的存在，用户作为委托人在特定的服务情境下发出服务的请求，联盟作为代理人提供相应的决策支持服务活动。因此，在大数据联盟决策支持服务过程中，供需双方的服务交易活动符合委托代理关系，可以运用委托代理理论进行深入的分析和解释。在数据聚合服务云平台上，代理人是拥有海量数据资源优势的大数据联盟，而数据资源服务需求主体则是不同类型的用户，如企业、政府、科研机构、个人等。

决策支持服务委托代理过程可以描述为：针对特定场景下的领域需求问题，在挖掘用户深层次需求的基础上，大数据联盟与用户之间进行持续沟通。用户委托大数据联盟从海量的数据资源中提取信息（知识），并为其提供个性化的决策支持服务方案。大数据联盟接受委托成为数据决策支持服务活动中的代理人，用户则为委托人。联盟与用户对合作过程中的具体相关事宜达成共识后，签订服务委托代理合同。在合同中，规定数据决策支持服务的内容、服务的价格和费用、保密条款、服务变更与终止、违约责任、不可抗力和意外事件、法律适用及争议解决、附则等具体事宜，有利于明确供需双方在服务价值共创中的权利和义务。

在签订决策支持服务委托代理合同过程中，用户如果对条款中的任何事项有疑问，可以通过大数据联盟相关业务部门进行询问，联盟必须向用户解释服务条款的具体内容。只有在用户知晓和理解服务条款各项内容，并自愿同意与联盟签署服务合同的情况下，在共同签字（实地签字和网络上确认签字）或盖章后，数据决策支持服务委托代理合同才能生效。

3. 多重协商服务方式

在大数据服务市场中，面对用户的个性化需求，大数据联盟进一步拓展决策支持服务的协商渠道，致力于提高大数据联盟数据决策支持服务水平。在决策层级数据聚合服务过程中，成员企业和用户之间通过多重协商的服务形式，凝聚多方力量和智慧，共同解决特定领域场景下用户所面临的具体问题。

围绕特定场景下用户的核心需求，大数据联盟以服务项目化运作的方式，积极鼓励不同类型的成员企业积极融入，将与决策层级数据聚合服务过程中不同阶段的关键问题列入多重协商的议题和范畴之中。通过核心企业的牵头，互补企业具体负责实施，通过多重协商活动聚合优势力量，为广泛收集不同类型的意见提供了重要的平台和渠道。具体表现为以协商会议为基础支撑，定期举办协商活动，结合实地调研、走访、现场办公等多种形式，加强服务前、服务中、服务后三个阶段的多重协商，利用不同类型成员企业的优势持续发力，在反复与用户沟通商量的过程中，使服务全周期中产生的不同问题得以有效解决。

此外，在为用户提供决策支持服务过程中，成员企业需要与用户形成合力，积极与用户探讨问题的解决办法，共同推动大数据联盟决策层级数据聚合服务活动的顺利开展，有助于促进决策支持服务项目的具体落地和实施，满足不同类型用户动态的个性化需求。

4. 持续跟进服务方式

面对用户的个性化需求，大数据联盟成员企业分工协作，通过服务项目化的运作形式，使数据决策支持服务更加精准和高效。在服务项目立项、工程实施、基础研发等不同阶段，拆分并明确不同阶段的服务任务、交付成果、里程碑事件等，借助甘特图跟踪决策支持服务项目的进度，以便于清晰地把握项目整体的进展情况，为用户提供个性化的决策支持服务方案，如图 4-37 所示。

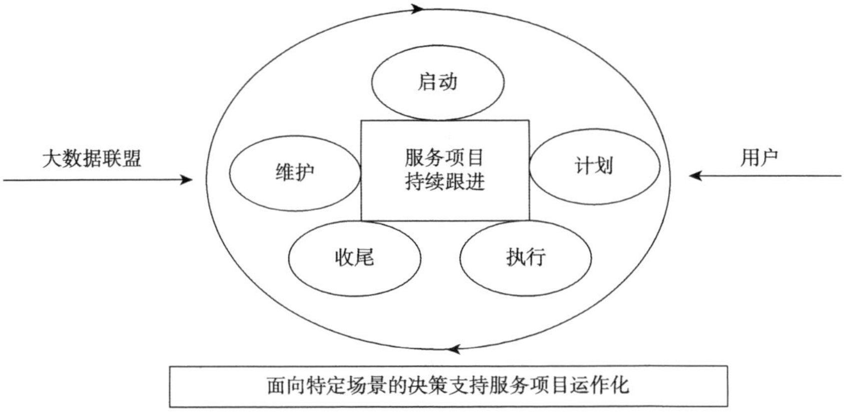

图 4-37　持续跟进服务方式示意图

大数据联盟对服务项目的启动、计划、执行、收尾等各个关键阶段进行持续跟踪和严格把控，并与用户之间进行持续的互动交流，有利于让用户及时准确地获悉服务项目的进展情况，及时参与到大数据联盟价值共创的过程。同时成员企业与用户之间的相互协作，有利于保证服务项目质量的稳定性和可靠性，对于提高服务项目的水平和效果至关重要。

面向每个用户特定场景下的服务项目信息，项目文档、合作文件、会议记录等，都被无缝地嵌入具体的服务项目，实现多主体之间信息高效率的协同。在提供决策层级数据聚合服务全过程中，联盟需要明确服务项目的时间表、路线图、任务书，并及时与用户进行持续的交流和高效率的互动，鼓励用户积极融入，认真倾听用户的想法和建议。同时联盟需要把握服务项目不同阶段的时间节点，持续跟进服务项目的全生命周期的执行情况，并及时进行协调和控制，实现服务资源的高效率协同，从而更好地满足用户动态的个性化服务需求。此外，在数据聚合服务云平台上，联盟利用项目面板对有效的服务项目工作模式进行固化，沉淀一些成功的服务业务的实践经验，实现决策支持服务流程的标准化，并进行高效复制和推广。

4.4.5　决策层级数据聚合服务保障措施

为了保障决策层级数据聚合服务活动的有序进行，实现联盟数据资源价值增值，根据国内外学者对数据服务保障措施的相关研究，结合决策层级数据聚合服务运行过程，建立“制度规范保障、服务平衡保障、资源配置保障”三位一体的大数据联盟决策层级数据聚合服务保障措施。

1. 制度规范保障

为了促进大数据联盟的规范运作、高效率的运营，保障决策层级数据聚合服务管理工作的有效开展，从制度规范的实用性和可塑性角度，建立大数据联盟制度规范保障措施，具体内容如下。

（1）组织管理规范保障措施。大数据联盟负责招募成员企业、培训、管理、绩效考核和表彰等事宜，建立健全决策层级数据聚合服务活动的各项措施和制度。根据用户核心需求，制订服务计划并组织成员企业相互协作，实现对不同类型服务资源的分配协调管理。同时维护用户的合法权益，并积极开展市场推广、拓展合作活动，建立服务档案和评价制度，并将这些制度写入规范性的纸质操作文件。

（2）行为准则规范保障措施。首先，大数据联盟在制定成员企业合作行为规范时，要在深入细致的调查后，建立健全成员企业行为准则规范，并用编制行为手册的形式，进行规范化管理。其次，通过建立激励奖罚制度约束成员企业的合作行为，防止成员企业机会主义行为的发生。最后，根据合同明确联盟成员企业在协同运作中的权利和义务，有利于为用户提供优质的决策层级数据聚合服务方案。

（3）监督保障规范保障措施。以用户需求为导向，牢固树立大数据联盟可信服务为基础的理念，对服务生命周期全过程进行监督和管理，经常与用户进行沟通交流，及时掌握用户需求的变动情况，同时对决策层级数据聚合服务的执行情况进行及时监督和检查，健全可信服务管理与监督标准，真正做到有章可循，建立有效的协同监督、纠正机制，并充分发挥和调动成员企业在线的监督作用，利用现代化的监督管理技术，提高决策层级数据聚合服务管理与监督工作的技术含量，保证大数据联盟信息传输与反馈的及时性，实现远程监督与检查的目的。

2. 服务平衡保障

为了高效率地为用户提供优质的决策层级数据聚合服务方案，以挖掘用户核心需求为前提，通过不断优化大数据联盟服务的内容、过程和方式等，建立决策层级数据聚合服务平衡保障措施，具体内容如下。

（1）用户需求挖掘保障措施。以数据聚合服务平台为依托，大数据联盟通过多种渠道相结合的方式，征集大数据服务市场中不同类型的用户的信息，并进行归类保存。利用人工智能、统计回归、聚类分析等技术，基于用户的行为特征和消费习惯、服务的反馈信息、智能化全网检测的形式，对用户需求进行挖掘，使用户模糊的、动态的、不确定的需求变得逐渐清晰，挖掘用户真正的需求痛点。同时，需要精准掌握不同类型用户需求的属性特征，并依据不同需求之间本质的差异性，分析用户需求的变动趋势。

（2）服务供给优化保障措施。面对用户的领域需求问题，在决策层级数据聚合服务过程中，以数据聚合服务平台为核心，大数据联盟建立有效的成员企业协调机制，实现不同类型服务资源的统筹协调供给，优化不同服务之间的动态关系。同时，还需不断引入新兴的大数据服务技术，如人工智能、机器学习、量子计算等，针对大数据联盟用户的个性化需求，建立具有特色的服务模块，并结合资深专家的经验和智慧，为用户提供有针对性的决策支持服务方案。

（3）供需匹配对接保障措施。面对用户的复杂决策需求及大数据服务产业发展的实际需要，大数据联盟以用户需求为导向，将不同类型成员企业的服务资源有效集成，开展供需双边匹配的服务价值共创活动。因此，联盟制定的双边匹配规则必须以供需双方紧密合作为基础。同时基于对供需双方满意度的测算考量，联盟还需制订服务供给与用户决策支持需求精准对接的平衡匹配方案，从而提高决策层级数据聚合服务效率。

3. 资源配置保障

资源配置是实现大数据联盟决策层级数据聚合服务的关键。面对大数据市场中用户决策需求量的日益增加，合理配置大数据联盟有限的服务资源，有利于提升资源利用效率。结合大数据联盟实际运行情况，从技术角度构建大数据联盟资源配置保障措施，具体内容如下。

（1）资源配置模型库保障措施。在数据聚合服务云平台上，建立决策支持服务模型库，并按照一定的结构将众多模型进行存储和组织。根据用户的特定场景下的领域问题，支持不同种类模型的生成、调用、存储、维护，实现对模型库统一的监督管理和协调控制，保证模型运行的安全性和有效性，并灵活地访问、更新、生成和运行相应的模型。从模型生成管理、模型连接管理和模型重构管理三个部分建立资源配置模型管理机制，利用计算机语言进行程序的输入和编译，在相应的模型字典中查找该模型的使用条件、运行参数和相关的顺序，根据路径信息实现对模型的调用，实现对资源的动态配置。

（2）资源配置方法库保障措施。以用户需求为导向，将常用的服务方法，如统计方法、规划方法、人工神经网络、模糊粗糙集、基于核的算法、基于实例的算法等，以子程序的方式存入大数据联盟决策支持服务方法库，并不断存储、调用、维护和管理服务方法，如通用算法和标准函数等。从基础级服务方法管理、应用级服务方法管理、匹配级服务方法管理三个方面建立大数据联盟智能支持服务方法库的管理机制。根据成员企业动态变化情况，不断地更新、扩充和缩减联盟服务方法库中的资源，支持服务资源的按需配置和使用。

（3）资源配置知识库保障措施。在数据聚合服务云平台上建立统一的知识库系统架构，实现系统中不同类型知识的理解、解释和统一管理。同时，保持知识库的独立性，并不断向知识库输入更多的经验和知识，运用丰富的实例对系统进行不断调试。加强和完善知识来源的渠道建设，支持实现知识库中资源按需检索、配置和调用，并将不同来源的知识进行分类、梳理和归档保存。将知识库中不同类型知识的统一表示、推理机的构建与人工智能、优化、仿真技术相结合，对特定领域场景下用户的需求问题进行建模分析，提供基础。

4.4.6　决策层级数据聚合服务模式应用范围条件和选择依据

决策层级数据聚合服务模式是以数据聚合服务平台为桥梁，面向数据决策支持交易的个性化需求，所设计的集成多方智慧和力量为用户提供前瞻性洞察的高端服务模式，其特点是以数据资源融合为基础，重点探究数据资源背后的因果规律，具有特定的应用范围和条件。

决策层级数据聚合服务模式将数据资源深度挖掘融合的结果作为服务内容，围绕“决策支持”的高级服务理念，为用户提供特定场景下的决策支持服务方案。作为大数据联盟数据聚合服务模式中的顶层服务模式，以对数据资源的深度挖掘获得前瞻性的预测性结论为主，适用于满足大数据市场中用户的数据决策支持型需求，通过深度挖掘数据资源背后的因果关联为决策者提供全过程的辅助支持，实现了数据从知识到决策的价值发现过程。

1. 应用范围条件

（1）服务客体条件。决策层级数据聚合服务模式作为一种新兴的决策支持体系，其用户的范畴扩展到政府、企业、组织和个人等。尤其是对于企业来说，不仅支持中高级管理人员的战略决策，还服务于一线的业务人员，甚至包括供应商、合作伙伴等。

（2）服务主体条件。决策层级数据聚合服务模式通过数据聚合服务平台将服务任务分配给特定的成员企业，需要不同类型成员企业之间的持续合作和高度协同，使相关的服务业务内容在服务主体之间达成一致和共识，不容易产生歧义，共同提供情报支持类产品、设计支持类产品、选择支持类产品、实施支持类产品服务方案。

（3）服务技术条件。决策层级数据聚合服务从海量数据中挖掘有效的模式支持管理决策，需要数据挖掘技术、人工智能、决策支持等多种技术交叉一起复合应用，为决策者提供辅助支持。

2. 选择依据

借鉴模块化的思想，在明确决策层级数据聚合服务产品的基础上，将联盟决策层级数据聚合服务过程，按照决策活动服务业务之间的衔接顺序划分为不同的服务模块，成员企业通过分工协作，利用云计算技术、虚拟化技术和人工智能等技术和工具，将这些服务模块映射到数据聚合服务云平台上。

在决策层级数据聚合服务模式匹配过程中，服务模块并不能实现任何功能性的数据决策服务业务活动，而是作为面向用户个性化的情境需求对决策层级数据聚合服务模式进行匹配的基础单元。因此，大数据联盟决策层级数据聚合服务模式的选择，是基于用户个性化服务需求与决策层级数据聚合服务活动抽象服务模块组合方案的匹配，并形成决策层级数据聚合服务活动服务模块的序列结果。由此，大数据联盟可参照匹配的结果，进行决策层级数据聚合服务模式的选择。

在具体执行过程中，大数据联盟将特定情境下的用户需求进行分解，以数据聚合服务平台为依托，通过 Web 文档相似度匹配和多目标优化的建模等方法，对决策层级数据聚合服务模块匹配进行建模分析，最终获得的结果作为大数据联盟决策层级数据聚合服务模式匹配的依据。然后，大数据联盟以服务模块序列匹配的结果为基础，借助数据聚合服务云平台，通过成员之间的相互合作，可进一步实现对决策层级数据聚合服务运作过程中所需服务资源的分配、管理、组织和调度。

参 考 文 献

[1]胡艳玲，高长元，翟丽丽，等. 服务主导逻辑下大数据联盟数据服务创新价值共创机理[J]. 情报理论与实践，2019，42（3）：60-64.

[2]李天柱，马佳，吕健露，等. 大数据价值孵化机制研究[J]. 科学学研究，2016，34（3）：321-329，345.

[3]Hall D L，Llinas J. An introduction to multi-sensor data fusion [J]. Proceedings of the IEEE，1997，

85（1）：6-23.
[4]李振华，任叶瑶. 双创情境下创客空间社会资本形成与影响机理[J]. 科学学研究，2018，36（8）：1487-1494，1515.
[5]陈国青，吴刚，顾远东，等. 管理决策情境下大数据驱动的研究和应用挑战——范式转变与研究方向[J]. 管理科学学报，2018，21（7）：1-10.
[6]翟丽丽，马紫琪，张树臣. 大数据产品定价问题的研究综述[J]. 科技与管理，2018，20（6）：105-110.
[7]贵阳大数据交易所. 2016 年中国大数据交易产业白皮书[EB/OL]. http://www.doc88.com/p-9773587557647.html，2018-12-21.
[8]陈筱贞. 大数据交易定价模式的选择[J]. 新经济，2016，（18）：3-4.
[9]Gouthier M，Schmid S. Customers and customer relationships in service firms：the perspective of the resource-based view[J]. Marketing Theory，2003，3（1）：119-143.
[10]Wang X M，Hao W Q，Li Q M. An adaptive cultural algorithm with improved quantum-behaved particle swarm optimization for sonar image detection[J]. Scientific Reports，2017，7（12）：1-16.
[11]Liu T Y，Jiao L C，Ma W P，et al. Cultural quantum-behaved particle swarm optimization for environmental/economic dispatch[J]. Applied Soft Computing，2016，48（11）：597-611.
[12]杨国立，周鑫. “数据即服务”背景下图书情报机构科学数据服务的发展机遇[J]. 情报学报，2017，36（8）：772-780.
[13]黄沈权，顾新建，陈芨熙，等. 制造云服务的按需供应模式及其关键技术[J].计算机集成制造系统，2013，19（9）：2315-2324.
[14]沃强，翟丽丽，张树臣. 大数据联盟显性数据资源需求多层次匹配模型[J]. 情报理论与实践，2018，41（3）：83-88.
[15]Paolucci M，Kawamura T，Payn E，et al. Semantic Matching of Web Services Capabilities[C]. First International Semantic Web Conference ISWC，Italy：Sardinia，2002：333-347.
[16]王金龙，徐从富，耿雪玉. 基于概率图模型的科研文献主题演化研究[J]. 情报学报，2009，28（3）：347-355.
[17]刘晓倩. 用户个性化模式中兴趣时序演变路径的可视化方法[D]. 南京财经大学硕士学位论文，2013.
[18]王鲜芳，王岁花，杜昊泽，等. 基于模糊粗糙集和支持向量机的化工过程故障诊断[J]. 控制与决策，2015，30（2）：353-356.
[19]杨赛楠. 粗糙集神经网络故障诊断系统的方法研究及应用[D]. 江南大学硕士学位论文，2007.
[20]黄勇，郑春颖，宋忠虎. 多类支持向量机算法综述[J]. 计算技术与自动化，2005，（4）：61-63.
[21]方瑞明. 支持向量机理论及其应用分析[M]. 北京：中国电力出版社，2007.
[22]阿里云. 帮助中心[EB/OL]. https://help.aliyun.com/? spm=5176.198144.1042203.1.6fe7346dzXrV24，2018-11-12.
[23]沈霄，王国华. 网络直播+政务与用户的互动研究——基于互动仪式链的视角[J]. 情报杂志，2018，37（5）：111-116，175.
[24]屠羽，彭本红，鲁倩. 基于行动者网络理论的平台企业协同创新研究——以“饿了么”为例[J]. 科学学与科学技术管理，2018，39（2）：74-84.

[25]赫伯特·西蒙. 管理行为[M]. 詹正茂译. 北京：机械工业出版社，2014.
[26]Baldwin C Y, Clark K B. Managing in an age of modularity[J]. Harvard Business Review, 1997, 75（5）：84-93.
[27]曹虹剑，贺正楚，熊勇清. 模块化、产业标准与创新驱动发展——基于战略性新兴产业的研究[J]. 管理科学学报，2016，19（10）：16-33.
[28]高长元，胡艳玲，何晓燕.面向用户需求漂移的大数据联盟可拓服务模型[J].科研管理，2020，41（7）：221-229.
[29]蔡文，杨春燕. 可拓学的基础理论与方法体系[J]. 科学通报，2013，58（13）：1190-1199.
[30]Yeh M L，Lin L C. Evaluating the control variable of economic growth by using extenics theoretical analysis[J]. Journal of Testing and Evaluation，2016，44（5）：1904-1910.
[31]Ren S D, Gui F Z, Zhao Y W, et al. Accelerating preliminary low-carbon design for products by integrating TRIZ and extenics methods[J]. Advances in Mechanical Engineering, 2017, 9（9）: 1-18.

第 5 章　大数据联盟数据挖掘服务

5.1　大数据联盟数据挖掘服务模式架构

5.1.1　用户需求层次

根据大数据联盟数据挖掘服务的挖掘层次，可以将用户的需求层次划分为数据层级挖掘服务需求、特征层级挖掘服务需求和决策层级挖掘服务需求，进而实现服务和需求的快速匹配。不同层级数据挖掘服务需求定义如下。

（1）数据层级挖掘服务需求。用户的数据层级挖掘服务需求是在针对大数据联盟经过数据层级数据挖掘后，所能提供的标准化数据挖掘服务内容而产生的一种需求。该需求主要是通过标准化数据挖掘服务内容的选择，实现数据产品的交易，进而使需求得到满足。

（2）特征层级挖掘服务需求。用户的特征层级挖掘服务需求是在大数据联盟标准化数据挖掘服务内容无法满足用户需求的前提下的一种高层次需求。该需求具有一定的个性化特征，需要定制化数据挖掘服务模式来实现用户的需求。这类需求的产生刺激了定制化数据挖掘服务模式的出现，使具有多样性需求的用户可以进行更加丰富的、个性化的数据挖掘服务内容选择。

（3）决策层级挖掘服务需求。用户的决策层级挖掘服务需求是在大数据联盟定制化数据挖掘服务需求的基础上所形成的一种具有决策支持特点的服务需求类型。该需求主要是希望通过大数据联盟的数据挖掘服务平台的服务内容为用户提高辅助决策，使用户可以在日常经验活动中预测风险和把握先机。

5.1.2　数据挖掘层次

1. 数据演变过程

从文明之初的“结绳记事”，到文字发明后的“文以载道”，再到近现代科学的“数据建模”，数据一直伴随着人类社会的发展变迁，对人类认识世界起到了重要的作用[1]。可以说数据的不断演变与发展，使人们真正步入了文明社会。人们常常利用数据→信息→知识→智慧（data-information-knowledge-wisdom，DIKW）概念模型，来研究数据的外延与演变。该概念模型呈现了从数据到信息、再到知识，最终到智慧的演变过程。DIKW 概念模型的内在逻辑可以看作：通过原始观察、感知及度量获得了数据；借助背景、事实分析数据间的关系获得了信息；借助经验在行动者应用信息产生了知识；利用知识和能力产生了智慧。由此可见，数据、信息、知识和智慧之间是一个递进的关系，反映的是数据从无序到有序、从价值到能力的演变过程，DIKW 概念模型如图 5-1 所示。

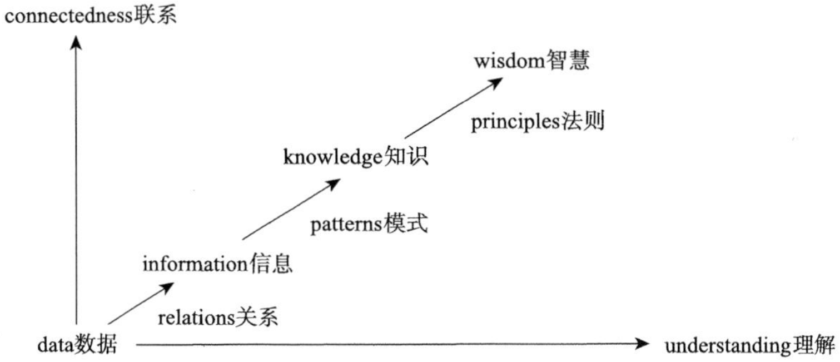

图 5-1　DIKW 概念模型

（1）数据。“数据”是反映客观事物、性质和状态的最原始记录，一般是通过人的感官或仪器可以观测到的文本、数字、符号或图像。数据处于最基础层次，一般不存在任何的相互关系，是最原始的、一手的、未经加工的资源，且在孤立和分散状态时，通常不具备特定意义。

（2）信息。“信息”是对底层的数据做加工解读、综合分析的产物，通常来自数据之间的联系，从而可以更好地反映“因果关系”。信息是有一定含义的、经过加工处理后具有一定逻辑的数据，可以形式化表示为“信息=数据+处理+背景”，它是源于数据并高于数据的。

（3）知识。“知识”是对信息的加工、吸收、提取和评价的结果。知识本身是一种信息，但不是一般的信息，体现了人的认知因素而且在运用中能够改变人的行为，并具有明确目的和作用。它可以回答“what（什么）”“who（谁）”“how（怎样）”“why（为什么）”等问题，可以形式化地表示为“知识=信息+技术+提炼”。

（4）智慧。“智慧”是人类基于已有的知识的积累，以及针对物质世界运动过程中产生的问题，根据获得的信息进行分析、对比、演绎找出解决方案的能力。可以形式化表示为“智慧=知识+能力+分析”。

在大数据时代，物联网技术、深度学习、人工智能等技术的迅速发展，数据、信息、知识和智慧之间的关系远非线性递进那般简单，至少要借助时间、空间和社交维度加以描述才算周延。此时，数据演变系统中，“智慧”将内化为“智能”的形式进行呈现。“智能”是人与机器和系统、组织与机器和系统以及组织与组织之间借助机器和系统，在进行互动与协作过程中任一组织的智慧奉献。它实现了将人或组织的智慧注入机器和系统中，使机器和系统能够代替人或组织从事相应智能活动，将隐性智慧显性化的过程。综上分析，可以结合 DIKW 模型将数据的演变过程转化为，数据（data）、信息（information）、知识（knowledge）、智能（intelligence）的逻辑链，构建 DIKI 概念模型，如图 5-2 所示。

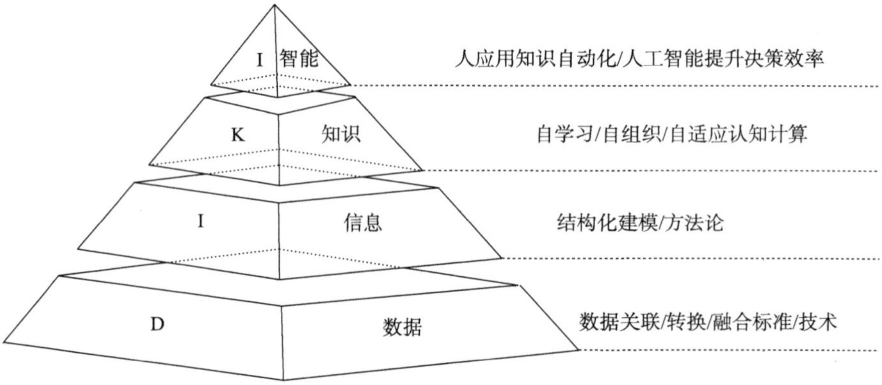

图 5-2　DIKI 概念模型

通过图 5-2 可以发现，DIKI 概念模型是沿着一定的逻辑关系，由组成要素自底向上构成的层次体系，体现了组成要素所处的层次、内在关联及数据是如何一步步进阶，进而演变为信息、知识、智能的全过程。它不仅为数据的演变与相互转换关系提供了可视化图景，同时还为大数据联盟数据挖掘服务过程中数据的演变提供了理论依据。

2. 数据挖掘层次具体分析

随着人类社会跨入大数据时代，数据呈现出体量大、类型多、变化快、价值密度低等特点。数据挖掘技术作为大数据时代的关键技术，可以从不完整的、海量的、有噪声的、模糊且随机的数据中挖掘隐含在数据背后的知识。数据挖掘的深度决定了数据应用的价值。借鉴 Hall 和 Llinas 提出的数据融合层次框架，即数据层、特征层和决策层三层架构[2, 3]，结合 DIKI 数据演变过程模型，根据数据挖掘层次的不同，可以将数据挖掘由浅到深分为：数据层级数据挖掘、特征层级数据挖掘和决策层级数据挖掘三个层次，如图 5-3 所示。

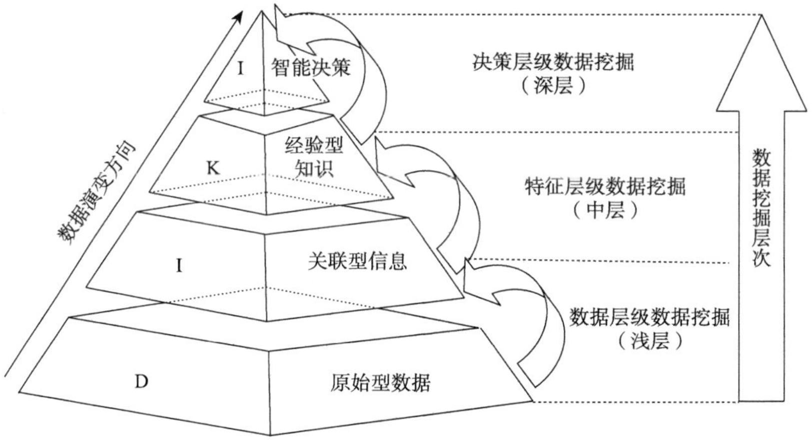

图 5-3　数据挖掘层次分析

（1）数据层级数据挖掘。数据层级数据挖掘是一种浅层的挖掘技术。该层次挖掘重视原始数据的完整性，在挖掘实现过程中尽可能保留原始数据的全部信息，是对多源、异构的原始数据做简单数据处理、数据整合、数据集成之后的数据挖掘结果。

（2）特征层级数据挖掘。特征层级数据挖掘是一种中层的挖掘技术。虽然数据层级数据挖掘能够完整保留数据原始的、完整的信息量，但是随着需求的提升和处理要求的提高，数据层级数据挖掘无法实现特征的快速分类及个性化需求。特征层级数据挖掘是将具有相同特征属性的数据整合在一起，实现对原始数据信息的压缩，有助于实时处理和个性化分析。

（3）决策层级数据挖掘。决策层级数据挖掘是最高层次的数据挖掘技术。该层次的数据挖掘是从决策问题的需求出发，充分利用特征层级提取到的特征信息，进行针对具体决策目标的挖掘。

5.1.3　大数据联盟数据挖掘服务模式总体框架

1. 模式设计原则

“模式”通常被解释为主体行为的一般方式，是理论和实践之间的中介环节，具备一般性、可重复性、稳定性和可操控性等特征。随着人们的实践活动，“模式”在实际运用过程中，已成为解决某类问题的方法论，从而指导其他类似问题的解决。因此，在设计大数据联盟数据挖掘服务模式时，应遵循以下原则。

（1）互信原则。大数据联盟数据挖掘服务模式是以联盟成员间的数据资源共享为服务基础，以数据挖掘结果为服务形式的服务模式。因此，在模式设计时应遵循互信原则。打破信息壁垒和信息不对称性、降低机会主义行为，积极开展数据挖掘服务。

（2）互惠原则。大数据联盟数据挖掘服务模式是一种为了满足用户不同层级的数据挖掘服务需求，实现大数据联盟数据价值增值和提升联盟整体效益的知识服务管理体系。因此，在模式设计时应遵循互惠互利原则，提高联盟企业间的合作积极性，促进大数据联盟稳定运行。

（3）安全性原则。大数据联盟数据挖掘服务模式是一种高可靠性、高数据脱敏性的数据安全服务模式。因此，在模式设计时应针对不同模式的服务内容，设计一套安全的、易扩展的服务模式来保障大数据联盟数据挖掘服务模式的顺利开展，实现数据挖掘服务模式动态伸缩和灵活扩展。

（4）按需服务原则。大数据联盟数据挖掘服务是一种灵活的、易用的、便捷的服务模式，实现了用户需求与服务接口的实时对接。因此，在模式设计时应遵循按需服务原则。从用户的需求出发，快速、实时地响应用户的服务需求，实现按需服务、按需使用和按需计费。

2. 总体框架

大数据联盟数据挖掘服务是将海量、异构的数据资源进行高效搜集、转移和利用，最终满足用户数据挖掘需求的服务产品。因此，数据挖掘服务产品与有形的物质产品一样，也可以进行一定程度的标准化和定制化，同时还可以进行大规模的定制化，即实现智能化服务。在服务实现的过程中不仅可以围绕用户多样化、动态化的需求而形成一系列与数据挖掘任务相关的服务，还可以提高大数据联盟数据资源的价值密度和价值活性。综上所述，为了清晰阐述大数据联盟不同层级数据挖掘服务模式之间的关系，在深入分析大数据联盟合作机理的基础上，根据 Hall 和 Llinas 提出的数据融合层次框架及基于 DIKI 的大数据联盟数据挖掘层次，从用户需求和挖掘层次的视角，提出了以标准化数据挖掘服务模式、定制化数据挖掘服务模式、智能化数据挖掘服务模式为核心的大数据联盟数据挖掘服务模式总体框架，如图 5-4 所示。

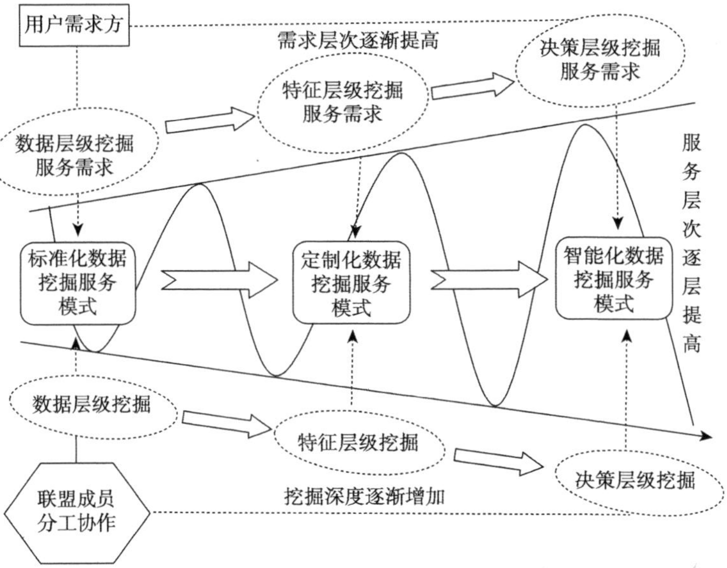

图 5-4　大数据联盟数据挖掘服务耦合过程

（1）大数据联盟标准化数据挖掘服务模式。标准化理念虽然源于工业化生产管理模式，然而，随着生产的社会化和现代化进程加快，标准化的服务需求越来越明显。由于标准化具有规范生产流程、提高管理效率、降低生产和运营成本、提升市场竞争力、促进服务产品的规模效应等特点，标准化服务理念逐渐被引入服务经济领域。然而服务产品与有形物质产品一样，也可以进行一定程度的标准化。因此，大数据联盟标准化数据挖掘服务模式是根据成员企业的资源类型和数据层级挖掘特点，为用户提供一种以标准化数据产品交易为主要服务内容的服务形式，主要关注的是数据挖掘服务的整体性。在提高服务效率的同时保证服务质量，达到服务质量目标化、服务方法规范化、服务过程程序化的服务理念。

（2）大数据联盟定制化数据挖掘服务模式。随着人们需求向着多样性和个性化方向发展，市场竞争越来越激烈。如果只满足于大规模标准化服务，不向定制化服务发展，企业难以形成差异化的竞争优势。通常来讲，标准化服务注重的是服务的规范性和程序化，强调的是客观接受和服务的效率，而定制化强调的是服务的灵活性和丰富性，提倡的是主观能动性和效益。因此，大数据联盟数据挖掘定制化服务模式，是当标准化数据挖掘服务不能满足用户的需求时，通过与用户进行交互和沟通，以用户需求为导向，为其提供更具服务针对性、更好服务效果和服务质量的定制化的服务内容的过程。

（3）大数据联盟智能化数据挖掘服务模式。随着移动互联网、云计算、大数据等一大批新一代信息技术的出现、蓬勃发展和深入应用，生活、生产中所产生的数据量呈爆炸式增长态势，推动社会逐渐步入 DT（data technology，数据处理技术）时代。一方面，数据成为各行各业的战略性资源，并对数据的长期存储和合理利用提出了更高的要求；另一方面，移动互联网、云计算、大数据等技术的成熟也使数据的价值被深度挖掘和发挥出来，并被广泛应用到软硬件服务、民生服务、智能决策等多个领域，从而推动了智能化服务时代的到来。大数据联盟智能化数据挖掘服务模式是基于联盟中积累的历史服务案例，结合知识推理和智能决策技术，实现数据挖掘服务的知识表示、智能搜索、经验推理、服务重用和调整等操作，运用历史服务的经验对目标服务任务进行指导与经验借鉴，从而促进数据挖掘服务的快速实现、精准服务和智能应用的过程。

综上所述，从需求层次、挖掘层次、服务目标和服务收益等方面，对三种服务模式进行对比分析，如表 5-1 所示。

表 5-1　三种服务模式比较

服务模式	标准化数据挖掘服务模式	定制化数据挖掘服务模式	智能化数据挖掘服务模式
需求层次	数据层级挖掘服务需求	特征层级挖掘服务需求	决策层级挖掘服务需求
挖掘层次	浅层次挖掘	中层次挖掘	深层次挖掘
服务目标	针对用户数据层级挖掘服务需求，提高数据产品交易广度和深度	针对用户特征层级挖掘服务需求，提高定制化数据挖掘服务效果和服务质量	针对用户决策层级挖掘服务需求，提高智能化数据挖掘服务质量和服务效率
服务收益	以提高数据交易服务的规模和质量实现利润	以提高数据挖掘分析的准确性和质量实现利润	以提高数据挖掘智能决策的准确性和效率实现利润

5.2　大数据联盟标准化数据挖掘服务

5.2.1　大数据联盟标准化数据挖掘服务模式整体架构

大数据联盟标准化数据挖掘服务是一种最基本、最通用、最快捷的数据挖掘服务模式。该服务模式通过对用户数据层级挖掘服务需求进行全方面的挖掘与分析，形成可以满足大部分用户群体数据层级挖掘服务需求的基础性服务产品。根据用户在数据挖掘服务请求时的数据层级需求特征，设计大数据联盟标准化数据挖掘服务模式。其设计的核心思想是尽可能满足大多数用户的标准化数据挖掘服务请求。该服务模式是一种由具有数据资源类型多样的联盟成员根据自身所掌握的资源，进行内部资源整合、处理、挖掘、知识表达或对外部资源进行搜集、获取、挖掘、知识表达等操作，以将数据资源进行服务封装，并通过服务端口的方式为广大具有数据层级挖掘服务需求的用户群体提供简洁、便利、按需使用、按需收费的标准化数据挖掘服务内容，其标准化数据挖掘服务模式整体结构框架如图 5-5 所示。

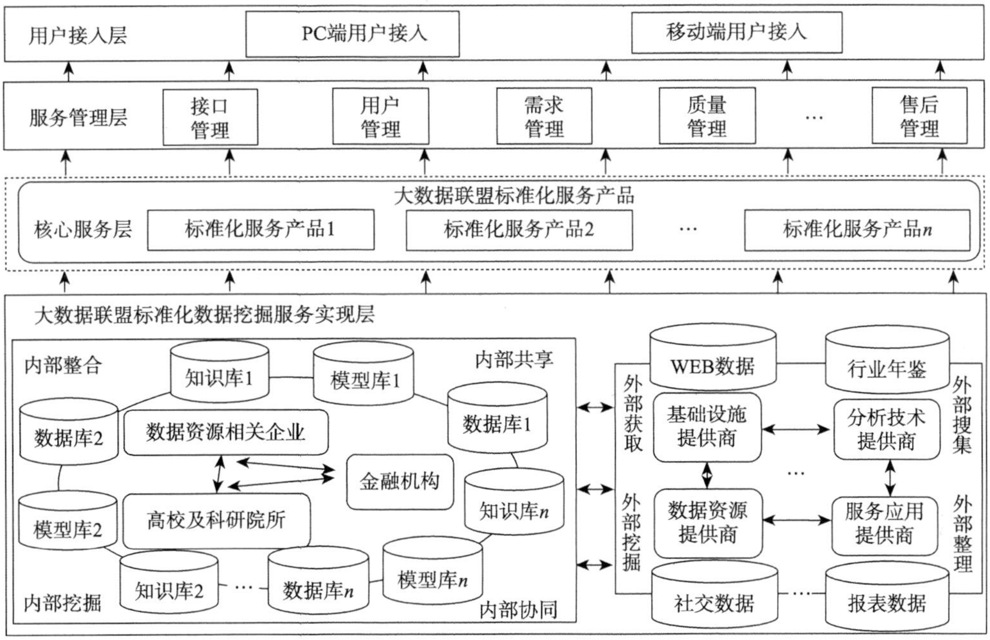

图 5-5　大数据联盟数据挖掘标准化服务整体框架

（1）用户接入层。用户可以通过多种终端进行服务访问和接入，随时随地进行标准化数据挖掘服务访问。当用户选购其所需的标准化数据挖掘服务时，平台会为用户提供访问接口，按需为用户提供服务。这不仅具备良好的动态伸缩性还可以提高大数据联盟数据挖掘服务效率。

（2）服务管理层。服务管理层是对整个大数据联盟标准化数据挖掘服务核心层中的服务进行管理和保障，通常包括服务接口管理、用户管理、服务需求管理、服务质量管理、服务计费管理和服务监控管理等。

（3）核心服务层。核心服务层主要是通过服务实现层，为广大具有数据层级挖掘服务的用户群体提供标准化数据产品的服务接口，实现服务内容的浏览、支付、下载等功能，保障用户需求得到满足。

（4）服务实现层。大数据联盟各成员通过对自身数据库中所拥有的各类数据资源进行内部协调、共享、整合、互渗和挖掘，实现数据资源的有效利用。此外，联盟还可以通过对外部的社交数据、Web 数据、报表数据、行业年鉴等数据进行收集、整理、获取和挖掘，进行内部和外部数据资源的有效结合并解决用户在数据挖掘过程中的各类型的数据资源需求。

5.2.2　大数据联盟标准化数据挖掘服务内容与定价

1. 大数据联盟标准化数据挖掘服务内容

该数据内容主要是一种面向具有数据层级挖掘服务需求的、经过统一格式处理的，适用于大量分析工具、软件、模型的标准化数据产品。根据大数据联盟数据集市中存储的数据领域不同，可以将标准化数据挖掘服务产品分为：金融征信类数据产品、精准营销类数据产品、科研技术类数据产品、产业经济类数据产品、健康医疗类数据产品、企业管理类数据产品、生活服务类数据产品、交通地理类数据产品、舆情监测类数据产品和人工智能类数据产品，共十类标准化数据挖掘服务产品。具有数据层级挖掘服务需求的用户可以登录大数据联盟数据挖掘服务平台，通过标准化数据挖掘服务产品端口进入数据产品分类界面，依据所需数据产品的应用领域进行快速搜索。快速定位所需的标准化数据产品内容，并在支付完成以后，最终获取用户所需的标准化数据产品。大数据联盟标准化数据挖掘服务内容所包含的数据产品如表 5-2 所示。

表 5-2　大数据联盟标准化数据挖掘服务内容

序号	标准化服务分类	标准化数据挖掘服务内容介绍
1	金融征信类数据产品	投资数据、财务数据、新三板做市数据等
2	精准营销类数据产品	商品条形码数据、物流数据、交易评价数据等
3	科研技术类数据产品	技术专利数据、著作权数据、语料数据等
4	产业经济类数据产品	统计年鉴数据、农产品价格数据、进出口贸易数据等
5	健康医疗类数据产品	门诊数据、医药销售数据、医疗保险数据等
6	企业管理类数据产品	银联 POS 交易报告、上市企业详情数据集等
7	生活服务类数据产品	天气数据、酒店数据、教育数据等
8	交通地理类数据产品	车辆违章数据、城际出行数据、航班延误数据等
9	舆情监测类数据产品	微信公众号数据、新浪微博数据、豆瓣评分数据等
10	人工智能类数据产品	人脸检测数据、标签数据、分词数据等

注：POS：point of sale，销售点

2. 大数据联盟标准化数据挖掘服务定价方法

大数据联盟标准化数据挖掘服务作为一种虚拟化服务产品不同于一般的物质产品，在虚拟产品市场所表现出的是，不同的标准化数据挖掘服务产品对不同的消费者来说效用不同。经常会存在同一个数据产品对某些消费者来讲“价值千金”而对其他消费者来讲“毫无价值”的现象，即同一件数据产品，对不同的消费者来说效用不同。并且由于数据产品的沉没成本巨大，而复制成本可以忽略不计等特点，传统物质产品的边际成本定价方法不再适用于数据产品[4]，而以消费者的支付意愿为基础的定价原则成为大数据联盟标准化数据挖掘服务定价的指导原则。因此，借鉴信息产品定价模型[5, 6]，结合大数据联盟标准化产品的特征，从消费者服务效用的视角出发，构建大数据联盟对标准化数据挖掘服务的定价模型，其计算公式如下：

$$U=a_iQ_i-\frac{Q_i^2}{2}-p_i^SQ_i \tag{5-1}$$

其中，U 为大数据联盟用户的服务效用函数；Q_i 表示标准化数据挖掘服务产品 i 的需求函数；a_i 表示标准化数据挖掘服务产品 i 的市场容量，为常数；即在不考虑服务价格的前提下，市场在一定时期内所能吸纳该服务的总量；p_i^S 为标准化数据挖掘服务产品 i 的服务价格。

在大数据交易市场环境下，联盟数据挖掘服务需求者对于服务的需求不仅会受价格因素的影响，还会受服务产品质量等因素的影响，因此，在传统的需求函数的基础上，可构建大数据联盟标准化数据挖掘服务需求函数：

$$Q_i=a-p_i^S+\lambda_i/\sqrt{e_i} \tag{5-2}$$

其中，λ_i 为标准化数据挖掘服务产品的粒度，粒度越小代表挖掘越深，服务产品内容越丰富；e_i 为数据挖掘成本。因此，考虑满足消费者效用最大化的前提，大数据联盟标准化数据挖掘服务利润函数为

$$\pi_i=p_i^SQ_i-\frac{\lambda_ie_i^2}{2} \tag{5-3}$$

然后，将式（5-2）代入式（5-3）中，并对 p_i^S 进行一阶求导，可得

$$\frac{\partial\pi_i}{\partial p_i^S}=\alpha-2p_i+\lambda_i/\sqrt{e} \tag{5-4}$$

由于 $\partial^2\pi_i/\partial p_i^{S2}=-2<0$，因此，大数据联盟标准化数据挖掘服务利润函数 π_i 是关于 p_i^S 的严格凹函数，具有最大值。可以求出在满足服务需求者效用最大化的情况下，最优的服务价格为

$$p_i^S = \frac{\alpha e + \lambda\sqrt{e}}{2e} \tag{5-5}$$

综上分析，服务提供者可以根据当前标准化数据挖掘服务产品 i 的数据市场容量、挖掘成本进行科学定价，使服务需求者的效用最大化，提高其满意度。

5.2.3　大数据联盟标准化数据挖掘服务过程

1. 数据层级服务需求挖掘

只有对用户的服务需求进行准确挖掘，并为其提供具有针对性的数据挖掘服务产品，才会使大数据联盟用户需求得到满足，并提高数据资源交易市场的活力，促进大数据联盟数据资源价值增值。因此，通过数据层、挖掘层和需求层三层架构，构建大数据联盟用户服务需求挖掘模型，对大数据联盟数据挖掘服务用户的基本信息进行全面分析，对用户数据层级挖掘服务需求进行准确挖掘，如图 5-6 所示。

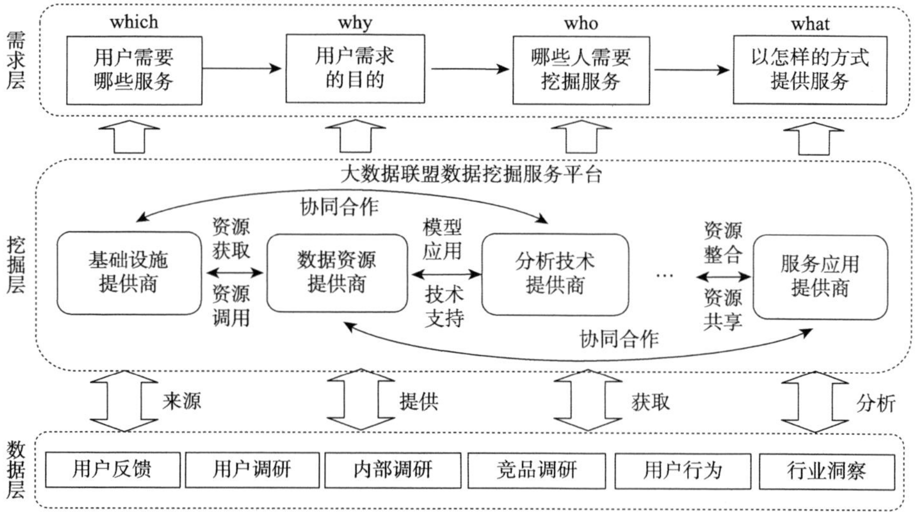

图 5-6　用户服务需求挖掘模型

（1）数据层。数据层是指通过对用户反馈数据、用户调研数据、内部调研数据、竞品调研数据、用户行为数据和行业洞察六个用户需求数据来源进行全面分析，实现对用户真实及潜在的服务需求的准确获取。每种需求数据来源具有不同的特点及作用，具体内容如下：①用户反馈。用户反馈（用户发布的内容、用户的评论信息、用户的互动信息）是主动发现用户服务需求的重要一环。当用户对服务或产品有建议、想法的时候，可以通过大数据联盟数据挖掘服务平台设置的服务反馈入口进行相关服务信息反馈。因此，服务反馈既可作为用户评价服务或产品的重要来源渠道，也是用户服务需求的直接来源。由于用户愿意花费时间和精力对服务进行反馈，说明该服务或产品对其比较重要，而且反馈意见通常比较中肯。所以，应该重视用户反馈数据，对其进行挖掘，了解用户在关注什么、用户的行为特征等，从而提供令其满意的标准化数据挖掘服务产品。②用户调研。用户调研是一种直接了解用户服务需求的方式。可以对数据挖掘服务产品的相关问题进行精选，设计一套科学、更贴近用户服务需求的问卷调查表。用激励用户填写服务需求问卷调查的方式，使更多的用户参与进来，将大量的问卷调查数据进行统计分析，挖掘各变量之间的关系，让数据真实呈现用户的客观需求。③内部调研。内部调研主要是指对大数据联盟内部成员企业的调研。了解大数据联盟各成员所掌握的数据资源类型、产品规划、市场变化等信息，有利于大数据联盟数据挖掘服务的全局规划和配置。④竞品调研。竞品调研主要是指对其他数据服务平台进行服务产品的调研。通过对其他数据服务平台进行竞品调研，可以更加了解市场态势及走向。主要表现在，大数据联盟可以通过挖掘技术获取其他数据服务平台中用户的反馈信息（用户发布的信息、用户评论的信息、用户互动的信息），来借鉴竞品优点，规避竞品缺点，更加细致地把握用户的服务需求。⑤用户行为。用户行为数据分析是对用户访问大数据联盟数据挖掘服务平台时所产生的行为轨迹进行分析。通过分析这些用户行为数据可以探究用户显性和隐性的需求偏好，有利于对用户不感兴趣的服务产品进行及时调整，使用户行为数据真实反映出用户的主观和客观需求。⑥行业洞察。如果说，用户调研和竞品分析是挖掘用户当前的需求，用户行为数据分析关注的是过去的需求，那么，行业洞察则是预测用户未来可能存在的需求。随着生产生活的不断变化和大数据技术的快速发展，新的用户服务需求和新的服务产品会不断涌现。因此，大数据联盟需要对自身及相关行业进行持续关注，发现新的市场需求并实时响应，提高大数据联盟数据挖掘服务平台的用户黏性和服务满意度。

（2）挖掘层。挖掘层是对用户标准化数据挖掘服务需求进行精准获取的前提条件和根本保障。通过大数据联盟中的成员企业（基础设施提供商、数据资源提供商、分析技术提供商和服务应用提供商等）之间的协同合作和技术支持，利用模型的应用与创新实现资源的整合、共享、获取和调用，最终完成用户数据层级挖掘服务需求的精准获取。

（3）需求层。通过数据层、挖掘层对用户需求数据的分析和处理，最终可以明确用户需要哪些服务（which）、用户需求的目的（why）、哪些人需要标准化数据挖掘服务（who）和以怎样的方式提供标准化数据挖掘服务（what），即需求 4W。

需求 4W 的明确不仅可以使大数据联盟数据挖掘服务平台更加清晰地、明确地了解所需要提供的服务的内容、服务目的、服务对象及服务方式，还可以为大数据联盟标准化数据挖掘服务的顺利实施提供支持。

2. 联盟标准化服务产品形成

当大数据联盟对用户的需求挖掘完成以后，大数据联盟通过对成员企业内部数据资源的共享与整合，以及对外部数据资源的挖掘与采集，进而实现内源数据和外源数据的收集和获取，并对所掌握的海量、多元、异构的原始数据源进行抽取、转换和加工、装载等处理，将分散在不同数据库中的数据资源，按照一定的规则进行统一集成。传统数据仓库擅长处理结构化与半结构化数据（如交易数据、业务数据等细节性的数据），而随着数据量的急剧增长、数据结构的多元化和数据处理的实时性要求的不断提高，传统数据仓库暴露出处理数据格式有限、计算能力扩展困难等问题。利用 Hadoop 框架 Spark 技术具备擅长处理非结构化数据（如文档、音频视频、图形图像等）、低成本、高性能、高可靠性和可扩展的特点，搭建大数据环境下数据仓库体系架构，弥补传统数据仓库在海量数据处理、存储等方面的不足，实现对分散在联盟各成员数据库中的数据的分布式管理。提高了对多源、异构型数据采集、处理、存储的能力，从而形成标准化的数据产品，并最大限度地发挥大数据联盟的数据资源价值。实现了面向主题的、集成的、稳定的、实时更新的数据集市，使大数据联盟数据资源可以按主题分类存储和调用，有利于大数据联盟标准化数据挖掘服务的简便进行。其中，大数据联盟标准化数据挖掘服务产品形成过程如图 5-7 所示。

（1）源数据层。源数据层主要是联盟根据用户的标准化服务需求进行的原始数据采集与获取，主要包括内部获取（内源数据）和外部获取（外源数据）。其中，内部获取是大数据联盟成员企业根据用户的数据层级挖掘服务需求，结合自身所掌握的数据资源进行内部共享与整合，从而形成具有一定价值的内源数据；而外部获取是大数据联盟成员企业所掌握的数据资源不能满足或不能完全满足用户的数据层级挖掘服务需求时，通过技术手段所采取的数据资源获取方法，从而形成具备一定竞争优势的外源数据。通常情况下，内源数据和外源数据的有机结合，可以提高大数据联盟数据资源的价值活力，从而为大数据联盟标准化数据挖掘服务产品的形成提供原始数据。

（2）数据融合层。数据融合是对所获取的内源数据和外源数据进行抽取（全量抽取、增量抽取）、转换（数据清洗、数据转换）和装载的过程。将大量的、分散的、不完整的原始数据进行统一化、去冗余化、完整化，实现对多源数据的融合，保障标准化数据挖掘服务产品的质量。

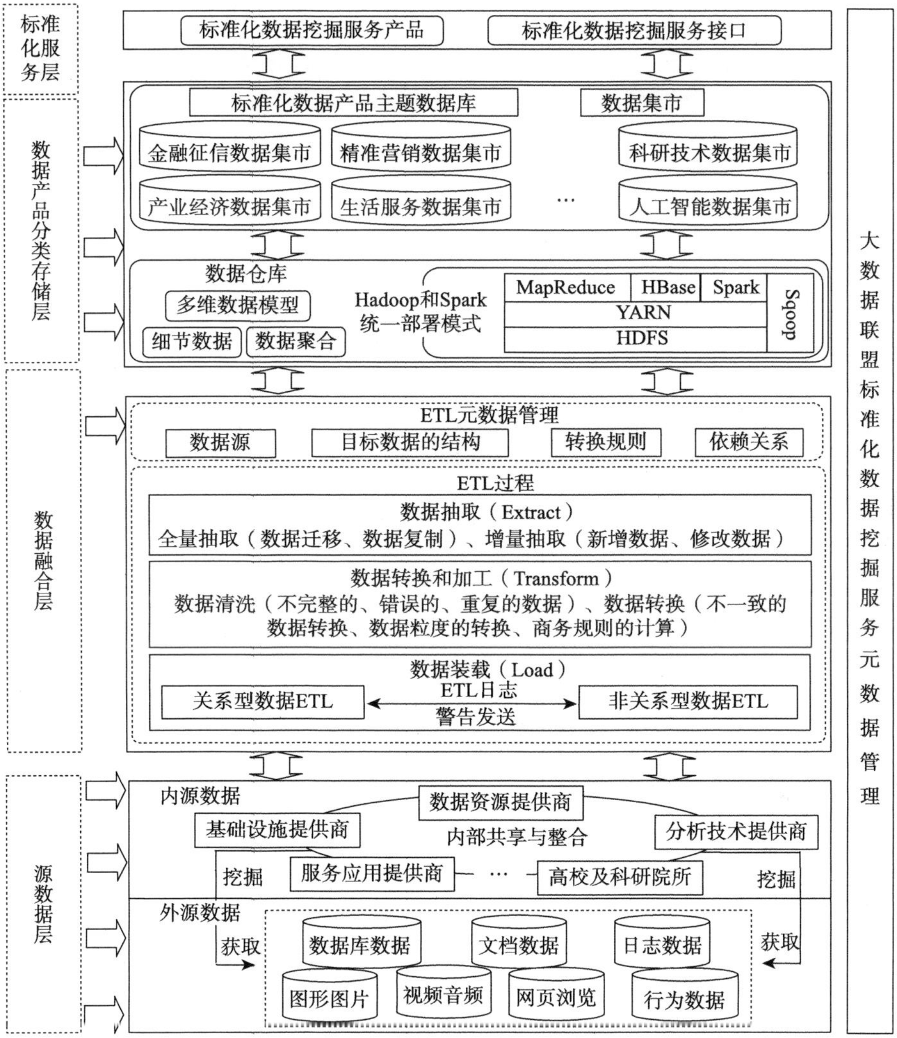

图 5-7　大数据联盟标准化服务产品形成过程

（3）数据产品分类存储层。数据融合完成以后，通过搭建 Hadoop 和 Spark 统一部署模式下的大数据联盟数据仓库，可以按主题将融合之后的数据资源进行快速、实时、准确地分类存储，从而形成不同类型的标准化数据挖掘服务产品数据集市。其中包含金融征信数据集市、精准营销数据集市、科研技术数据集市、产业经济数据集市、健康医疗数据集市、企业管理数据集市、生活服务数据集市、交通地理数据集市、舆情监测数据集市和人工智能数据集市。通过对数据产品的分类和存储，可以实现联盟服务产品主题库的快速更新和服务需求的快速检索，为提升用户的服务体验提供良好的基础和条件。

（4）标准化服务层。标准化服务层主要是在数据产品分类存储完成以后，为用户提供标准化数据挖掘服务产品的接口，方便具有相应需求的用户进行服务产品访问与交易。

3. 标准化服务封装与发布

标准化服务封装与发布的目的是使用户快速搜寻到所需的服务并进行端口调用。其过程是：首先，建立一个标准化数据挖掘服务描述模板，服务提供方将所提供的服务产品，按基本信息、功能信息、评价信息和状态信息进行解析；其次，按照服务描述模板对所提供的服务进行统一化的描述，并形成描述文档（包括：注册文档、部署描述文档、端口实现文档）。其中，注册文档主要负责对已经注册的服务名称和类型进行描述；部署描述文档主要负责对服务的部署情况进行描述，包括服务端口地址和服务属性的映射关联等；端口实现文档主要是对服务端口进行描述，包括端口功能和使用方法；最后，将描述文件存储到数据仓库中的元数据库中，以便对服务的增加和删除进行管理，并将封装后的服务以全球广域网（world wide web，WWW）服务的形式进行网络发布与信息交互，实现用户的搜索、访问和调用。其服务封装与发布模型如图 5-8 所示。

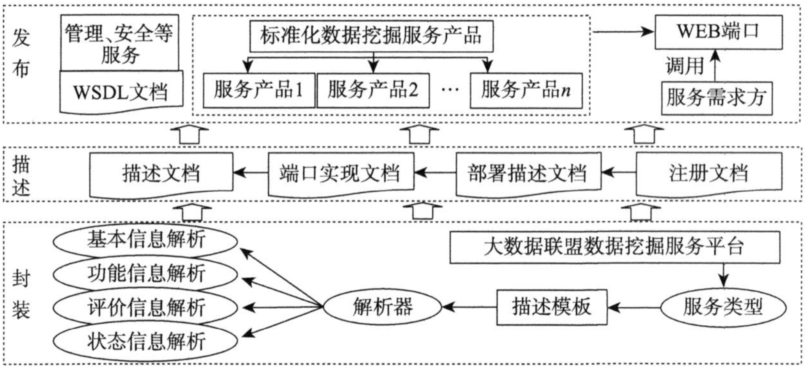

图 5-8　大数据联盟标准化数据挖掘服务的封装与发布模型

WSDL：web services description language，网络服务描述语言

大数据联盟标准化数据挖掘服务是将各类数据资源进行封装和服务化的结果。因此，对标准化数据挖掘服务进行服务描述有利于服务功能及服务信息的表达，且服务描述越具体，越有利于服务的精准搜索[7, 8]。将大数据联盟标准化数据挖掘服务形式化描述为：Service = {ServiceID, SBaseInfo, FunInfo, SQualityInfo, SStatuInfo} 分别表示服务标识、基本信息、功能信息、服务质量信息和状态信息，其所具有的功能如下。

（1）ServiceID。指标准化数据挖掘服务的标识属性，一旦确定将不会改变，用于实现服务的定位和检索。

（2）SBaseInfo。指标准化数据挖掘服务的基本信息，形式化描述为 SBaseInfo = {Name, SProvider,SPort,SIntroduction}，分别代表服务名称、服务提供方、服务端口和服务简介。

（3）SFunInfo。指标准化数据挖掘服务的功能信息。这部分内容也是用户在进行服务搜索时最看重的部分，可以形式化描述为 SFunInfo = {SField, DataGranularity}，分别代表服务应用领域（金融征信领域、精准营销领域、科研技术领域、产业经济领域、健康医疗领域、企业管理领域、生活服务领域、交通地理领域、舆情监测领域和人工智能领域）、数据粒度（通常取值 0 到 1 之间，数值越小代表数据细化程度越高）。

（4）SQualityInfo。指标准化数据挖掘服务的质量信息，形式化描述为 SQualityInfo = {SPrice,STime}，分别代表服务的价格（元）、服务响应时长（秒）。

（5）SStatuInfo。指大数据联盟标准化数据挖掘服务的状态信息，形式化描述为 SStatuInfo = {Valid, InValid}，分别代表有效和失效两种状态。有效状态是指该服务可以为用户提供服务，而失效状态是指该服务暂不能被用户使用。有效状态可以根据服务进程形式化描述为 Valid = {PendingPayment, Serving, Pending Comment, Refunding, Completed}，分别代表待付款、服务中、待评价、退款中、已完成。

4. 标准化数据挖掘服务交付

在完成支付以后，平台将服务内容发送到指定的服务接口，实现大数据联盟标准化数据挖掘服务内容交付，交付的服务内容包括以下几点。

（1）标准化数据挖掘服务产品。针对用户选择并购买的标准化数据挖掘服务产品，以服务端口的形式，供用户进行自主下载。

（2）服务内容说明。当用户完成支付以后，服务提供方不仅需要提供服务接收接口还要交付给用户相应的数据产品的属性说明文档，以方便用户顺利使用标准化数据服务产品。

（3）服务计费说明。在用户进行大数据联盟标准化数据挖掘服务选择时，平台需要向用户提供服务内容的计费说明（如按次收费、按流量收费或一次性收费等相关说明），并提供标准化数据挖掘产品的费用构成，使用户可以充分了解该数据产品的费用结构。

（4）服务售后保障。在成功交付完成以后，大数据联盟还应为用户提供售后咨询服务，以保证用户在服务产品使用过程中不会出现不能自主解决的问题。并以平台强大的服务售后保障体系，为用户提供放心的服务。

5.2.4　大数据联盟标准化数据挖掘服务方式

通过自助式服务方式和咨询式服务方式使用户实现标准化数据挖掘服务内容选择，并提高服务提供方和服务需求方的交互质量和服务满意度，对标准化数据挖掘服务的快速搜索和服务交易具有重要作用。

1. 自助式服务方式

随着计算机和网络技术的快速发展，网上存储、交流、信息传播、资源共享和远程检索成为现实。用户可以通过任何一台联网计算机随时随地浏览、检索和获取自己所需的服务信息。大数据联盟标准化数据挖掘自助式服务方式通过简单的操作，可以使用户自主、灵活地获取相关服务。以自取所需、自我服务为服务理念，从而实现对大数据联盟中标准化数据挖掘服务内容的有效检索，以最快捷、最简单的方式满足用户的数据层级挖掘服务需求。其中，自助式服务方式的优势在于以下几个方面。

（1）清晰明了的服务界面。自助式服务方式是从服务内容的角度出发，在充分了解用户需求的基础上提供的一种服务。因此，它在服务产品类别的设置上，考虑到用户的需求特点，将服务封装成各种功能类别不一的产品。通过服务类型和应用领域的划分，以产品窗口的形式展现在用户面前，为用户进行服务搜索提供清晰明了、友好的界面。

（2）方便快捷的服务流程。用户可以通过自助式的服务方式进行自主的服务搜索、选择、支付、下载等操作，实现服务的快速应答，减少了服务的中间环节，提高了服务的整体效率。

（3）优质的用户体验。标准化数据挖掘自助式服务方式可以为用户提供优质的用户感受，尽可能地满足各类用户的各种需求。让用户体会到“有需求，到这里，满足你”的服务体验，提高用户的满意度和忠诚度。

大数据联盟标准化数据挖掘服务的自助式服务方式，具有简单的服务流程，其服务方式示意图如图 5-9 所示。

2. 咨询式服务方式

通过提供搜索引擎互动问答的方式，帮助引导用户自主利用服务信息，充分

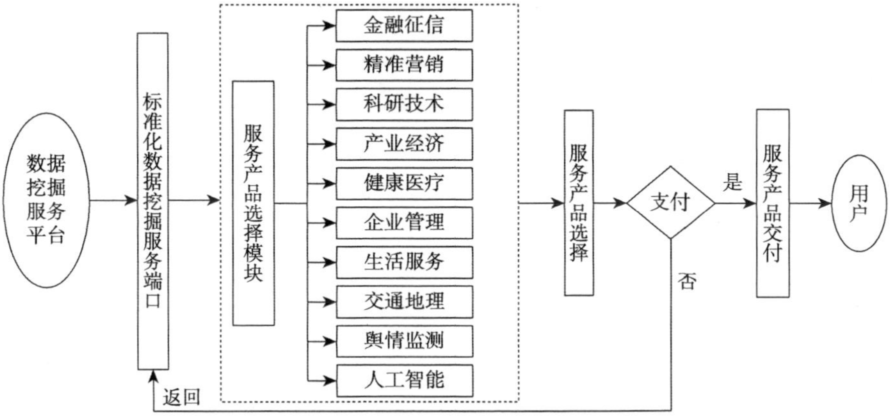

图 5-9　自助式服务方式示意图

发挥用户的主动性和积极性，达到用户检索并使用服务的目的。

咨询式服务方式能够及时、有效、准确地在服务提供方和服务需求方之间建立沟通桥梁，为服务实现提供支撑。利用先进的计算机技术将服务目录、描述文档数据库、服务资源库等整合起来，与各类资源一起组成一个流畅的信息链。并通过网络提供在线咨询服务，使在线服务人员可以利用丰富的检索经验和技巧，为用户提供检索经验和建议。其中，咨询式服务方式的优势在于以下几个方面。

（1）提高服务整体效益。随着用户需求的不断变化和服务产品的不断更新，用户在服务搜索过程中可能由于检索方式或关键词搜索方式不对，无法搜索到令用户满意的服务内容。咨询式服务方式可以通过专业知识、搜索经验及实时的服务信息获取渠道，实现服务的快速、正确搜索，提高用户的服务体验和服务整体效益。

（2）保障用户的消费权益。服务也是一种产品，因此，在用户的服务消费过程中，如何保障用户的消费权益，维护他们的自身利益，是大数据联盟标准化数据挖掘服务所应考虑的关键问题。咨询式服务方式关注用户在消费的过程中，是否可以获取其所需的优质服务，有效解决了需求与服务不匹配的问题，对提升用户满意度及服务产品的知名度具有重要作用。

（3）为定制化数据挖掘服务提供保障。当未发现与其需求描述相匹配的服务时，在线服务人员可以建议其选择定制化数据挖掘服务，以更加具有针对性的、个性化的服务方式为用户提供数据挖掘服务。

因此，咨询式服务方式，是用户在对服务产品不甚了解或者有问题咨询的前提下，进行服务产品的选择，其服务方式示意图如图 5-10 所示。

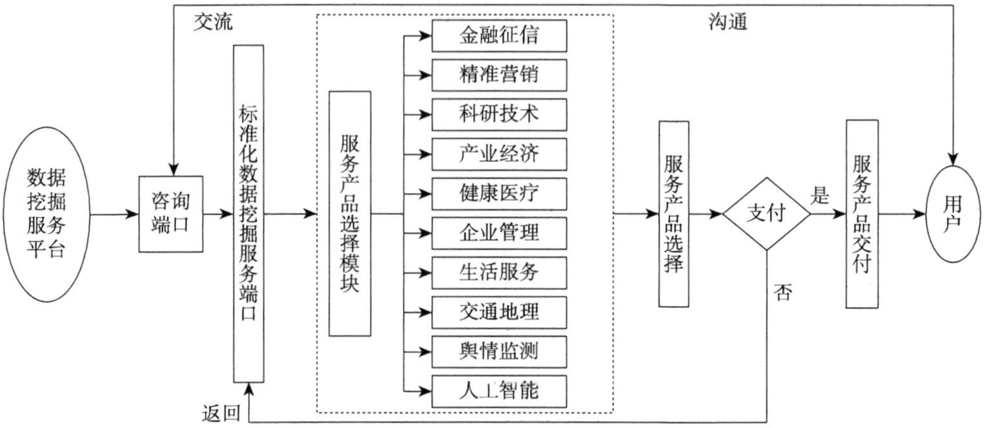

图 5-10　咨询式服务方式示意图

5.2.5　大数据联盟标准化数据挖掘服务实现保障

1. 售后服务保障

大数据联盟标准化数据挖掘服务的顺利开展离不开售后服务的支持。在服务交易过程中，提供服务接口的同时，还要顺带签订售后服务承诺书。其内容主要包括服务内容质量的保证、服务响应时间及相关技术培训的保证、服务周期的保证等。并制定售后保障服务费用、售后服务保障范围等相关细则，充分保障服务需求方的合法权益。合格的售后服务保障措施需要服务提供方和服务需求方之间建立一个良好的沟通环境。因此，结合大数据联盟标准化数据挖掘服务平台的服务特征，依据服务需求方获取售后服务渠道的不同，将售后服务保障分为电话热线服务保障措施、网络支持服务保障措施、现场支持服务保障措施，以下为具体内容。

（1）电话热线服务保障措施。电话热线服务保障措施是大数据联盟标准化数据挖掘服务售后保障中最基本的保障措施。该保障措施是通过移动电话终端在平台和用户之间建立沟通，实现实时沟通的售后服务保障措施。用户在服务产品使用过程中遇到问题可以得到快速、专业的指导与解答，让用户获得一个良好的售后体验。

（2）网络支持服务保障措施。网络支持服务保障措施是用户通过使用接入互联网的计算机，登录平台的售后服务界面进行服务问题沟通的网络化服务保障措施。该保障措施的主要特点是可以根据用户在使用过程中所遇见的问题，以图片、音乐、视频等形式进行问题的呈现，可视化程度较高，便于服务需求方理解问题，获得更好、更快和更加准确的可操作性服务指导。

（3）现场支持服务保障措施。现场支持服务保障措施是针对重大的或用户无法通过自身知识进行解决的问题而采取的一种由专业技术人员进行现场指导的服务保障措施。该服务保障措施主要特点在于，虽然问题解决存在周期性（从问题的提出到专业人员的现场指导需要一段时间的等待），但是问题的解决质量是最高的，可以对用户进行相关问题的解决办法指导，以免类似问题再发生。

2. 运营监管保障

对大数据联盟标准化数据挖掘服务实施运营监管是保证服务实现的重要条件。根据对数据挖掘服务体系架构及数据挖掘服务主体的特点分析，从标准化数据挖掘服务需求方（即用户）、标准化数据挖掘服务流程、标准化数据挖掘服务提供方，建立大数据联盟标准化数据挖掘服务运营监管保障措施。

（1）对标准化数据挖掘服务需求方（即用户）的监管措施。在标准化数据挖掘服务过程中，大数据联盟需要对服务需求方制定详细的管理办法。其中，包括需求方的权利与义务说明、服务安全性说明（禁止利用联盟提供的服务进行非法活动）、申请审核流程、服务所有权归属说明、服务转载和共享说明等。并在国家数据服务交易条例和法律法规框架的指导下，对服务需求方进行及时监管，约束其行为，对违反服务交易规则的行为进行及时发现、及时禁止和及时处理。

（2）对标准化数据挖掘服务流程的监管措施。在标准化数据挖掘服务过程中，首先，要对标准化数据挖掘服务内容进行监管和控制。对服务内容、服务种类、服务端口、服务提供方进行统一化管理，并制定数据挖掘服务流程具体规则，包括服务操作程序、交易纠纷的解决、交易暂停、恢复和取消等具体内容。其次，要建立服务合同的生效和废止章程，维护服务交易过程中合同的有效性。最后，大数据联盟数据挖掘服务平台应建立服务用户相关资料，并制定严格的资料查询和保密制度，对标准化数据挖掘服务进行动态监管。

（3）对标准化数据挖掘服务提供方的监管措施。在服务实现过程中，需要对服务供需双方的行为进行监管，并制定详细的管理办法，主要包括对服务提供方的权利和义务说明、服务安全性说明（用于交易的数据必须是脱敏数据，保护数据源的用户隐私）、服务交易协议制定等相关内容。设立服务督察小组并制定仲裁条款，对服务合作过程中发生的冲突和矛盾行为，进行追责与化解。确保标准化数据挖掘服务顺利进行，保障服务需求方的合法权利。

5.3 大数据联盟定制化数据挖掘服务

根据用户的特征层级挖掘服务需求的描述，结合联盟成员的服务能力，通过数据资源准备、模型选择与评估、服务交付，为具有定制化服务需求的用户提供定制化、个性化的数据挖掘服务，实现联盟多样性的数据挖掘服务内容。

5.3.1 大数据联盟定制化数据挖掘服务模式整体架构

大数据联盟数据挖掘定制化服务模式是在标准化数据挖掘服务模式基础上的升级，是在标准化数据挖掘服务所提供的服务内容无法满足用户需求时，所提供的一种服务内容可定制的数据挖掘服务模式。其过程首先是用户通过联盟服务平台提出定制化服务请求，平台对服务任务进行分解，然后在联盟成员中进行服务能力搜索，组建联盟任务小组，并进行数据准备、模型选择、模型评估等过程，最后将定制化服务内容交付给用户。其整体架构如图 5-11 所示。

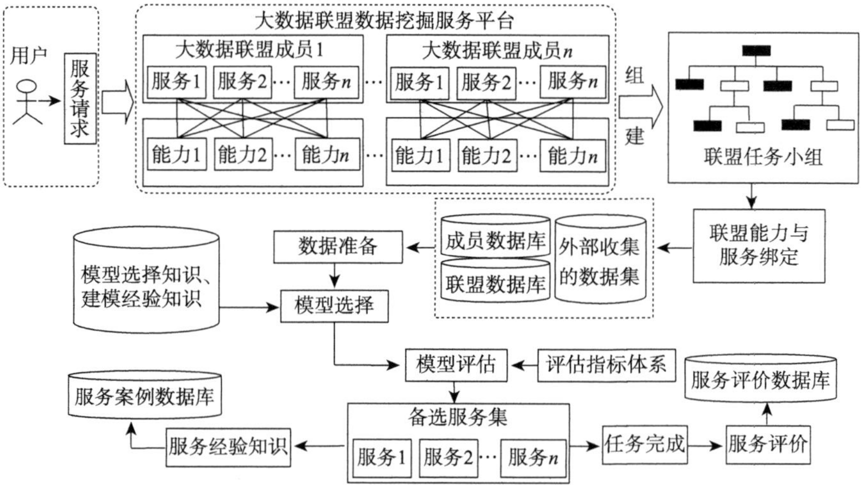

图 5-11　定制化数据挖掘服务模式整体架构

5.3.2　大数据联盟定制化数据挖掘服务内容与定价

1. 大数据联盟定制化数据挖掘服务内容

大数据联盟定制化数据挖掘服务内容，是针对用户在标准化数据挖掘服务产品中，在通过服务内容检索无法获取所需服务产品情况下，所形成的一种面向用户特征层级数据挖掘服务需求的定制化服务内容。该服务内容主要是通过对不同领域的数据进行定制化挖掘、分析、解释等操作，以定制化服务产品的形式，提供便于用户理解的、解决用户当前问题的服务产品。其中，大数据联盟根据自身的数据资源类型和数据挖掘能力，进行定制化数据挖掘服务内容提供，其服务内容主要包括：金融征信类定制化数据挖掘服务、精准营销类定制化数据挖掘服务、科研技术类定制化数据挖掘服务、产业经济类定制化数据挖掘服务、健康医疗类定制化数据挖掘服务、企业管理类定制化数据挖掘服务、生活服务类定制化数据挖掘服务、交通地理类定制化数据挖掘服务、舆情监测类定制化数据挖掘服务、人工智能类定制化数据挖掘服务，这十类定制化数据挖掘服务。用户根据自身的服务需求类型，进行相对应的定制化数据挖掘服务内容的选择，通过与联盟任务小组进行服务交互、组合、挖掘、封装、解释，最终形成令用户满意的服务结果，如表 5-3 所示。

表 5-3　大数据联盟定制化数据挖掘服务内容

序号	定制化数据挖掘服务分类	定制化数据挖掘服务内容介绍
1	金融征信类定制化数据挖掘服务	融资数据挖掘与分析、征信数据挖掘与分析、上市数据挖掘与分析等
2	精准营销类定制化数据挖掘服务	商品条形码数据挖掘与分析、物流数据挖掘与分析、交易评价数据挖掘与分析等
3	科研技术类定制化数据挖掘服务	专利数据挖掘与分析、版权数据挖掘与分析、产品成果转化数据挖掘与分析等
4	产业经济类定制化数据挖掘服务	产业政策数据挖掘与分析、农产品电子商务数据挖掘与分析、信息技术发展数据挖掘与分析等
5	健康医疗类定制化数据挖掘服务	门诊诊疗数据挖掘与分析、医药器具销售数据挖掘与分析、保险理赔满意度数据挖掘与分析等
6	企业管理类定制化数据挖掘服务	企业银联 POS 交易报告挖掘与分析、上市企业详情数据集挖掘与分析等
7	生活服务类定制化数据挖掘服务	天气趋势数据挖掘与分析、酒店销售数据挖掘与分析、生活垃圾分类数据挖掘与分析等
8	交通地理类定制化数据挖掘服务	车辆违章数据挖掘与分析、城际出行数据挖掘与分析、航班延误数据挖掘与分析等

续表

序号	定制化数据挖掘服务分类	定制化数据挖掘服务内容介绍
9	舆情监测类定制化数据挖掘服务	微信公众号数据挖掘与分析、新浪微博数据挖掘与分析、豆瓣评分数据挖掘与分析等
10	人工智能类定制化数据挖掘服务	支付宝人脸检测数据挖掘与分析、新能源汽车数据挖掘与分析、美团外卖数据挖掘与分析等

2. 大数据联盟定制化数据挖掘服务定价方法

从当前来看，大部分云服务提供商都是以用户更直观理解的方式，通过用户对资源的使用情况，按照一定的比例进行定价，如 Amazon EC2 和 Microsoft Windows Azure 等云服务提供商是通过资源的使用、存储和传输情况，采取“按使用付费”（pay-as-you-use）的思想。然而，该定价策略着重考虑服务提供商的收益，而忽略了用户的利益。针对上述问题，学者们又提出了考虑供应商和用户双方利益，以资源供求关系来确定价格的竞价机制、多轮组合拍卖竞价模型、基于双向拍卖的动态资源定价模型等，虽然综合考虑了服务提供商和用户双方的利益，但是忽略了用户对服务质量的需求。

根据肯特 · B. 门罗的相关研究可知，产品在定价时需要考虑成本、消费者需求、行业竞争、企业利润和政府管制五个因素。其中，成本为定价设置了价格下限，消费者需求为定价设置了价格上限，而企业利润为定价的盈利空间。因此，大数据联盟定制化数据挖掘服务在定价时，也应充分考虑这几方面因素进行科学定价。由于大数据联盟定制化数据挖掘服务任务是由多个小组成员共同完成，服务实现的过程中服务成本往往存在不确定性。又因为，大数据联盟定制化数据挖掘服务是面向特定用户的一种云服务，其服务内容定制化及服务需求的个性化等特征，在服务实现过程中不仅提升了服务的复杂性、服务的难度，还增加了服务成本，与传统信息服务产品的定价方式存在较大的差异。因此，需要寻求一种科学的定价策略，既能控制各小组成员的服务成本，又能满足用户的服务质量需求及保障大数据联盟的服务利润。

科学的定价策略不但影响联盟服务提供者的短期收益，还关乎着整个联盟的声誉和与服务消费者的关系，甚至整个大数据服务业的健康发展。不科学的定价策略在损害企业利益的同时，可能危及大数据联盟的稳定性。因此，根据大数据联盟定制化数据挖掘服务的特点，借鉴集中定价策略思想[9]，结合用户服务质量效用，构建大数据联盟定制化数据挖掘服务定价模型。对于大数据联盟定制化数据挖掘服务用户而言，根据其提出的定制化服务请求，建立服务质量效用函数，如下所示。

$$U_i(p_i,t_i,c_i)=U_0-\alpha p_i-\beta t_i-\lambda c_i \quad (5\text{-}6)$$

其中，$U_i(p_i,t_i,c_i)$表示用户对定制化数据挖掘服务内容 i 的服务质量的效用函数，由 p_i、t_i、c_i 三个参数决定；p_i 表示定制化服务 i 的价格；t_i 表示定制化服务 i 的服务响应时间；c_i 表示定制化服务 i 的服务稳定性；U_0 表示用户的初始效用；α、β、λ 分别表示服务价格、服务响应时间、服务稳定性的系数，为用户对价格、时间和稳定性的偏好程度，$\alpha+\beta+\lambda=1$。

对于大数据联盟定制化数据挖掘任务小组而言，服务成本函数如下：

$$C=G+\sum_{j=1}^{n}h_j \quad (5\text{-}7)$$

其中，h_j 表示服务任务分解后各成员的部分成本；G 表示各成员组织协作成本。因此，结合集中定价策略可将大数据联盟定制化数据挖掘服务的价格函数定义为

$$P_i^C=C\times[1+\text{profit}(i)]\times U_i(p_i,t_i,c_i) \quad (5\text{-}8)$$

综上可以发现，大数据联盟定制化数据挖掘服务价格与用户所期望服务质量因素（服务价格、服务响应时间、服务稳定性）相关，并与联盟各服务任务小组成员的服务成本、协作成本相关。因此，可以通过控制各成员服务成本、组织协作成本，在提高用户服务质量满意程度的同时，实现联盟服务任务小组各成员所期望获得的利润，为科学制定服务的价格，提高用户服务满意度提供有力保障。

5.3.3　大数据联盟定制化数据挖掘服务过程

1. 用户特征层级挖掘服务需求描述

为了更好地理解用户的特征层级挖掘服务需求，并进行针对性的定制化数据挖掘服务，需要将用户的需求进行形式化描述，从而为用户提供定制化数据挖掘服务解决方案。因此，大数据联盟定制化数据挖掘服务可以表示为一个五元组 $\text{CSC}=\langle \text{id},C^{\text{in}},C^{\text{out}},\text{SSet},\text{QoS}\rangle$。其中，id 代表服务的唯一标识；$C^{\text{in}}$ 代表服务的输入参数的集合；C^{out} 代表服务的输出参数的集合；SSet 表示需求的基本信息，包括需求的名称、需求的简要描述、需求所属的行业领域，用三元组 $\text{SSet}=\langle \text{R\_name},\text{R\_Basic},\text{R\_Domain}\rangle$ 进行表示。QoS 为服务的非功能属性，包括服务成本 $C(s)$、服务时间 $T(s)$ 和可靠性 $R(s)$，具体表示为 $\text{QoS}=\langle C(S),T(S),R(S)\rangle$。

1）服务需求输入输出描述

大数据联盟定制化数据挖掘服务需求的输入输出描述包括服务 id、服务 C^{in}

和服务 C^{out} 。其中，服务 id 为服务的唯一标识码。在大数据联盟进行定制化数据挖掘服务时，要对每一条服务申请进行统一编码，这样可以方便接下来的服务任务分解、存储和搜索等，以及为智能化数据挖掘服务智能检索提供便利。服务 C^{in} 表示在服务实现过程中所输入的数据资源及获取路径；服务 C^{out} 则表示在服务过程中所输出的服务产品，并需要对服务输出路径进行存储。

2）服务需求基本信息描述

大数据联盟定制化数据挖掘服务需求基本信息描述包括服务需求的名称 R_name 、服务需求的简要描述 R_Basic 和服务需求所属的领域 R_Domain 。其中，服务需求的名称 R_name 主要是在用户进行定制化数据挖掘服务时，针对自身所需的服务内容对服务进行命名，方便服务提供方进行服务追踪和服务搜索。服务需求的简要描述 R_Basic 是在服务需求的名称 R_name 的基础上对服务内容的更进一步、更加细致的解释。方便服务提供方更好地理解用户的服务需求，提供更有针对性的服务内容。服务需求所属的行业领域 R_Domain 可以更加准确地进行服务定位，便于服务资源的搜索，使大数据联盟定制化数据挖掘服务更好地执行。

3）服务需求质量约束描述

大数据联盟定制化数据挖掘服务质量的好坏决定了用户的满意程度。因此，满足用户提出的服务质量需求，是提升大数据联盟定制化数据挖掘服务用户满意度的重要前提。大数据联盟定制化数据挖掘服务质量指标主要包括服务成本（cost）、服务响应时间（time）、服务可靠性（reliability），可以形式化表示为 $\mathrm{QoS}=\langle C(S),T(S),R(S)\rangle$ 。其中， $C(S)$ 为服务成本， $T(S)$ 为服务时间， $R(S)$ 为服务可靠性。

第一，服务成本。服务成本是指用户进行定制化数据挖掘服务时所需支付的费用，用 $C(S)$ 表示。服务成本主要包括：服务交付时的费用和服务在使用过程中的维护费用。因此，服务费用的表达式如下所示。

$$C(S)=C_1+C_2 \tag{5-9}$$

其中， C_1 表示服务交付时的费用； C_2 表示服务在使用过程中的维护费用。

第二，服务响应时间。服务响应时间体现了大数据联盟数据挖掘服务平台响应服务的能力，主要为用户从客户端提交服务申请到获得服务资源所花费的时间。设大数据联盟定制化数据挖掘服务响应时间为 $T(S)$ ， $T_{\mathrm{pro}}(i)$ 表示服务处理的时间， $T_{\mathrm{trans}}(i)$ 表示服务从提交到返回结果的传输时间， n 表示服务的执行次数。则大数据联盟定制化数据挖掘服务响应时间公式如下：

$$T(S)=\sum_{i=1}^{n}(T_{\mathrm{pro}}(i)+T_{\mathrm{trans}}(i))/n \tag{5-10}$$

第三，服务可靠性。服务可靠性是指定制化数据挖掘服务在运行过程中所能正常执行的能力。设在$(0,t)$内执行定制化数据挖掘服务S的次数为n，正常执行的次数为n_i，则大数据联盟定制化数据挖掘服务可靠性方式如下：

$$R(S)=n_i/n \tag{5-11}$$

2. 联盟成员服务能力挖掘

当用户通过大数据联盟数据挖掘服务平台进行特征层级挖掘服务需求任务提交时，平台会对所提交的服务需求任务按照数据挖掘过程进行拆分，可分为数据收集子任务、数据处理子任务、数据分析子任务、数据解释子任务，并从联盟成员中搜索并匹配到满足各子任务的成员构成任务小组，为用户提供数据挖掘定制化服务，其任务分解流程如图 5-12 所示。

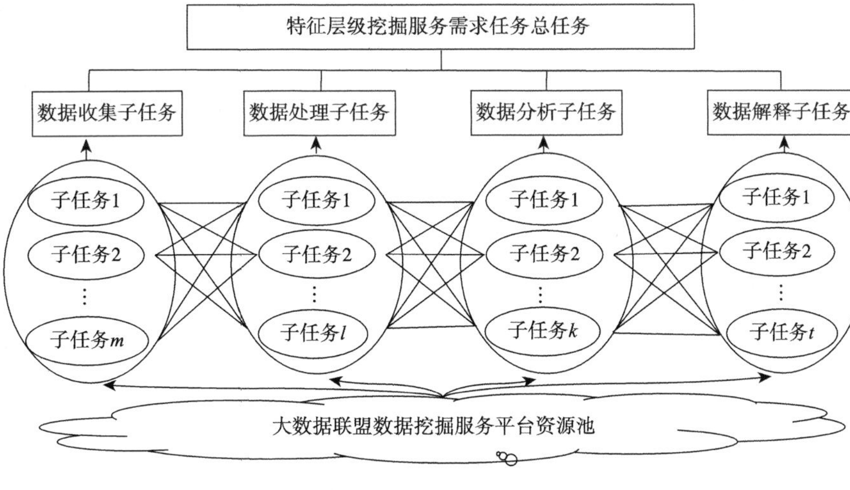

图 5-12　定制化数据挖掘服务任务分解流程

对定制化数据挖掘服务任务进行分解以后，需要根据每个子任务的需求进行任务小组组建。组建的核心思想是任务小组中的成员的核心能力在满足子任务需求的基础上，尽可能满足用户对服务成本、时间和可靠性的需求[10]。因此，可以将服务小组的组建过程看成满足一定条件的最优解求解过程。因此，借鉴蚁群算法，利用其强大的搜索和求解能力，通过联盟成员的能力向量对任务小组进行组建。

1）算法的核心思想

蚁群算法的核心思想是通过蚂蚁寻找食物的行为模拟定制化数据挖掘服务任务小组组建过程。即将用户需求看作蚂蚁寻找食物的起始点（即起始点S），然后将若干个满足子任务需求的联盟成员进行服务组合（即任务小组A的组建过程），共同完成定制化数据挖掘服务总任务（即目标点 T）。这样可以把定制化数据挖掘服务组合的问题转化成从起始点 S 到目标点 T 的符合要求且 QoS 较好的联盟成员企业选择的问题，如图 5-13 所示。

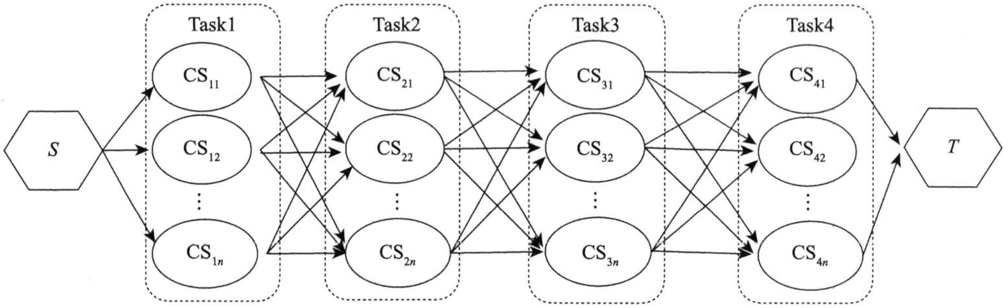

图 5-13　定制化服务任务小组组建过程模型

设大数据联盟定制化数据挖掘服务任务小组集是一个非空集合，为 $A=\{A_1,A_1,\cdots A_l\}$，则任意 A_i 都有一个能力向量 $\boldsymbol{B}_i=\{b_{i1},b_{i2},b_{i3}\}$，用于定量描述 A_i 所能提供定制化数据挖掘服务子任务能力的大小。其中，b_{i1} 的值表示为 A_i 的服务成本能力大小，b_{i2} 的值表示为 A_i 的服务响应时间能力大小，b_{i3} 的值表示为 A_i 的服务可靠性能力大小。因此，任务小组 A 的服务能力 $\boldsymbol{B}^A=\{b_1^A,b_2^A,\cdots,b_j^A\}$ 是 m 个联盟成员企业的能力向量的总和。其中 $\boldsymbol{B}^A$ 是判断任务小组 A 所提供的数据挖掘定制化服务质量好坏的标准，$\boldsymbol{B}^A$ 的值越大，则表明服务组合越受用户的肯定。同时也可以说明服务的质量越好及完成的效率越高。其能力向量的距离计算公式如下：

$$\boldsymbol{B}_p-\boldsymbol{B}_q=\sqrt{\sum_{p=1}^{i}\sum_{q=1}^{i}(b_{pm}-b_{qn})^2} \tag{5-12}$$

其中，$m,n\in j$。因此可以将大数据联盟数据挖掘定制化服务组合问题，转化为基于蚁群算法的联盟服务组合能力最优解的求解过程。也就是说，通过蚁群算法让蚂蚁选择符合要求的联盟成员企业组成 $\boldsymbol{B}^A$ 值最大的任务小组 A。

2）算法的流程

在进行任务小组选择时，构建联盟成员能力向量集，然后运用蚁群算法进行最优解求解。假设将 X 只蚂蚁放到给定的 n 个联盟成员位置上，每只蚂蚁会遵循以下原则进行运动。

第一，根据成员间路径上的信息素浓度，以一定的概率向其他联盟成员方向移动；

第二，在蚂蚁进行联盟成员选择时，不会再选取自己本次循环已经路过的联盟成员作为下一次的移动方向；

第三，当完成从一个联盟成员到另一个联盟成员移动或对所有n个联盟成员都进行一遍访问以后，要更新蚂蚁所经过路径上残留的信息浓度。

那么，t时刻位于联盟成员i的蚂蚁k选择联盟成员j作为任务小组成员伙伴的概率为

$$P_{ij}^{k}(t)=\begin{cases}\dfrac{[\tau_{ij}(t)]^{\alpha}[\eta_{ij}(t)]^{\beta}}{\sum\limits_{ij\in \text{allowed}_k}[\tau_{ij}(t)]^{\alpha}[\eta_{ij}(t)]^{\beta}}, & j\in \text{allowed}_k\\ 0, & \text{otherwise}\end{cases} \tag{5-13}$$

其中，$\tau_{ij}(t)$为t时刻连接成员i和成员j的路径上残留信息的浓度；$\eta_{ij}(t)$为由成员i转移到成员j的启发信息，并且$\eta_{lr}(t)=1/D(ij,lr)$；$D(ij,lr)$表示成员企业ij与成员企业lr的能力向量的距离；α为信息启发式因子，用于表示轨迹的相对重要性，反映了蚂蚁在运动过程中所积累的信息素对蚂蚁路径选择的重要程度，其取值越大，则该蚂蚁越倾向选择其他蚂蚁经过的路径，表明蚂蚁之间的协作性越强；β为期望启发因子，用于表示期望的相对重要性，反映了蚂蚁在运动过程中启发信息在蚂蚁选择路径上的受重视程度，其值越大，则表明该状态转移概率越接近贪心规则；Allowed_k用于表示蚂蚁下一步允许选择的联盟成员空间。为了避免对同一个联盟成员进行多次访问，每一只蚂蚁都保存一个列表tabu_k，用于记录当前为止，蚂蚁k已经访问过的联盟成员，且列表会随着迭代进程做动态调整。

为了避免残留信息素过多而引起残留信息覆盖启发信息的现象，在每只蚂蚁走完一步或对所有联盟成员n完成一次遍历搜索后，要更新各节点的残留信息。因此，$t+1$时刻在路径(i,j)上的信息量可按以下公式进行调整。

$$\tau_{ij}(t+n)=(1-\rho)\times\tau_{ij}(t)+\Delta\tau_{ij}(t) \tag{5-14}$$

其中，$\Delta\tau_{ij}(t)$为所有蚂蚁在路径(i,j)上留下的信息素之和，其定义如下：

$$\Delta\tau_{ij}(t)=\sum_{k=1}^{X}\Delta\tau_{ij}^{k}(t) \tag{5-15}$$

其中，ρ为信息素挥发因子；$1-\rho$表示信息的残留系数，为了防止信息素的无限积累，通常ρ的取值范围为$\rho\subset[0,1)$；$\Delta\tau_{ij}(t)$表示第k只蚂蚁在本次循环中留在路径上的信息量，其计算公式如下：

$$\Delta\tau_{ij}^{k}(t)=\begin{cases}\dfrac{Q}{L_k}, & \text{若第}k\text{只蚂蚁在本次循环中经过路径}(i,j)\\ 0, & \text{否则}\end{cases} \tag{5-16}$$

其中，Q为一个常量，表示当蚂蚁在完成一次完整的路径搜索之后所释放的信息

素总量；L_k 表示第 k 个蚂蚁在本次循环中所走路径的总长度。

步骤 1：初始化参数。当前迭代次数 NC，最大迭代次数 NC_{max}，路径 (i, j) 的初始化信息量 $\tau_{ij}(0)=C$，C 为常数。

步骤 2：将 X 只蚂蚁放在起始位置 S，令 $k=0$，k 表示本次循环的第 k 只蚂蚁，$k=(0,1,2,\cdots,M-1)$，并将初始位置放在禁忌表 tabu 中。

步骤 3：当迭代次数增加 1 次时，可以记为 $NC=NC+1$。

步骤 4：当蚂蚁数量增加 1 只时，可以记为 $k=k+1$。

步骤 5：根据状态转移概率 $P_{ij}^k(t)$，选择下一个联盟成员，同时将上一个访问的联盟成员放入禁忌表 tabu 中。以此类推，直至寻找到终点 T，然后将完成搜索任务的蚂蚁的禁忌表 tabu 清空。

步骤 6：如果蚂蚁的数量等于 X，则转到步骤 7，否则返回步骤 4。

步骤 7：根据式（5-14）和式（5-15）对每条路径上的信息素浓度进行更新。

步骤 8：当迭代次数达到 NC_{max} 时，则返回最终优选结果作为任务小组成员组建结果，结束循环，否则转到步骤 3 继续进行迭代。

蚁群算法流程图如图 5-14 所示。

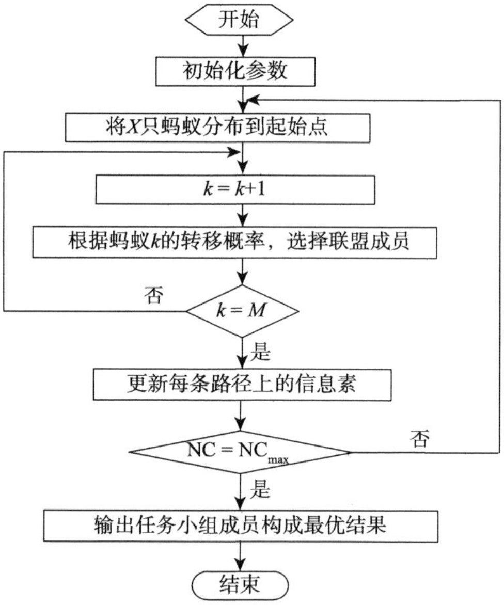

图 5-14　蚁群算法流程图

3. 联盟成员数据资源准备

当任务小组组建完成以后，小组各成员会根据用户的特征层级数据挖掘服务需求进行数据准备。然而，此时任务小组成员所拥有的或通过搜集获取的数据格式可能并不是规范和统一的，常常存在噪声、冗余、不一致等问题。因此，需要对与该服务相关的数据集进行处理，使其在挖掘过程中可以更加容易、有效地反映数据背后的知识和客观现实。主要的数据准备过程包括数据清洗、数据集成、数据转换和数据规约几个部分，其基本功能如下。

（1）数据清洗。数据清洗是通过填写空缺值、平滑噪声数据、识别和删除孤立点等操作，将那些重复的数据、缺失的数据、有噪声的数据等“脏数据”进行清理，进而形成满足数据挖掘服务需求质量的数据集。常用的集成方法包括填补遗漏的数据值、平滑有噪声的数据、识别和删除异常值等，数据清洗结构示意图，如图 5-15 所示。

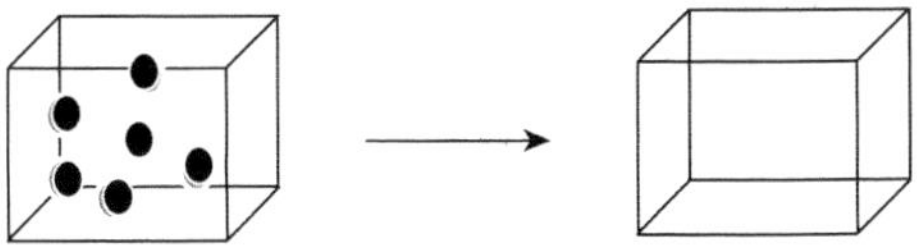

图 5-15　数据清洗结构示意图

（2）数据集成。随着数据量的迅速增长及数据库技术的广泛应用，各行各业的数据库管理存在着一定差异，将不同数据源的数据存放在一起是行不通的。因此，大数据联盟在进行定制化数据挖掘服务时需要对多源异构的数据进行统一格式存储和集成。将多源异构数据合并到一个可供数据挖掘服务使用的数据库中，在解决数据不一致问题的同时，能降低数据集的冗余性和模糊性，并提高数据挖掘的速度和精度。常用的数据集成方法包括数据聚集、数据泛化、数据光滑、离散化等，数据集成结构示意图如图 5-16 所示。

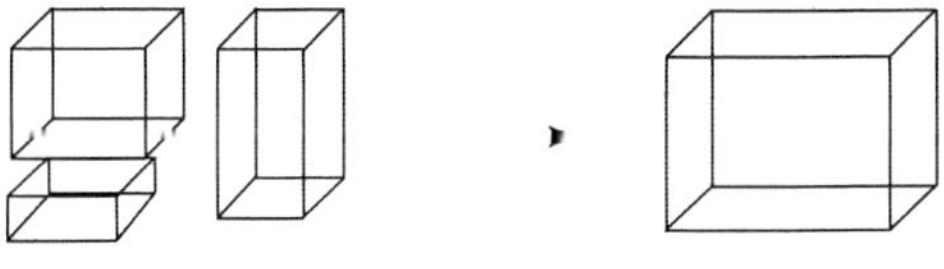

图 5-16　数据集成结构示意图

（3）数据转换。在进行定制化数据挖掘任务时，需要对相应的数据进行转换。所谓数据转换，就是用维变换或转换的方式，将数据转换成数据挖掘所需要的形式，或将数据属性按一定的比例进行缩放，使其在一个比较小的特定范围内，便于数据挖掘处理。常用的数据变换策略包括聚合处理、规范化、数据泛化、属性构造（特征构造）等，其数据变换示例如下所示。

$$-12,32,100,57,46 \to -0.12,0.32,1.00,0.57,0.46$$

（4）数据归约。数据归约主要的目的是缩减数据的规模。在海量数据面前，数据体量已经足够庞大，数据归约可以在尽可能保持原来数据特征的前提下，最大限度地精简数据量。常用的数据归约策略包括属性子集选择（逐步向前选择、逐步向后删除、向前选择和向后删除混合）、属性值约简、实例约简（抽样），其数据归约结构示意图如图 5-17 所示。

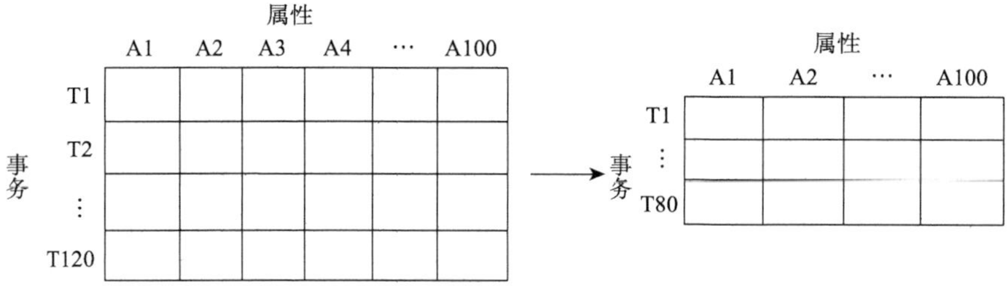

图 5-17　数据归约结构示意图

4. 数据挖掘模型选择与评估

1）数据挖掘模型选择

在完成数据准备工作以后，需要对数据挖掘模型进行选择或者构建。通常数据挖掘模型构建是领域专家通过分析业务特点，结合自身经验和建模知识，从模型库中选取适合的模型[11]。然而，数据挖掘模型的选择与构建受到设计人员建模经验、主观判断的制约，在经验的继承性方面还存在巨大的挑战，且缺少对模型选择的系统性分析。数据挖掘的对象往往是业务数据，虽然所属领域和特征不同，但是数据本质和固有特征是稳定的。因此，可以将模型的选择、改进过程进行信息化表达，从而以知识的形式进行存储，解决服务实现过程中经验不足和继承性差的问题。目前，主流的数据挖掘模型主要有分类与预测、聚类分析、关联规则等。因此，当大数据联盟在进行定制化数据挖掘服务实践时，可根据当前主流的数据挖掘模型进行应用或改进，来保障定制化数据挖掘服务任务的顺利开展。

第一，分类与预测模型。分类与预测模型是预测问题的主要模型。其中，分类是指构造一个分类模型，并通过输入样本的属性值，将其映射到预先定义好的类别中的过程。预测是通过建立两种或两种以上变量间的函数模型，对样本进行预测。分类与预测模型主要有回归分析模型、决策树模型、人工神经网络模型、贝叶斯网络模型、SVM 模型。模型介绍及适用性说明如表 5-4 所示。

表 5-4　分类与预测模型简介及适用性说明

模型名称	模型简介及适用性说明
回归分析	回归分析实现的是预测样本属性与其他变量间相互依赖的定量关系，主要有线性回归模型、非线性回归模型、Logistic 回归模型、主成分回归模型等。 1. 线性回归。适用于因变量和自变量是线性关系的情况下，以一个或多个自变量和因变量间的线性关系进行分析，并建模。 2. 非线性回归。不同于线性回归，是对一个或多个自变量和因变量间的非线性关系进行建模。 3. Logistic 回归。适用于因变量一般只有 1 和 0（是、否）两种取值的情况下，利用 Logistic 函数将因变量的取值范围控制在 0、1 之间。 4. 主成分回归。适用于参与建模的自变量间具有多重共线性的情况，是一种参数估计的回归方法，可以消除自变量间的多重共线性。
决策树	决策树是一种树状结构的数据挖掘模型，采用自顶向下的递归方式，将样本划分到若干个子集中，主要有 ID3 决策树模型、C4.5 决策树模型、CART① 决策树模型等。 1. ID3 决策树模型。适用于离散的描述属性的情况下，通过信息增益的方法进行属性选择，将每个节点所对应到合适的分类中去。 2. C4.5 决策树模型。适用于连续的描述属性的情况，通过信息增益率的方法来选择节点属性。 3. CART 决策树模型。适用于非参数分类的情况，通过构建树、剪枝、评估等环节构建的二叉树，通过区分终结点是连续变量还是分类变量，将树分为回归树和分类树。
人工神经网络	人工神经网络是模拟生物神经网络进行信息处理的一种数学模型，主要有 BP② 神经网络模型、LM③ 神经网络模型、RBF④ 径向基神经网络模型、GMDH⑤ 神经网络模型等。 1. BP 神经网络模型。是一种误差校正学习算法。其思想是从后向前逐层传播输出层的误差，来间接算出隐层误差。 2. LM 神经网络模型。是基于梯度下降和牛顿法的多层前馈神经网络，主要优点是迭代次数少，收敛速度快且结果精度高等。 3. RBF 径向基神经网络模型。适用于解决分类问题，其特点是可以以任意精度逼近任意连续函数，且从输入层到隐含层是非线性的，而从隐含层到输出层是线性的变换。 4. GMDH 神经网络模型。适用于预测的一种前馈神经网络，其特点是网络结构并不固定，可以在训练中不断改变。
贝叶斯网络	适用于研究不确定性的推理方法，取决于先验知识的正确和后验知识的丰富和准确，是一种把先验知识和从数据中搜集的新证据相结合的统计原理。
SVM	适用于有限样本且高维数据的回归、预测和分类等问题，其特点是随着选取核函数的不同，模型既可以是线性的也可以是非线性的。

注：①CART：classification and regression tree；②BP：back propagation；③LM：Levenberg Marquardt；④RBF：Radial Basis Function；⑤GMDH：group method of data handling

第二，聚类分析模型。聚类分析模型是在没有给定预先划分类别的情况下，根据数据自身相似度进行样本分类的一种数据挖掘模型，是一种非监督的学习算法。其基本思想是寻求将整个数据集划分到相对均匀的组或者簇中，使组内距离最小化而组间距离最大化。它主要有划分模型、层次分析模型、基于密度模型、基于网格模型。具体模型简介及适用性说明如表 5-5 所示。

表 5-5　聚类分析模型简介及适用性说明

模型名称	模型简介及适用性说明
划分模型	划分模型主要有 K-Means 算法（K 均值）、K-MEDOIDS 算法（K 中心点）、CLARANS 算法（随即搜索聚类）等。 1. K-Means 算法。适用于处理小量的数据集，其核心思想是使用均值作为聚点，在最小化误差函数的基础上将数据集划分到预设的 K 个类别中去。 2. K-MEDOIDS 算法。该方法初始点的选择必须限定在样本点中，且使用中位数作为聚点，对大规模数据性能更好，但伸缩性较差。 3. CLARANS 算法。该方法是一种分割聚类方法，适用于小数据集，对小数据集非常有效但对大数据集的聚类效果并不理想。
层次分析模型	层次分析模型主要有 BIRCH 算法（平衡迭代规约和聚类）、CURES 算法（代表点聚类）、CHAMEKEON 算法（动态模型）。 1. BIRCH 算法。适用于大数据量样本，且适用于类的分布呈凸形及球形的情况。其核心思想是用一个聚类特征三元组表示一个簇的有关信息，从而使一簇点表示对应聚类的特征，而不用具体的一组点来表示。 2. CURES 算法。使用代表点的聚类方法，将每个数据看成一类，合并距离近的类直到类的个数符合要求为止，适用于小样本数据，对于大量数据集聚类时间复杂度过大。 3. CHAMEKEON 算法。是一个两阶段聚类方法。其基本思想是将数据集构造成一个 K 最近邻图 GK，再通过一个图的划分算法将图 GK 划分成大量的子图，然后反复合并子簇，形成最终聚类结果。
基于密度模型	基于密度模型主要有 DBSCAN 算法（基于高密度链接区域）、DENCLUE 算法（密度分布函数）、OPTICS 算法（对象排序识别）等。 1. DBSCAN 算法。不仅适用于凸样本集还适用于非凸样本集，是一种典型的密度聚类算法，聚类速度快且能够有效处理噪声点。不适用于样本数量过大的数据集，其核心思想是假定类别可以通过样本分布的紧密程度来划分，且同一类别的样本是紧密相连的。 2. DENCLUE 算法。是通过构建影响函数将每个数据点的影响用一个数据函数来形式化模拟，确定密度吸引点来得到最终聚类结果。 3. OPTICS 算法。该算法是对 DBSCAN 算法的一种改进，适用范围也与它很类似，其核心思想是通过对数据样本进行排序，得到一个有序的对象列表，从队列中可以获得任意密度的聚类。
基于网格模型	基于网格模型主要有 STING 算法（统计信息网络）、CLIQUE 算法（聚类高维空间）、WAVE-CLUSTER 算法（小波变换）等。 1. STING 算法。是一个基于网格的多分辨率聚类方法，针对不同级别的分辨率，形成多个矩形单元并形成一个由高层和低层组成的层次结构，其适用于网络结构中大样本数据的并行处理和增量更新。 2. CLIQUE 算法。适用于较大的多维数据，用于发现子空间中基于密度的簇，找出高维数据空间中存在的低维聚类。其基本思想是将每个维划分成不重叠的社区，从而把数据对象的整个嵌入空间划分成单元。 3. WAVE-CLUSTER 算法。适用于包含大量孤立离群值的多维大规模数据样本，是目前去噪的主要方法之一。

第三，关联规则标准化模型。关联规则的目的在于在一个数据集中找到数据之间的关联关系，主要有 Aprior 模型、FP-Tree 模型、Eclat 模型、灰色关联模型。具体模型简介及适用性说明如表 5-6 所示。

表 5-6　大数据联盟数据挖掘关联规则标准化模型简介及适用性说明

模型名称	模型简介及适用性说明
Aprior 模型	适用于对小规模事务数据库中的数据关联性分析和挖掘，其核心思想是首先找到所有频集，确定最小支持度，然后由频集产生强关联规则，通过剪枝生成频繁项集。
FP-Tree 模型	适用于大规模的数据仓库中的数据关联性分析，其核心思想是将提供频繁项集的数据库压缩到一棵 FP-Tree 来保留项集关联信息，然后将压缩后的数据库分成一组条件数据库，并关联一个频繁项集。
Eclat 模型	Eclat 算法是一种深度优先算法，采用垂直数据表示形式，适用于大规模数据集的关联性分析，其核心思想是通过扫描一遍数据库，获取一维的频繁项集，然后无须再扫描数据库，直接处理所有的一维频繁项集，最终递推得到所有的频繁项集。
灰色关联模型	适用于用来衡量隐私间关联程度，是一种多因素统计分析方法。其核心思想是在一个灰色系统中，发现某个项目受其他因素影响的相对强弱。

当大数据联盟在进行定制化数据挖掘服务时，会根据数据集和挖掘任务的特征选取适合的模型。当模型选择以后可以根据挖掘目标进行模型改进，来满足最后的挖掘结果。在此过程中，每完成一项定制化数据挖掘服务以后，将模型选取、模型改进的经验和知识，以信息的形式表达并存储在联盟知识库中，因此，可以将数据挖掘建模经验形成具备一定规模的模型库和知识库，为接下来的模型选择或模型改进提供经验知识，这对实现模型的快速、准确选择具有重要价值和意义。

2）指标体系构建原则

当模型选择完成以后，会得到若干个有效的数据挖掘模型。然而如何判定哪个模型更有效、更有价值、更能反映出数据挖掘的真实结果，需要通过可量化、可理解的方式来选择最有效的挖掘模型。因此，有必要设计一个数据挖掘模型评估标准来客观、公正地对初选的数据挖掘模型性能进行对比。并且在平衡各模型优缺点的基础上，选出最适合目标服务任务的挖掘模型。通常来讲，数据挖掘模型预测的精确度是检验模型好坏的一个重要指标，但不是唯一的指标。仅追求模型精确率，而忽视数据挖掘的建模目的是不科学的。因此，挖掘结果的准确性与实用性相结合才是评估数据挖掘模型的根本标准。在模型投入实际应用前，需要经过多方面的评估，从而确定模型可以达到服务任务要求。综上所述，建立合理的数据挖掘模型评估指标体系，是数据挖掘模型评估最关键的问题。并且，构建一个健全的指标体系应遵循以下几条基本原则。

第一，全面性原则。在对数据挖掘模型评价指标进行设计时，应综合考虑模型的准确度、时间复杂度、模型提升度等，最大限度地对模型进行全方位、多角度的综合评价。

第二，平衡性原则。在对数据挖掘模型评价指标进行设计时，不仅要关注模型的性能指标，还要关注模型的资源消化，做到性能优势和资源消耗的平衡，是一套优秀的模型评价指标应具备的。

第三，实用性原则。数据挖掘模型的最终目标是应用，因此在对数据挖掘模型评价指标进行设计时，应考虑模型的实用性，以及能够为挖掘业务带来多大的效益。

3）数据挖掘模型评估指标体系构建

通过上述分析，根据数据挖掘模型评估指标体系的全面性、平衡性、适用性原则，从模型的正确性、价值性和代价三方面，构建具备概述层和细则层两层结构的大数据联盟数据挖掘模型评估指标体系，如图 5-18 所示。

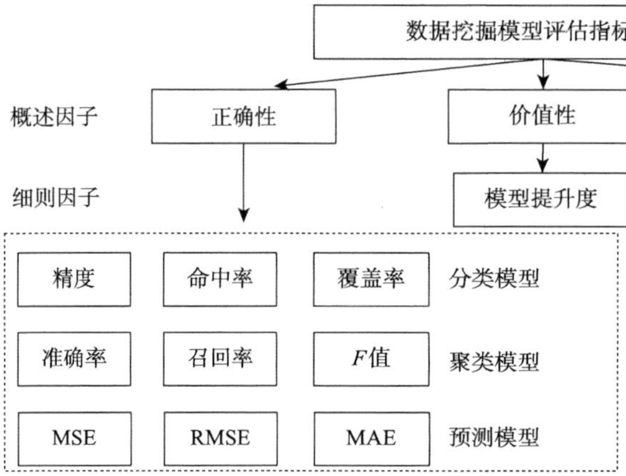

图 5-18　数据挖掘模型评估体系

MSE：Mean Square Error，均方误差

RMSE：Root Mean Square Error，均方根误差

MAE：Mean Absolute Error，平均绝对误差

虽然数据挖掘模型具有不同的类型（分类模型、聚类模型、预测模型），但是可以从模型的性能和结果中，抽象出概括模型性能的评价指标，称之为评价概述因子。评价概述因子所对应的评价因素，称为评价细则因子，来解决不同类型的数据挖掘模型评估的问题。其中，各细则因子的计算公式如下。

（1）分类精度、命中率、覆盖率表达式分别为

分类精度（ClassPrecision）：

$$\text{ClassPrecision} = \sum_{i=1}^{m} \text{TC}_i / \text{AS} \qquad (5\text{-}17)$$

其中，TC_i 为针对 i 类别，预测的分类结果与实际的分类结果完全正确划分的样本数量；AS 为参加测试的总样本数量。

命中率（HitRate）：

$$\text{HitRate} = \sum_{i=1}^{m} \text{TC}_i / \text{PS}_i \quad (5\text{-}18)$$

其中，PS_i 表示预测的样本属于 i 类别的总数量。

覆盖率：

$$\text{Coverage} = \sum_{i=1}^{m} \text{TC}_i / \text{FS}_i \quad (5\text{-}19)$$

其中，FS_i 表示实际上预测样本中属于 i 类别的总数量。

（2）聚类结果的准确率、精确率、召回率、*F*-measure 可以用混淆矩阵进行表示，混淆矩阵如表 5-7 所示。

表 5-7　混淆矩阵

混淆矩阵		预测值	
		Positive	Negative
真实值	Positive	TP（True Positive）	FN（False Negative）
	Negative	FP（False Positive）	TN（True Negative）

准确率（Accuracy）：

$$\text{Accuracy} = \frac{\text{TP} + \text{TN}}{\text{TP} + \text{TN} + \text{FP} + \text{FN}} \quad (5\text{-}20)$$

精确率（Precision）：

$$\text{Precision} = \frac{\text{TP}}{\text{TP} + \text{FP}} \quad (5\text{-}21)$$

召回率（Recall）：

$$\text{Recall} = \frac{\text{TP}}{\text{TP} + \text{FN}} \quad (5\text{-}22)$$

F-measure：

$$F1 = \frac{2P \times R}{P + R} \quad (5\text{-}23)$$

（3）预测均方误差、均方根误差、平均绝对误差表达式如下所示。如果假设预测值为 $\hat{y} = \{\hat{y}_1, \hat{y}_2, \cdots, \hat{y}_n\}$，真实值为 $y = \{y_1, y_2, \cdots, y_n\}$，则均方误差为

$$\text{MSE} = \frac{1}{n} \sum_{i=1}^{n} (\hat{y}_i - y_i)^2 \quad (5\text{-}24)$$

均方根误差：

$$\text{RMSE} = \sqrt{\frac{1}{n} \sum_{i=1}^{n} (\hat{y}_i - y_i)^2} \quad (5\text{-}25)$$

平均绝对误差：

$$\mathrm{MAE}=\frac{1}{n}\sum_{i=1}^{n}\left|\hat{y}_i-y_i\right| \tag{5-26}$$

（4）模型提升度的运行时间。模型的提升度主要是从模型各细则因子的提升效果进行评价，将每个细则因子的提升值进行累加求和，最后得到模型的提升度，而运行时间则是根据模型的具体运行时间来对模型进行评价。

综上所述，模型综合评价公式 P 为

$$P=\alpha\mathrm{Correct}+\beta\mathrm{Value}+\lambda\mathrm{Cost} \tag{5-27}$$

其中，α、β、λ 分别为正确性 Correct 、价值性 Value 和代价 Cost 的权值。

5. 定制化数据挖掘服务交付

当完成数据挖掘模型的构建与模型评估以后，会选择最优的数据挖掘服务模型为用户实现定制化数据挖掘服务内容。并且在完成支付以后，将定制化数据挖掘服务内容交付给用户，其服务交付的主要内容如下。

（1）定制化数据挖掘服务产品。针对用户需求内容，联盟中的成员企业相互配合，运用数据挖掘技术和工具，为用户提供定制化的数据挖掘服务产品。

（2）服务内容说明。当用户完成支付以后，需要对用户进行服务相关性说明。其中包括模型的具体操作、结果的解释说明等，以便用户在交付完成以后更好地应用数据挖掘服务产品。

（3）服务计费标准。当大数据联盟完成定制化数据挖掘服务后，平台需要向用户提供服务内容的计费说明，并提供定制化数据挖掘产品的费用构成（如服务实现各阶段的服务成本报价、服务周期、服务参与者等），使用户可以充分了解该数据产品的费用结构。

（4）服务售后保障。当完成大数据联盟定制化数据挖掘服务时，需要由任务小组成员对用户进行细心、全面的服务产品交接。对服务产品应用过程中应注意的事项、可能出现的问题进行说明，并由任务小组成员组建服务售后小组，针对日后用户在服务产品使用过程中出现的问题进行解答。

5.3.4　大数据联盟定制化数据挖掘服务方式

用户可以根据自身服务需求的复杂程度自主进行选择。在保障服务质量和服务效果的前提下，获取所需的定制化数据挖掘服务内容。

1. 委托式服务方式

“委托”是建立在非对称信息博弈基础上的一种契约关系。在大数据服务市场中，由于存在信息不对称现象，用户可以委托大数据联盟数据挖掘服务平台开展数据挖掘服务活动。因此，可以将委托式服务方式描述为：针对用户的特征层级数据挖掘服务需求，通过平台与用户的持续沟通，确定用户的数据挖掘服务任务目标，对服务内容、服务质量、服务时间等相关问题进行详细描述，然后签订委托合同。当对用户所需的定制化数据挖掘服务的相关事宜达成共识以后，用户不再参与服务实现的过程，并根据委托合同中所规定的服务交付时间，进行服务内容验收。当验收不合格时，需要重新审视在定制化数据挖掘服务实现过程中，可能存在的问题，并进行服务流程、模型或者方案的调整。当验收合格以后，用户需要进行支付，获取所需的定制化数据挖掘服务内容。其委托式服务方式示意图，如图 5-19 所示。

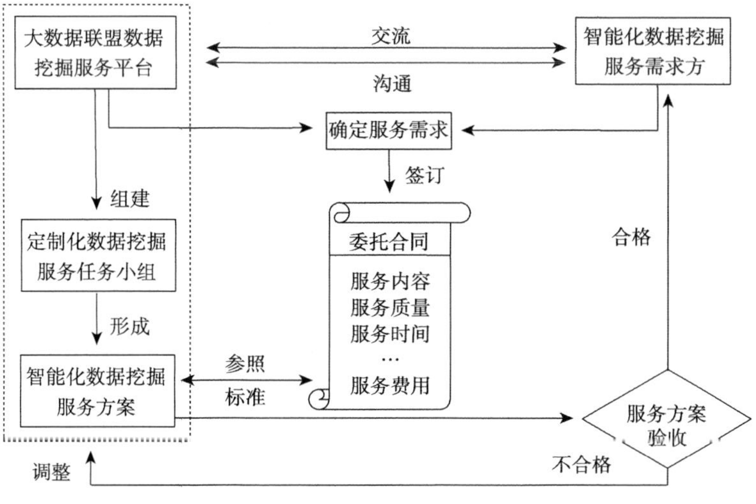

图 5-19　委托式服务方式示意图

2. 跟进式服务方式

大数据联盟定制化数据挖掘服务的跟进式服务方式主要是在服务实现的过程中，为了确保定制化数据挖掘服务可以更加精准和高效地实现，用户全程参与服务实现过程的一种服务方式。用户在整个服务实现过程中起到重要的作用，并且依据其专业的领域知识，结合大数据联盟数据挖掘服务专业的技术能力，保障数据挖掘服务得以顺利实现。因此，通过服务双方的持续互动与交流，跟进式服务方式，不仅有利于用户及时准确地获悉服务项目的进展情况，还可以减小在服务实现过程中偏离用户需求目标的概率，降低服务失败或服务结果不理想的风险。所以，从服务质量、服务稳定性和服务可靠性等方面看，跟进式服务方式具有巨大优势。

在进行定制化数据挖掘服务时，服务提供方和用户之间需要明确服务项目的时间进度表、技术路线图、项目计划书，认真倾听用户的想法和建议，并及时与用户进行交流和沟通，鼓励用户积极融入服务实现的过程。其中，大数据联盟定制化数据挖掘跟进式服务方式示意图，如图 5-20 所示。

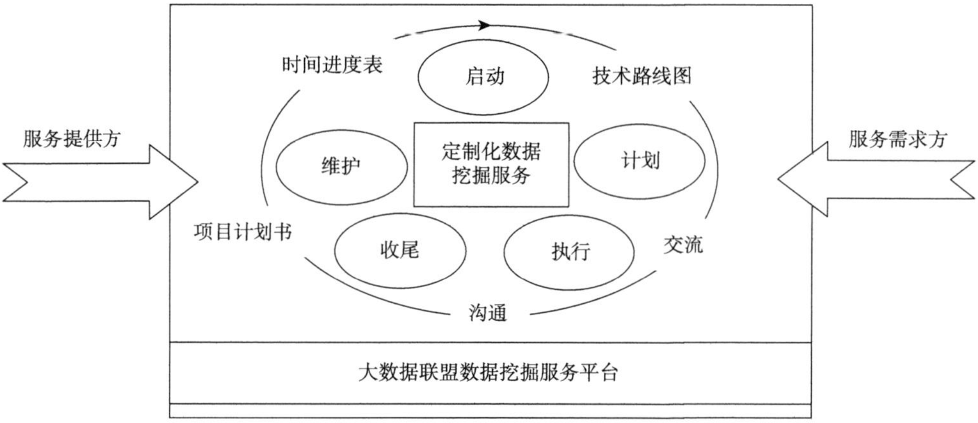

图 5-20　跟进式服务方式示意图

5.3.5　大数据联盟定制化数据挖掘服务实现保障

1. 协调管理保障

为了促进大数据联盟定制化数据挖掘服务的顺利实现，需要完善服务过程中各主体间的沟通关系，建立一套包括利益协调、沟通协调和冲突协调的协调管理办法，从而提高大数据联盟数据挖掘服务平台的服务能力，建立大数据联盟协调管理保障措施，具体内容如下。

（1）利益协调管理保障。在定制化数据挖掘服务实现过程中，各参与主体的利益分配问题是合作稳定的基本前提。因此，在“互利互惠、合作共赢”的基础上，制定各主体之间的利益分配动态调整机制，对大数据联盟开展合作具有积极的作用。此外，随着合作的不断深入、风险和利润的不断变化，可能会发生成员中途退出或加入的情况，因此，在利益分配时应当依据各方对服务的贡献度，重新制定利益分配比例和方法，保证利益分配的公正性和客观性。

（2）沟通协调管理保障。定制化数据挖掘服务实现过程，无时无刻不在进行信息传递与交流。然而，由于信息沟通的不及时或不准确性，会出现信息不对称等问题。因此，建立一套全方位的、多层次的沟通与交流机制是大数据联盟数据挖掘服务平台高效运行的重要保障。大数据联盟定制化数据挖掘服务沟通协调保障措施主要从以下几个方面展开：首先，建立定期交流的规章制度，对有效的沟通和交流进行必要的记录和备份，并形成考核记录；其次，将行业协会等组织机构纳入联盟，保障沟通和交流的高效性；最后，建立成员交流专区，让各主体可以通过网络随时进行自由沟通和互动交流。

（3）冲突协调处理保障。在定制化数据挖掘服务实现过程中，成员企业间的矛盾问题，将直接影响服务的质量与效率。因此，需要建立一套完善的冲突协调机制，应对服务实现过程中随时可能产生的成员矛盾问题。大数据联盟定制化数据挖掘服务冲突协调保障主要从以下几个方面展开：首先，建立预防机制。将合作过程中易产生分歧的问题进行汇总，在开展定制化数据挖掘服务任务之前，提前做好必要的沟通，做好预防工作。其次，建立预警机制。将各种矛盾问题进行整理和分析，找出引发矛盾的诱发因素进行冲突预警，并对矛盾诱发因素进行实时把控，将冲突消灭在摇篮里。最后，建立应对策略机制。当成员间产生矛盾冲突时，需要及时启动应对机制。在矛盾的解决过程中，由大数据联盟管理委员会担任调节者，寻找矛盾产生的根源，积极解决问题，力争将矛盾控制在可控的范围内，尽量使矛盾带来的负面影响降到最低。

2. 资源配置保障

资源配置是大数据联盟定制化数据挖掘服务实现的关键。面对用户个性化的服务需求，对大数据联盟资源进行合理配置，不仅有利于提升资源的利用效率，还能提升定制化数据挖掘服务质量。大数据联盟定制化资源配置保障主要从以下几个方面展开。

（1）人力资源配置保障。为了使大数据联盟健康、快速地发展，具备一定质量和数量的大数据人才是关键。因此，在人力资源管理方面需要不断有新鲜的血液注入。大数据联盟应建立一套完善的人力资源规划、招聘与配置、培训与开发、绩效管理、薪酬福利管理、劳动关系管理人力资源管理办法。通过对相关知识的学习和技能培训，形成一个全方位的、多种类的大数据人才库。将各领域人才分配到适合的岗位，为实现大数据联盟定制化数据挖掘服务提供人才保障。

（2）技术资源配置保障。随着大数据技术的迅猛发展，大数据联盟凭借得天独厚的资源优势和技术优势，在大数据产业链中占据了重要的位置。大数据联盟技术资源凝结了各联盟成员的核心技术能力，可以确保定制化数据挖掘服务得以顺利实现。并且，大数据联盟不仅应该形成数据资源池，还要构建技术资源池，通过对技术资源的优化配置，实现高效的大数据联盟数据挖掘相关服务。

（3）知识资源配置保障。大数据联盟通过对方法库、模型库、案例库等知识系统架构的建立，实现了对不同类型知识的理解和统一管理。并在服务实践中，不断向知识系统注入新的经验和知识，使联盟的知识系统越来越完善。因此，大数据联盟知识资源的优化配置，不仅可以实现知识资源快速检索、配置和调用，还能针对用户的不同服务需求问题进行快速、准确的知识建模，为大数据联盟定制化数据挖掘服务提供保障。

3. 协同调度保障

大数据联盟的组建使原本离散、孤立的大数据企业之间建立联系，并通过资源共享、协同合作实现战略目标。然而，良好的组织运作离不开完善的协同调度保障机制。大数据联盟定制化数据挖掘服务协同调度保障主要从以下几个方面展开。

（1）资源协同调度保障。大数据联盟成员企业虽然是依附于大数据产业链的相关企业，但由于企业规模、行业竞争力、主营业务不同，其所具备的资源在类别上、量级上、格式上、质量上存在一定的差异。将这些分散在各成员数据库中的、不同类别的、大量的资源进行协同调度，是大数据联盟定制化数据挖掘服务实现的前提条件。大数据联盟在资源协同调度方面，建立统一的数据仓库资源存储办法，以统一化的格式进行资源输入和输出，促进大数据联盟定制化数据挖掘服务有序进行。

（2）能力协同调度保障。在大数据产业链中，由于联盟成员所属位置不同，其核心能力各不相同，并且具有以下特征：位于产业链下游的成员通常具备较强的数据搜集、加工、处理等能力；位于产业链中游的成员通常具备较强的分析、技术、模型构建等能力；位于产业链上游的成员通常具备较强的综合能力及决策分析、知识表达能力。因此，大数据联盟建立能力协同调度机制，可以充分发挥各成员的能力优势，促进联盟以最优的能力组合，为用户提供定制化数据挖掘服务。

（3）成员协同调度保障。成员协同调度保障是以资源协同调度和能力协同调度为基础的组织形式的协同调度保障。通过成员间的协同调度，有利于经验分享、知识交流、成员互动，激发群体智慧。因此，大数据联盟建立成员协同保障机制，在定制化数据挖掘服务实现过程中，可以实现多主体智慧集成进而创造高额价值。

5.4　大数据联盟智能化数据挖掘服务

结合以往历史定制化服务案例，通过服务经验和知识的积累，借鉴智能决策和知识推理技术，实现服务需求的知识表示、服务检索、服务重用与调整，为具备一定前提条件的定制化服务需求的用户提供高效、精准、一站式的数据挖掘服务内容，建立更高级的、智能化的数据挖掘服务模式。

5.4.1　大数据联盟智能化数据挖掘服务模式整体架构

大数据联盟智能化数据挖掘服务模式是比定制化数据挖掘服务模式更高级的服务形式。该服务模式是在面对用户决策层级挖掘服务需求的基础上，结合决策层级挖掘方法的一种智能化服务形式。因此，可以将其视为一个复杂的服务智能决策过程。该过程是以信息技术为手段，通过决策支持系统及知识推理等相关理论和方法，为智能化数据挖掘服务问题提供可行的方案，辅助决策者做出正确的决策。

大数据联盟智能化数据挖掘服务整体框架是由人机智能交互系统、案例库系统、知识库系统、模型库系统组成的大数据联盟智能决策支持体系架构，和由知识表示、智能检索、服务重用与调整、服务知识学习与保存构成的知识推理体系架构，两大核心技术架构组成的有机组合。其整体架构如图 5-21 所示。

（1）人机智能交互系统。主要负责完成人机智能交互、服务需求的知识表达、服务描述的自然语言理解等，对大数据联盟智能化数据挖掘服务实现和整个系统的协同运作具有重要作用。

（2）案例库系统。案例库系统是对服务案例进行管理的系统，其中包括大数据联盟大量的历史服务案例，为联盟服务检索提供了便利条件。案例库系统的构建及服务案例的丰富程度，直接影响大数据联盟智能化数据挖掘服务实现的质量，是智能化数据挖掘服务实现的基础。

（3）知识库系统。知识库系统主要负责存储专家知识、服务经验知识、规则推理知识等相关内容。在服务实现的过程中，主要负责规则知识推理、服务重用和调整、服务知识存储等相关工作。

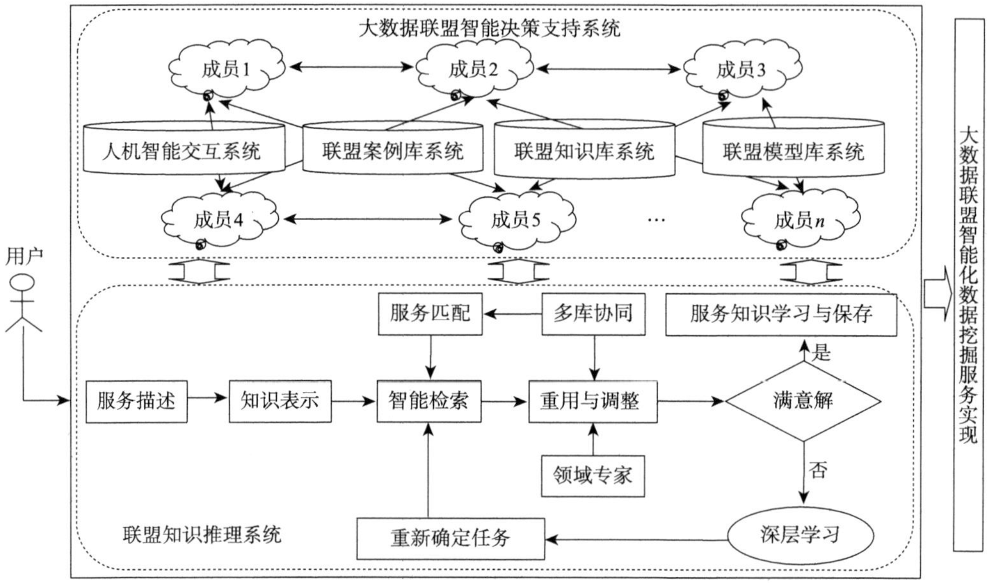

图 5-21　大数据联盟智能化数据挖掘服务模式整体架构

（4）模型库系统。模型库系统由算法库、模型库和模型库管理系统组成。主要负责模型的调用、决策结果的整合及将结果输送到人机智能交互系统，进行数据挖掘服务结果可视化展示。

（5）数据库系统。数据库系统主要存放待解决的智能化数据挖掘服务的需求问题，负责服务进行查询与服务维护等。

（6）多库协调器。多库协调器主要是根据服务任务求解的需要，对求解过程中所需要的模型库系统、方法库系统等资源进行调度与协调。

5.4.2　大数据联盟智能化数据挖掘服务内容与定价

1. 大数据联盟智能化数据挖掘服务内容

大数据联盟智能化数据挖掘服务内容，是一种面向用户决策层级挖掘服务需求的智能化服务内容。该服务内容是通过对相似服务进行检索、重用与调整等操作，形成的数据挖掘分析报告或决策方案，是在满足用户需求的前提下，应用历史相似服务案例，对新问题进行指导与辅助决策的过程。整个过程体现了知识的智能化理解、搜索、表达，是一种面向用户决策层级挖掘服务需求的智能化服务。根据服务案例库中服务方案的类型，大数据联盟智能化数据挖掘服务内容主要包括金融征信类智能化数据挖掘服务、精准营销类智能化数据挖掘服务、科研技术类智能化数据挖掘服务、产业经济类智能化数据挖掘服务、健康医疗类智能化数据挖掘服务、企业管理类智能化数据挖掘服务、生活服务类智能化数据挖掘服务、交通地理类智能化数据挖掘服务、舆情监测类智能化数据挖掘服务、人工智能类智能化数据挖掘服务，十类智能化数据挖掘服务，如表 5-8 所示。

表 5-8　大数据联盟智能化数据挖掘服务内容

序号	智能化服务分类	智能化数据挖掘服务内容介绍
1	金融征信类智能化数据挖掘服务	投资数据智能化挖掘方案、财务数据智能化挖掘方案、新三板做市数据智能化挖掘方案等
2	精准营销类智能化数据挖掘服务	商品条形码智能化挖掘方案、物流数据智能化挖掘方案、交易评价数据智能化挖掘方案等
3	科研技术类智能化数据挖掘服务	技术专利数据智能化挖掘方案、著作权数据智能化挖掘方案、语料数据智能化挖掘方案等
4	产业经济类智能化数据挖掘服务	统计年鉴数据智能化挖掘方案、农产品价格数据智能化挖掘方案、进出口贸易智能化挖掘方案等
5	健康医疗类智能化数据挖掘服务	门诊数据智能化挖掘方案、医药销售数据智能化挖掘方案、医疗保险数据智能化挖掘方案等
6	企业管理类智能化数据挖掘服务	企业银联 POS 交易报告智能化挖掘方案、上市企业智能化挖掘方案等
7	生活服务类智能化数据挖掘服务	天气数据智能化挖掘方案、酒店数据智能化挖掘方案、垃圾分类智能化挖掘方案、教育数据智能化挖掘方案等
8	交通地理类智能化数据挖掘服务	车辆违章数据智能化挖掘方案、城际出行数据智能化挖掘方案、航班延误智能化挖掘方案等
9	舆情监测类智能化数据挖掘服务	微信公众号数据智能化挖掘方案、新浪微博数据智能化挖掘方案、豆瓣评分数据智能化挖掘方案等
10	人工智能类智能化数据挖掘服务	人脸检测数据智能化挖掘方案、标签数据智能化挖掘方案、分词数据智能化挖掘方案等

2. 大数据联盟智能化数据挖掘服务定价方法

大数据联盟智能化数据挖掘服务定价方法，是在定制化数据挖掘服务定价策略的基础上，以相似的定制化数据挖掘服务价格为参考的一种独立定价策略。该方法主要是根据相似服务需求的历史价格及服务调整所需成本进行估计，并结合大数据联盟数据挖掘服务特点所构建的定价模型，其计算公式如下[12]。

$$P_i^I = (P_i^C - \text{cost}_i)\alpha_i + \text{cost}_i \tag{5-28}$$

其中，P_i^I 表示智能化数据挖掘服务 i 的服务价格；P_i^C 表示与 P_i^I 具有相似需求的定制化服务价格；cost_i 表示服务调整所需要花费的成本；α 表示服务调整时间占比，即当前数据挖掘服务调整所花费的时间占整个服务总时长的比值，公式如下：

$$\alpha = \sqrt{1 + \frac{\text{adjustment\_time}_i}{\text{total\_time}_i}} \quad (5\text{-}29)$$

其中，adjustment_time_i 表示智能化数据挖掘服务 i 进行服务调整所花费的时间；total_time_i 表示智能化数据挖掘服务 i 总服务时长。可见，α 越大，表明服务调整所花费的时间越长，对应的服务价格也就越高。

综上可以发现，大数据联盟智能化数据挖掘服务定价主要与服务调整所花费时间及服务调整所需成本相关，因此，在历史服务价格的基础上，缩短服务调整所需费用和所花费时间，是降低智能化数据挖掘服务价格的重要条件。因此，大数据联盟数据挖掘服务平台应建立丰富的专家库、知识库及规则推理库，这样不仅提高了数据挖掘服务的效率，还能节约智能化数据挖掘服务成本，使用户获取满意的数据挖掘服务内容。

5.4.3 大数据联盟智能化数据挖掘服务过程

1. 决策层级服务需求的知识表示

大数据联盟用户决策层级服务需求的知识表示是将需求信息进行符号化表示并输入计算机进行存储或计算，其目的在于通过计算机技术实现对需求信息的知识管理。理想的知识表示方法是模仿人脑的知识存储结构，并且具有较高的问题求解效率。因此，在大数据联盟用户决策层级服务需求的知识表示过程中，需要将服务的特征和属性进行统一化、结构化的知识表示。在提高知识高效管理的同时，为服务的智能检索和规则推理提供前提条件。需求和服务信息的知识表示结果，不仅会直接影响知识推理的效率，还会影响大数据联盟用户的满意度。服务的知识表示不是对其进行简单描述，而是注重服务实现中所涉及的重要内容，如知识推理过程、服务实施效果等。因此，知识表示应该满足以下要求。

（1）表达能力。能否正确、有效地将问题求解所需的各类知识进行表示，即表示知识范围的广泛性。

（2）可理解性。所表示的知识应易懂、易读，便于知识的获取和搜索，能够较快地在知识库中找到相关知识。

（3）对推理的适用性。人工智能主要对适合推理的知识感兴趣。因此，在进行知识表达时，应能够从已有的知识中推理出需要的答案或结论。

（4）对计算机处理的适用性。知识的表示方法应当适用于计算机的处理需求，并能够实现对高效算法的可支持性。

（5）对不确定性知识表示的适应性。在知识存储和表达过程中，往往存在信息的不确定性和模糊性。因此，在进行知识表达时，应当体现对不确定性知识的表示、检索和规则建立的适用性。

在对知识表示研究中，虽然不同领域结构各有差异，但其表述基本相同。学者们一致认为服务问题描述、服务方案描述和服务结果描述是服务知识表示的重要内容[13, 14]。因此，大数据联盟智能化数据挖掘服务知识表示方法，应该是从智能化数据挖掘决策问题描述出发，通过服务描述信息的智能检索，得到与之相似且具有较好结果的，一种智能化知识表示模型。可以用三元组进行形式化表示，如式（5-30）所示：

$$\text{Case} = \langle \text{Problem}, \text{Solution}, \text{Result} \rangle \tag{5-30}$$

其中，Problem、Solution、Result 分别表示服务所涉及的问题、解决方案和方案的实施效果等，下面分别对服务的相关信息进行具体描述。

Case。$C = \{C_1, C_2, \cdots, C_n\}$ 表示历史服务案例的集合，其中 C_i 表示第 i 个历史服务案例，而 C_0 表示目标服务任务。

Problem。表示服务问题的属性集合，用于对问题属性的检索，主要记录包括问题的描述信息、服务的环境信息及各种约束条件信息等。问题的类型通常有多种形式，如清晰数值型、清晰符号型、模糊区间型等。

Solution。是对服务问题解决方案的属性描述。它记录方案的具体解决步骤及推理过程，并且关注服务环境对解决方案的影响。

Result。是对服务的实施效果进行评价的属性集合。

综上可知，历史服务和目标服务任务的形式化表示，可总结为表 5-9。

表 5-9　历史服务和目标服务任务的形式化表示

服务	问题的属性				解决方案的属性				解决方案实施效果的属性			
	P_1	P_2	…	P_m	S_1	S_2	…	S_h	R_1	R_2	…	R_g
Q_1	p_{11}	p_{12}	…	p_{1m}	s_{11}	s_{12}	…	s_{1h}	r_{11}	r_{12}	…	r_{1g}
Q_2	p_{21}	p_{22}	…	p_{2m}	s_{21}	s_{22}	…	s_{2h}	r_{21}	r_{22}	…	r_{2g}
…	…	…	…	…	…	…	…	…	…	…	…	…
Q_n	p_{n1}	p_{n2}	…	q_{nm}	s_{n1}	s_{n2}	…	s_{nh}	r_{n1}	r_{n2}	…	r_{ng}
Q_0	p_{01}	p_{02}	…	q_{0m}	X				X			

注：表中 X 表示未知数，为目标服务任务待求解内容

2. 数据挖掘服务智能检索

1）自然语言理解

自然语言是指人类本身使用的语言，是人类在社会活动中，为充分表达思想

而自然形成的交流工具。自然语言由语句构成，每个语句又由若干个词组成，并且每个词都是音、形、义的结合体。自然语言理解是指机器能够执行人类所期望的某种语言功能，这些功能包括：①回答有关提问。计算机可以准确、快速理解人们用自然语言输入的信息，并能正确回答输入信息中涉及的相关问题。②摘要生成。根据输入的文本信息，计算机可以产生相应的摘要内容。③文本释义。能用不同的词语和句型对输入的信息进行解释和复述。在服务智能检索过程中，首先应对用户的需求进行自然语言处理（分词处理），在充分了解用户需求的基础上，进行服务知识库快速检索。应用汉语词法分析系统（Institute of Computing Technology，Chinese Lexical Analysis System，ICTCLAS），对用户需求进行分词。该系统是中国科学院计算机研究所研发的一套获得一致好评、应用广泛的分词系统。其主要思想是通过层叠隐马尔可夫模型（continuous hidden Markov model，CHMM）进行分层分词，采用多个层次的隐马模型（hidden Markov model，HMM）分别对汉语词法分析中遇到的不同情况进行处理，不仅提升了分词的准确性，又保证了分词的效率，架构如图 5-22 所示。

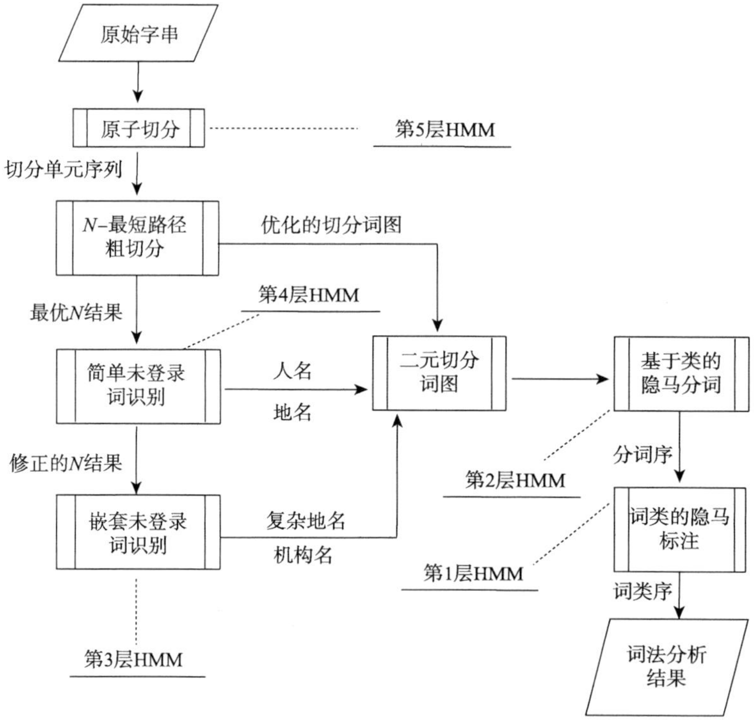

图 5-22　基于 CHMM 的汉语词法分析框架

ICTCLAS 分词系统的分词流程为[15]：①对要分词的句子或短语进行原子切

分；②判断切分后的原子词性（如时间词或数词），并将其存储到一元切分图中；③在核心词典中查找句子中所有可能的词，并将其存储到一元切分图中；④根据二元词典求得句子中相邻两个词的转换数值，由 N-最短路径算法求出 N 条最短路径的值，将粗分序列存储到二元切分词图中；⑤在未登录词典中寻找最短路径结果分词序列的角色，利用 Viterb 算法找到分词序列的最佳角色，对未登录词模型进行匹配，识别未登录词并加入二元切分词图；⑥从二元词分词分图中找到所有的分词结果，通过 Viterb 算法从后往前，一次找到分词结果在每个词类前面最有可能的词类，即找到了可能性最大的分词结果序列；⑦对结果序列进行叠词处理，得到最终的分词结果。

2）服务智能化检索

当分词完成以后，为了提高服务检索的准确性和检索效率，还需要对用户需求词的重要程度进行划分（即用户需求的重要程度）。将需求划分为主要需求和次要需求，并根据服务问题的属性特征及自然语言表述特征，将需求类型进一步分为确定数字型需求类型、确定符号型需求类型、模糊区间型需求类型、时间概念型需求类型[16, 17]。并通过需求类型的差异化检索，实现大数据联盟智能化数据挖掘服务的智能检索，具体计算方法如下。

第一，确定数值型（crisp number，CN）属性检索。确定数字型需求类型是指用户需求属性中那些具有确定数值的属性。在服务案例的确定数字型属性检索过程中，可能存在以下几种情况。

假设 x 为用户需求 X 在属性 i 上的取值，而 y 为历史服务案例 Y 在属性 i 上的取值，则检索公式 $\mathrm{sim}(x,y)$ 为当 x 和 y 都是未知时，那么：

$$\mathrm{sim}_{\mathrm{CN}}(x,y)=1 \tag{5-31}$$

当 x 和 y 有一个是未知时，那么：

$$\mathrm{sim}_{\mathrm{CN}}(x,y)=\begin{cases}1, & \text{主要需求属性}\\ 0.5, & \text{次要需求属性}\end{cases} \tag{5-32}$$

当 x 和 y 都是已知时，则可用基于距离的计算公式：

$$\mathrm{sim}_{\mathrm{CN}}(x,y)=1-\mathrm{dist}(x,y)=1-\frac{|x-y|}{\max_i-\min_i} \tag{5-33}$$

第二，确定符号型（crisp symbolic，CS）属性检索。确定符号型需求类型是用户需求中的一种以确定符号进行表示的特殊属性。该属性值之间不存在实际意义量的关系，无法进行量上的比较。因此，在进行该类型属性检索时，需要对该属性的取值进行符号对比，当属于同类符号时，其相似度为 1，否则为 0，现对其分情况进行讨论。

当 x 和 y 都是未知，或者 $x = y$ 时，那么：

$$\mathrm{sim}_{\mathrm{CS}}(x, y) = 1 \tag{5-34}$$

当 x 和 y 有一个是未知时，那么：

$$\mathrm{sim}_{\mathrm{CS}}(x, y) = \begin{cases} 1, & \text{主要需求属性} \\ 0.5, & \text{次要需求属性} \end{cases} \tag{5-35}$$

当 $x \neq y$ 时，那么：

$$\mathrm{sim}_{\mathrm{CS}}(x, y) = 0 \tag{5-36}$$

第三，模糊数或区间型（fuzzy numeric，fuzzy interval，FNI）需求类型。模糊数或区间型需求类型是一种不确定或一个模糊区间的属性，如（很好、较好、一般、较差、很差）等属性信息。虽然给定了区间，但是属性值十分模糊，而且评价者对模糊概念的认同度也存在差异。因此，针对这类模糊型需求属性检索，通过引入模糊数学的方法，将用户此类需求即服务的该类型属性值进行模糊化处理。采用文献提出的基于梯形的模糊函数来进行需求检索，采用面积关系来计算其相似性，并构造隶属函数 $u(x)$ 如下：

$$u(x) = \begin{cases} L[(\underline{m} - x)/p], & x \leqslant \underline{m} \\ 1, & \underline{m} \leqslant x \leqslant \overline{m} \\ R[(x - \overline{m})/q], & x \geqslant \overline{m} \end{cases} \tag{5-37}$$

其中，$L(x)$、$R(x)$ 为左函数和右函数；$\underline{m}$、$\overline{m}$、p、q 为参数，其中，$\underline{m}$、$\overline{m}$ 为模糊区间的上下边界，p、q 为左右梯形模糊变量。对梯形重合类型进行分析，我们可以发现两个模糊区间的重叠情况可以分为以下三种，如图 5-23 所示。

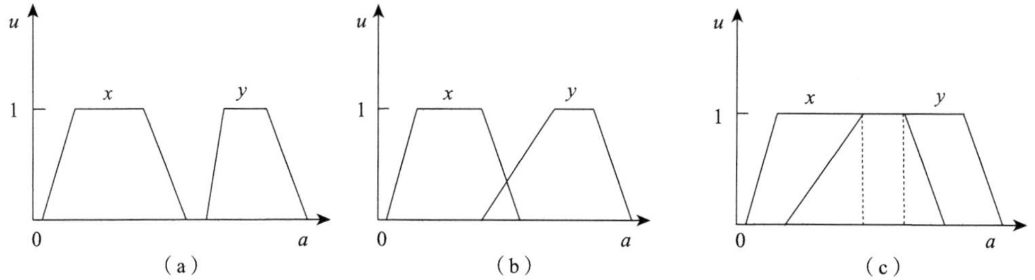

图 5-23　两个模糊区域的三种交互方式图

以图 5-23 中第二种情况为例，求解两个模糊区域的重叠面积，构建模糊属性相似性计算示意图如图 5-24 所示。

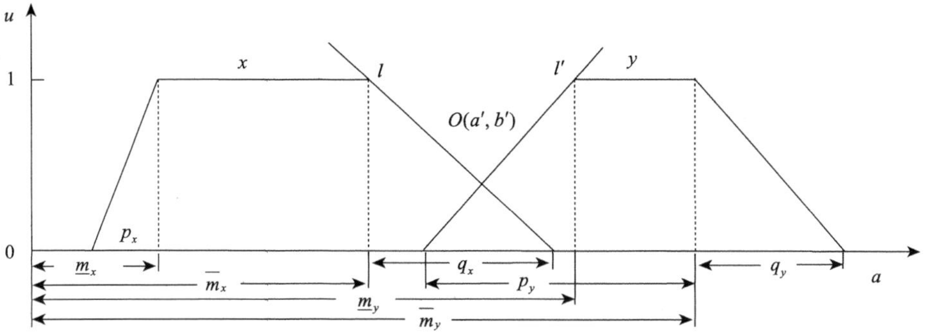

图 5-24　模糊属性相似性计算示意图

图 5-24 中 $O(a',b')$ 为直线 l 和直线 l' 的交点。可以根据两区域的坐标点求出 $S(x)$ 和 $S(y)$ 的面积、直线 l 和直线 l' 的函数以及两条直线的交点 $O(a',b')$ 坐标值，分别为

$S(x)$ 的面积为

$$S(x)=(2\overline{m}_x-2\underline{m}_x+p_x+q_x)/2 \tag{5-38}$$

$S(y)$ 的面积为

$$S(y)=(2\overline{m}_y-2\underline{m}_y+p_y+q_y)/2 \tag{5-39}$$

直线 l 的函数为

$$b=-\frac{1}{q_x}a+1+\frac{\overline{m}_x}{q_x} \tag{5-40}$$

直线 l' 的函数为

$$b=-\frac{1}{p_y}a+1+\frac{\overline{m}_y}{p_y} \tag{5-41}$$

交点 $O(a',b')$ 的坐标为

$$a'=\frac{\overline{m}_x p_y+\overline{m}_y q_x}{q_x+p_y},\quad b'=1+\frac{\overline{m}_x-\overline{m}_y}{q_x+p_y} \tag{5-42}$$

当 $b'\leqslant 0$ 时，为第一种情况，即两模糊区域不相交；当 $0<b'<1$ 时，为第二种情况；当 $b'\geqslant 1$ 时为第三种情况。则这三种情况的模糊属性重叠区域的计算公式如下：

$$S(x\cap y)=\begin{cases}0, & \text{第一种情况}\\ b'(\overline{m}_x-\underline{m}_y+q_x+p_y)/2, & \text{第二种情况}\\ (2\overline{m}_y-2\underline{m}_x+q_y-p_x)/2, & \text{第三种情况}\end{cases} \tag{5-43}$$

根据相应的重叠情况分别计算两个服务模糊属性相似性，计算公式如下：

$$\mathrm{sim}_{\mathrm{FNI}}(x,y)=\frac{S(x\cap y)}{S(x)+S(y)-S(x\cap y)} \tag{5-44}$$

第四，时间概念型（time linguistic，TL）需求类型。时间概念型需求类型是以时间间隔为主要指标，用来衡量相似服务的解决方案对于目标服务任务可借鉴的程度。理论上讲，随着时间间隔的增加，历史相似服务的可参考价值不断降低。因此，时间概念模型应该是随着时间的不断推移，历史相似服务结果对于当前目标服务任务的可借鉴和可参考价值不断降低。所以，历史服务完成时间距离当前服务时间的时间间隔对于服务效果具有重要影响。综上分析，可以将历史相似服务与目标服务任务之间的时间间隔与相似性关系曲线简化，如图 5-25 所示。

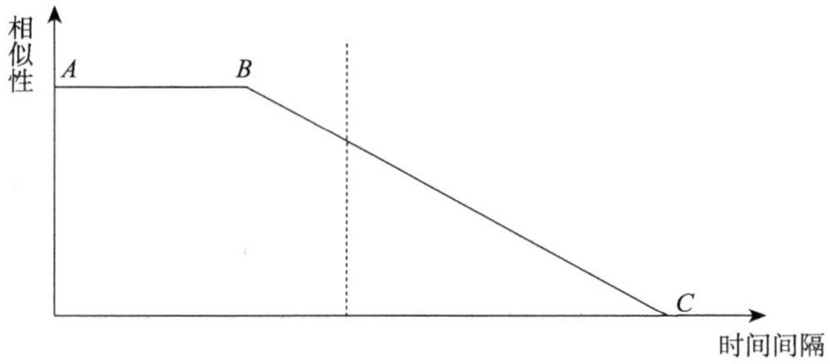

图 5-25　简化后的时间间隔与相似性关系曲线图

其中，时间段 AB、BC 可以由决策专家来确定，服务时间间隔的相似性函数可表示为

$$\mathrm{sim}_{\mathrm{TL}}(x,y)=\begin{cases}1, & t\leqslant B\\ 1-k(t-1), & B<t\leqslant C\\ 0, & t>C\end{cases} \tag{5-45}$$

其中，t 为目标服务任务与历史相似服务的时间间隔，$k=\dfrac{1}{C-B}$。

第五，服务检索综合计算模型。服务检索综合计算模型是将主要需求属性和次要需求属性检索的相似结果进行整合的计算模型。其中主要需求属性和次要需求属性的重要程度，可以由决策专家或决策者对权值进行分配，其计算公式如下：

$$\mathrm{sim}(X,Y)=w_1\mathrm{sim}_1(x_i,y_i)+w_2\mathrm{sim}_2(x_i,y_i) \tag{5-46}$$

其中，$\mathrm{sim}_1(x_i,y_i)$ 为主要属性检索的相似性；$\mathrm{sim}_2(x_i,y_i)$ 为次要属性检索的相似性，$\mathrm{sim}(X,Y)$ 表示服务检索综合相似性；x_i、y_i 表示用户需求的属性与历史服务中的属性；w_1、w_2 表示主要和次要属性的权值，且 $\sum_{i=1}^{2}w_i=1$。

3）服务重用与调整

当对联盟中的服务进行智能化检索以后，可以检索到若干个相似的历史服务。此时，需要根据联盟积累的服务经验对相似性最高的历史服务进行重用与调整，并将历史服务案例的服务经验应用到新问题的求解。因此，联盟服务重用与调整就是利用大数据联盟规则库中存储的 C-F 模型规则（即“IF{条件}THEN{结论}”），将专家的服务调整经验知识，应用到智能化服务调整的过程。然而，现实中人们掌握的经验知识及所能获取的条件信息，很可能是不完全的、不精确的。主要表现在：首先，传统专家系统在构建“IF{条件}THEN{结论}”规则时，虽然力求将某一结论所有的前提条件列出来，但不可避免会遗漏部分规则，导致条件不确定性。其次，在结论所对应的条件描述时，通常简单地认为该条件为是或者不是，而忽略了该条件介于（0，1）之间的可能性。最后，在规则描述时存在一定的相对性（如“挖掘精度提高”）等，对这类相对条件，当现象变化不是很明显（如“挖掘精度提高较少”，）时，如果在推理时仍认为条件的确定性为 1，会使最终的推理结果存在误差。因此，在大数据联盟智能化数据挖掘服务专家系统的知识推理方面，为了准确全面地表达结论的不确定性，应建立基于条件不确定性的推理模型，将推理结论的不确定程度进行有效量化，反映出在不确定条件下推理对结论产生的影响，并获得准确的推理结果，最终实现服务的重用与调整。

由于大数据联盟智能化数据挖掘服务知识推理过程充满了条件和结论的不确定性。因此，为了提高这种不确定条件下的推理结果的准确性，需要对传统的基于可信度的 C-F 模型进行改进，构建带有阈值的条件不确定性推理模型，该模型中知识表示形式如下[18]：

$$\text{IF}\quad E(\omega)\quad \text{THEN}\quad H(\text{CF}(H,E),\lambda) \tag{5-47}$$

$$\text{IF}\quad E1(\omega_1)\ \text{AND}\ E2(\omega_2)\cdots\text{AND}\ En(\omega_n)\ \text{THEN}\quad H(\text{CF}(H,E),\lambda) \tag{5-48}$$

$$\text{IF}\quad E1(\omega_1)\ \text{OR}\ E2(\omega_2)\cdots\text{OR}\ En(\omega_n)\ \text{THEN}\quad H(\text{CF}(H,E),\lambda) \tag{5-49}$$

其中，E 表示规则的前提条件；H 表示规则的结论，且 E 和 H 可以以单一或者组合的形式出现；$\text{CF}(H,E)$ 表示知识的可信度，称为可信度因子 CF，取值范围在 $(0,1]$ 之间，取值越大，说明专家对于结论 H 在条件 E 的情况下成立的可信程度越大；$\omega_i\{i=1,2,\cdots,n\}$ 表示子条件的阈值，取值范围在 $(0,1]$ 之间，由专家进行取值，且只有当子条件 E_i 的可信度大于等于 ω_i 时，此条规则才成立，反之，则认为该条规则不成立；λ 为结论阈值，取值范围在 $(0,1]$ 之间，由专家进行取值，且当经过推理计算后的结论 $\text{CF}(H)\geqslant\lambda$ 时，认为结论 H 以可信度 $\text{CF}(H)$ 成立，该规则才能被应用，反之，若 $\text{CF}(H)<\lambda$ 则认为结论 H 的可信度未达到要求，该结论 H 不成立，$\text{CF}(H)=0$。

当 E 是由 AND 或 OR 连接的组合条件时（即 $E=E1$ AND $E2$ AND $\cdots$AND En 或 $E=E1$ OR $E2$ OR $\cdots$OR En），可以通过最大最小值法求解组合条件 E 的

可信度，计算公式如下：

$$\mathrm{CF}(E1 \text{ AND } E2 \text{ AND } \cdots \text{AND } En) = \min(\mathrm{CF}(E1), \mathrm{CF}(E2), \cdots \mathrm{CF}(En)) \quad (5\text{-}50)$$

$$\mathrm{CF}(E1 \text{ OR } E2 \text{ OR } \cdots \text{OR } En) = \max(\mathrm{CF}(E1), \mathrm{CF}(E2), \cdots \mathrm{CF}(En)) \quad (5\text{-}51)$$

此时，条件 E 的不确定性对结论 H 的不确定性的影响函数为

$$\mathrm{CF}(H) = \mathrm{CF}(H, E) \times \mathrm{CF}(E) \quad (5\text{-}52)$$

接下来以规则 IF $E1(\omega_1)$ AND $E2(\omega_2)\cdots$AND $En(\omega_n)$ THEN $H(\mathrm{CF}(H,E),\lambda)$ 为例，给出带阈值的条件不确定性推理模型下，服务调整的步骤。

第一，当对服务进行调整时，通过联盟专家知识库和规则库中存在的相关推理知识进行推理条件搜索，并将符合要求的所有子条件 $E1, E2, \cdots, En$ 进行子条件阈值检测。判断所有子条件 E_i 的可信度是否都大于等于相应的阈值 ω_i，利用式（5-51）计算组合条件 E 的可信度。然后进入步骤二，否则认为组合条件 E 对该条规则不成立，重新进行推理条件检索。

第二，根据 $\mathrm{CF}(H) = \mathrm{CF}(H,E) \times \mathrm{CF}(E)$ 计算结论 H 的可信度，判断 $\mathrm{CF}(H)$ 是否大于阈值 λ。如果大于，此结论 H 的可信度成立，可利用该条规则进行服务调整，反之，结论 H 不成立，不能利用该条规则进行服务调整，返回上一步骤重新进行推理条件检索[19]。

如果在进行服务调整时，通过推理条件的检索未发现与待调整的服务某个子问题相符的规则时，可以由领域专家构成案例专家小组结合当前实际条件和情况，进行服务的修正与调整。最后，将目标服务任务的问题描述、解答、推理过程等添加到知识库中，方便下一次服务检索的进行。

3. 服务交付与案例生成

当完成服务重用与调整以后，会形成满足用户服务需求的智能化数据挖掘服务方案。在服务交付之前需要与用户进行沟通，看用户是否满意该服务方案，如果不满意需要重新进行服务调整或重新进行服务检索，直至满足用户的需求为止。当用户满意该服务方案时，由大数据联盟数据挖掘服务平台提供服务端口，用户完成支付，即可获取该服务方案。其交付的主要内容如下。

（1）智能化数据挖掘服务产品。以用户需求为导向，在历史服务记录的基础上，经过重用与调整的服务方案，辅助用户解决不同情境下的领域问题。

（2）服务内容说明。当用户完成支付以后，需要与用户进行服务相关性说明。其中包括服务方案的使用说明及操作规范说明等相关性说明文档。

（3）服务计费说明。在完成智能化数据挖掘服务后，平台需要向用户提供服务内容的计费说明（如历史服务费用说明、服务调整成本说明、服务成本结构说明等），使用户充分了解该服务内容的费用构成。

（4）服务售后保障。在成功交付完成以后，大数据联盟还应对用户承诺服务售后保障的相关内容，以保证用户的权益，提高用户的满意度和服务质量。

4. 服务知识学习与存储

知识推理是一种人工智能方法，其智能主要来自不断更新的知识库、案例库。在利用知识推理方法求解一个新问题时，将目标服务任务的解及求解过程、推理经验存储到知识库和案例库中，使新的目标服务任务的解决方案可以用于解决类似的问题。随着知识库和案例库的不断更新，联盟智能化数据挖掘服务经验和推理规则会不断积累，因此，智能化数据挖掘服务模式是一种增量式的学习系统。该系统通过不断的学习，实现智能化的服务检索、重用、调整。然而，随着时间的推移和新知识的不断录入，如果无条件地保留新知识，必将使知识库和案例库越来越庞大，形成服务检索效率低（如沼泽问题）、检索成本增加、知识冗余、信息矛盾等问题。因此，要从以下两个方面对服务案例进行学习和维护。

（1）有选择地保留新服务，删除无效旧服务。在新服务完成并进行保存时要对服务知识进行分析，观察其与知识库和案例库中历史服务的相似度。如果相似度过高，则认为新服务所含的信息量和知识足以概括历史服务，此时需要对历史服务进行替换，删除历史服务所包含的知识。

（2）优先保留知识库中未出现过的新服务。在服务的特征抽取上，通过设定服务匹配尺寸的上限，优先保留知识库和案例库中未出现过的新服务，以便知识库和案例库系统具备更好的学习能力。

5.4.4　大数据联盟智能化数据挖掘服务方式

大数据联盟智能化数据挖掘服务是在定制化数据挖掘服务基础上开展的一系列数据挖掘任务智能化的、快速实现的服务模式。因此，其在服务方式上具有一定的相似性。综上分析，在定制化服务方式的基础上提出智能交互委托式和智慧协同跟进式的智能化数据挖掘服务方式，主要内容如下。

1. 智能交互的委托式服务方式

通过研究发现，人们在进行服务交互时，常常不能清晰地表达自己的需求，使服务提供商不能了解用户的真正意图，导致服务结果不能完全满足用户的需求。因此，为了解决上述问题，大数据联盟通过智能交互系统，为用户提供智能交互的委托式服务方式。

智能交互的委托式服务方式提高了用户由于领域知识差异、服务内容了解不足、服务需求表述能力不强等问题，引发的无法将需求进行完整表达的能力。它是一种通过智能交互系统，实现对用户服务需求全面了解的服务方式。其所建立的智能交互系统是在精细咨询和精准交互的基础上，运用智能化信息代理技术，对用户需求信息进行智能存储、智能分析、智能管理的知识交互系统。并可以根据用户的需求信息，通过智能化交互环境和服务机制，实现用户需求感知、需求关联和需求预测。然后经过不断调整与更新，实现服务需求的快速整合与管理，为用户提供准确、可靠的智能化数据挖掘服务方案。其示意图，如图 5-26 所示。

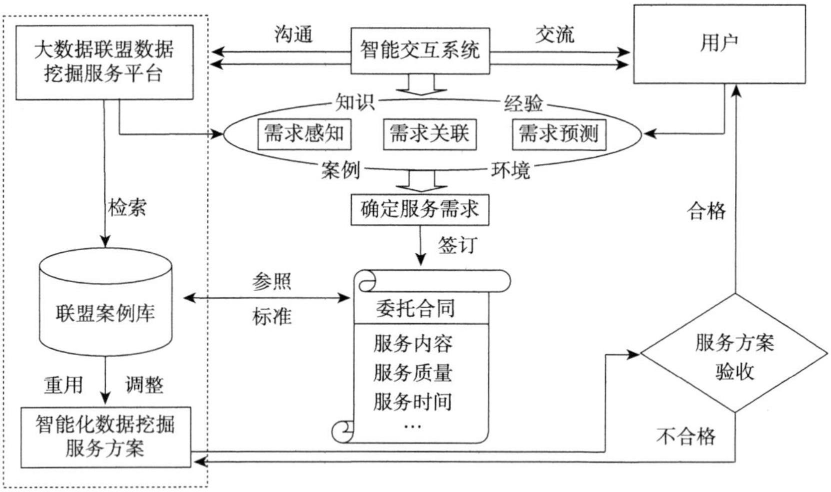

图 5-26　智能交互的委托式服务方式示意图

2. 智慧协同的跟进式服务方式

大数据联盟智能化数据挖掘服务的智慧协同的跟进式服务方式是由“人”“机”“库”在智能化数据挖掘服务实现过程中，所表现出的主体间的智慧协同行为。大数据联盟智能化数据挖掘智慧协同的跟进式服务方式与定制化数据挖掘跟进式服务方式最大的区别主要体现在两方面。

（1）案例库的加入。智慧协同的跟进式服务方式主要有“库”的参与，这里的“库”所代表的含义是“案例库”。当大数据联盟积累了大量定制化数据挖掘服务案例和实践经验以后，会形成逐渐完善的数据挖掘服务知识体系，并最终形成“联盟智慧”。联盟智慧可以为智能化数据挖掘服务提供经验指导，使服务方案更贴近用户的真实需求，达到较好的服务效果。

（2）人–机–库的三方智慧协同。三方智慧协同主要是指服务提供方结合计算机为用户实现数据挖掘服务的“人–机–库”协同过程。它可以分为“人–人”的智慧协同、“人–机”的智慧协同和“人–机–库”的智慧协同。其中，“人–人”的智慧协同是指在服务的实现过程中，由用户与服务提供方组成的知识相互催化的学习型智慧团队；“人–机”的智慧协同是指在辅助计算机发现新知识的过程；“人–机–库”的智慧协同是利用联盟服务经验和知识产生新知识的过程，其示意图，如图 5-27 所示。

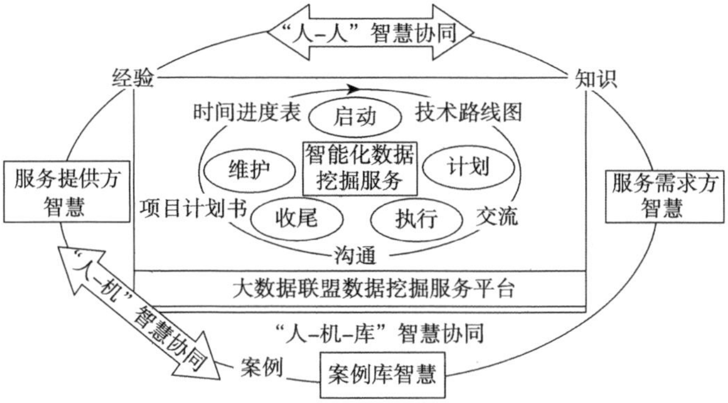

图 5-27　智慧协同的跟进式服务方式示意图

5.4.5　大数据联盟智能化数据挖掘服务实现保障

1. 多案例经验集成保障

当人们面临一个新的决策问题求解时，通常会采取直觉的思维方法。从人脑的长期记忆中搜寻过去解决类似问题的经验，进而启发产生新问题的解决方案。大数据联盟数据挖掘服务平台中，存储了大量的数据挖掘服务案例，并将大量案例的服务过程进行知识表达和存储，形成了丰富的案例知识库。这些案例知识库中的经验知识是决策专家在求解大量实际问题中逐渐形成的，是长期实践的产物。因此，当大数据联盟数据挖掘服务平台在面对用户的决策层级挖掘服务需求时，首先，从案例库中搜寻过去解决类似问题的案例经验，从多个部分相似案例的知识片段中，寻找对新问题的求解思路。其次，辨析新旧案例的差异性和复杂程度，并将新问题分解成若干个子问题，映射到相似案例上。最后，从案例库的多个案例中进行经验吸收、提取和集成来对新问题进行同步交叉、动态协调求解，形成具有创造性的新知识，并应用到新案例的问题解决中去，以保障用户的服务需求顺利实现。

2. 群体智能保障

人工智能的快速发展，呈现出深度学习、人机协同、智群开放的新特征。然而，虽然目前我国拥有丰富的大数据人才，但是未形成丰富而强大的群体智能。因此，大数据联盟结合智能经济和智能社会的发展需求，通过平台号召力，吸引和汇聚大量的决策专家，以协同合作的方式来完成开放环境下的复杂系统决策任务，形成超越个体智力的智能形态。

大数据联盟智能化数据挖掘服务群体智能保障是在互联网环境下，充分运用人类智能与机器智能相互赋能增效的理念，形成人机库融合的“智群空间”的群体智能系统。通过海量的智力成果积累，打造面向大数据产业的跨学科、跨专业的“智群空间”，实现开放环境下对复杂问题的求解和智能决策。

参 考 文 献

[1]于跃. 智慧政府的生成与演进逻辑[J]. 电子政务，2019，(7)：93-100.
[2]Hall D L，Llinas J. An introduction to multisensor data fusion[J]. Proceedings of the IEEE，1997，85（1）：6-23.
[3]胡艳玲. 大数据联盟数据聚合服务模式研究[D]. 哈尔滨理工大学博士学位论文，2019：19-53.
[4]Yan R，Pei Z. Retail services and firm profit in a dual-channel market[J]. Journal of Retailing & Consumer Services，2009，16（4）：306-314.
[5]于艳娜，姚锋敏，滕春贤. 需求与成本同时扰动下的信息产品供应链定价决策[J]. 计算机集成制造系统，2018，24（2）：516-523.
[6]谢家平，梁玲，孔凡玉，等. 渠道努力下互补型闭环供应链定价与服务决策[J]. 系统工程理论与实践，2017，37（9）：2331-2343.
[7]胡雨. 云制造资源服务与需求匹配方法研究及应用[D]. 重庆大学硕士学位论文，2017：17-30.
[8]胡雨，郭钢. 基于综合模糊相似度的云制造需求—服务双向匹配[J]. 计算机应用与软件，2017，34（11）：26-33.
[9]舒秘. 集中及分散决策下 O2O 电子产品回收及定价决策研究[J]. 物流科技，2020，43（9）：67-69，76.
[10]沈记全，郑雪峰，涂序彦. 一种基于蚁群算法的服务组合方法[J]. 武汉理工大学学报（交通科学与工程版），2009，33（6）：1179-1182.
[11]高雅田. 基于 MAS 的数据挖掘模型自动选择方法研究[D]. 东北石油大学博士学位论文，2011：50-64.

[12]史玉良，邵雅丽，周中民，等. 基于帕累托最优的隐私保护服务定价模型[J]. 计算机学报，2016，39（6）：1267-1280.
[13]范广玲，李春生，高雅田. 数据挖掘模型选择的通用建模研究[J]. 科学技术与工程，2011，11（19）：4639-4642，4645.
[14]李永海. 基于相似案例分析的决策方法与应用研究[D]. 东北大学博士学位论文，2014：137-151.
[15]戴耿毅. ICTCLAS 汉语词法分析系统的研究与改进[D]. 浙江工业大学硕士学位论文，2012：5-28.
[16]虞娟. 基于集成案例推理的商务智能决策研究[D]. 合肥工业大学硕士学位论文，2007：32-43.
[17]杨斌宇. 基于案例的推理在智能决策支持系统中的应用[D]. 吉林大学硕士学位论文，2004：17-35.
[18]崔巍. 基于不确定性及模糊推理的智能制造专家系统研究与实现[D]. 天津大学硕士学位论文，2014：19-33.
[19]邢海龙. 大数据联盟数据挖掘服务模式研究[D]. 哈尔滨理工大学博士学位论文，2020：8-64.

第 6 章　大数据联盟决策支持服务

6.1　大数据联盟决策支持服务模式架构

6.1.1　大数据联盟决策支持服务模式界定

目前国内外学者对服务模式进行了持续的探索，White 等认为资源服务实质上是服务的行为以外包的形式出现，即需要将资源提供方式服务化[1]；蔺雷和吴贵生提出了四个维度的创新整合概念模型，有助于服务创新活动的开展[2]；翟运开等对物流服务创新模式进行研究，提出了“回棱椎”模型[3]；Tsou 等从服务传递方面评价客户服务[4]。Ellis 和 Haugan 依据描述信息查询行为流程，提出了信息服务模型[5]。Wilson 根据信息流动的意图，构建了信息查询服务的流动模型[6]。Chawla 和 Sogani 提出云服务是通过 Internet 进行访问的应用的总称[7]。Marston 等认为云服务是以信息技术为基础的服务模式，通过终端设备将计算服务传递给用户[8]。Armbrust 等认为云服务具有快速接入能力，能更好地传递信息[9]。Qin 等和 Zhao 对图书馆的云服务模式进行研究，构建图书馆的云服务模型[10，11]。高超等提出凭借互联网服务平台，实现科技行业服务的传递[12~14]。王弋波等从共享过程出发，提出了四阶段递进的服务模式[15]。张婧和余振刚从服务主体等五个方面出发，提出了互联网增值服务模式[16]。邓仲华等提出嵌入科研过程的信息服务模式，指出了学科专家应该具备的知识和能力[17]。冯秀珍和郝鹏在深入探讨云计算的基础上，研究信息资源服务的云服务体系架构，提出了一种资源服务的服务模式[18]。大数据联盟决策支持服务模式运用多学科需求分析理论，探究大数据联盟中用户的真实决策支持服务需求，并进一步描述联盟用户的需求，包括决策支持服务需求产生的原因、过程及预期目标，进而明确决策资源融合的方向。依据核心决策支持服务需求，大数据联盟运用智能资源传输技术，将决策支持服务所需的决策资源进行高效传输，精准实现云端的资源感知和接入，为决策支持服务资源融合做好前期准备工作，能够将多维数据资源进行有效的汇聚融合，实现决策支持服务中所需的决策资源的融合计算，从而发现决策支持服务所需资源间的蕴含关系和因果关系。根据前阶段的预测结果，使联盟用户掌握决策支持服务问题发展趋势，了解可能存在的风险，形成对决策问题发展趋势的预测，面向联盟用户的决策支持服务需求，将决策支持服务的结果进行集成封装，形成决策支持服务方案，为大数据联盟用户提供决策支持服务。大数据联盟决策支持服务主要通过联盟成员对大数据资源进行采集、处理、分析、计算等相关技术环节为用户提供决策支持相关服务。该服务是基于数据处理技术，目的是通过数据处理技术、方法、模型将数据以知识的形式呈现给用户，辅助用户进行决策。大数据联盟决策支持服务提供方将数据资源、技术封装成产品对用户进行服务，不同于以往的服务形式，决策支持服务可以以产品的形式为用户提供决策支持服务所需的数据资源，实现服务的多元化、利益的最大化，保障不同需求类型的用户都能实现所需要的服务请求。

6.1.2　服务流程

大数据联盟决策支持服务是将决策资源进行深层次融合。大数据联盟利用的信息分析处理及人工智能技术，对决策支持服务所需的决策资源进行计算融合，深入探究决策资源背后的因果关系，根据决策支持服务的实际情况，大数据联盟用户在提交决策支持服务需求时，其决策支持服务需求信息可能会存在不完全的问题。大数据联盟决策支持服务需求信息中包含基本信息、特征信息及决策信息。基本信息指决策支持服务需求的目的、目标；特征信息是指决策支持服务需求者个性化的需求，包括用户的兴趣、偏好、风格等；决策信息是指决策支持服务所需的信息。依据大数据联盟用户需求的特征，包括用户需求信息完全和不完全两种情况，构建大数据联盟决策支持服务过程模型，如图 6-1 所示。

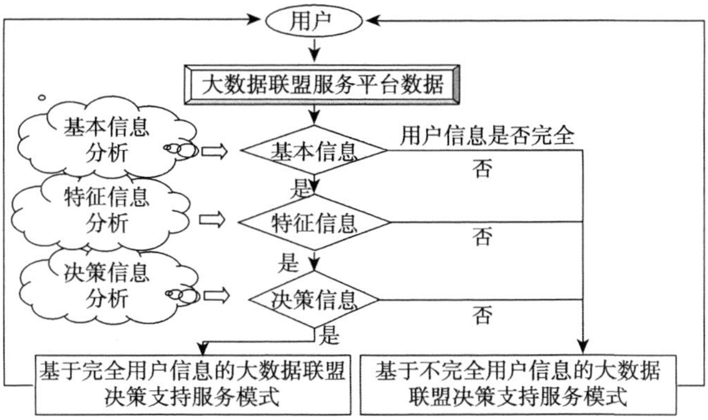

图 6-1　大数据联盟决策支持服务流程

6.1.3 服务模式框架

大数据联盟依据自身汇集多方数据资源的优势，促进数据资源有效转移和利用，提升数据资源的密度和活性，将数据资源池中所包含的异构数据进行汇聚、关联、融合等操作，从而更好地为用户决策提供辅助支持，实现数据资源价值增值。在大数据联盟为用户提供决策支持服务过程中，在决策支持服务的不同层级针对用户的多样化需求，需要高效有针对性地为用户提供所需的决策支持服务，将决策支持服务的最终结果以解决方案的形式传递给用户，满足用户差异化的决策需求。根据用户在决策过程中不同时期的需求特征，针对用户需求信息的完全和不完全情况，将大数据联盟决策支持服务模式划分为基于完全用户信息的大数据联盟决策支持服务模式和基于不完全用户信息的大数据联盟决策支持服务模式，如图 6-2 所示。

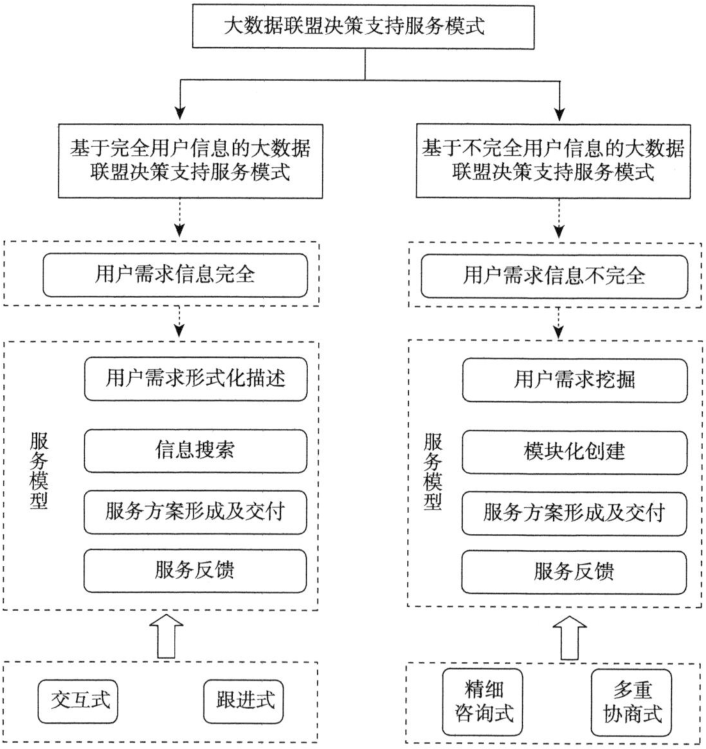

图 6-2 大数据联盟决策支持服务模式框架

6.2　基于完全用户信息的大数据联盟决策支持服务

6.2.1　基于完全用户信息的大数据联盟决策支持服务模式架构

1. 服务模式内涵

大数据联盟在云环境下，将能够完全获取的服务需求进行任务分解，并对联盟中的伙伴企业进行资源优选，其决策过程中各个环节具有部分模型和规律，以人机交互式的形式把决策支持服务方案提供给用户。基于完全用户信息的决策支持服务是大数据联盟实现跨领域、跨层级的信息获取与传递任务，其目的是在决策支持服务的基础上实现高效的任务协调与服务交付，强调数据资源同步性和应用的一致性，保证大数据联盟内外各业务单元间的无缝对接。

从决策资源价值增值的视角，大数据联盟通过将不同类型、不同内容、多样化的数据资源进行综合集成，进而完成结构体系再建，对异质的决策资源进行有序管理，最终构造有价值的、完整的决策支持服务体系，通过大数据联盟自身具备的数据资源和技术能力等，以人机交互和不断跟进的决策方式更好地为用户提供决策支持服务。

2. 服务模式框架

用户相当于委托大数据联盟为其提供决策支持服务方案，在合同中，规定决策支持服务的内容、价格、注意事项、交付时间、保密条款、附则等具体事宜，明确大数据联盟和用户双方在决策支持服务提供过程中的权利和义务。基于完全用户信息的大数据联盟决策支持服务过程包括用户需求形式化描述、信息搜索、决策支持服务方案形成及交付、服务反馈。当联盟用户发布决策支持服务需求后，大数据联盟对需求进行分解，对其进行形式化描述，明确需求的特征属性，根据需求大数据联盟为其匹配提供决策支持服务的成员，联盟成员不断进行交互，借助大数据联盟的数据库、方法库、模型库等决策资源，通过信息处理技术实现一种决策资源的存储、获取、整合、计算、挖掘、可视化等，最终形成决策支持服务方案，并封装成服务，为用户提供访问接口，实现决策支持服务。基于完全用户信息的大数据联盟决策支持服务模式框架，如图 6-3 所示。

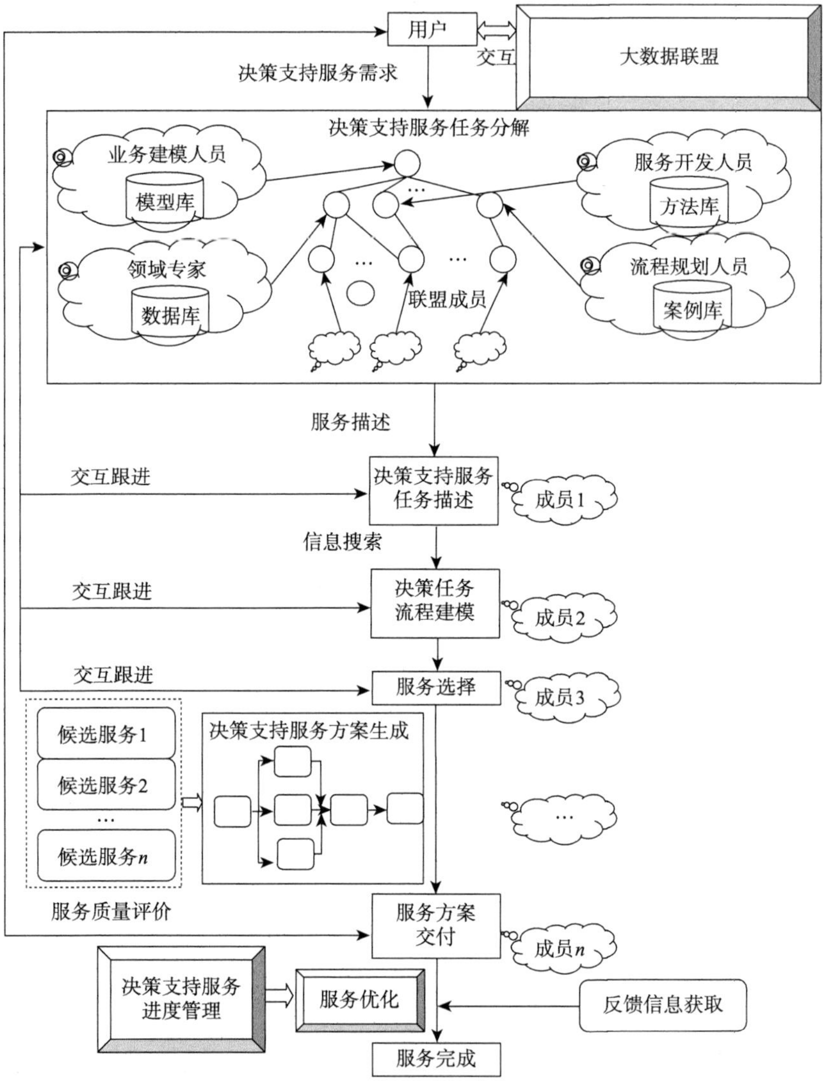

图 6-3　基于完全用户信息的大数据联盟决策支持服务模式框架

基于完全用户信息的大数据联盟决策支持服务需求主要是指用户借助平台明确提出或发起决策支持服务合作和交流请求，大数据联盟对此进行响应与接收，通过大数据联盟内部解决数据资源的显性需求、完全用户信息的服务需求以满足自身利益诉求为主要目的，对决策支持服务需求进行详细分析，获取联盟用户的真实需求，从而提供更准确有效的决策支持服务。它主要表现出以下几个特征：第一，聚集性。大数据联盟作为一个整体，依据自身的优势，聚集了来自各行各业的资源、技术等基础设施，而且还聚集了其他机构的资源和国家共享资源。第二，高速性。大数据联盟拥有云计算、大数据处理技术、无线通信、平台基础设施等技术，能够对用户的决策支持需求进行即时的响应。第三，高效性。大数据联盟针对用户的决策支持需求有针对性地对资源进行整理、包装，进而为用户提供与其需求匹配的决策支持服务。

6.2.2　基于完全用户信息的大数据联盟决策支持服务模型

1. 用户需求描述

1）用户基本信息描述

基于完全用户信息的大数据联盟决策支持服务模式，用户能够准确描述其决策支持服务的基本信息，包括决策支持服务需要做什么、决策支持服务的目的、以什么样的方式提供决策支持服务。大数据联盟接收用户基本信息后，对其进行分析处理。

2）用户需求信息描述

大数据联盟用户需求描述是指通过建立科学的决策支持范围需求表达模型，将用户的决策支持服务以恰当的方式表示出来，这有利于大数据联盟进行决策支持服务所需的资源搜索、匹配等活动。由于联盟用户类型多元化，不同成员间的信息传递的表达类型、存储结构等存在较大差异，不利于大数据联盟对需求信息的处理，降低了决策支持服务的效率。异构的决策需求信息的统一表示及构建是大数据联盟实现决策支持服务的基础，因此，有必要在不改变用户决策支持服务需求信息体系结构的前提下，完成用户需求的一体化表示，实现大数据联盟决策支持服务的高效进行。利用本体方法表示能够保留信息的原本特征，最大限度地拆分需求信息对其进行形式化的描述，使需求信息保留其完整性、可读性和正确性，也提高了大数据联盟的权威性和标准性，促进后续决策支持服务的高效展开。

为了更好地理解用户的决策支持服务需求，大数据联盟需要将用户的决策支持服务需求进行描述。基于完全用户信息的大数据联盟决策支持服务可以表示为

一个五元组 $\text{CSC} = \langle \text{id}, C^{\text{in}}, C^{\text{out}}, \text{SSet}, \text{QoS} \rangle$，其中，id 表示决策支持服务的标识；$C^{\text{in}}$ 表示决策支持服务的输入集合；C^{out} 表示决策支持服务的输出集合；SSet 表示决策支持服务需求的基本信息，包括决策支持服务需求名称、需求的描述、所属领域，用三元组 $\text{SSet} = \langle \text{R\_name}, \text{R\_Basic}, \text{R\_Domain} \rangle$ 表示；QoS 表示服务的非功能属性，用三元组 $\text{QoS} = \langle C(S), T(S), R(S) \rangle$ 表示，包括服务成本 $C(S)$、服务时间 $T(S)$ 和可靠性 $R(S)$。

基于完全用户信息的大数据联盟决策支持服务需求基本信息描述包括决策支持服务需求的名称 R_name、决策支持服务需求描述 R_Basic 和决策支持服务需求领域 R_Domain。

大数据联盟决策支持服务的质量决定了用户的满意度，因此满足用户提出的决策支持服务质量需求，是提升大数据联盟决策支持服务用户满意度的重要前提。基于完全用户信息的大数据联盟决策支持服务质量指标主要包括决策支持服务成本、响应时间及可靠性，可以表示为 $\text{QoS} = \langle C(S), T(S), R(S) \rangle$。其中，$C(S)$ 表示决策支持服务成本；$T(S)$ 表示决策支持服务响应时间；$R(S)$ 表示决策支持服务可靠性。

第一，决策支持服务成本。决策支持服务成本是指用户所需支付的费用，决策支持服务费用 $C(S)$（C_1 为决策支持服务交付的费用，C_2 为决策支持服务在运作中的费用）表示如下：

$$C(S) = C_1 + C_2 \tag{6-1}$$

第二，决策支持服务响应时间。决策支持服务响应时间体现了大数据联盟的能力，为用户从服务端口端提交决策支持服务请求到获取决策支持服务方案所花费的时间。将基于完全用户信息的大数据联盟决策支持服务响应时间设定为 $T(S)$，$T_{\text{pro}}(i)$ 为决策支持服务处理的时间，$T_{\text{trans}}(i)$ 为决策支持服务从提交到接收结果的时间，n 为决策支持服务的执行次数，基于完全用户信息的大数据联盟决策支持服务响应时间公式如下所示。

$$T(S) = \sum_{i=1}^{n} (T_{\text{pro}}(i) + T_{\text{trans}}(i)) / n \tag{6-2}$$

第三，决策支持服务可靠性。可靠性是指基于完全用户信息的大数据联盟决策服务在运行过程中执行的能力。设在 $(0,t)$ 的时间内执行大数据联盟决策支持服务 S 的次数为 n，正常执行的次数为 n_i，则基于完全用户信息的大数据联盟决策支持服务可靠性表示如下：

$$R(S) = n_i / n \tag{6-3}$$

2. 决策支持服务信息搜索与匹配

1）用户需求信息搜索

为了提高大数据联盟获取用户需求的准确度，提出决策支持服务需求搜索模型，如图 6-4 所示。

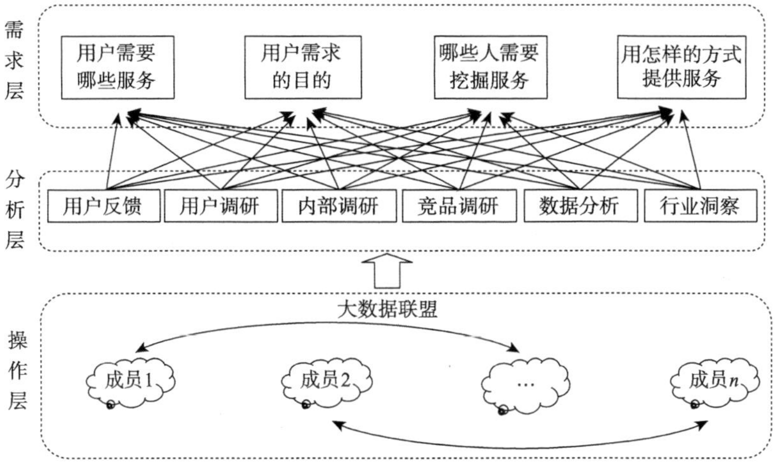

图 6-4　用户需求搜索模型

2）决策支持服务信息搜索及匹配

为了提高大数据联盟用户需求和决策支持服务搜索的效率，提出一种决策支持服务需求搜索与匹配模型，如图 6-5 所示。

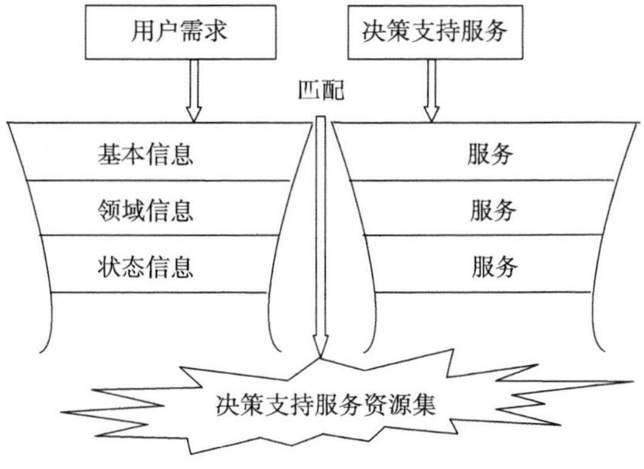

图 6-5　基于完全用户信息的决策支持服务搜索模型

第一，基本信息搜索。根据用户决策支持服务需求，在决策支持服务虚拟池中搜索所需的决策资源，标志着决策支持服务搜索的开始。

第二，领域信息搜索。在搜索基本信息后，根据用户需求的定义和描述，进一步从服务领域等进行信息搜索。

第三，状态信息搜索。在服务领域信息搜索后，进一步对服务状态进行搜索。

经过上述三个层次的搜索后，面向用户的决策支持服务需求，匹配得到了满足用户决策支持服务需求的决策支持服务资源。

3. 决策支持服务方案形成及交付

1）服务方案形成过程

在获取决策支持服务集合的基础上，为了给用户提供优质的决策支持服务方案，对决策支持服务组合问题进行描述，然后建立决策支持服务组合优选模型并求解。在大数据联盟中，基于需求的任务流表示从决策支持虚拟数据资源池中选择和组合决策支持服务资源，决策支持服务资源都经过大数据联盟决策支持系统处理，分别由不同的联盟成员对决策资源进行抽取、清洗、转换等，依据决策支持方案的需要，由不同的成员根据各自的任务调用相应的方法库、模型库、知识库完成各自的任务，同时协调数据库系统、模型库系统和方法库系统之间的信息交流，给大数据联盟决策支持服务提供信息收集、问题识别及模型分析与计算等功能，最终形成决策支持服务方案。如图 6-6 所示。

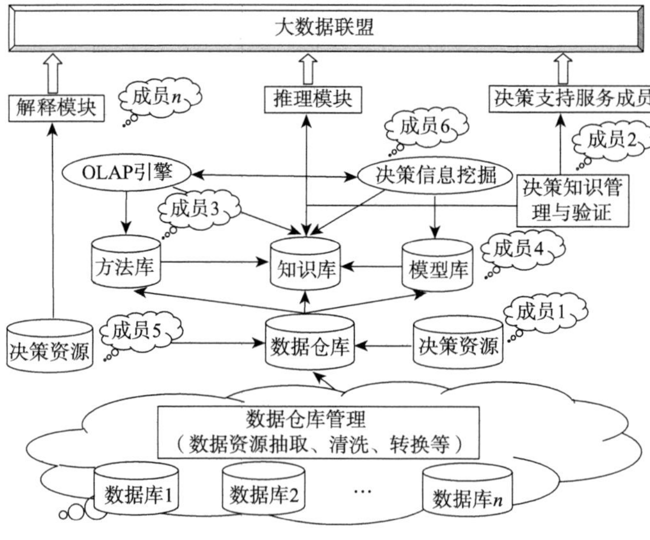

图 6-6　大数据联盟决策支持系统运作过程

OLAP：online analysis processing

2）服务交付

为了满足用户决策支持服务需求任务，从决策支持服务的数据资源池中选择单个决策支持服务，使已有的技术转化为顺序服务。在大数据联盟为用户提供决策支持服务过程中，用户最终购买和使用的是决策支持服务方案，大数据联盟最终交付给用户的是一整套决策支持服务方案。结合大数据联盟为用户提供决策支持服务的实际情况，大数据联盟根据用户需求将相应的决策支持服务方案进行交付，用户按协议支付该项服务费用。在决策支持服务交付过程中，进行资格身份认证、服务等级协议确认、决策支持服务申请、变更等管理。大数据联盟也会形成可供用户查询的服务明细表。大数据联盟和用户作为决策支持服务的主体，可使用大数据联盟的服务监控工具，实现对决策支持服务交付的协同管控，以便发现服务方案交付中的故障问题并及时解决。

4. 服务反馈

为了提高大数据联盟决策支持服务质量，对大数据联盟提供的服务进行更加科学、全面的管理，需要实时了解用户对决策支持服务的满意度，建立用户反馈机制。由于市场环境的多变性，大数据联盟也需及时了解决策支持服务实施的具体情况，以便大数据联盟掌握行业信息和服务实施状态。基于完全用户信息的大数据联盟决策支持服务模式的反馈内容包括三个方面：决策信息评估、决策支持服务评估及实施结果评估，并根据体验给出最终的满意程度，大数据联盟需要发挥成员的协同优势，快速有效地对反馈信息做出积极响应，使其更好地服务于用户。积极开展决策支持服务反馈信息的日常收集和处理工作，并指派特定的成员企业在多个渠道广泛收集用户对服务的反馈信息，同时负责对获取的服务反馈信息进行及时处理，有利于指导大数据联盟决策支持服务活动的实践。

6.2.3　基于完全用户信息的大数据联盟决策支持服务方式

基于完全用户信息的大数据联盟决策支持服务方式是在决策支持服务基础上开展的一种面向完全信息的服务方式，主要是针对大数据联盟决策支持任务进行快速响应和实现，注重智能交互，尽可能发现用户的隐性需求，更好地为用户提供决策支持服务，并在此基础上满足用户的决策支持需求，因此，提出了交互式和跟进式的服务方式，通过两种服务方式尽可能为用户开展决策支持服务，提高用户的满意度，实现用户的决策支持服务请求。

1. 交互式

大数据联盟与用户之间进行持续沟通，在决策支持服务过程中以“用户多样化需求，决策信息动态化”为导向，在提供决策支持服务的各个阶段大数据联盟与用户通过沟通的形式，协调各个联盟成员各自的服务能力实现优势互补。通过对决策资源进行深度融合和加工处理，大数据联盟以项目化的服务方式对任务进行分工协作，使任务能够更加精准和高效地完成。在决策支持服务任务立项、实施、研发等不同阶段，清晰地掌握任务的进展情况，与用户进行及时交互，进而更好地为联盟用户提供其所需的决策支持服务方案。

（1）清晰的服务界面。交互式的服务方式是从决策支持服务自身的角度出发，在服务方案类别的设置上主要考虑自身有什么，可以提供什么，将服务封装成各种功能类别不一的服务提供给用户，以服务窗口的形式展现在用户面前，为用户进行服务交互提供一个清晰明了、友好的界面。

（2）便捷的服务流程。用户可以通过交互式的服务方式进行自主的服务搜索、选择、支付、下载等操作，实现服务的快速应答，减少服务的中间环节，提高了服务的整体效率，为用户提供优质的用户体验，可以尽可能满足各类用户的各种需求，让用户体会到“有需求，提需求，满足你”的交互服务体验，提高用户的满意度和忠诚度。

（3）高效率的互动形式。交互式主要体现为线上交流和线下互动结合的方式，实现与联盟的实时交互。线上交流的形式使大数据联盟决策成员与用户之间保持高效率的互动，从而实现高效动态的服务和需求匹配。线下互动的形式主要指大数据联盟决策成员和用户在特定场景下的交流和互动，抛开大数据联盟决策支持服务平台外的互动形式，包括面对面交流、发送邮件等。线下互动是线上交流的重要补充，二者相互联合，以用户个性化兴趣偏好、需求特征、期望目标为导向，通过线下和线上结合的方式动态地为用户提供决策支持服务。

2. 跟进式

大数据联盟决策支持服务跟进式的服务方式主要是在服务实现的过程中，服务供方和需方全程参与服务过程的一种服务方式。在跟进式服务方式中主要的参与主体是服务提供方和服务需求方，而服务需求方作为服务实现过程中的重要一员，需要参与到服务实现的各个环节，并与服务提供方进行持续的互动交流，减小在服务实现过程中偏离用户需求、服务失败或服务结果不理想的风险。

（1）决策支持服务的一体化。大数据联盟依托自身服务优势以服务项目化运作的方式吸引多种类型的企业积极融入，通过大数据联盟的牵头，相关企业具体运作，获取决策资源和能力，为汇聚多方资源提供重要的平台和渠道。通过协商会议，定期交流活动，以及走访、现场办公等多种形式，在反复的交流过程中，使得“服务前、服务中、服务后”全周期中产生的不同问题得以有效解决。在此过程中，大数据联盟与用户进行交流互动，共同研究决策问题的解决方案，用户也会积极参与，跟踪服务方案制订的过程，也有助于推动大数据联盟服务活动的顺利开展和决策支持服务的实施，从而满足用户动态的决策支持服务需求，也提高了任务的可靠性和高效性，对于提高决策支持服务的质量至关重要。

（2）决策信息的高效协同。任务完成过程中所涉及的信息，包括任务文档、会议记录、合同等，它们都融合在具体的服务任务中，从而实现信息高效协同。在决策支持服务全过程中，大数据联盟需要掌握任务的时间表、任务书等过程信息，及时与用户进行持续交互，了解其想法和建议。同时大数据联盟需要持续跟进任务在全周期内的执行情况，以及把握服务项目不同阶段的时间节点，实现信息的高效协同，更好地满足用户的决策支持服务需求。

（3）方便的沟通桥梁。跟进式的服务方式能够及时、有效、准确地在服务提供方和服务需求方之间建立沟通桥梁，为服务实现提供支撑，通过利用先进的计算机技术将服务目录、描述文档数据库、服务资源库等整合起来，与各类资源一起组成一个流畅的信息链。随着用户需求的不断变化和服务产品的不断更新，或者由于用户在服务搜索过程中的检索方式或关键词搜索方式不对，用户往往无法搜索到满足自身需求的服务，而跟进式的服务方式可以以专业知识、搜索经验及实时的服务信息获取渠道为基础，在决策支持服务过程中实时跟进，实现服务的快速、正确搜索，提高用户的全方位的服务体验和服务整体效益，提升用户的满意度及服务产品的知名度。

6.3 基于不完全用户信息的大数据联盟决策支持服务

6.3.1 基于不完全用户信息的大数据联盟决策支持服务模式架构

1. 服务模式内涵

大数据联盟在当前大数据、云计算高速发展的时代，以用户行为、浏览记录、环境数据及众多行业数据为依据，以各行各业专家、多种数据处理技术及服务与管理的智慧为核心力量，获取、分析、挖掘及预测用户在决策支持服务需求中的蕴含信息，并有效、主动、及时地为用户提供服务，为用户提供满足其内在需求的创新性、增值性的服务。

基于不完全用户信息的大数据联盟决策支持服务根据用户对决策支持服务需求的描述，运用心理学、社会学等多学科交叉理论分析用户对数据的隐含需求，根据用户需求分析结果运用大数据相关处理技术，实现多维数据有效融合与集成，运用获得的预测结果，使用户提高对决策支持服务问题的长远把握，掌握决策问题发展趋势的智能预判，实现更高层次的数据价值增值从而为用户提供更前卫的决策支持服务。基于不完全用户信息的大数据联盟决策支持服务模式特征具体体现在以下几个方面。第一，发现性。大数据联盟需要对集成的资源进行分析、挖掘及预测，更好地为用户提供高价值的、科学的、前瞻性的决策支持情报，从而实现大数据联盟环境下个性化的决策支持服务。第二，系统化。大数据联盟内数据资源量迅猛增长，用户向大数据联盟提出的决策支持服务需求也随之快速增长，决策支持服务所需的数据资源也需进一步挖掘和预测。人机交互的决策支持服务整合一切可使用的数据资源，挖掘其隐含信息形成用户所需的决策支持信息，再将结果反馈给用户。第三，智慧化。大数据联盟所提供的决策支持服务具备对数据资源感知、决策支持服务需求自动匹配、对服务流程自动重组的能力，使大数据联盟整体具备集智能化、情报化、智慧化等于一体的智慧服务系统。

2. 服务模式框架

基于不完全用户信息的大数据联盟决策支持服务模式是大数据联盟将服务过程模型化，接收到决策支持服务需求后，联盟决策成员对决策问题进行深入剖析后，准确挖掘获取用户所需的决策支持内容，明确决策支持服务资源集成的方向，利用信息、知识、机器知识相互交叉、转换、融合后形成明确决策支持服务需求。大数据联盟根据挖掘后的决策支持服务需求进行决策资源的融合、汇集，形成用户决策支持资源，挖掘数据背后的关联关系，将预测的结果经过一系列信息处理技术转化成可视化的结果展示给用户，并根据用户的具体要求进行循环分析调整，将信息通过模型自动生成决策资源。根据大数据联盟实际运作流程，将大数据联盟决策支持服务过程分为用户需求识别、服务模块化创建、服务模型构建、方案交付、服务质量反馈。首先根据用户在决策支持服务平台提交的需求和浏览记录，将用户未能明确表达出来的需求，运用智能信息处理技术从多维动态的视角挖掘用户的实际需求。将决策支持服务模块基元根据决策支持服务需求进行可拓转换，从而进行决策支持服务内容的操作。基于不完全用户信息的决策支持服务强调大数据联盟与用户协同互动，在汇聚海量数据存量的基础上，面向用户的决策支持服务需求，进一步抽取特征，挖掘数据之间的关联关系，提高数据的价值密度和活性，释放出数据中蕴含的价值。根据用户决策支持服务请求，根据问题实现决策资源的分析、处理、挖掘等操作，将大数据联盟挖掘、预测情报的能力形成一种高级服务，为用户提供精准的决策支持服务方案，如图 6-7 所示。

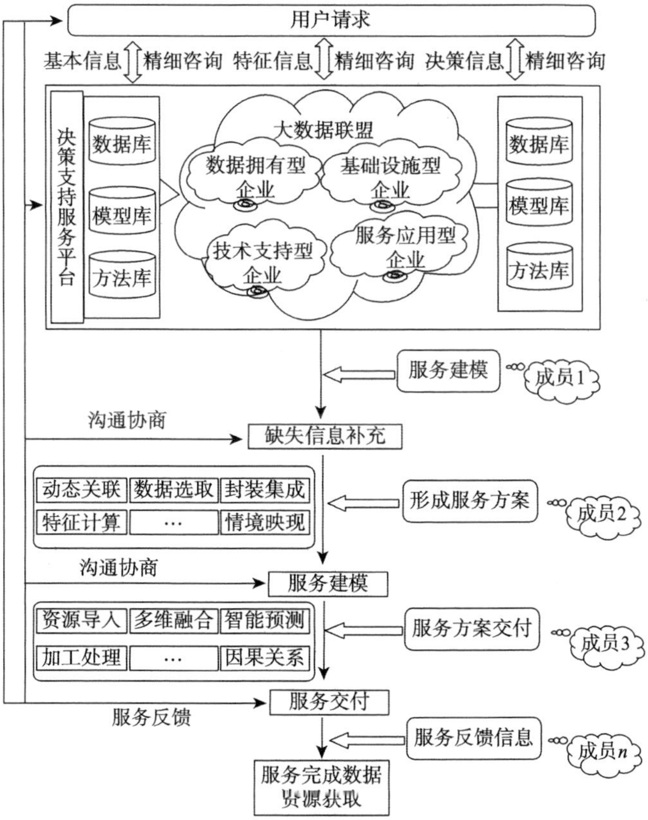

图 6-7　基于不完全用户信息的大数据联盟决策支持服务模式框架

大数据联盟依据自身优势，利用深度学习、计算机技术等信息处理技术，挖掘信息潜在价值，分析数据资源因果关系形成新信息。从数据资源的关联关系中对其进行封装集成，进一步形成决策支持服务所需的多样资源，从而更精准、全面、及时地为用户提供决策过程中的智能支持。

在大数据联盟提供个性化决策支持服务的过程中，以决策支持服务平台为依托，获取大量的数据资源，从中发现隐含的因果关系，依靠大数据联盟决策支持系统的数据库、模型库、方法库和工具库，为大数据联盟用户提供个性化的决策支持服务。根据大数据联盟实际运作流程，将大数据联盟决策支持服务过程划分为用户需求挖掘、服务缺失信息补充、决策支持服务方案形成及交付、服务反馈四个阶段，如图 6-8 所示。

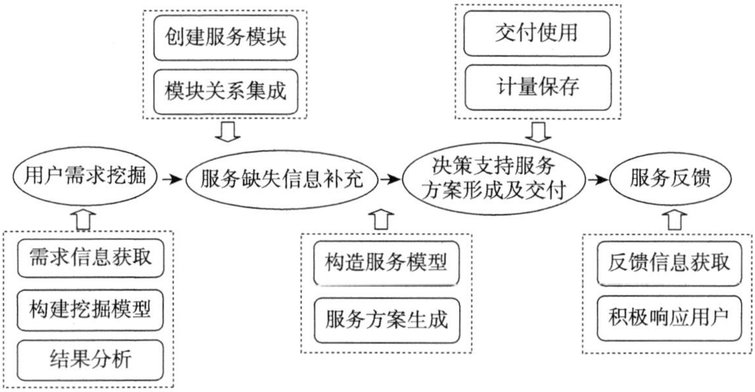

图 6-8　基于不完全用户信息的大数据联盟决策支持服务过程

（1）用户需求挖掘。根据用户在决策支持服务平台提交的需求和浏览记录，若用户有未能明确表达出来的需求，运用智能信息处理技术从多维动态的视角挖掘用户的实际需求。

（2）服务缺失信息补充。将模块基元根据核心服务需求进行可拓转换，从而进行决策支持服务内容的合并、增减、扩散等操作，为大数据联盟用户提供个性化的决策支持服务。

（3）决策支持服务方案形成及交付。在与用户沟通服务协议的范围内，提供服务方案的接口，供用户选择和调用，获取服务方案。

（4）服务反馈。建立服务反馈渠道，从中及时获取用户反馈的信息，处理客户投诉和抱怨，为改进服务效率提供依据。

6.3.2　基于不完全用户信息的大数据联盟决策支持服务模型

1. 用户需求挖掘

信息时代数据的产生速度巨快，用户需求也随之改变，具有多样性、随机性等特点。由于决策问题的复杂性等用户可能有没有意识到或者未能明确表达出来的需求，这就需要外在的引导和辅助，挖掘深层次的决策支持服务需求。依据用户情景体验理论在决策支持服务平台上从用户的浏览行为、购买习惯、个性特点等多个维度进行挖掘统计，结合用户需求的实际情况构建大数据联盟用户需求识别概念模型，如图 6-9 所示。

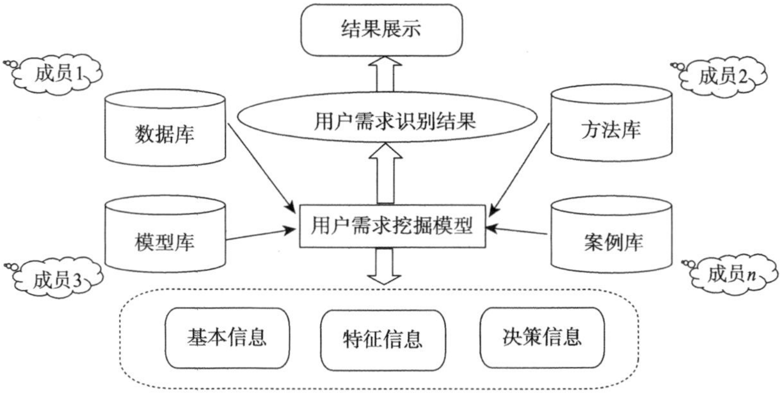

图 6-9　大数据联盟用户需求识别概念模型

2. 服务缺失信息补充

大数据联盟要对用户决策支持服务需求中的不完全信息进行挖掘，对用户的决策支持服务需求进行全面的了解。大数据联盟各成员需要利用信息抽取、转换和加载并行处理技术，将分散在不同数据库中的决策资源或算法模型，按照一定的规则统一集成到大数据联盟决策资源池中，从而形成面向主题的、集成的、稳定的、实时更新的决策资源集，使大数据联盟决策支持服务进行得更加简便。大数据联盟的 Hadoop 框架擅长处理半结构化和非结构化的信息，如对话数据、网页浏览、音频视频、图形图像等，将这类决策资源存储在 HDFS 文件系统中，保障信息的存储能力和处理能力，利用 Hadoop 和 Spark 技术的低成本、高性能、高可靠性和可扩展的特点，搭建大数据环境下数据仓库体系架构，对分散在联盟各成员数据库中的决策资源进行分布式管理，提高对多源、异构型决策信息采集、处理、存储的能力，从而形成决策支持服务信息。基于不完全用户信息的大数据联盟决策支持服务缺失信息形成过程，如图 6-10 所示。

（1）资源层。资源层中的决策资源主要来自大数据联盟各成员决策资源库，主要包括各企业的关系型数据库中的决策资源、文档资源、日志信息、图形图片、视频音频、网页浏览、数据挖掘模型等，结构化、半结构化和非结构化类型的决策资源，这些决策资源为缺失信息的形成提供了原材料。

（2）挖掘层。挖掘层是对大数据联盟各成员数据库中的决策资源进行 ETL 的过程，将大量的、分散的、格式复杂的决策资源进行提取、转换、加载，将决策资源进行统一化、去冗余化、完整化，实现对多源信息的融合和挖掘，保

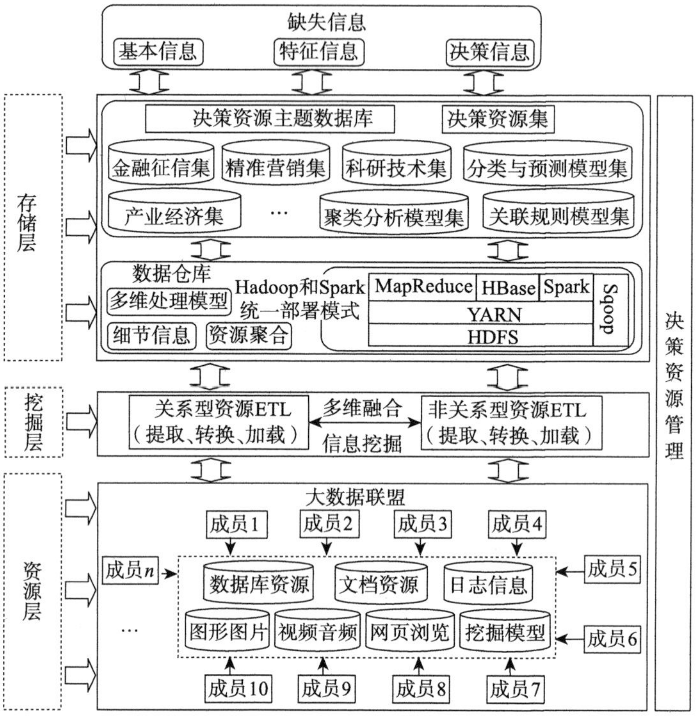

图 6-10　缺失信息形成过程

障缺失信息挖掘的质量。

（3）存储层。缺失信息挖掘完成以后，搭建 Hadoop 和 Spark 统一部署模式下的大数据联盟数据仓库，并将经过挖掘的缺失信息按主题进行存储，形成大数据联盟缺失信息的主题数据库及决策资源集。

3. 决策支持服务方案形成及交付

把模块化运用到基于不完全用户信息的决策支持服务上，将提供决策支持服务模块化定义为：根据决策支持服务环节和要素的关联关系，成员分工协作构造服务模块，各子模块之间通过传递信息、空间的规则形成用户所需的决策支持服务信息。

创建决策支持服务子模块有利于多方面汇集联盟成员的服务资源，以最少要素占用决策支持服务过程中结构复杂的服务模块，每个缺失的信息相当于一个决策支持服务模块，通过大数据联盟多种集成技术——技术型、管理型和知识型集成等手段，形成决策支持服务模块间的关联和交互，形成大数据联盟为用户提供决策支持服务的架构。在大数据联盟决策支持服务平台的用户层基元集合中，创建多种用户访问接入，包括移动终端传输界面及多种专用服务终端接口，为用户提供注册信息管理、资源管理、服务评价、服务满意度测评等服务；大数据联盟决策支持服务平台的实现层基元集合是决策支持服务架构的核心层，为用户提供以决策支持服务主题节点为核心、其关联关系为链接的动态网络，在服务节点上包含解决相关决策支持服务问题的服务簇，提供准确、高效、动态的节点定位；大数据联盟决策支持服务平台管理层为决策支持服务的综合管理提供各种核心功能，包括在整个决策支持服务过程中的计费管理、过程管理、质量管理及监督管理等。

基于可拓理论构建基于不完全用户信息的大数据联盟决策支持服务模式的可拓服务模型，首先界定矛盾问题，用户信息不完全与决策支持服务方案提供失衡矛盾，运用决策支持服务模块基元，依据不完全用户信息的决策支持服务需求对其进行可拓变换，最终形成有针对性的决策支持服务方案。

大数据联盟的物元表达式为

$$R_{\text{大数据联盟}}=R_{\text{成员 }1}+R_{\text{成员 }2}+\cdots+R_{\text{成员 }k}+\cdots+R_{\text{成员 }n} \tag{6-4}$$

其中，$R_{\text{成员 }k}=\{N_{\text{成员 }k}, C_{\text{成员 }k}, V_{\text{成员 }k}\}$，$C_{\text{成员}k}=\begin{bmatrix} c_{k1} \\ c_{k2} \\ \vdots \\ c_{kn} \end{bmatrix}$，$V_{\text{成员}k}=\begin{bmatrix} v_{k1} \\ v_{k2} \\ \vdots \\ v_{kn} \end{bmatrix}$（$k=1, 2, \cdots, n$）。

同理，可建立联盟的事元（I）和关系元（Q）。

根据用户的核心需求，以大数据联盟决策支持服务架构为依托，对服务模块基元实施可拓变换，及时调整和配置服务要素和服务内容，建立用户核心需求和服务方案的相互联系，最终输出可拓服务决策支持方案。大数据联盟可拓服务模型：

$$I=\begin{pmatrix} \text{提供服务}, & \text{支配对象}, & \text{用户} \\ & \text{施动对象}, & R_{\text{大数据联盟}} \\ & \text{方法}, & \text{可拓变换} \\ & \text{接受对象}, & \text{服务池} \end{pmatrix} \tag{6-5}$$

其中，

$$\text{服务池}=\begin{bmatrix} \text{服务类型}, & \text{经营战略实施支持服务} & c_{s1}, & v_{s1} \\ & \text{营销策划实施支持服务} & c_{s2}, & v_{s2} \\ & \text{质量管理情报支持服务} & c_{s3}, & v_{s3} \\ & \text{电商渠道选择支持服务} & c_{s4}, & v_{s4} \\ & \text{商业模式选择支持服务} & c_{s5}, & v_{s5} \\ & \text{新商品研发支持服务} & c_{s6}, & v_{s6} \\ & \text{企业投资管理支持服务} & c_{s7}, & v_{s7} \\ & \vdots & \vdots & \vdots \end{bmatrix}$$

设 $w=w(g)=\{g|g=(\Gamma, c, v), \Gamma \in\{N, d, s\}\}$为基元集合，称映射 $t: w \to p(w)$为 w 上基元的可拓变换，主要形式有：置换变换 $t\Gamma=\Gamma'$；增删变换 $t_1\Gamma=\Gamma\oplus\Gamma_1$、$t_2\Gamma=\Gamma\ominus\Gamma_1$；扩缩变换：$t\Gamma=\lambda\Gamma$，当 $\lambda>1$时，为扩大变换，当$0<\lambda<1$时，为缩小变换；分解变换：$t\Gamma=\left\{\Gamma_1,\Gamma_2,\cdots,\Gamma_n\right\}$，其中，$\Gamma_1\oplus\Gamma_2\oplus\cdots\oplus\Gamma_n=\Gamma$；复制变换：$t\Gamma=\left\{\Gamma,\Gamma^*\right\}$。决策支持服务方案 SP 的一般形式，如下所示：

$$\mathrm{SP}=\begin{bmatrix}\text{输出},\text{实现功能},\text{供需对接}\\ \quad\quad\text{主要目的},\text{满足用户需求}\\ \quad\quad\text{形成主体},\text{大数据联盟}\\ \quad\quad\text{内容实质},\text{模块组合}\\ \quad\quad\text{沟通方式},\text{多维协同交流}\end{bmatrix} \tag{6-6}$$

在大数据联盟为用户提供决策支持服务方案交付过程中，需要与用户进行持续交互。大数据联盟根据资源浏览和使用状况建立保存文档，包括对决策支持服务交付过程中的交易信息进行存档，大数据联盟及用户能够及时了解服务过程中各个阶段的进展情况，实现决策支持服务的协同管控。

4. 服务反馈

基于不完全用户信息的决策支持服务模式在提供决策支持服务过程中会涉及众多不确定因素，大数据联盟会随时与用户进行沟通、协商，在决策支持服务的每个阶段都会获取用户的反馈信息，以便及时做出调整，大数据联盟为了有效地获取用户的反馈信息提升服务质量，会建立一些服务反馈机制，如奖励机制、刺激机制等，从而有效、积极、主动获得用户服务反馈信息。大数据联盟为用户提供一套完整的服务反馈体系，对反馈信息进行更加科学、全面的管理，对其信息进行深入的分析，进而为用户提供满意的决策支持服务。基于不完全用户信息的大数据联盟的决策支持服务反馈模型：大数据联盟首先根据用户的需求确定其所需的服务，制订服务方案，把每个阶段的决策支持服务任务方案反馈给用户，如果用户不接受，则重新制定决策支持服务任务，直到用户接受，接受后提供决策支持服务，并跟踪整个决策支持服务的过程；大数据联盟会调查客户的满意度，服务确认完成以后，用户对服务进行评价，用户对结果满意后服务结束，用户不满意，则调查原因，填写不合格服务记录，并做出处理意见，满意后反馈给用户，如果不满意则重新做出处理意见，直到用户满意为止，如图 6-11 所示。

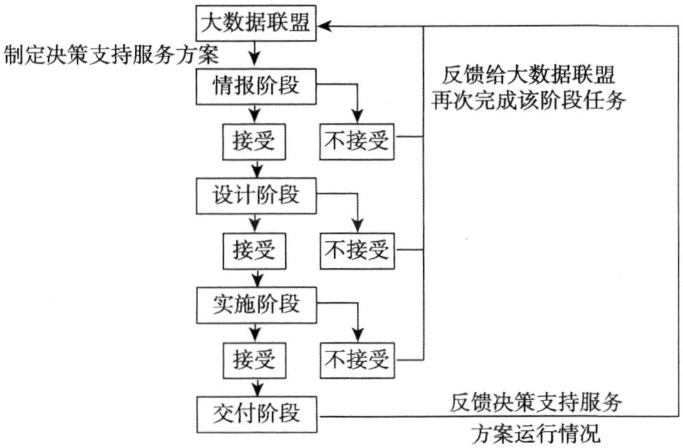

图 6-11　基于不完全用户信息的大数据联盟决策支持服务反馈模型

6.3.3　基于不完全用户信息的大数据联盟决策支持服务方式

基于不完全用户信息的大数据联盟决策支持服务模式在为用户提供决策支持服务过程中，对于不完全用户需求信息存在的问题，针对某一决策支持服务问题用户也需进行精细的咨询，服务过程中也需与用户进行多重协商。在基于不完全用户信息的大数据联盟决策支持服务中用户参与程度较高，服务请求可能是一个不精确的过程，用户在服务需求描述的过程中，常常知道自己的需求但是不能清晰地进行表达，缺乏有效的咨询和协商。大数据联盟在对用户决策支持服务需求进行识别的基础上，对用户及其服务需求进行深入分析，准确获取用户所需资源，明确大数据联盟决策资源集成的方向。根据用户决策支持服务需求，制定数据选择规则抽取合适的决策资源；根据用户决策支持服务定义与描述，选择合适的数据分析方法及技术模型，从海量的数据中提取集成服务所需的知识，依据信息处理技术和云计算技术等新兴技术，将数据分析结果进行集成形成知识并进行可视化展示。当用户在进行服务需求描述时，往往存在以下问题：①用户不知道如何贴切表达自身需求，在进行服务交互时不能完整地描述服务诉求，使服务提供商不能了解用户的真正意图；②在交互过程中，用户通过对服务的了解及领域知识的不断学习，会更具体、细致地描述和调整他们的服务需求，而此时需要服务提供商，根据在交互过程中的需求变化判断其合理性和服务实现的可行性，来进行针对性的服务目标调整；③在服务实现过程中，缺乏能够处理复杂的、高难度的需求的服务交互系统，实现对用户需求的分析性接收，提高服务需求智能处理的能力。因此，提出了精细咨询和多重协商的服务方式，以便更好地为用户提供决策支持服务。

1. 精细咨询

精细咨询的服务方式建立在对具有不完全信息需求的用户进行交互和跟进的基础上，将用户所提出的服务需求以知识的形式进行表达、存储和管理。根据用户数据挖掘服务需求、挖掘任务、学科背景、领域知识等构建精细咨询的交互环境和服务方式，满足需求的递增、关联等功能，能够不断地进行需求的更新与调整，实现服务需求的快速整合与管理，并帮助用户建立自己所需的资源和需求集，有效支持用户需求的表达，利用精细咨询的交互服务方式，为用户提供准确、可靠的决策支持服务方案，如图 6-12 所示。

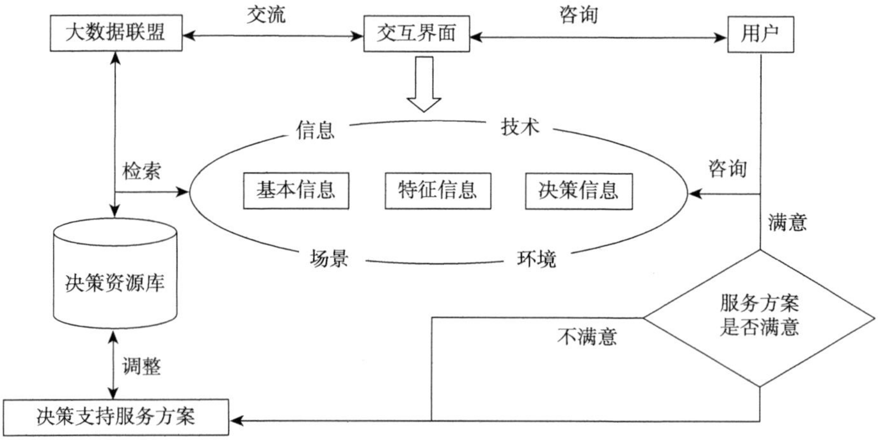

图 6-12　精细咨询服务方式示意图

（1）智能化的情景感知。大数据联盟为了提高决策支持服务的引导性和交互性，并解决传统个性化过程中，由于领域支持差异、服务内容了解程度、服务需求表述能力等引起的蕴含需求没有被表达的问题，运用智能化信息代理技术，对用户的服务需求进行全面、准确的了解。

（2）便捷的信息传递渠道。大数据联盟通过向用户精准推送决策支持服务信息，唤醒用户的注意力，激发用户的兴趣，让用户感知决策支持服务的有用性，从而提高用户的活跃度。用户对决策支持服务的应用越来越具有场景化的特点。大数据联盟可以借助先进的移动通信设备，利用现代互联网技术，通过短信信息、微信、微博、邮箱等方式实现决策支持服务的精准和柔性推送，通过多个推送渠道触点的接触，为用户推送决策支持服务信息，激发用户的参与，以实现更好的决策支持服务效果。

2. 多重协商

多重协商的服务方式主要体现在大数据联盟与用户进行不断的沟通和协调。大数据联盟为有决策支持服务需求的用户提供服务内容。由于用户决策支持服务信息存在不完全的情况，为把握决策支持服务方向的正确性，需与用户进行不断协商，保证决策支持服务的整体性，在决策支持服务过程中不断与用户进行协商，采用系统的方法，改善服务内部体系和合作分工方式，优化服务流程，提高服务效率的同时保证服务质量，如图 6-13 所示。

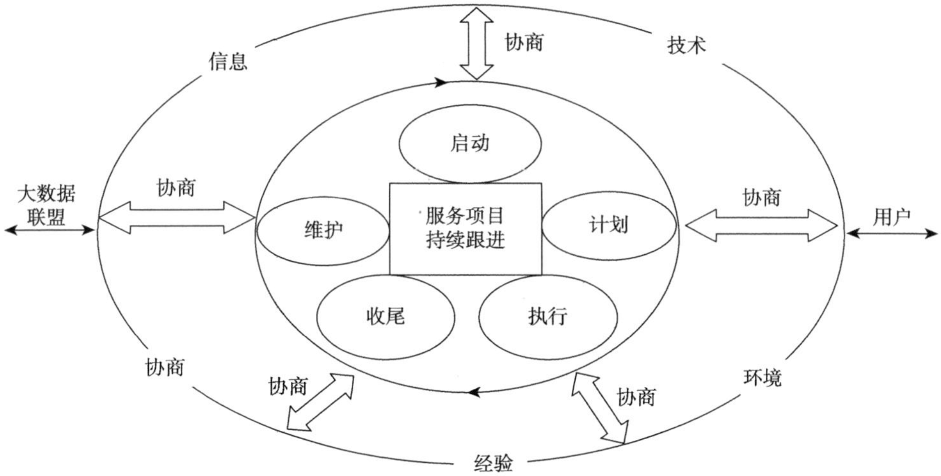

图 6-13 多重协商服务方式示意图

（1）决策支持服务的专业性。用户在选择服务时，希望获取专业化的服务，以提供服务的便利性为导向，最大限度地满足用户的便利。大数据联盟以用户需求为中心，主动适应用户需求的主观动态变化，在决策支持服务平台上，通过与用户建立动态良性的交流和互动、不断的协商能够及时分析并把握用户需求变化的趋势，灵活高效地为用户提供完整专业的决策支持服务方案。

（2）良好的感知体验。对大数据联盟服务单元信息相关者沟通的“界面”进行创新。决策支持服务界面融合了用户需求、服务沟通协调、信息集成等环节。构建大数据联盟、服务伙伴、用户的信息全景图，成为多重协商服务方式的有效途径。为了提高用户感知体验，满足用户对决策支持服务的需求，表现为以模块的形式向信息需求方提供信息资源的获取、处理与传递能力。

（3）智能技术的融合。服务界面在发挥媒介作用的同时，也是实现跨组织、跨部门之间信息服务的基础，在信息准备、获取、检索与输出方式等方面进行创新，实现业务流程融合发挥感知能力的潜力。模块化服务方式中流动着决策资源供方和需方的服务对接信息、服务操作过程与服务情感体验的各种信息流。

参 考 文 献

[1]White A L，Stoughton M，Feng L. Servicising：the Quiet Transition to Extended Producer Responsibility[R]. Boston：Tellus Institute，1999：315-330.

[2]蔺雷，吴贵生. 服务创新：研究现状、概念界定及特征描述[J]. 科研管理，2005，2（2）：2-6.

[3]翟运开，倪燕翎，杜娟. 物流服务创新模式："四棱锥"模型研究[J]. 统计与决策，2006，10（21）：17-19.

[4]Tsou H T，Ching R K H，Chen J S. Performance effects of IT capability and customer service：the moderating role of service process innovation[C]. International Conference on Wireless Communications，Shanghai，China，2007：4383-4386.

[5]Ellis D，Haugan M. Modelling the information seeking modes of engineers and research scientists in an industrial environment[J]. Journal of Documentation，1997，53（4）：384-403.

[6]Wilson T D. On user studies and information needs[J]. Journal of Documentation，1981，37（1）：3-15.

[7]Chawla V，Sogani P. Cloud Computing-The Future[C]. MANTRI A. International Conference on High Performance Architecture and Grid Computing，Chandigarh，2011：113-118.

[8]Marston S，Li Z，Bandyopadhyay S，et al. Cloud computing-the business perspective[J]. Decision Support Systems，2011，51（1）：176-189.

[9]Armbrust M，Fox A，Griffith R，et al. A view of cloud computing[J]. Communications of the ACM，2010，53（4）：50-58.

[10]Qin X Z，Zhang X W，Li C H，et al. Research on the construction of the cloud service model of digital library in the mobile cloud computing environment[J]. Information Studies Theory & Application，2012，35（5）：90-93.

[11]Zhao R. Study on the construction of the cloud service model of digital library[J]. Electronic Test，2014，（10）：75-76.

[12]高超，杨帆，李雷霆. 基于云服务的工业设计科技资源共享平台[J]. 企业技术开发，2015，34（3）：65-66.

[13]杜剑，李秀敏. 东北地区政府科技资源共享模式研究[J]. 东北师大学报（哲学社会科学版），2013，（6）：75-78.

[14]李海龙，吴蕾，颜权，等. 广州科技资源共享协同服务系统建设研究与实践[J]. 数字化用户，2013，（8）：70-121.

[15]王弋波，宋立荣，彭洁. 基于参与深度分析的科学仪器共享协作网服务模式研究[J]. 情报杂志，2014，33（5）：183-187.
[16]张婧，余振刚. 科技期刊网络增值服务模式研究[J]. 科技管理研究，2013，（14）：174-178.
[17]邓仲华，李立睿，陆颖隽. 大数据环境下嵌入科研过程的信息服务模式研究[J]. 图书与情报，2014，（1）：30-34.
[18]冯秀珍，郝鹏. 云计算环境下的信息资源云服务模式研究[J]. 计算机科学，2012，39（S2）：110-114.

第 7 章 大数据联盟数据推荐服务

7.1 大数据联盟数据资源推荐体系

7.1.1 大数据联盟推荐要素分析

1. 大数据联盟主体推荐要素分析

大数据联盟资源推荐的主体主要由数据资源型企业、技术类企业、高校及科研院所、金融机构等组成。大数据联盟各成员要素可以共享自身资源，对各类资源进行拆分、关联与融合，激活沉睡资源，进而优化联盟内资源配置方式，以数据资源需求为导向，数据资源任务为牵引，促进大数据联盟成员资源的广泛交流与合作，弥补各成员优势资源匮乏的缺陷。

2. 大数据联盟客体推荐要素分析

大数据联盟中的客体要素是资源，主要的资源有人力资源、资金资源、实物资源、知识资源、技术资源、信息数据资源、制度政策资源等[1]。

（1）人力资源。整个联盟的工作人员，如联盟的会议组织人员、联盟日常活动计划人员、信息平台设施的设计维修人员，以及各联盟成员的技术人员、行政人员等。

（2）资金资源。主要指可供联盟长远发展的共享资金，可以是联盟成员的加入资金、联盟内外的捐助资金、政府拨款、成员会费等，用于维持联盟的日常运作、活动经费、设备维护与更新等。

（3）实物资源。在大数据联盟中实物要素主要包括成员之间的公路、厂房设备、交通工具、硬件设施、实验器材、终端设备、云计算基础设施等传统实物资源。

（4）知识、技术、信息资源。主要为联盟中的虚拟资源，包括专利技术、科技文献、云存储空间、数据资源池、档案、数据分析信息、成员间的隐形经验等。

（5）制度政策资源。主要为参与政府的各类扶植条件政策、联盟成员共同制定的规章制度、信用评价等。

3. 大数据联盟环境推荐要素分析

大数据联盟环境主要由所处的社会环境和政府的相关法律法规政策，联盟内部文化，联盟契约及规定所构成的由上而下三个层次组成。其中，契约及规定来确定和约束联盟成员的关系和行为，确保联盟的成员承担相应的责任和义务。联盟的制度制定应该及时调整，以便更好地促进联盟发展。联盟文化对联盟起支撑作用，联盟应该加大对诚信文化的培育，以联盟成员共赢为原则，利益均沾，采取激励机制，鼓励创新。另外，联盟的发展离不开政府的支持和推动，对政府的财政政策、金融政策产权法规进行了解，对制定相应的资源推荐策略和维护联盟的自身利益有重要帮助。

7.1.2　大数据联盟数据资源推荐类型

1995 年，卡耐基梅隆大学的 Robert Armstrong 教授首次提出个性化推荐系统的概念，并展示了个性化导航系统，这标志着个性化推荐系统的兴起[2]。个性化推荐系统在用户需求与数据资源之间建立了一种推荐机制，将符合用户需求的资源推荐给用户，从推荐目标用户数量上可将个性化推荐分为个体推荐和群推荐。

1. 个体推荐

个体推荐是指针对个体用户提供的推荐服务。现有推荐研究大多是针对个体推荐进行，已具备成熟的理论与技术，广泛应用在各领域。个体推荐系统由用户数据获取、用户偏好分析和推荐算法生成三个部分组成。个体推荐时首先需要获取用户的显隐式数据，然后采用数据分析挖掘算法从用户数据得到用户需求，最后利用合适的推荐算法将符合用户需求的资源生成推荐列表推送给用户。

2. 群推荐

群推荐是指为两个及两个以上用户形成的群体提供推荐服务。群推荐涉及成员间偏好的差异性、偏好融合策略、群推荐算法等，与个体推荐系统存在较大差异，如表 7-1 所示。

表 7-1　群推荐与个体推荐对比

项目	个体推荐	群推荐
概念	利用电子商务网站向客户提供商品信息和建议，辅助用户决策，模拟销售人员帮助用户完成购买过程	群推荐是为群体用户推荐其可能感兴趣的信息或项目，满足群体用户的个性化需求
推荐对象	单个用户	由多个用户组成的群组
偏好融合	不需要	需要
推荐过程	收集用户信息并获取用户对项目的偏好，利用推荐算法为用户生成推荐	获取用户偏好信息、产生推荐、解释推荐、辅助决策

通过以上分析，结合现有文献可知，大数据联盟数据资源群推荐是大数据联盟根据群体用户的综合需求，为用户群提供统一的符合群需求的数据资源服务，以刺激用户消费，提高数据资源成交率。

7.1.3　大数据联盟数据资源推荐过程分析

在大数据联盟中，首先，明确联盟成员的资源偏好和资源缺口，对联盟内部的资源进行获取、存储并对资源的特性进行分析，同时以社会化标签的形式加以标注。其次，通过个性化推荐或者群推荐算法实现对用户的可能需要的资源的推算分析，将结果进行筛选排序后推送信息给用户，待其选择。最后，根据资源的推送效果评估得到推送后资源的使用情况的反馈，以便对之后资源信息的推送进行调整，如图 7-1 所示。

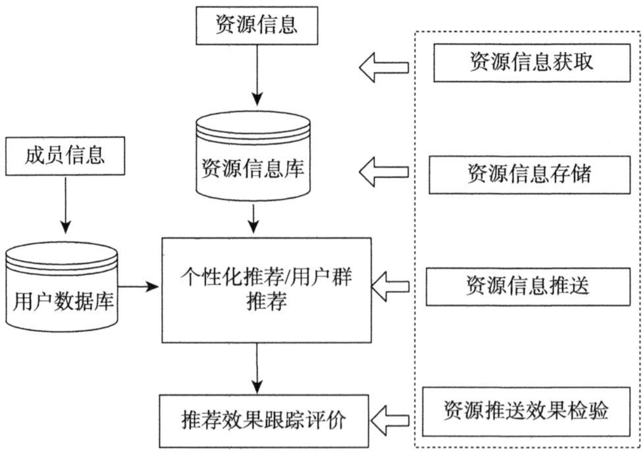

图 7-1　推荐过程图

如图 7-1 所示，大数据联盟要查找并获取联盟内部的资源，认识联盟的各种资源属性与特点，将资源进行分类并获取，有利于联盟做出更准确的资源判断。联盟的资源信息获取与存储可以通过资源库来实现，将资源的概况展现在成员面前，并将资源的信息内容放入资源库中，等待系统的分析与处理。资源信息推送是整个资源推荐过程的核心，在分析成员偏好信息后利用，利用个性化推荐和群推荐的方式，将有潜在需求的资源推送给用户或者用户群。在资源推送完成后，需要对推送资源的使用效果进行反馈，分析推送结果的采用情况，以便调整推送的需求分析，便于做出更好的推荐。

7.1.4　大数据联盟数据资源推荐总体框架

从大数据联盟角度出发，研究资源推荐过程，揭示成员间的资源推荐规律。因此，大数据联盟的资源推荐体系构建要在了解联盟资源要素之间的关系基础之上，研究资源流动方向及推荐的内部原理，并在此基础上构建以提高资源使用价值、提升联盟竞争力为目标的一套体系框架，如图 7-2 所示。

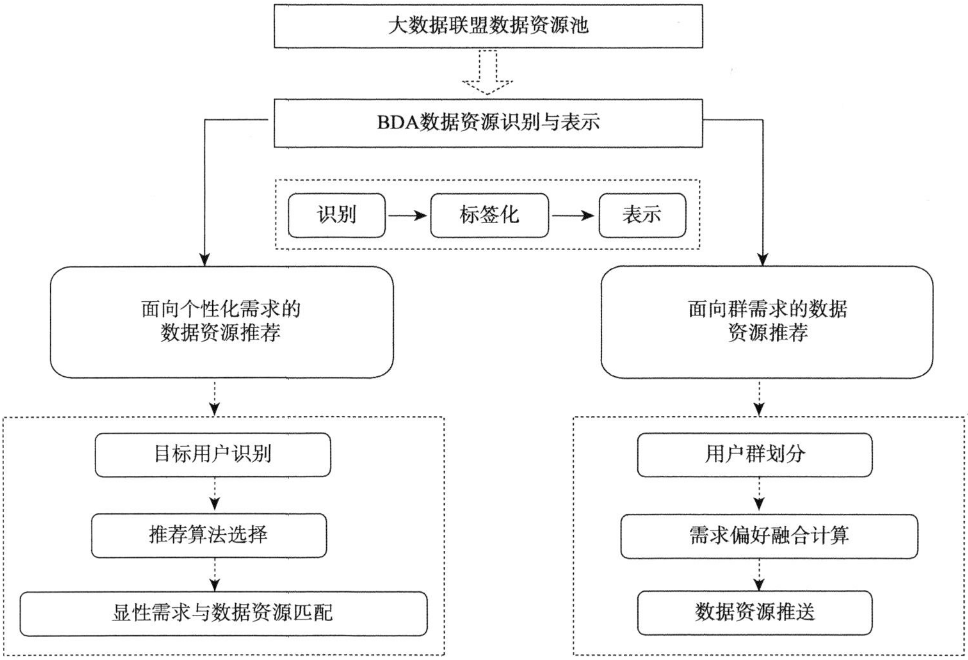

图 7-2　数据资源推荐框架图

7.2 大数据联盟数据资源个性化推荐

7.2.1 大数据联盟数据资源推荐过程及个性化推荐框架

1. 大数据联盟数据资源交易服务过程

由于大数据相关应用给企业创新和收入带来巨大提升，企业通过数据资源交易获取市场探索或产品研发的相关数据，通过融合企业的相关数据进行生产或创新，这种应用的需求奠定了数据资源交易的基础[3]。由于通常在使用后才能对数据资源的价值进行更为可靠的估价，并且对于单个企业而言从交易对象审核、数据按需转化、交易双方议价和后续服务都需要巨额的成本；而且数据资源交易也无法像电子商务产品的定价交易那样简单，所有过程都决定了数据资源交易极其复杂。大数据联盟通过整合联盟成员的技术优势及管理方法，对数据资源交易用户服务过程设计实施方法，为数据资源交易的顺利完成进行不断探索。整合国内大数据联盟和专业数据资源交易机构的数据交易过程，重新定义大数据联盟数据资源交易服务模型，如图 7-3 所示。

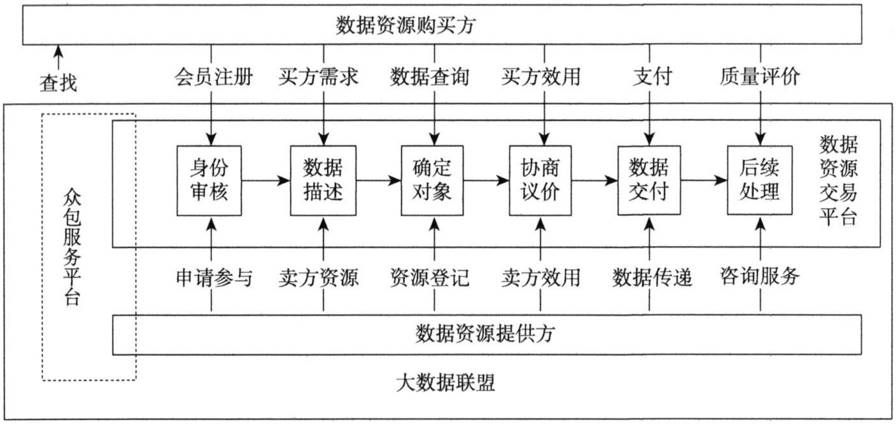

图 7-3 大数据联盟数据资源交易服务模型

（1）众包服务平台。通过联盟成员的众包服务平台，将联盟成员获取信息的范围扩展到联盟外，弥补联盟数据资源交易平台现有用户数据的不足。联盟中多个功能层面的成员都可提供众包服务，也为联盟其他业务开展提供服务。

（2）身份审核。联盟数据资源交易平台对交易参与方进行相关审核，对联盟成员数据资源提供方进行企业和数据的相关审核，对数据购买方进行信用、安全等相关审核。

（3）数据描述。数据资源提供方根据数据资源购买方需求，将关键数据属性进行结构化处理，并提供部分处理样本供购买方查阅。

（4）确定对象。购买方根据数据样本选取所需数据组合，交易平台通知所选数据组合所涉及的提供方进行数据资源登记，进行交易前数据属性、数据量及数据提供方式相关信息记录。

（5）协商议价。交易双方根据自身对数据的理解，依据双方各自的效用预计评定提出各自认定的价格。双方通过协商确定交易价格。

（6）数据交付。交易双方在确定交易价格后，购买方将协定资金交给交易平台，数据提供方在规定时间内交付数据。如果交易双方没有按照已定的条约操作，在交易平台的监督下需进行相关赔偿和解除交易。

（7）后续处理。数据资源交易后，购买方在使用过程中需要数据提供方服务支持，并且在购买方使用结束后交易平台需要购买方提供对数据的质量评价，交易平台依据反馈结果改进提供方的审核标准和数据资源交易服务过程。

2. 大数据联盟数据资源推荐服务的优势

大数据联盟通过数据资源整合共享的方式，为部分企业之间的合作牵针引线。根据参与联盟的企业规模和主营业务方向的不同，可以不断丰富联盟的共享资源。当下时代，几乎所有企业都迫切希望能得到利于企业发展的数据。因此，大数据联盟的数据资源交易业务极有实际价值。虽然联盟具有规范化的交易服务流程，但是难以避免购买方对数据及其需求匹配认知不充分。此时如果联盟提供数据资源交易的推荐服务，就能给数据资源购买用户提供参考和便捷的购买体验。联盟数据资源推荐服务的优势主要体现在以下几方面。

（1）深度推荐服务能力强。大数据联盟中成员涉及多个行业，众多成员提供的数据涉及时期、产品种类、市场方向等，既有相似之处，同时也存在互补性的差异。用户进入联盟购买数据时，联盟依据用户对业务领域、数据量、数据时间区间的要求进行个性化推荐。同时联盟数据资源推荐系统也能根据用户需求，深入性地纵向和横向匹配数据源，这种在数据源推荐方面的渗透能力是一般数据资源交易平台所不具备的。

（2）数据荒废风险降低。大数据联盟数据资源交易平台所具备的一系列数据，都会由数据提供企业进行相应的管理和咨询服务。用户在进行数据购买时，平台推荐系统根据用户需求进行推荐过程中，负责管理数据资源的技术人员会审查推荐系统的推荐结果。推荐方案较多时，平台管理人员和部分技术人员可以通过与用户进行交流，确定更为准确的推荐方案，这样就避免了用户购买数据后不能应用到自己的研究和开发中。

（3）推荐中数据协同性强。协同性一般指公司不同部门在工作中协作的能力。在大数据联盟数据资源推荐中，数据资源交易平台对用户需求进行精准拆分。不论用户需要的数据涉及两个行业还是多个行业，交易平台的推荐系统都可以根据需求点及时为用户重组数据资源，力争把更为吻合用户需求的数据推荐给用户。在整个处理过程中，平台在多个云数据库调取和重组数据的能力远强于一般的数据资源交易机构。

纵观信息服务领域，只有提高用户服务质量才能使企业维持更长久的存活和发展。大数据联盟如果率先在数据资源交易服务中尝试利用推荐系统进行交易服务，可以在一定程度上创造性地填补推荐系统在非电子商务领域的应用。此外，联盟数据交易推荐系统可以简化用户数据购买的过程，并且通过推荐系统和专业技术人员的协同，确保用户购买数据的合理有效，切实为用户的实际考虑。

3. 大数据联盟数据资源个性化推荐框架

从大数据联盟角度出发，研究联盟数据资源推荐过程。在分析联盟产生机理的基础上，分析联盟数据资源的分类、特征及数据资源交易服务。针对联盟数据资源交易的实情，为联盟设计数据资源个性化推荐框架，如图 7-4 所示。

7.2.2 大数据联盟数据资源交易目标用户识别

1. 联盟数据资源交易用户识别

1）联盟数据资源交易用户识别必要性分析

用户识别是用户关系管理的首要环节，同时也是企业实现从大规模生产到大规模定制过程的第一步。只有识别出企业的潜在用户、有价值用户及用户需求，才能为企业的用户管理提供有价值的信息，使企业的用户关系管理更有针对性，避免因盲目的管理而产生浪费，甚至更大损失。在用户识别方向上，帕累托提出的 ABC 分析法，用于促销过程中对用户分层次划分识别。Brealey 和 Myers 提出利

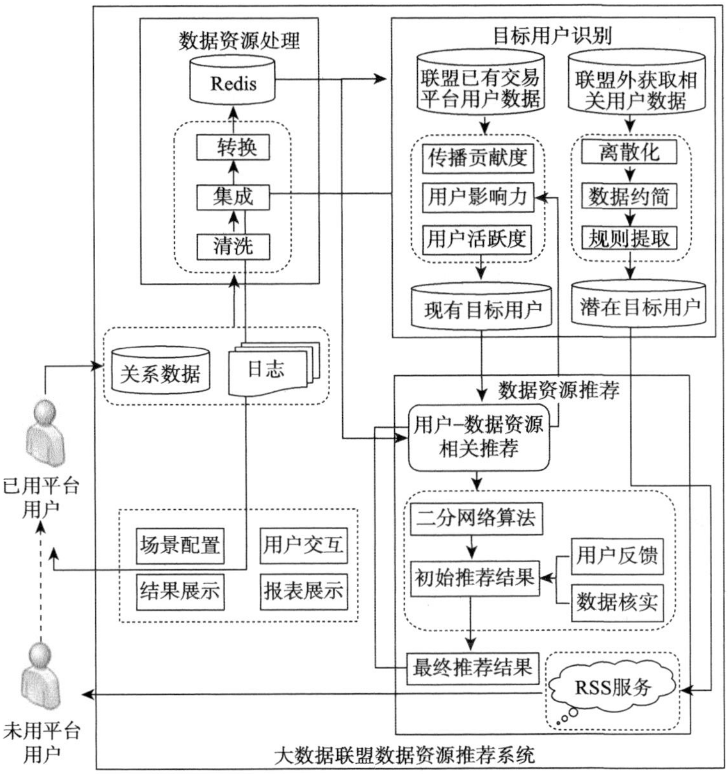

图 7-4　大数据联盟数据资源个性化推荐框架

用用户创造的净现值区分和识别用户[4]。路晓伟等通过用户生命周期价值、用户感知价值和竞争可得性构建用户识别的三维模型[5]。此外还有许多模型方法（如 R-F-M 模型、忠诚度阶梯分类法等），被运用在特定的用户识别问题中。

众多的模型方法在解决传统企业和部分行业的用户识别中发挥重要作用，但是在新领域潜在用户识别时难以移植，尤其是在大数据资源交易业务中。当前国内已使用大数据的企业普遍认为大数据的使用更有利于企业的创新，而且它们将数据视为资源进行交易，这已然成为现阶段大数据产业的重要业务[6]。目前国内已经组建了如中关村大数据产业联盟等多个大数据联盟，并且联盟开设了数据资源交易平台。目前为止中关村大数据产业联盟数据资源交易平台只有 928 次流通记录且没有扩增的迹象，平台记录的用户相关数据多为未登录浏览数据，无法利用这些数据进行用户识别和信息推送工作，数据资源交易业务面临停止。其他联盟数据资源交易工作的开展也不理想，众多数据需求者选择专业数据资源交易平台或数据论坛获取资源[7]。因此，大数据联盟为了维系数据资源交易业务需要识别更多的数据资源交易目标用户，拓增数据资源交易业务的用户数量，才能维护和改善联盟数据资源交易业务。

2）联盟数据资源交易用户分析

联盟数据资源交易服务是联盟数据组织与管理的重要业务。数据资源交易的开展不仅可以为联盟增加额外的收益，同时也能带动提供基础设施的联盟成员实现价值提升，也是联盟支撑数据组织与管理平台开展对外服务的一项探索。虽然现有用户为企业带来了 80% 的盈利并且引导了 60% 的新增用户，且发掘潜在用户的成本远高于维护老用户的费用。但国内多个数据交易平台在实际的交易达成数量上不太乐观，平台所积累的用户交易数据相对较少，交易数量没有如期望中一样快速上涨，现有用户中多次购买情况出现的频率也较少。据华中大数据资源交易所的实际记录，在交易所成立的 1 年多中申请购买数据业务为 22 笔。其中只有 5 笔交易达成，并且 3 笔交易用户反馈评价较低。目前，国内数据交易所和联盟数据资源交易业务，都需要引入更多的目标用户群体，才能保证该业务稳定发展。

根据国内数据资源交易面向的服务主体，可将联盟数据资源交易的用户分为政府与公共事业部门、行业企业和个人。对于不同群体，联盟管理方和数据资源交易平台的服务政策会有较大的差异，导致用户服务分析困难。联盟数据资源交易用户识别中难以以用户价值作为分析和识别的标度，并且联盟内现有用户的信息较为详细，现有用户在交易过程中的行为信息也能被联盟获取。根据这部分数据可以有效获取已购数据的用户与平台的联系和其未来需求，同时采用部分评价指标也能及时预警部分用户的疏远行为。但是，在联盟数据资源交易平台中，允许用户匿名浏览访问相关数据资源，该部分浏览用户的需求难以确定，且用户的数据需求量也不能获取，联盟外有数据资源购买需求的相关用户个人信息无法确定，这些因素都限制了联盟数据资源交易用户服务的开展和不断完善。因此，通过对大数据联盟数据资源交易用户分析得出，联盟需要规范和优化现有数据资源交易服务，为了更好地发展数据资源交易业务，联盟有必要通过多渠道获取更多的用户数据，并识别和引入数据资源交易用户[8]。

3）联盟数据资源交易用户分类

大数据联盟通过整合的联盟数据资源可为联盟外多种用户提供交易服务。在对外进行数据交易中根据用户的组织属性可分为政府用户、企业用户和个人用户。根据数据交易可得收益可将用户分为高价值用户、中等价值用户和低价值用户。由于联盟数据交易业务现有用户数量较少，购买数据价值差异较大，为了更好地识别和拓展大数据联盟数据交易用户数量，主要根据用户行为将数据资源交易用户划分为已使用交易平台用户和未使用交易平台用户。通过对联盟相关用户细分，将推荐的现有目标用户限定在部分已购数据用户、未购数据用户和未注册用户。将潜在目标用户限定在未使用联盟数据交易平台中有数据购买需求的用户。详细的用户分类如图 7-5 所示。

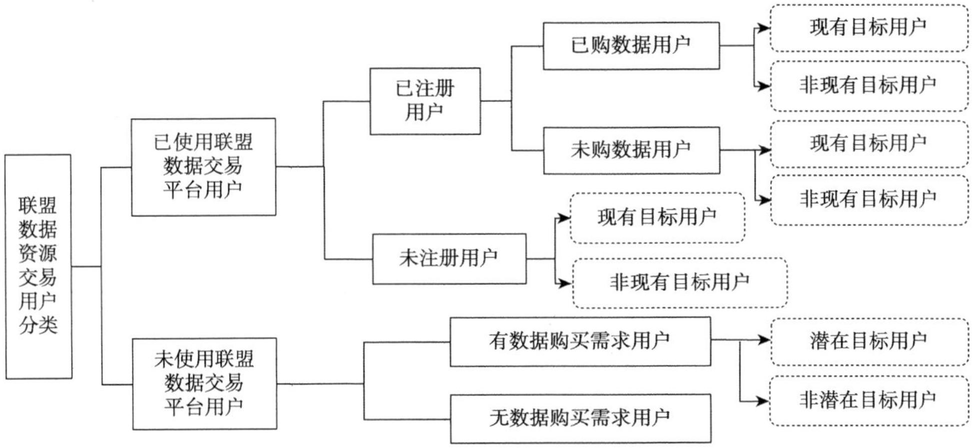

图 7-5　联盟数据资源交易用户分类

2. 联盟数据资源交易用户信息采集

1）联盟数据资源交易用户信息内涵

一般的用户信息是指用户在与企业进行商业活动中用于记录用户相关的资料的集合。对于联盟而言，用户信息能成为联盟重要的基础性资源，因为用户信息中隐含极大的经济价值。联盟数据资源交易用户信息主要指数据购买用户的注册信息、数据购买过程中的行为信息及追踪用户获取的相关信息。用户信息也不仅限于此，在用户忠实度阶梯中用户在不同的层次中也会扮演不同的角色，如图 7-6 所示。

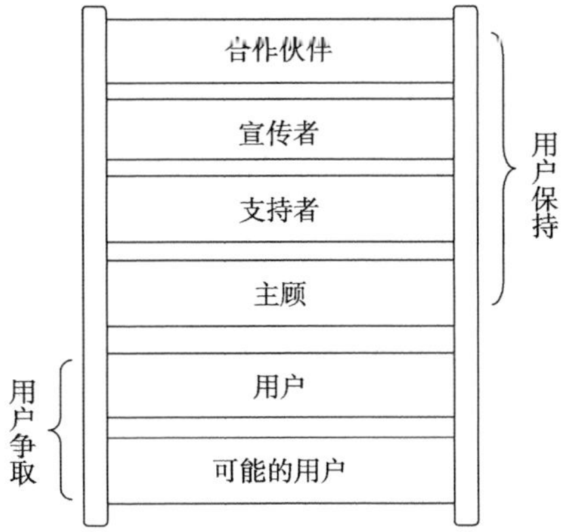

图 7-6　用户忠实度模型

随着对企业的信任程度的不同，用户在企业中的角色成分会从一般用户向合作伙伴进行转变。同时随着用户越发地信任企业，其在生活和交际中对于企业的宣传推广力度也会进一步加强。及时获取用户信息，识别可靠用户并努力培养用户关系也是企业未来工作中极为重要的部分。

2）数据资源交易用户信息的分类

为了对联盟数据资源交易用户信息进行高效的存储和利用，依据不同的标准可进行如下划分。

第一，按照信息的存在形式分类。依据信息的存在形式，可以将用户信息分为显性信息和隐性信息。显性用户信息是指在企业的日常经济活动中，通过相关文档、声音和视频等载体形式记录的用户的需求、反馈、动态信息。显性信息中根据记录手段的不同也可分为传统形式用户信息和数字化用户信息，如图 7-7 所示。隐性用户信息通常指在经济活动中，通过与用户交流暂时性记忆在大脑中未被使用文本和数字记录下的关于用户的信息。

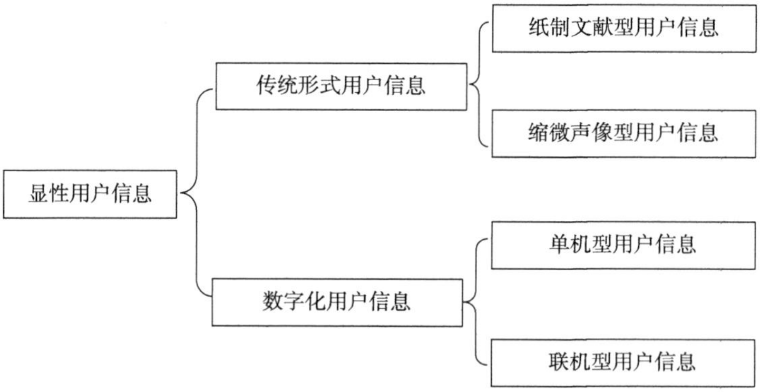

图 7-7　显性用户信息分类图

第二，按照信息的保密性分类。公开用户信息是指用户允许公布的描述用户相关的个人及商业记录的信息。通常公开信息是在行业中可流通、可查询到的信息。半公开信息是指只能够在企业内部进行流通的用户相关的资料信息。非公开信息是指通常不能在企业内部共享的用户信息，一般这种信息只存在于企业高层管理乃至决策层领导的信息库中，属于不公布的高保密性的用户信息。

第三，按照信息存储介质分类。根据存储用户信息的载体可将用户信息划分为传统形式、磁介质型、网络记录和无介质类型的用户信息。传统形式就如同显性信息一样往往指通过纸质记录的用户信息；磁介质型通常是指通过软盘、光盘、硬盘等实体信息存储载体记录用户信息；网络记录通常指通过网络平台或者云数据库记录用户信息；无介质类型与隐性信息较为相似，通常较多的是指通过沟通交流获取的未被记录在实体载体上的用户信息。

第四，按照用户信息的使用分类。业务型用户信息通常指在企业日常业务中，业务人员、销售人员及相关服务人员通过与用户在经济活动中的交流而记录的用户信息。管理型用户信息是指用户信息通常应用于管理层面和用户培养方面的用户信息。战略型用户信息指应用于企业战略定位、产品改进及研发、企业决策相关的用户信息。

3）联盟数据资源交易用户信息采集方法

大数据联盟依托各联盟企业及联盟数据资源交易平台可以对符合数据资源交易的用户群体进行信息记录，但是联盟数据资源交易业务的实际达成人数不足，用户信息在用于数据资源交易服务的改进参考方面受限，因此联盟需要多途径多方法进行用户信息采集。

第一，联盟自有平台记录。大数据联盟数据资源交易平台在使用过程中需要用户进行注册，对于数据资源交易业务直接相关的用户信息可以通过注册信息、用户在平台浏览记录及用户咨询记录下来。

第二，检索。检索的方法是通过网络搜索引擎输入相关用户的关键词，获取网络端可公开的用户信息。检索的方式获取的用户信息的能力较弱，网络端可公开的用户信息虽然对描述完整的用户特征具有重要作用，但一般不能直接指导联盟工作的开展。

第三，调查。调查的方式是通过实地的考察和相关人员的交谈获得用户一系列信息。调查方式的优点在于既能获取大量的显性信息，也能在交流中记录部分隐性信息。调查的方式针对性较强，通常获取的信息可利用性较强。

第四，购买。购买是指向国内部分咨询机构及相关的数据库通过交易的形式获取用户的信息。目前咨询机构和一些数据库往往通过自有的手段获取了一些用户的非公开数据，在部分领域内的相关数据价值较高，通常对于企业利用价值较大。因此，通过购买的形式获取的数据虽然成本较高，但是对于企业和联盟而言实际作用非常大。

第五，交换。交换也是获取用户信息的一种途径，联盟可以直接向部分咨询机构或目标用户提出以交换的形式询问用户信息，通常联盟可以提供给交换方部分数据或者服务作为交换条件。

3. 联盟数据资源交易现有目标用户识别

1）现有用户交易模式

第一，政府主导的平台型业务模式。目前政府加大数据公开力度。BDA 的组成成员和数据资源交易面向用户中都有部分政府成员，通过其对部分业务的引入逐渐形成了面向政府部门的平台型业务模式，具体如图 7-8 所示。

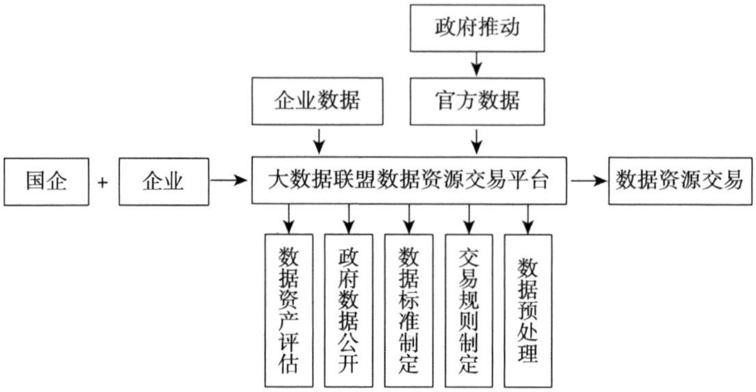

图 7-8　政府主导的业务模式图

第二，需求导向的企业应用型业务模式。随着企业对于数据价值认知的增强，部分购买力较强的行业逐渐开始通过多种渠道购买数据。大数据资源交易不仅可以适应社会趋势，而且可以拓展联盟数据相关业务，同时以需求为导向的业务模式能增加联盟相关平台和成员的收入。业务模式如表 7-2 所示。

表 7-2　需求导向的企业应用型业务模式

行业应用	数据需求方	数据源
金融征信	银行、保险、证券、互联网金融	企业运营数据、信用数据、评价数据、个人收入数据、消费数据、社交数据等
医疗卫生	卫生厅、医院、制药公司、医疗器械企业等	人口数据、医院数据、医生数据、医保数据、药品数据、患者数据、体检数据等
交通地理	交通运输部、物流企业、租车公司等	城市人口数据、GPS 数据、地理数据等
电商零售	各大电商、零售企业、广告公司等	个人消费数据、商品数据、广告数据、会员数据等
语音识别	公安部门、语音识别企业、智能客服等	文本数据、方言数据、外语数据、语音数据、社交数据等

第三，面向个人的交易型业务模式。大数据联盟除了为政府和企业提供数据资源交易服务外，还会向具有一定购买能力的用户提供数据收购和对外交易的业务。由于联盟成员所处行业和拥有用户群体有限，市场中众多用户数据对于联盟和外界具有很大价值。因此，联盟除了向外界用户出售数据外，还会从外界收购用户数据，具体业务模式如图 7-9 所示。

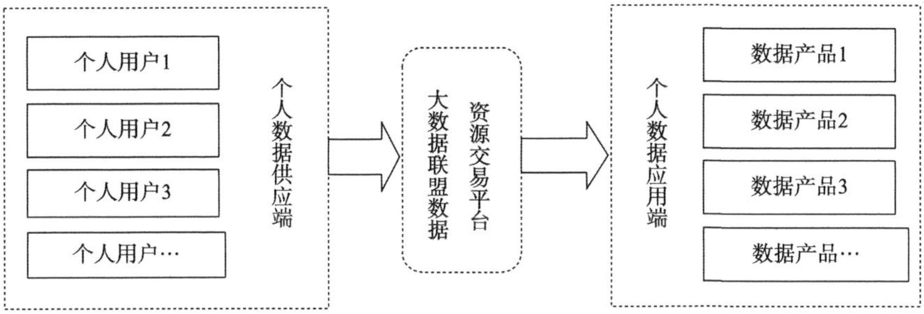

图 7-9　面向个人的交易型业务模式

大数据联盟将联盟成员共享的数据资源依据用户多种数据需求进行相关处理，同时根据不同的用户类型联盟采用不同的业务模式进行有效应对。虽然联盟可以建立相对健全的服务管理模式和规则，但是较少的用户量难以支撑数据资源交易业务的开展。因此，联盟识别并引入更多的数据资源交易潜在用户尤为重要。

2）现有目标用户分析

用户识别是利用相关技术和方法分析用户群，从中选取出对企业有价值的用户群体，为企业组建用户数据库及用户关系管理做基础。在数据资源交易中，企业和联盟虽然面向的直接用户群体是数据需求者，但是通过数据分析得出的结论和行业动态报告也能给很多行业带来效益和决策价值。此外，用户识别也是确定用户分类和属性的重要过程，随着服务对象人数的增加企业自身付出的成本会不断增多。因此，更需要企业识别出能为其带来收益的用户，避免在不能盈利的用户上浪费较多的时间和财力。

目前在大数据联盟数据资源交易平台，每天都有众多的访问用户。联盟数据资源交易现有目标用户主要包括对联盟数据交易业务贡献较大的已购数据用户和已使用联盟数据资源交易平台的用户。对于平台访问用户，由于大数据联盟数据资源交易平台无须注册即可浏览，平台记录的访问用户的转化率不高。在未注册用户群体中，一些用户虽然对相关数据资源进行点击浏览，有些甚至经常浏览或者对数据样本进行下载，但是由于未能获取用户相关信息，不能直接对用户实施引进购买的宣传和推荐。部分用户虽然注册，但没有任何交易产生，往往是浏览或者使用样本数据集。对于这部分用户联盟可以通过沟通方式了解用户的需求及其对交易平台的改进意见。对于已经从联盟平台购买数据的用户则需要深入跟踪用户的使用情况，并且关注用户在相关平台或社区中的动态，通过他们的活动信息了解用户的新需求和反馈，以及用户异常行为的预警。面对不同的现有目标用户，联盟需要为每一类用户设定适合他们的交易模式，并且跟踪引导，才能将现有的目标用户更多地转化为能达成数据资源交易的用户。

3）现有目标用户识别

在用户识别过程中，虽然很多学者通过实际因素和用户价值的融合进行用户识别模型的改进，但是多个模型更倾向用户实体和细分市场的决策支持[9]。这些模型和方法在企业资源调配中具有重要的指导作用，但是企业在用户识别问题上更看重对不同的用户群体进行差异性划分，识别出能为企业带来较高利益的用户群体，放弃部分没必要拓展的用户，节约企业成本。因此，识别出大数据联盟数据资源交易中对联盟带来效益和改善作用的目标用户极为重要。

针对联盟现有注册和浏览用户，可以通过用户的传播贡献、用户影响力和用户活跃度，进行现有目标用户识别。

第一，传播贡献度。在联盟数据资源交易平台中，用户对某类数据资源感兴趣，通过点击相关模块进入数据解释页面，用户以$1-\lambda$的概率重复这个过程，以λ的概率厌倦这个过程，则用户的状态概率转移矩阵为$\lambda\boldsymbol{I}+(1-\lambda)\boldsymbol{M}$，其中$\boldsymbol{I}$为单位转移矩阵（$\boldsymbol{I}_{ij}=1/n\forall i, j$），$\boldsymbol{M}$为边权矩阵。则用户的传播贡献度可表示为

$$(\lambda\boldsymbol{I}+(1-\lambda)\boldsymbol{M})^{\mathrm{T}}\mathbf{pc}=\mathbf{pc} \tag{7-1}$$

其中，**pc** 为用户传播贡献度向量，第 i 个位置表示用户 i 的传播贡献度。用户对较多数据资源进行访问，则该用户访问数据资源的概率较大，对信息的传播贡献度也会越大。

第二，用户影响力。用户影响力主要体现在对于具体数据资源的转发次数，转发后他人评价次数及在联盟数据社区中被提及的数量。用户影响力可表示为

$$U_{\inf}=w_1v_1+w_2v_2+w_3v_3 \tag{7-2}$$

其中，v_1、v_2、v_3 分别表示用户转发次数、他人评价次数及被提及数；w_1、w_2、w_3 表示相应的权重值。$U_{\inf}$ 越大，则用户对于数据资源的影响力越大，对于联盟平台的宣传推广的作用越大。

第三，用户活跃度。用户活跃度表示用户登录联盟数据资源交易平台，并且在联盟数据资源平台中对相关数据和他人对数据资源疑问进行辅助解释的能力。可表示为

$$U_{\mathrm{act}}=w_4v_4+w_5v_5+w_6v_6+w_7v_7 \tag{7-3}$$

其中，v_4、v_5、v_6、v_7分别表示用户对数据资源评论数、系统自动评论数、用户回复他人评论数和用户周访问平台数；w_4、w_5、w_6、w_7表示相应的权重值。

通过用户的传播贡献度、用户影响力和用户活跃度，可以得出用户的综合贡献度$U_{\mathrm{p}i}$。

$$U_{\mathrm{p}i}=w_8PC_i+w_9U_{\mathrm{inf}i}+w_{10}U_{\mathrm{act}i} \tag{7-4}$$

根据$U_{\mathrm{p}i}$可对联盟数据资源交易平台中已注册和未注册用户进行初步判断，选取对联盟数据资源交易平台贡献大的用户进行针对性的引导，促使联盟更多数据

资源交易的达成。

4）基于粗糙集的联盟数据交易潜在目标用户识别

目前，大数据联盟数据资源交易用户数量较少，远未达到优化改善平台数据资源交易的作用。但是联盟内现有注册用户的信息较为详细，现有用户在交易过程中的行为信息也能被联盟获取。在此情况下通过已购买数据用户的特征去匹配联盟外用户，扩充联盟数据资源交易用户数量尤为重要。现有情况下需要一种可处理属性数量不对等，且能识别用户核心属性的方法。基于此，采用粗糙集方法提取联盟内已购数据资源用户的购买规则，分析联盟外相关用户的特征属性，判断其能否满足购买目标，进行联盟外数据资源潜在目标用户识别。

粗糙集理论源于解决信息不完整、不确定问题的数学工具，是 Pawlak 教授于 1982 年提出的，目前粗糙集理论被广泛应用到机器学习、数据挖掘等人工智能领域中。粗糙集方法是以数据中原有可区分类别的能力为基础，从中获取隐含在数据中的规律、特征的过程。目前联盟数据资源交易业务中，用户购买数据和访问平台的行为数据差距较大，具有相同访问行为的用户购买结果有所不同，因此 BDA 数据资源交易用户行为系统是不相容的。针对 BDA 数据资源交易用户行为数据和外界需求者数据，通过特征提取约简掉对购买结果无影响的冗余属性，得到分析用户购买行为的属性约简集，通过属性组合发掘已购买数据的购买规则匹配外界相关用户，进行潜在用户识别。具体提取机制如图 7-10 所示。

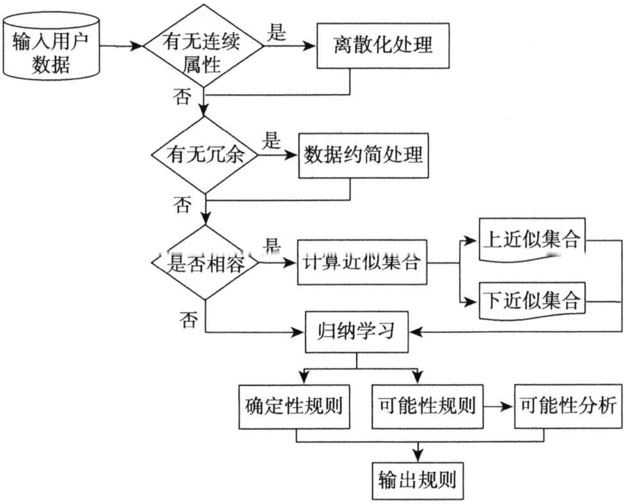

图 7-10　联盟数据资源购买规则提取机制

第一，潜在目标用户数据离散化。粗糙集方法虽然能较好地处理不相容问题，但是粗糙集方法不能处理连续型数据，因此面对用户数据中连续型数据时需要对数据进行离散化处理。数据离散化是对用户数据中连续型属性值进行离散化的处理，通过数据离散化可将描述用户属性种类减少。为了应对大数据联盟海量数据处理，利用决策树方法进行数据离散化。

定义 7.1　联盟数据资源交易用户信息系统：$\mathrm{DS}=(U,C\cup d,V,f)$，其中 U 表示粗糙集论域，即数据资源交易用户的集合；$C\cup d$ 表示用户属性集合 A，其中，C 表示用户的条件属性，d 表示用户的决策属性；V 表示属性的集合；f 表示用户信息函数。

定义 7.2　信息熵：对用户集合进行离散化处理时，决策属性可以由定性转数值进行离散化，条件属性需要借助信息熵进行处理。若条件属性 a 由小到大的取值排序为 $Va=(v_0^a,v_1^a,\cdots,v_t^a)$，针对属性 a 进行决策树分支时需要进行断点设置，预设断点 $C_1^a=(v_i^a+v_{i+1}^a)/2$。设用户集合 X 是 U 的子集，$\mathrm{CARD}(X)$ 表示集合 X 中用户的数量，则用户集合 X 的信息熵可表示为

$$H(X)=-\sum_{j=1}^{r}p_j\log_2 p_j,\ p_j=\frac{n_j}{\mathrm{CARD}(X)} \tag{7-5}$$

其中，p_j 表示决策属性值为 j 在集合 X 中的概率；n_j 表示决策属性值为 j 的数量。用户集合 X 中若某决策属性占比越大，则 X 的信息熵越小，说明集合 X 选择方向趋于一致，信息熵的这种特性保证了系统的不相容性不改变。对于属性 a 按照断点 C_i^a 划分时，设 $s_j^X(C_i^a)$ 为属性值为 a 决策属性值为 j 且断点值小于 C_i^a 的样本个数，$b_j^X(C_i^a)$ 为属性值为 a 决策属性值为 j 且断点值大于 C_i^a 的样本个数。则按照断点 C_i^a 划分后，用户集合 A 的信息熵为

$$H(C_i^a)=\frac{\mathrm{CARD}(X_s)}{\mathrm{CARD}(U)}H(X_s)+\frac{\mathrm{CARD}(X_b)}{\mathrm{CARD}(U)}H(X_b) \tag{7-6}$$

对于用户集合依据不同属性决定的等价类 $L=\{Y_1,Y_2,\cdots,Y_m\}$，引入新的断点 C 后，集合的信息熵变为 $H^L(C)=H^{Y_1}(C)+H^{Y_2}(C)+\cdots+H^{Y_m}(C)$，若 $H^L(C)$ 变小，则引入新的断点后的集合等价类的决策属性区域一致，说明加入断点使集合等价类的混乱程度降低。

假设 Cut 表示用户集合离散化已选断点集，L 表示被 Cut 划分的等价类，CP 表示候选断点集，H 表示用户决策信息熵，则利用决策树方法对联盟数据资源交易用户数据进行离散化的过程如下所示：①首先令 Cut 为空集，L 为用户集合的等价类，H 为用户集合整体决策信息熵；②计算每个 $C\in\mathrm{CP}$ 下的信息熵 $H^L(C)$，若 $H<\min H^L(C)$ 则候选断点无效，用户数据离散化停止，否则转下一步；③将 $\min H^L(C)$ 对应的断点 $C_{\min}$ 记入 Cut 中，并且令 $H=\min H^L(C)$，CP=CP−$\{C_{\min}\}$；④若 $C_{\min}$ 将用户数据中的类别 Y_i 分割为 Y_{i1} 和 Y_{i2}，则用户集合等价类 L=L−$\{Y_i\}$+

$\{Y_{i1}\}+\{Y_{i2}\}$；⑤如果集合等价类 L 中所有决策属性一致，则离散化结束，否则转至第②步。

联盟用户数据离散化处理后，原有数据集被断点进行重新划分等价类。同一断点下的类别属性相同，属性值不同，为数据约简和规则提取作铺垫。

第二，潜在目标用户数据约简。为了便于发掘联盟数据资源交易用户的购买规则，需要将用户数据中对于购买规则无影响的属性和属性值去除。为了简化数据约简之前对于系统相容性的判定，崔洪晶提出利用决策熵约简办法[10]，在此基础上结合 BDA 数据资源交易实际情况进行如下约简操作。

定义 7.3　联盟数据资源交易用户决策属性 d 的取值为 j（$j=1, 2, 3, \cdots, r$）的数量为 nj，则在条件属性集 C 下 d 发生的概率为条件熵：

$$H(d \mid C) = -\sum_{i=1}^{s} P(X_i) \sum_{j=1}^{r} P(D_j \mid X_i) \log_2 P(D_j \mid X_i) \tag{7-7}$$

$$P(X_i) = \frac{\mathrm{CARD}(X_i)}{\mathrm{CARD}(U)}, P(D_j \mid X_i) = \frac{\mathrm{CARD}(D_j \cap X_i)}{\mathrm{CARD}(X_i)} \tag{7-8}$$

其中，$i=1, 2, 3, \cdots, t$，$j=1, 2, \cdots, r$。

定义 7.4　不可分辨关系：若 $P \subseteq R$，并且 $P \neq \varnothing$，则 $\cap P$（P 中所有等价关系的交集）也是一种等价关系，称为 P 上的不可分辨关系，记为 $\mathrm{IND}(P)$。

定义 7.5　核：给定一个知识库 $K=(U, R)$和知识库中的一族等价关系 $P \subseteq R$，对任意的 $r \in P$，若 r 满足 $\mathrm{IND}(P-\{r\}) \neq \mathrm{IND}(P)$，则称 r 为 P 中不可省略的，也就是必要的，P 中所有必要的属性组成的集合称为 P 的核，记为 $\mathrm{CORE}(P)$。设属性集合 $C \cup d$ 的不可分辨关系为 $\mathrm{IND}(C \cup d)$，$U / \mathrm{IND}(C \cup d) = \{Y_1, Y_2, Y_3, \cdots, Y_t\}$，则 $C \cup d$ 的熵为

$$H(C \cup d) = \sum_{i=1}^{t} P(Y_i) \log_2 P(Y_i), P(Y_i) = \frac{\mathrm{CARD}(Y_i)}{\mathrm{CARD}(U)} \tag{7-9}$$

决策属性 d 相对于条件属性 C 的条件熵为 H（$d|C$），则属性集合 $C \cup d$ 的决策熵为

$$H(C \to d) = H(C \cup d) + H(d \mid C) \tag{7-10}$$

依据上述处理方法，联盟数据资源交易用户数据约简过程如下：①计算用户条件属性 C 相对于决策属性 d 的核 $\mathrm{CORE}_0=\mathrm{CORE}_D(C)$；首先假定 $\mathrm{CORE}_D(C)$为空集，对于用户条件属性集中的所有属性 a_i（$i=1, 2, 3, \cdots, m$），如果 $H(d \to C) < H(d \to (C - \{a_i\}))$，则说明条件属性 a_i 是用户一个不可分辨属性，那么令 $\mathrm{CORE}_D(C) = \mathrm{CORE}_D(C) \cup \{a_i\}$；②将去除核属性以外的条件属性记入集合 L 中，$L=C-\mathrm{CORE}_0$；③计算决策熵；④令集合 $B=\mathrm{CORE}_0$，对集合 L 重复检验操作，如果 $\mathrm{CARD}(B)$不为 0，则还需计算 $H(B\to d)$，否则可以进行输出相对约简集合 B；

对 L 中的每一个属性 a_i，都需计算决策熵 $H(B\cup\{a_i\}\to d)$，选择最小的决策熵对应的属性 a_i 并将其添加到集合 B 中；如果 $H(B\to d)\leqslant H(C\to d)$ 时则可以停止对行属性的计算。

通过上述处理得到的属性列表 B 就是对联盟数据资源交易用户数据约简后的结果。

第三，潜在目标用户规则提取。在粗糙集方法中，常用的规则提取方法有提取所有规则、提取最小规则、基于置信度的提取规则。由于实际工作中基于置信度的提取规则应用较广，因此，采用基于置信度的提取规则。

定义 7.6 决策规则：

$$\text{des}(X_i)\to\text{des}(D_j) \tag{7-11}$$

其中，$\text{des}(X_i)$ 表示用户数据集 U 中通过相应的条件属性对类别 X_i 的描述；$\text{des}(D_j)$ 表示对具体决策规则 D_j 的描述，即通过样本中的条件属性表示整体中的决策规则的过程。

对于决策规则的选取需采用覆盖度和可信度进行综合评定。覆盖度表示选取的决策规则占整个样本中决策的数量，覆盖度能反映决策规则的适用性大小。在联盟数据资源用户数据中 X_i 相对于 D_j 的覆盖度可表示为

$$\text{COV}=\frac{\text{CARD}(X_i\cap D_j)}{\text{CARD}(U)} \tag{7-12}$$

可信度表示决策规则的准确性，在联盟数据资源用户数据中 X_i 相对于 D_j 的可信度可表示为

$$\text{CRE}=\frac{\text{CARD}(X_i\cap D_j)}{\text{CARD}(X_i)} \tag{7-13}$$

对于潜在用户识别中，由于联盟已购数据的用户规则可为多种，通过覆盖度和可信度的计算可以寻求到更为合适的用户规则，进而确定潜在用户范围。

7.2.3 基于 RSS 的联盟潜在目标用户数据资源推荐

1. 基于 RSS 的潜在目标用户推荐服务流程

大数据联盟数据资源交易业务的实际用户较少，为了引入更多的可能购买数据资源的用户，联盟利用粗糙集的方法识别了部分潜在用户。对于已识别的用户群，联盟可以利用简易信息聚合（really simple syndication，RSS）技术主动向该部分群体推送联盟内可提供的数据资源相关的消息。通过用户使用情况可以进一

步向用户推送平台链接，将该部分群体引入平台内，如图 7-11 所示。

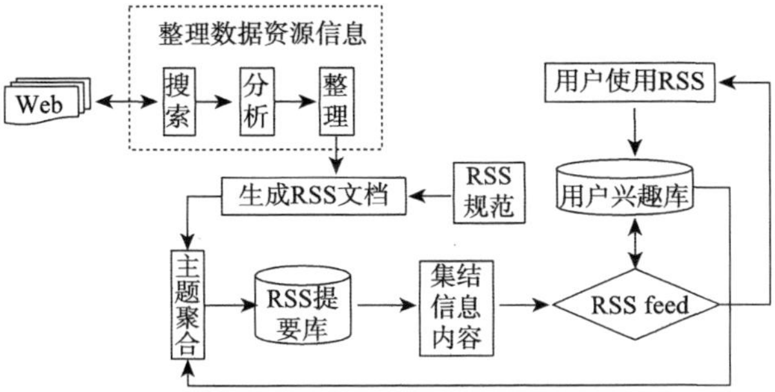

图 7-11　RSS 潜在目标用户数据资源推荐流程

（1）建立潜在用户兴趣库。对于联盟中已识别的潜在目标用户人群，通过向其发送含有 RSS 阅读插件的网页或邮件收集该部分人群的兴趣资料。通过他们注册或者订阅相关内容，联盟就可以掌握潜在目标用户的兴趣和需求，长期向该部分人群推送联盟数据资源交易相关信息或者所需的样本数据集，吸引该部分人群到联盟数据资源交易平台。对于不愿意阅读或点击联盟推送消息的群体，联盟可以长期跟踪，或者从该部分用户在其他数据平台或社区发布的消息中获取用户兴趣，然后进一步推送更为精准的消息给用户，争取将更多的用户吸引到平台中去。

（2）搜集整理数据资源信息。为潜在用户推送消息时首先要确定推送的内容，大数据联盟根据联盟共享数据的情况分类汇总数据资源信息，通过多种应用场景和数据结构分别归类记录。此外，联盟可以从联盟外相关平台搜集数据资源使用案例和相关新闻连同联盟内部数据资源动态消息作为推送信息。

（3）生成 RSS 文档及主题聚合。联盟数据资源交易平台将搜集整理的数据信息依据 RSS 文档的格式要求生成规定的 XML 类型文件。数据资源信息在 RSS 文档中处于杂乱无章的状态，需要对文档内的信息进行主题聚合处理。主题聚合就是将不同主题的信息按照主题相关性进行归类，归类后的文档中通常存储信息所在的网络地址和部分解释性语言。

（4）集结信息内容和 RSS feed。集结信息内容是将单个的 RSS 文档汇总到一起发送给用户，一般通过集结器整合信息内容。集结器通常有 PC 端和网页版两种。集结器不定期地从 RSS 提要库中选取汇总相关 RSS 文档。提要库中存储着已转化完的 RSS 文档。集结器利用 RSS feed 将汇总的信息推送给用户，RSS feed 是用来描述网站信息的网络规范，由引导、图片、项目和文本输入组成。

通过以上过程，潜在用户就可以使用 RSS 相关软件或者具有 RSS 插件的网页浏览联盟推送的数据资源相关信息。

2. 基于 RSS 的数据资源推荐服务模式

大数据联盟通过对已识别的潜在目标用户推送联盟数据资源信息，力图将更多的数据资源需求者引入联盟数据资源交易平台中。针对不同的用户，联盟可提供不同的推荐服务模式。

（1）平台信息分类订阅。大数据联盟在进行推荐信息处理时，将不同的数据资源依据其应用场景进行分类，或者依据数据资源不同结构类型进行分类。潜在目标用户可以选择数据资源交易平台整体的信息分类订阅，及时了解联盟可交易的数据资源的变化情况。

（2）关键词订阅。虽然在对潜在目标用户推送信息时联盟已经将数据资源的分类应用信息传达给用户，但是部分用户偏向于通过特定的关键词检索所需的数据资源。因此，在目标用户阅读端联盟平台增加信息检索模块，可以为部分有需求的用户提供查询服务。通过查询后的数据信息，用户可以根据自己的情况选择性地订阅相关内容。

（3）信息板块订阅。在为用户推送的数据资源信息中，除了联盟平台参与交易的数据资源相关信息，还有联盟从外界搜索到的数据处理相关文档和联盟内部数据相关新闻。在用户阅读端呈现出不同的信息板块，用户也可以选择订阅版块，平台根据用户选取的板块及版块内的信息有针对性地丰富该板块的内容，给用户带来更好的体验。

7.2.4 基于改进 BN 算法的现有目标用户数据资源推荐

1. 传统的二分网络推荐算法

二分网络（bipartite network，BN）推荐算法认为，用户已购买的商品具有向用户推荐其他商品的能力，这种能力是商品依据被选择的情况赋予一定的资源量，通过网络向其他商品进行传递。基于物质扩散的二分网络推荐算法是初始分配在商品节点的资源，通过商品的度将资源均等地传递给联系用户，用户节点将汇集的资源依据用户与商品的选择关系将资源均等分配给选择的商品。通过两个阶段的资源传递，对商品节点的资源进行再分配。

假设系统中的商品节点 o_i 的初始资源量为 $f(o_i)$，且 $f(o_i)\geqslant 0$。初始资源从物品层经过商品与用户的选择关系平均分配到用户层。经过一轮的资源变动，此时

用户 u_l 获得的资源量为

$$f(u_l)=\sum_{i=1}^{m}\frac{a_{il}f(o_i)}{k(o_i)} \tag{7-14}$$

其中，$k(o_i)$ 为物品节点 o_i 的度。节点的度表示该节点被其他节点选取数目，每有一次选择关系，节点的度增一。在第二轮资源分配过程中，资源会由用户层的每个用户节点经过选择关系流向商品层。此时物品节点 o_i 的资源量为

$$f'(o_i)=\sum_{l=1}^{n}\frac{a_{il}f(u_l)}{k(u_l)} \tag{7-15}$$

其中，$k(u_l)$ 为用户节点 u_l 的度。将式（7-14）中的 $f(u_l)$ 替换到式（7-15）中得到商品 o_i 的新资源量 $f'(o_i)$ 为

$$f'(o_i)=\sum_{l=1}^{n}\frac{a_{il}}{k(u_l)}\sum_{j=1}^{m}\frac{a_{jl}f(o_j)}{k(o_j)} \tag{7-16}$$

其中，$f'(o_i)$ 为经过两轮的资源传递后物品的资源量。针对具体的目标用户，将商品按照新资源量由大到小排序，取排序中前 L 个物品作为推荐系统中推荐给目标用户的推荐结果。

2. 现有目标用户的用户相似度计算

在联盟数据资源交易系统中，对于用户的记录通常包括用户的基本信息及用户对于一些数据产品的评价信息，因此与用户相关的属性包括数值型属性（如年龄、对数据产品的打分等）和分类型属性（如工作、性别等）。数值型属性中用户评分信息最为重要，也是用户兴趣模型检验的重要数据。现有的相似性计算方法往往从用户的共同评分项推断用户的相似性，而没有顾及用户间差异的评分项目的影响。因此可以借助 Jaccard 相似性系数，通过用户评分差均值 average(u, v)获取用户间的差异函数 $D'(u,v)$。根据分类个数 N，确定该属性的编码位数 n=1bN，进行格雷编码并且连接成格雷编码串 B_{Nom}，然后运用海明距离计算差异量 D_{HM}，进而求得差异函数 $D'_{\mathrm{HU}}(u,v)$。

Jaccard 相似性系数可定义为

$$\mathrm{sim}(u,v)=\frac{|I_u\cap I_v|}{|I_u\cup I_v|} \tag{7-17}$$

其中，I_u 和 I_v 分别表示用户 u、v 评分项目集合。Jaccard 相似性系数是根据两用户间共同评分项目占他们所有评分项目的比例来判断用户相似性，Jaccard 系数越大，则认为用户 u、v 共同感兴趣的项目越多，他们的相似性越大。

第一，对于用户数值型属性的 $D'(u,v)$ 。获取用户共同评分项目的评分差值 $D_{uv}=\{d_1,d_2,\cdots,d_i,\cdots,d_N\}$，其中 d_i 表示用户 u、v 在第 i 个项目评分 r_{ui}、r_{vi} 的差的绝对值，即 $d_i=|r_{ui}-r_{vi}|$，M 表示用户间共同评分项目数 $0<M<m$，m 为所有项目的数量。则用户间评分差值的均值为

$$\text{average}(u,v)=\frac{\sum_{i\in I_u\cap I_v} d_i}{M}=\frac{\sum_{i\in I_u\cap I_v}|r_{ui}-r_{vi}|}{M} \tag{7-18}$$

用户的共同评分差值的均值可以反映出用户在共同评价的项目上的评分差异程度，也能体现不同用户兴趣的差异。为了能起到调节 Jaccard 相似性系数的作用，使其能达到两个用户评分差距大时 Jaccard 相似性系数降低，用户评分差距小时 Jaccard 相似性系数升高的效果。对不同用户评分差均值进行归一化处理，并且去除评分纲量的影响，得到用户间数值型属性差异函数：

$$D'(u,v)=1-\frac{\text{average}(u,v)}{r_{\max}-r_{\min}}=1-\frac{\sum_{i\in I_u\cap I_v}|r_{ui}-r_{vi}|}{M(r_{\max}-r_{\min})} \tag{7-19}$$

其中，$r_{\max}$ 为两用户间评分的最高值，$r_{\min}$ 为评分最低值。

第二，对于用户分类型属性的 $D'_{\text{HU}}(u,v)$ 。用户的分类型属性主要包括用户在使用系统时填写的文字型信息，如性别、学历等。因此，为了区别不同于用户间的分类型属性的差异情况，可以使用格雷编码，即使用二进制编码对于分类型属性的不同属性值进行区分。例如，性别属性中的分类有男、女，则可以用 00 和 01 分别表示男和女，其他的分类型属性使用此方法进行编码。将用户可用的分类型属性进行编码连接，形成一个表示用户非数值信息的二进制串 B_{Nom}。不同用户间进行 B_{Nom} 的海明距离差异比较得出用户间差异量 $D_{\text{HU}}(u,v)$ 。

$$D_{\text{HU}}(u,v)=D_{\text{HM}}(B_{\text{Nom}u},B_{\text{Nom}v}) \tag{7-20}$$

其中，D_{HM} 表示两个二进制串进行海明距离计算，如用户 u 的分类型属性串为 $B_{\text{Nom}u}$=(0101000000)，用户 v 的分类型属性串为 $B_{\text{Nom}v}$=(1100010100)，则 $D_{\text{HU}}(u,v)=4$ 。为了起到与 $D'(u,v)$ 同等的效果，对不同用户分类型属性海明距离值进行归一化处理，得到用户间分类型属性差异函数：

$$D'_{\text{HU}}(u,v)=1-\frac{D_{\text{HU}}(u,v)}{D_{\text{HU}\max}} \tag{7-21}$$

其中，$D_{\text{HU}\max}$ 为用户分类型属性海明距离的最高值。

通过对用户数值型属性 $D'(u,v)$ 和用户分类型属性 $D'_{\text{HU}}(u,v)$ 的计算，就可以构造用户相似度函数 $\text{sim}'(u,v)$ ，为

$$
\begin{aligned}
\operatorname{sim}'(u,v) &= \frac{|I_u \cap I_v|}{|I_u \cup I_v|}(D'(u,v)+D'_{\mathrm{HU}}(u,v)) \\
&= \frac{|I_u \cap I_v|}{|I_u \cup I_v|}\left(\left(1-\frac{\sum\limits_{i\in I_u \cap I_v}|r_{ui}-r_{vi}|}{M(r_{\max}-r_{\min})}\right)+\left(1-\frac{D_{\mathrm{HM}}(B_{\mathrm{Nom}u},B_{\mathrm{Nom}v})}{D_{\mathrm{HU}\max}}\right)\right)
\end{aligned}
\tag{7-22}
$$

3. 现有目标用户的数据产品相似度计算

商品属性用以描述商品的相关特征，在很多推荐算法中将商品的属性作为商品层的标签。肖扬等利用商品标签层作为二部图的扩展层，提高了原有推荐算法的精准度[11]。但是涉及商品的属性，不同属性间对于算法结果的作用程度不同，如果给不同的商品属性设置权重值，在表示不同属性时将文字描述信息转化为数字信息，有可能会与算法的其他参照量有明显的区别，进而导致数据不平滑的现象，尤其是在数据产品的应用中。因此，利用格雷编码表示不同的属性值，通过海明距离计算用以区别不同数据产品间差异，避免了人为的属性值设定，通过算法的自学习性自动地分析不同属性的作用大小。数据产品的属性是以分类型属性为主，因此在计算中采用的方式可以与用户分类型属性的 $D'_{\mathrm{HU}}(u,v)$ 的表示方式相同，如下所示。

$$
D_{\mathrm{HO}}(i,j)=D_{\mathrm{HM}}(B'_{\mathrm{Nom}i},B'_{\mathrm{Nom}j}) \tag{7-23}
$$

为了能起到与 $D'(u,v)$ 同等的效果，对不同数据产品分类型属性海明距离值进行归一化处理，并且去除差异纲量的影响，得到数据产品分类型属性差异函数：

$$
\begin{aligned}
D'_{\mathrm{HO}}(i,j) &= 1-\frac{D_{\mathrm{HO}}(i,j)}{D_{\mathrm{HO}\max}} \\
&-1\quad\frac{D_{\mathrm{HM}}(B'_{\mathrm{Nom}i},B'_{\mathrm{Nom}j})}{D_{\mathrm{HO}\max}}
\end{aligned}
\tag{7-24}
$$

其中，$D_{\mathrm{HO}\max}$ 为数据产品分类型属性海明距离的最高值。数据产品分类型属性差异函数能够将描述数据产品特征的属性尽可能地考虑到相似度计算中，改变传统相似度计算时以部分特征属性计算的精准度不高的情况，而且以格雷编码的海明距离计算也能避免不同属性间的权重影响。将数据产品分类型属性差异函数 $D'_{\mathrm{HO}}(i,j)$ 引入 Jaccard 相似性系数中，就可以得到改进的 Jaccard 数据产品相似性系数：

$$\begin{aligned}\mathrm{sim}'(o_i, o_j) &= \frac{\left|T_i \cap T_j\right|}{\left|T_i \cup T_j\right|} D'_{\mathrm{HO}}(i, j) \\ &= \frac{\left|T_i \cap T_j\right|}{\left|T_i \cup T_j\right|}\left(1-\frac{D_{\mathrm{HM}}(B'_{\mathrm{Nom}i}, B'_{\mathrm{Nom}j})}{D_{\mathrm{HO\,max}}}\right)\end{aligned} \tag{7-25}$$

其中，T_i和 T_j分别表示数据产品 i 和 j 的特征属性集合。以数值型属性和分类型属性为基础借助 Jaccard 相似性系数构造的二元相似度，不仅能有效应对数据稀疏的情况，而且被引入分类型属性后的相似度计算中，不再盲目以用户评分数据为依据。通过文字性属性调节流行产品的推荐，使目标用户已选择过的数据产品或喜好程度较弱的数据产品的相似产品被推荐概率增加。此外，当新用户或新数据产品进入系统时，系统可以根据用户和数据产品的分类型属性找到相似用户及数据产品，在一定程度上也解决了冷启动问题。

4. 基于改进二分网络的联盟数据资源推荐

将二元相似度作用到二分网络推荐算法中时，在二分网络资源传递的第一个阶段，引入用户相似度作为参考因子，从而使得与目标用户相似性比较高的用户节点能够获得更多的资源值，进而使相似性用户所购买的数据产品更有可能被推荐给目标用户。S_{kuv}表示用户 u_u 和目标用户 u_v 的相似度占所有选择了数据产品 o_k 的用户与目标用户 u_v 的相似度之和的比例，其计算公式如下：

$$S_{kuv} = \frac{a_{ku}\mathrm{sim}'(u, v)}{\sum_{l=1}^{n} a_{kl}\mathrm{sim}'(l, v)} \tag{7-26}$$

其中，$\mathrm{sim}'(u, v)$ 表示用户 u 和 v 的相似度；n 表示系统中用户数量；a_{ku} 和 a_{kl} 分别表示用户 u 和用户 l 与数据产品 o_k 的选择关系；$\sum_{l=1}^{n} a_{kl}\mathrm{sim}'(l, v)$ 表示系统中所有选择了数据产品 o_k 的用户与目标用户 v 相似度的累加值。S_{kuv} 的取值范围为[0, 1]，S_{kuv}越大时，表示与其他同样选择了数据产品 o_k 的用户相比，用户 u 与目标用户 v 的相对相似度越高，数据产品 o_k 上的资源就会越多地流向用户 u。

在网络结构资源传递的第二个阶段，引入数据产品相似度作为参考因子，从而使得与目标用户已选择的数据产品相似性比较高的产品节点能够获得更多的资源值，进而使与目标用户已选择的产品相似性较高的数据产品更有可能被推荐给目标用户。Q_{uij} 表示数据产品 o_i 和目标用户 u_v 已选择的数据产品 o_j 的相似度占用户 u_u 所有选择的数据产品 o_t 与产品 o_j 相似度的比例，其计算公式如下：

$$Q_{uij}=\frac{\sum\limits_{j\in(a_{jv}=1)}\text{sim}'(o_i,o_j)}{\sum\limits_{t=1}^{m}a_{tu}\text{sim}'(o_i,o_j)} \tag{7-27}$$

其中，$\text{sim}'(o_i,o_j)$表示产品 o_i 与产品 o_j 的相似度，m 为系统中数据产品的总数。假设数据产品 o_i 的初始资源为 $f(o_i)$，且 $f(o_i)\geqslant 0$，$i\in[1,m]$。经过第一轮的资源流动，产品集合 $O=\{o_1, o_2, o_3, \cdots, o_m\}$中的所有数据产品的初始资源流向了用户集合 $U=\{u_1, u_2, \cdots, u_n\}$中的用户节点上。如果选定用户 v 为推荐目标用户，则此时用户节点 u 的资源值计算公式如下所示：

$$f(u_u)=\sum_{t=1}^{m}S_{iuv}f(o_i) \tag{7-28}$$

经过第一轮的资源传递，产品节点将其初始的资源量传递到用户节点中。随后用户节点的资源通过用户与产品的选择关系传递到产品节点。资源从用户 u_u 重新传递到产品节点时，物品 o_i 的资源量为

$$f'(o_i)=\sum_{u=1}^{n}Q_{uij}f(u_u)=\sum_{u=1}^{n}Q_{uij}\sum_{i=1}^{m}S_{iuv}f(o_i) \tag{7-29}$$

对于目标用户所选择数据产品的初始资源量经过两轮资源传递后，就可以得到每个产品节点新的资源量，将数据产品按照资源量从大到小进行排列，将前 L 个产品作为系统的推荐列表推荐给用户[12]。

7.3　大数据联盟数据资源群推荐

7.3.1　大数据联盟数据资源群推荐方式及过程

1. 大数据联盟数据资源特点

大数据联盟数据资源作为大数据联盟数据资源群推荐的关键性资源，主要具有以下特点。

（1）多源异构性。大数据联盟资源池内的数据资源来自不同企业，企业间数据收集方式、数据存储格式、数据结构化程度的不同，都要求大数据联盟对资源池内数据资源进行标准化处理。

（2）价值异质性。大数据联盟数据资源最基本的特性之一就是价值性，数据

资源的价值在利用数据资源实现目标过程中得以体现，但由于数据资源在不同使用方体现的价值并不相同，使得其价值因人而异。

（3）流通共享性。联盟成员及对外服务过程中，通过使用联盟共享资源生产数据产品，并获得用户使用的反馈信息，将其存储到联盟数据库中。这部分数据可以指导联盟共享数据资源使用，同时也可以作为基础数据资源供未来开发使用，数据资源在整个过程中表现出流通共享的状态。

（4）持久应用性。数据资源不同于实物资源，数据质量不随时间发生变化，用户在购买后可长期重复使用，数据资源不会由于频繁使用而质量下降，具有持久应用性。

大数据联盟来源多样的数据资源在联盟内部流通共享，数据资源价值得以深度开发挖掘，为用户提供优质的数据资源及相关服务。大数据联盟数据资源的价值异质性使同一数据资源在不同用户手中发挥的价值具有差异，但若将同一数据资源推荐给具有相似价值需求的用户群体，能够有效提高数据资源的利用效率，实现数据资源价值最大化。大数据联盟的持久应用性避免了联盟重复为用户群推荐相同或相似数据资源，对提升用户满意度具有重要作用。

2. 大数据联盟数据资源类型

大数据联盟数据资源分类标准多样，可从不同角度进行划分。

（1）从所属领域方面可将数据资源分为医疗业数据资源、金融业数据资源、教育业数据资源等。

（2）从数据结构上来看，在互联网普及之前，数据资源按照标准格式存储，结构化程度显著。随着互联网的出现，现在企业所拥有的结构化数据不足 20%，数据大多是以非结构化、半结构化形式呈现。

（3）随着移动终端和传感器的进一步普及，数据资源从单一的文字类型，逐渐丰富到图像、音频、视频等多种类型，数据资源存储格式也多样化为文档存储、列存储、图存储、关键字等。

（4）为了提高联盟数据资源的交易效率，联盟整体会根据数据资源的存储量构建相应的云储存框架，利用分布式存储和处理技术，将数据资源存储到不同的地区和云数据库中，这部分可共享的公有数据资源，也是大数据联盟的可共享数据资源。

多种分类标准使得大数据联盟数据资源类型多样，将种类繁多的数据资源推荐给联盟用户会产生较多的重复操作，导致推荐成本增加。为提高推荐效率，可通过将具有相似需求的大数据联盟数据资源用户分群，为群体用户提供所需的数据资源，减少推荐工作量。

3. 大数据联盟数据资源群推荐方式

1）大数据联盟数据资源用户群界定

用户群可分为两种，一种是由用户社会关系而自然形成的社会化网络群组，成员间彼此熟悉且交流密切；另一种是大数据联盟通过分析挖掘用户特性，由用户属性相似程度而人为划分的群组，用户群成员间具有较强共性，但彼此之间熟悉程度较低，用户甚至不知道自己归属于这种群组。考虑到大数据联盟数据资源用户鲜有以群体形式出现，且当用户以群体形式出现向联盟平台发出数据资源请求时，数据资源请求是综合群内各成员意见后由某一代表提出，与个体需求无明显区别。除此之外，对大数据联盟数据资源群推荐展开研究是为了提高联盟用户管理效率，降低联盟运营成本，缓解大数据联盟推荐系统负担，因此，研究的用户群是由具有相似数据资源需求的用户聚集形成的用户群体。

2）大数据联盟数据资源群推荐方式选择

Anthony 等在 2007 年首先提出了两种适用于群推荐的方式，此后，众多学者从不同角度论证了这种分类方式的合理性。目前群推荐主要有以下两种方式。

第一，推荐列表融合。推荐列表融合的群推荐方式是将群内各用户偏好结合个体推荐算法生成个体用户推荐列表，再采用相应的推荐列表融合策略将个体推荐列表融合形成群推荐列表。

第二，用户偏好融合。用户偏好融合的群推荐方式先采用偏好融合策略将各成员用户偏好融合形成群偏好，再采用相应的群推荐算法将符合用户群偏好的数据资源推荐给用户群，完成群推荐。

由于大数据联盟数据资源用户中存在数据稀疏型用户，仅凭单个用户数据难以形成个体推荐列表，推荐准确度不高，因此，采用第二种群推荐方式作为大数据联盟数据资源群推荐方式。在用户群形成后，将各成员需求按照一定的融合策略形成群需求，再依据用户群需求为大数据联盟数据资源用户群提供推荐服务，以提高数据稀疏型用户推荐准确度和群体整体满意度。大数据联盟数据资源群推荐方式如图 7-12 所示。

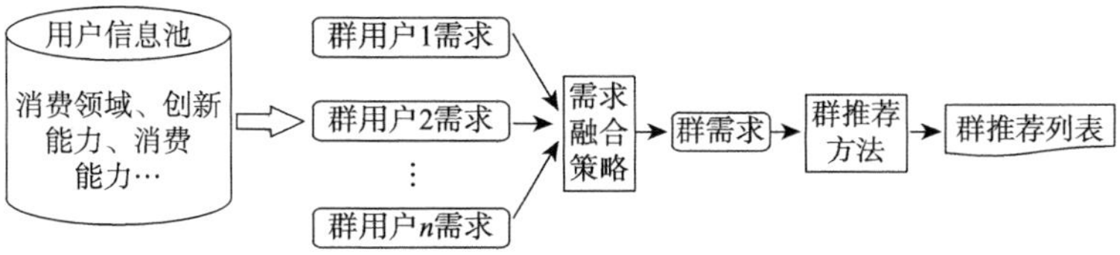

图 7-12　大数据联盟数据资源群推荐方式

4. 大数据联盟数据资源群推荐过程模型

大数据联盟数据资源群推荐的过程主要包括大数据联盟成员企业分工合作、共同参与数据资源池及用户信息池的构建。

大数据联盟数据资源用户分群。考虑到大数据联盟数据资源具有较强的时效性，用户数据资源需求随时间动态变化，依据用户近期需求对同一群体用户画像中的用户进行二次分群。

大数据联盟数据资源群推荐算法。根据用户偏好和需求，运用改进的 VIKOR 算法进行匹配，为用户提供数据资源推荐列表。大数据联盟数据资源群推荐过程模型如图 7-13 所示。

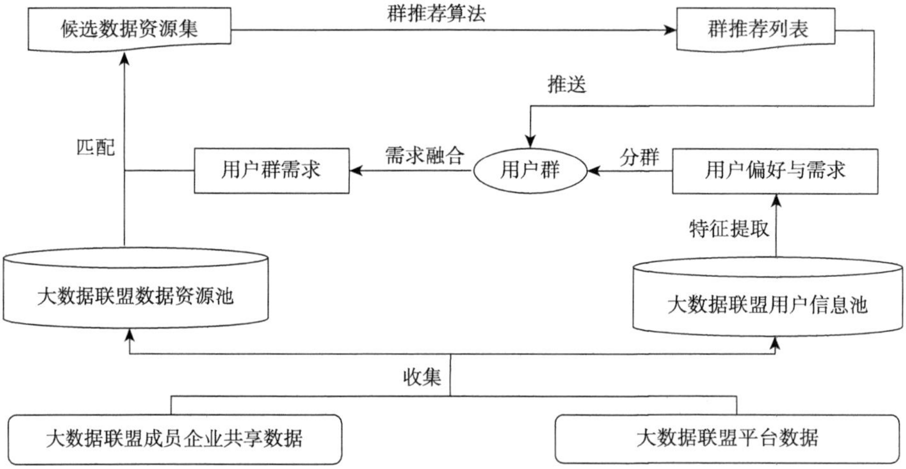

图 7-13　大数据联盟数据资源群推荐过程模型

7.3.2　大数据联盟数据资源池建立

1. 大数据联盟数据资源获取方式

大数据联盟数据资源是指在联盟内部共享流通可通过交易方式流通至联盟外部的数据，它们来源于联盟平台、联盟外部和联盟成员。数据源的可靠性直接影响数据资源的真实性和完整性。通过采用标准化、规范化的数据资源获取方式，能够有效降低数据资源获取成本，提高获取效率。

大数据联盟平台上的数据资源经处理后直接存储在联盟数据资源池中；联盟

外部数据资源一般通过交换、交易等方式获取相应的 API 接口或数据包；从联盟成员处获取数据资源的方式主要包括接口对接方式、开放数据库方式和基于底层数据交换的直接获取方式。

（1）接口对接方式。接口对接方式是指联盟成员中的软件类企业提供数据接口，联盟平台通过接入软件类企业的数据接口实现数据汇集。具体实施过程如下：针对软件类企业系统的业务流程及数据库表结构，采取相应技术实现数据的正确汇集且在业务上可行；确定数据接入方案并编码；编码结束后进行测试、调试；测试无误后，交付使用。接口对接方式获取的数据具有较高可靠性和价值性，一般不存在数据重复情况，但接口对接需要花费较多人力与时间，扩展性不高。

（2）开放数据库方式。开放数据库方式是指联盟成员将自有数据库开放给联盟平台连接，实现数据的获取与汇聚。开放数据库作为最直接和便捷的一种数据资源获取方式，可以直接从目标数据库中获取所需数据资源，具有很高的准确性和实时性，但由于是实时获取，因此对联盟平台具有一定的挑战性。

（3）基于底层数据交换方式。基于底层数据交换的数据资源获取方式是通过获取联盟成员软件系统的底层数据交换、软件客户端和数据库之间的网络流量包，进行包流量分析采集到应用数据。此外，也可以利用仿真技术模拟客户端请求，实现数据自动写入。具体实施过程如下：使用数据采集工具侦听目标软件的网络流量，分析出所需数据并进行处理和封装，保证数据的唯一性和准确性，输出结构化数据。基于底层数据交换方式获取的数据资源具有较高利用率，实现了来自不同系统数据源的联动流通，为客户提供决策支持，提高运营效率。

2. 大数据联盟数据资源重组

大数据联盟数据资源池建立前，联盟数据型企业的数据资源各自存储在不同的数据库中，构成了一个个信息孤岛，数据资源难以被充分利用，造成了极大浪费。大数据联盟数据资源重组是将不同数据源存储在联盟数据资源池中的数据资源进行整理、转换等处理，为数据资源用户提供统一的数据资源视图的数据集成方式。数据资源重组主要包括数据资源规范化、数据资源本体化和数据资源服务化。对大数据联盟数据资源进行重组，将各信息孤岛连接起来，能够显著提高数据资源利用效率，并为大数据联盟信息系统的各项应用提供数据支撑，保证数据资源群推荐的顺利实施。

（1）数据资源规范化。数据资源类型多样，不同类型的数据资源有时会出现无法直接整合的情况，因此在数据资源重组时需要对数据资源进行规范化处理，使不同数据资源能够进行统一操作。解决不同性质的数据问题主要采用数据同趋化和无量纲化处理。数据同趋化通过改变逆指标数据的性质，使所有指标同趋化；无量纲化处理是将原始数据转化为无量纲化指标值，使各指标值均处于同一数量级别，进而进行综合分析。

（2）数据资源本体化。本体作为数据规范化的抽象与描述的工具，通过在获取到的数据资源上层构建能够反映数据资源本体的概念模型，对数据资源进行语义标注，实现数据资源的检索、共享与复用。采用基于混合本体的整合方式对大数据联盟数据资源进行重组，解决数据资源的语义异构和互操作问题，为用户提供统一的数据资源应用门户。基于混合本体的大数据联盟数据资源重组过程如下：首先，构建大数据联盟数据资源全局本体库，与所有数据资源相关联；其次，在通用本体基础上依据数据资源所属领域建立各领域数据资源本体；最后，在数据资源本体构建后，实现数据资源的语义标注与检索。

（3）数据资源服务化。在对数据资源进行规范化与本体化处理后，数据资源池内已实现基本的调用、检索等功能。随着数据资源的深度应用，需要对数据资源池内的数据资源进行综合，结合数据挖掘等数据处理技术，创造出基于数据资源的深度服务，以提高大数据联盟的竞争优势，增加经济效益。常见的数据资源服务有分析挖掘、群推荐、决策支持等。通过对处理后的数据资源进行分析，挖掘出隐藏在数据间的有用信息，利用此信息提供数据服务。

大数据联盟采用多种方式从联盟成员、联盟外部和联盟平台获取数据资源，经由规范化、本体化、服务化重组后，用户能够采用统一的检索方式搜寻数据资源，此外，大数据联盟通过将联盟成员的应用系统集成至联盟平台的统一门户中，用户利用统一身份认证进行单点登录，实现应用集成，获得基于联盟的数据资源服务。大数据联盟通过构建数据资源池，采用分布式部署，由调度服务器统一操控，充分利用服务器和带宽资源，使得配置和维护更高效。大数据联盟数据资源重组过程如图 7-14 所示。

7.3.3　大数据联盟数据资源用户群划分

1. 大数据联盟数据资源用户信息池建立

1）大数据联盟数据资源用户数据采集

大数据联盟用户数据是指在联盟内部流通、具有一定的隐私性、可供联盟成员使用但不能作为商品进行交易的数据。大数据联盟通过采集来源多样的用户数据，对用户数据处理后形成用户信息，将用户信息汇聚形成联盟自有用户信息池，分析挖掘用户需求，以便为用户提供精准的数据资源服务。大数据联盟数据资源用户数据主要由来自联盟成员可共享的用户数据和联盟组建后的新用户数据两部分组成，通过采集这两类用户数据并对其进行全局分析，整合多源异构数据，建立大数据联盟用户信息池，实现用户数据在联盟内部的有序交换与共享。

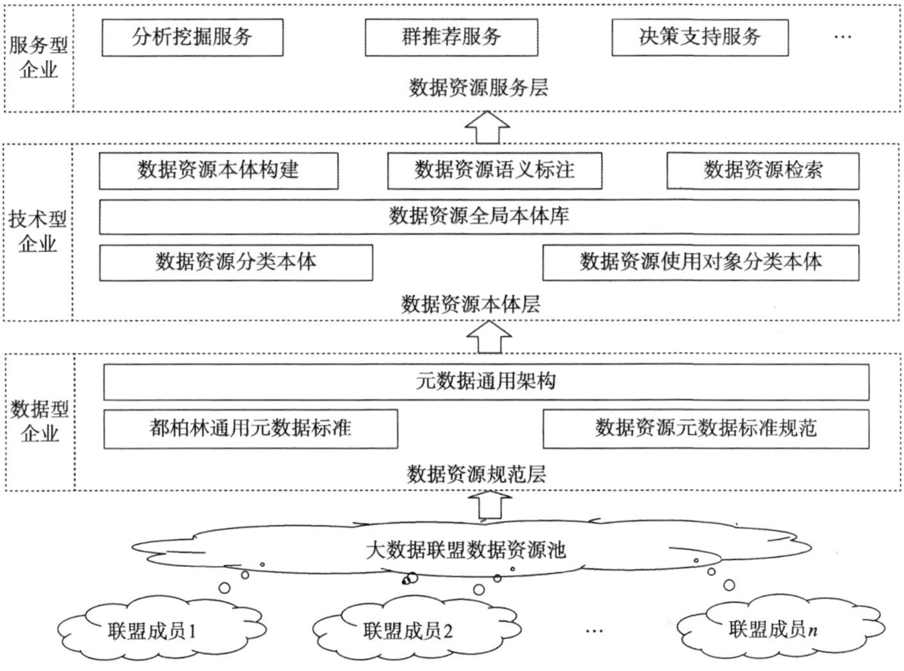

图 7-14　大数据联盟数据资源重组结构图

第一，针对联盟成员自有用户数据，联盟通过制定相应的用户数据共享策略，鼓励成员将自有用户数据共享至联盟平台，实现联盟内部用户数据共享，解决信息孤岛及数据一致性问题。大数据联盟成员的用户数据彼此孤立，各自存储在独立的数据库中，为实现数据的互联共通，保证数据的标准性与完整性，需要对联盟成员拥有的用户数据进行数据结构转换，以便于联盟采集用户数据。

第二，大数据联盟平台用户数据主要是用户线上行为数据和内容数据。线上行为数据包括页面数据、交互数据、会话数据等，内容数据包括应用日志、语音数据、社交媒体数据等。借助日志采集手段实现大数据联盟平台用户数据采集。日志采集从产品类型分为浏览器页面的日志采集和客户端的日志采集，浏览器页面采集主要收集用户在页面上的浏览日志和交互操作日志，客户端的日志采集主要使用专用统计 SDK 进行，收集用户的点击、登录等操作事件。

2）大数据联盟数据资源用户数据处理

大数据联盟成员中具备数据处理技术的企业对采集到的用户数据进行处理，将杂乱的用户数据转化为具有价值的用户信息，大数据联盟用户数据处理流程如图 7-15 所示，主要包括以下三方面。

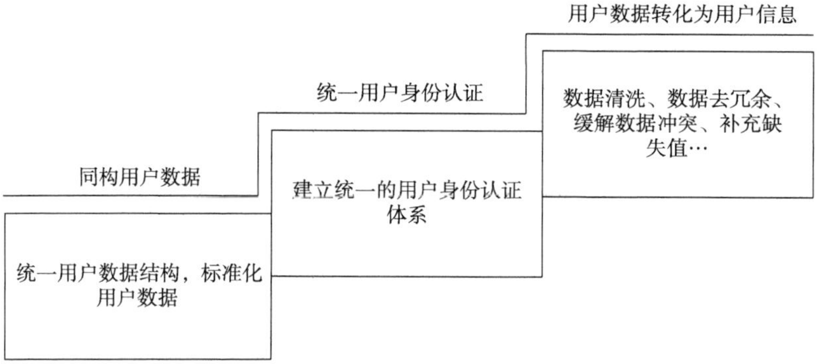

图 7-15　大数据联盟数据资源用户数据处理流程

第一，同构用户数据。大数据联盟数据资源用户数据的多种来源导致用户数据具有多种结构，若对各种类型数据分别采取相应的处理方式会增加数据处理负担，因此需要将用户数据采用统一的结构进行标准化处理，存储至联盟平台，便于调用。

第二，用户使用统一身份认证。大数据联盟部分用户来源于联盟成员，用户在各企业自有平台上的身份信息各异，联盟通过对来自联盟成员的用户和联盟组建后的新用户进行统一管理，建立统一的用户身份认证体系，实现用户身份认证；用户利用统一身份认证在联盟平台进行单点登录，便于联盟为用户提供基于联盟平台的数据资源服务。

第三，用户数据转化为用户信息。用户数据采集时为尽可能全面掌握用户数据，导致采集到的用户数据中存在大量的冗余数据，为获取其中的有用信息，需要对用户数据进行清洗、去冗余、过滤与修正，解决用户数据冲突和补充缺失值，将用户数据转化为用户信息，提高用户数据的价值密度。

3）大数据联盟数据资源用户信息存储

大数据联盟数据资源用户信息存储字段主要是用户的基本信息和行为信息。

第一，大数据联盟数据资源用户基本信息包括用户身份标识（identity document，ID）、登录密码、注册时间、所属地区、手机号码、邮箱、登录 IP、登录时间、关注领域等。

第二，大数据联盟数据资源用户行为信息有操作时间、操作说明、操作链接地址、请求内容、IP 等。具体行为又可分为隐性行为和显性行为。用户隐性行为信息包括用户浏览日志；用户购物车信息：数据资源 ID、数据资源数量；关注的数据资源：数据资源 ID、创建时间。用户显性行为信息包括用户订单信息：订单号、订单总金额、订单状态、支付方式、支付来源、订单备注、订单来源、是否退款、是否评价、下单时间；用户对数据资源的评价信息：数据资源评分、服务评分、评价内容、创建时间等。

大数据联盟数据资源用户信息存储时采用键值 key-value 方式存储，通过键值操作建立映射关系，在查询时以键作为索引，获取相应的值。常用的 key-value 存储系统有 Redis、Memcached 等，考虑到用户信息实时更新，但并不需要更新全部数据，而 Redis 的 Hash 结构可以只修改某一项属性值，因此，采用 Redis Hash 对大数据联盟数据资源用户信息进行存储，如图 7-16 所示。

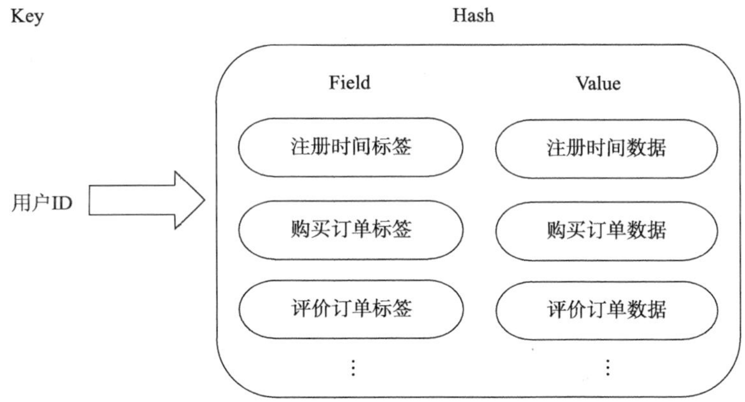

图 7-16　大数据联盟用户信息存储结构图

Redis Hash 是一个 String 类型的 Field 和 Value 的映射表，将内部存储的 Value 作为一个 HashMap，并提供直接存取这个 Map 成员的接口，将用户信息存储为 Hash 类型，较于每个字段都存储成 String 类型更能节省内存。此外，在对用户信息修改和存取时可以直接通过其内部的 Field 操作对应属性数据，避免重复存储数据，解决序列化和并发修改控制的问题。

2. 大数据联盟数据资源用户画像建模

1）大数据联盟数据资源用户信息属性确定

用户画像是大数据时代实现精准服务的有效工具之一。Alan Cooper 最早提出用户画像的概念，认为用户画像是真实用户的虚拟化代表，是建立在一系列真实数据上的用户模型[13]。大数据联盟拥有庞大的用户群和海量的用户数据，用户画像作为反映用户特征的有效手段，在群推荐时大数据联盟可充分利用用户信息从多角度刻画用户画像，为用户提供精准的数据服务。

用户画像最初应用在计算机、电子商务等领域，随着人们对用户画像的深入研究，用户画像已广泛应用在很多领域。李佳慧和赵刚基于大数据从用户基本属性、行为特征、购买特征、社交特征、心理特征和兴趣特征六个维度组合构建电子商务用户画像[14]；孙守强从用户基本信息、行为信息、内容信息、互动信息和情景信息构建基于本体的智慧图书馆用户画像[15]；薛欢雪从用户属性、用户行为、用户内容、用户评价四个维度描述学科用户标签[16]；王凌霄等从基本信息、内容偏好数据、互动数据、会话数据、情境数据对社会化问答社区用户进行标签化识别[17]。从以上有关用户画像的研究文献可知，用户基本属性是用户画像所必需的基础性信息，除此之外，用户购买、社交、互动等行为信息也是用于描绘用户画像的有效数据。

大数据联盟数据资源用户在浏览、购买数据资源时，首先关注的是数据资源的所属领域，在相应领域内寻找符合偏好的数据资源；为了解数据资源的真实情况，用户会通过浏览已购者的评价或是与其他用户互动来获取详细信息；在确定相应数据资源后，联盟平台会依据联盟用户对数据资源的访问、购买等情况来评定该用户的价值。因此，对用户行为数据从领域、偏好、社交和价值四个维度进行划分，将大数据联盟数据资源用户信息属性确定为基本属性、领域属性、偏好属性、社交属性和价值属性。

第一，领域属性是指用户已购数据资源在大数据联盟数据资源领域分类中所处的领域，反映用户需求类型，对用户领域属性进行界定有利于将具有相似需求类型的用户分群。

第二，偏好属性是指用户对数据资源的格式、类型等的偏好，反映用户偏好的数据资源的详细信息，可在确定用户领域属性的情况下对用户进行进一步刻画，以细化用户特点。

第三，社交属性是用户在平台上通过互动或分享与其他用户交流的情况，体现用户活跃程度，可反映出用户对于联盟的重要性，是联盟长期运行的重要指标。

第四，价值属性由用户访问、购买的最近一次访问，消费距截止时间的时间间隔，在一定时间内的访问、消费频率，以及访问、消费金额组成，体现了用户对于联盟的价值。

2）大数据联盟数据资源用户多维度画像模型

用户多维度画像概念模型，如图 7-17 所示。大数据联盟数据资源用户多维度属性向量表示为 User attributes=〈Basic attribute, Field attribute, Preference attribute, Social attribute, Value attribute〉。

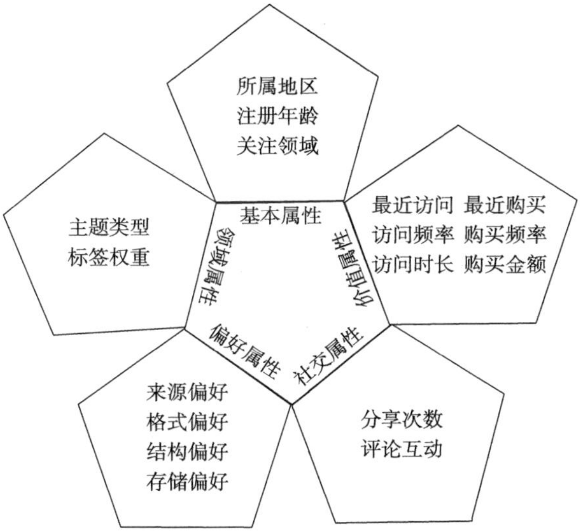

图 7-17　大数据联盟用户多维度画像概念模型

第一，大数据联盟数据资源用户基本属性向量。大数据联盟数据资源用户基本属性来源于用户注册时填写的基本信息，Basic attribute=〈id, address, applicable age, interest area〉，其中，id 为大数据联盟平台为用户建立统一身份认证体系后的用户身份；address 为用户所属地区；applicable age 为用户使用统一身份认证后在联盟平台上的注册年龄；interest area 为用户感兴趣的领域向量。考虑到部分用户为保护个人隐私，在填写信息时故意输入错误信息以增加噪声数据，因此在用户注册后大数据联盟平台可根据用户登录后的操作行为修正用户基本属性，完善用户信息。

第二，大数据联盟数据资源用户领域属性向量。大数据联盟数据资源用户领域属性向量 Field attribute=〈theme, tag〉，其中，theme 表示用户购买数据资源的所属类型。依据数据资源种类可分为多个主题，如医疗数据资源、教育数据资源、电商数据资源、交通数据资源等，主题向量表示为 theme=〈theme1, theme2, theme3, …〉。大数据联盟数据资源来源广泛，种类繁多。随着时间的增长，数据资源体量暴增，在数据资源领域维度下关键词过多会导致数据处理难度加大，因此，从数据资源所属领域描述用户领域维度向量。tag 表示用户对相应 theme 的关注程度，由用户的购买频次决定，tag 权重越大，表明用户对相应的 theme 关注度越高。数据资源用户 $u=(u_1,u_2,\cdots,u_m)$，u_i 表示有购买历史的第 i 个用户，其中，$i=1,2,\cdots,m$，u_i 购买的数据资源 theme 共 r 个，theme$_f$ 表示第 f 个 theme，其中 $f=1,2,\cdots,r$，用户–数据资源领域向量表示为

$$\text{tag}_f = \frac{\left|\text{theme}_f\right|}{\left|\sum_{f=1}^{r}\text{theme}_f\right|} \tag{7-30}$$

其中，$\left|\text{theme}_f\right|$ 表示 u_i 购买数据资源 theme_f的次数；$\left|\sum_{f=1}^{r}\text{theme}_f\right|$ 表示总购买次数。

第三，大数据联盟数据资源用户偏好属性向量。大数据联盟数据资源用户偏好属性是从数据资源角度体现用户偏好，向量表示为 Preference attribute=〈source, form, structuralization, storage〉。其中，source 表示用户对数据资源的来源偏好；form 表示用户对数据资源格式的偏好，如文字、音频、视频等；structuralization 表示数据资源的结构化程度，包括结构化数据资源、半结构化数据资源、非结构化数据资源；storage 表示用户对数据资源的存储格式的偏好。

第四，大数据联盟数据资源用户社交属性向量。大数据联盟数据资源用户社交属性体现了用户对大数据联盟平台的忠诚程度，主要从用户向其他用户分享数据资源的次数及在社区、评论区、留言区等与其他用户交流互动的情况反映，向量表示为 Social attribute=〈share, interaction〉。

第五，大数据联盟数据资源用户价值属性向量。传统 RFM 模型利用用户最近一次消费时间、一定时间内的消费频率和消费金额作为评价用户消费能力的指标，体现用户价值。由于大数据联盟数据资源不同于一般性资源，具有一定的特殊性：一是大数据联盟数据资源属于非易耗性资源，用户没有固定的购买周期，用户最近一次消费时间可能距今时间较长；二是数据资源类型、数据体量大小等不同导致其价格各异，仅凭一段时间内的消费总额无法体现出用户的消费能力；三是考虑到用户在购买前会多次访问联盟平台，综合考量后再进行购买，仅考虑用户购买指标，无法反映用户的活跃程度。大数据联盟数据资源的特殊性导致传统 RFM 模型不再适用于联盟用户价值属性判定，因此在传统 RFM 模型基础上对其进行改进，用以衡量联盟用户价值。

改进的 RFM 模型指标包括：用户一段时间内平均访问大数据联盟平台的时间间隔 visit recency（R_{v}），平均购买数据资源的时间间隔 purchase recency（R_{p}）；在一定时间内用户访问大数据联盟平台的次数 visit frequency（F_{v}），购买数据资源的次数 purchase frequency（F_{p}）；一定时间内用户访问联盟平台的平均时长 visit time（T_{v}），购买数据资源所花费的平均金额 purchase monetary（M_{p}）。由以上指标构建大数据联盟用户价值属性向量 Value attribute=〈recent visit，recent purchase，visit frequency，purchase frequency，visit time，purchase money〉，各指标标准化计算过程如下。

R_{v} 指标公式：

$$R_v = \frac{\sum_{y=1}^{F_v+1} t_y}{F_v} \tag{7-31}$$

其中，F_v 表示一段时间内用户访问联盟平台次数，$y=1,2,\cdots,F_v+1$；t_y 表示第 y 次访问开始时间距第 $y-1$ 次访问结束时间的时间间隔。

R_p 指标公式：

$$R_p = \frac{\sum_{z=1}^{F_p+1} t_z}{F_p} \tag{7-32}$$

其中，F_p 表示一段时间内用户购买数据资源次数，$z=1,2,\cdots,F_p+1$；t_z 表示第 z 次购买开始时间距第 $z-1$ 次购买结束时间的时间间隔。

T_v 指标公式：

$$T_v = \frac{\sum_{y'=1}^{F_v} t'_y}{F_v} \tag{7-33}$$

其中，$y'=1,2,\cdots,F_v$，t'_y 表示第 y 次访问结束时间距第 y 次访问开始时间的时间间隔。

M_p 指标公式：

$$M_p = \frac{M}{F_p} \tag{7-34}$$

其中，M 表示一段时间内用户购买数据资源总金额。

由于各指标取值范围差异较大，为消除数值对结果的影响，采用离差标准化方法对各指标进行规范化处理。规范化处理公式：

$$x' = \frac{x - x_{\min}}{x_{\max} - x_{\min}} \tag{7-35}$$

其中，x 为 RFM 各指标原始值；x' 为规范化后的指标值；$x_{\max}$ 为所有用户 FRM 各指标中的最大值；$x_{\min}$ 为所有用户 FRM 各指标中的最小值。

RFM 各指标规范化后，依据具体情况，对各指标分别赋值，计算得到用户综合 RFM 值，构建用户 RFM 矩阵：

$$\begin{bmatrix} R_{v1}, & R_{p1}, & F_{v1}, & F_{p1}, & T_{v1}, & M_{p1} \\ R_{v2}, & R_{p2}, & F_{v2}, & F_{p2}, & T_{v2}, & M_{p2} \\ \vdots & \vdots & \vdots & \vdots & \vdots & \vdots \\ R_{vm}, & R_{pm}, & F_{vm}, & F_{pm}, & T_{vm}, & M_{pm} \end{bmatrix} \tag{7-36}$$

属性向量模型：

$$\mathbf{Att}(I) = \Omega(\mathrm{Bas}(I), \mathrm{Fie}(I), \mathrm{Pre}(I), \mathrm{Soc}(I), \mathrm{Val}(I)) \tag{7-37}$$

其中，$\mathrm{Bas}(I), \mathrm{Fie}(I), \mathrm{Pre}(I), \mathrm{Soc}(I), \mathrm{Val}(I)$ 分别表示用户基本属性、领域属性、偏好属性、社交属性、价值属性在一定场景下的影响权重。$\mathrm{Bas}(I)$ 表示 $\mathrm{Fie}(I) = \beta_1(\alpha_1\mathrm{add}(I), \alpha_2\mathrm{age}(I), \alpha_3\mathrm{fie}(I))$，其中 α 为权重系数，取值视具体情况而定；$\mathrm{add}(I)$ 表示用户所属地区权重；$\mathrm{age}(I)$ 表示用户注册年龄权重；$\mathrm{fie}(I)$ 表示用户关注领域权重，其他用户属性表示方式与此类似。

3. 大数据联盟数据资源用户群细分

大数据联盟数据资源用户画像反映了用户特征，联盟内技术型企业将相似用户画像聚类形成群体用户画像能够实现用户初次分群。但由于在构建用户画像时未考虑用户数据的时间性，而从用户数据挖掘出的用户需求随时间动态变化，导致无法为仅由群体画像划分的用户群提供准确的数据资源推荐服务。在此情况下，技术型企业利用用户近期行为数据挖掘用户近期需求，在群体用户画像的基础上，依据用户近期需求对同一群体画像中的用户二次分群，提高分群结果的准确性。

1）基于用户画像的大数据联盟数据资源用户初次分群

大数据联盟数据资源用户量巨大且各用户具有多维度属性画像，依靠个体用户画像对用户进行个性化服务会导致联盟运行负担过大。为降低联盟对用户的管理成本，技术型企业对具有相似特征的个体用户画像聚类形成群体用户画像，完成初次分群。由于大数据联盟数据资源用户中存在数据稀疏型用户，会出现用户属性值缺失现象，难以计算用户间的相似度，对此，采用零值填充方法对用户属性缺失值进行补充。

对于个体用户画像这类大规模数据集，K-means 算法能够简单快速聚类，并且 K-means 算法作为一种经典聚类算法，具有较好的可伸缩性和效率。利用 K-means 算法构建大数据联盟数据资源群体用户画像的具体步骤如下。

第一，构建大数据联盟数据资源用户–属性矩阵，具体如下：

$$\begin{bmatrix} a_{11}, & a_{12}, & \cdots, & a_{15} \\ a_{21}, & a_{22}, & \cdots, & a_{25} \\ \vdots & \vdots & & \vdots \\ a_{m1}, & a_{m2}, & \cdots, & a_{m5} \end{bmatrix} \tag{7-38}$$

第二，计算用户画像相似度。选取 k 个用户作为初始聚类中心，用其他各样本点到聚类中心间的欧氏距离作为相似度度量标准，将相似度高于给定阈值的用户划分至同一簇内，用户画像相似度计算公式如下：

$$\mathrm{sim}_{il} = \mathrm{dist}_{il} = \left\| X_i - C_l \right\|^2 = \sum_{p=1}^{5} (x_{ip} - c_{lp})^2 \tag{7-39}$$

其中，X_i 表示所有用户各属性向量；C_l 表示第 l 个簇的聚类中心对应的各属性向量，其中 $l = 1,2,\cdots,k$ ；p 表示用户各属性，$p = 1,2,\cdots,5$ 。

第三，群体用户画像形成。各用户画像依据多维度属性划分至相应簇内后，通过重新计算聚类中心，多次迭代，直至用户不再发生重新分配，聚类完成并返回结果簇。聚类中心更新公式如下：

$$c_{lp} = \frac{\sum_{q=1}^{m'} x_{qp}(l)}{m'} \tag{7-40}$$

其中，$x_{qp}(l)$ 表示第 l 个簇内第 q 个用户的第 p 个属性值，其中第 l 个簇内用户共 m' 个，$q = 1,2,\cdots,m'$ 。

经以上步骤操作后，极大约简了用户数据量，大数据联盟数据资源用户画像依据相似度聚类形成了群体用户画像，同一群体用户画像内用户之间在基本属性、领域属性、偏好属性、社交属性和价值属性方面都具有一定的相似度。

2）大数据联盟数据资源用户近期需求获取

大数据联盟数据资源群体用户画像数据来源于用户的历史数据，包含自用户注册以来至画像时的所有基础数据和行为数据，这些数据反映了用户对数据资源的长期偏好。同一群体用户画像内的用户在长期偏好上具有一定的相似度。大数据联盟数据资源群推荐时，为保证推荐结果满足用户群需求，在关注用户之间长期偏好相似程度的基础上，还需要重视用户近期需求。

大数据联盟数据资源用户近期需求从用户近期行为数据中分析挖掘获得。用户近期数据的界定取决于数据资源类型和用户行为特点，考虑到大数据联盟数据资源用户的行为频率在不同用户间差异较大，对用户近期行为的时间界定，可以是用户最近一段时间内发生的行为数据，也可以是用户最近几次行为的数据，具体取值视情况而定。用户需求包括由用户购买、评价时留下的显性数据体现的显性需求，以及从用户进行浏览、搜索、点击等操作时留下的隐性数据中获取的隐性需求。下文分别对用户显隐性行为数据进行分析处理，并综合处理用户显隐性行为数据后获取用户近期需求。

3）用户近期显性行为数据处理

用户近期显性行为数据主要是用户近期评分数据，通过对用户评分数据分析处理，构建用户–数据资源评分向量。设第 l 个群体用户画像中用户共 m' 个，$q = 1,2,\cdots,m'$ ，用户 u_q 购买过的数据资源共 h 个，dr_j 表示第 j 个数据资源，$j = 1,2,\cdots,h$ 。若 u_q 对数据资源 dr_j 给出具体评分 $s_{q,j}$ ，则将 $s_{q,j}$ 填充至用户–数据资源评分矩阵中；若 u_q 购买数据资源 dr_j 但未给出具体评分值，利用用户评分均值 $\overline{s}_{q,j}$ 填充，构建 u_q 的用户–数据资源评分向量：

$$(s_{q1}, s_{q2}, \cdots, s_{qh}) \tag{7-41}$$

大数据联盟数据资源用户–数据资源评分向量反映了用户对数据资源的需求状况，可从以下两个方面分析：

若 u_q 对数据资源 dr_j 评分 $s_{q,j} \geqslant \overline{s}_{q,j}$，则说明 u_q 对 dr_j 满意，u_q 可能会购买与 dr_j 相关的其他数据资源；

若 $s_{q,j} < \overline{s}_{q,j}$，则说明 u_q 对 dr_j 的需求尚未得到满足，但 u_q 不会再次产生购买 dr_j 的行为，可能会转向购买其他数据资源。

4）用户近期隐性行为数据处理

用户隐性行为数据主要通过联盟平台门户网站的检索系统获取用户在线查询、搜索等信息，用户隐性行为数据处理方式主要有以下两种。

第一，隐性行为发生了购买行为，跳转至显性行为处理模式。

第二，隐性行为未发生购买行为，说明用户具有相应需求且尚未满足，用户隐性行为直接反映用户需求。设用户近期浏览过的数据资源共 n 个，通过对用户浏览行为数据处理，构建 u_q 用户–数据资源浏览向量。

$$(v_{q1}, v_{q2}, \cdots, v_{qn}) \tag{7-42}$$

在获取用户近期显隐性数据资源行为数据向量后，需要将用户显隐性行为综合考虑以确定用户需求。对于用户 u_q 已购且满意的数据资源 dr_s，联盟平台通过分析已购 dr_s 的其他用户购买 dr_s 后的购买行为，预测 u_q 的数据资源需求 $demand_s$；对于 u_q 已购但并不满意的数据资源 dr_{uns}，联盟平台需要对 dr_{uns} 分析，获取 dr_{uns} 同类但非 dr_{uns} 的数据资源，作为 u_q 的数据资源需求 $demand_{uns}$；对于 u_q 浏览但尚未发生购买行为的数据资源 dr_v，将 dr_v 和与 dr_v 同类型的数据资源作为用户需求 $demand_v$。在获取用户多方面需求后，通过组合用户需求，构建用户近期需求向量模型：

$$d_u = \Omega(w_s \cdot demand_s, w_{uns} \cdot demand_{uns}, w_v \cdot demand_v) \tag{7-43}$$

其中，w_s 表示用户 $demand_s$ 权重；w_{uns} 表示用户 $demand_{uns}$ 权重；w_v 表示用户 $demand_v$ 权重，其取值依具体情况而定。

5）基于近期需求的大数据联盟数据资源用户二次分群

考虑到在同一群体画像下，用户之间的差异性相对较小，用户并非只属于某一群体，具有一定的模糊性，可依据隶属度确定其属于各个群的程度，因此采用模糊 C 均值聚类（fuzzy C-means algorithm，FCM）方法根据用户近期需求对同一群体用户画像下的用户进行聚类分析，具体步骤如下。

第一，构建聚类损失函数。同一群画像内用户 $u=(u_1,u_2,\cdots,u_{m'})$ ，k' 为聚类类别数，$c'_{l'}$ 为每个聚类的中心，$l'=1,2,\cdots,k'$ ，$\mu_{l'}(x_q)$ 为用户 u_q 对应第 l' 类的隶属度函数，则基于隶属度函数的聚类损失函数为

$$J=\sum_{l'=1}^{k'}\sum_{q=1}^{m'}\left[\mu_{l'}(x_q)\right]^b\left\|x_q-c'_{l'}\right\|^2 \tag{7-44}$$

其中，$\sum_{l'=1}^{k'}\left[\mu_{l'}(x_q)\right]=1$ ，b 为加权指数。

第二，计算聚类中心。采用拉格朗日乘子法最小化聚类损失函数，求得聚类中心为

$$c'_{l'}=\frac{\sum_{q=1}^{m'}\left[\mu_{l'}(x_q)\right]^b x_q}{\sum_{q=1}^{m'}\left[\mu_{l'}(x_q)\right]^b} \tag{7-45}$$

第三，更新隶属度函数。由聚类中心更新隶属度函数：

$$\mu_{l'}(x_q)=\frac{\left\|x_q-c'_{l'}\right\|^{-2/(b-1)}}{\sum_{j'=1}^{k'}\left\|x_q-c'_{j'}\right\|^{-2/(b-1)}} \tag{7-46}$$

其中，j' 为更新后的聚类中心，$j'=1,2,\cdots,k'$ 。

第四，用户模糊聚类划分。多次迭代聚类中心及隶属度函数，直至更新后的隶属度函数小于设定阈值时算法收敛，迭代完成。算法收敛后，确定了各类聚类中心及各用户对于各类的隶属度值，完成用户模糊聚类，实现用户群划分。

在群体用户画像基础上依据用户近期需求二次聚类形成的用户群是大数据联盟数据资源群推荐对象，经以上操作分群后的群成员间在长期偏好与近期需求上都具有较高相似度，提高了群推荐结果的准确性。

6）大数据联盟数据资源用户群动态更新

大数据联盟数据资源用户分群后，随着时间的推移，用户在日常操作时留下的行为数据逐渐增加，使得联盟能够对用户进行更精确的分群。但随着用户数据的不断变化，用户特征也在不断发生改变，需要不断完善用户画像及用户需求，并对用户群进行更新，保证群内用户间的相似度。大数据联盟数据资源用户群动态更新主要由以下几方面构成。

第一，获取用户数据，更新个体用户画像和用户近期需求。大数据联盟数据资源用户画像构建时主要利用用户的基本属性、领域属性、偏好属性、社交属性和价值属性，首先获取用户最新数据，更新用户各属性向量值，进而对个体用户

画像进行更新；再由用户近期行为数据挖掘用户近期需求，对由相似个体用户互相聚类形成的同一群体画像中的用户依据用户近期需求进行细化分群。

第二，用户数据更新条件。大数据联盟数据资源用户数据的更新条件主要包括用户数据量的阈值、数据的时间周期和用户增量数据。其中，用户数据量的阈值是指用户数据量超过指定阈值时用户数据更新；数据的时间周期是指用户数据每隔给定的时间周期后更新用户数据；利用用户增量数据的更新方式是指通过增量用户数据挖掘用户特征，将新获得的用户特征与原有用户特征进行对比，由对比结果决定是否需要对用户画像和近期需求进行更新。

第三，用户数据更新方法。在获取用户数据后，如何利用数据对个体用户画像和近期需求进行更新是重点问题，一种方法是将包括最新数据在内的所有用户数据对个体用户画像和近期需求进行更新，但这种方法耗时较长且计算量大；另一种方法是仅对增量数据进行更新，由增量数据获取的用户特征和需求对个体用户画像和近期需求进行更新，这种方法计算量小且避免了重复更新，是大数据联盟数据资源用户数据更新方法的最佳选择。

7.3.4 大数据联盟数据资源与用户群需求匹配

1. 大数据联盟数据资源用户群需求融合

大数据联盟数据资源用户依据由用户历史数据提取出的用户特征和用户近期行为挖掘出的近期需求进行分群。用户分群完成后，通过融合群内各成员用户需求形成群需求，并依据群需求为用户群提供相应的数据资源群推荐服务。现阶段已有众多学者对群需求融合进行了相关研究[18, 19]，其中，基于社会选择理论的群需求融合方法已在众多领域得到一定程度的应用。为保证最终获取的大数据联盟数据资源用户群需求尽可能体现群内各成员需求，基于社会选择理论对大数据联盟数据资源用户群需求进行融合。

1）基于社会选择理论的偏好聚集策略

社会选择理论是研究集体决策过程的理论，通过建立模型输入个体偏好，输出聚合后的群体偏好作为决策结果，研究选取何种聚合策略使得个体偏好能够得到最大程度体现的同时获得群体偏好。一般来说，社会选择理论共有三种模型，即投票模型、偏好聚合模型及判断聚合模型。其中，偏好融合模型是成员对各自偏好进行排序，依据某种偏好聚合策略，将个体偏好序列集合形成群体偏好序列。Masthoff基于社会选择理论将偏好聚集策略分为 11 种：多数票（plurality voting）策略、均值（average）策略、连乘（multiplicative）策略、Borda 计数（Borda count）策略、

Copeland 策略（Copeland rule）、许可投票（approval voting）策略、最小痛苦（least misery）策略、最大幸福（most pleasure）策略、痛苦避免均值（average without misery）策略、公平（fairness）策略、最受尊敬者（most respected person）策略[20]。

2）大数据联盟数据资源用户群需求融合策略

大数据联盟数据资源用户在经过两次细化分群后，群规模较小，且成员间相似度较高，平均策略具有一定优势。其中，均值策略和痛苦避免均值策略是将群内各成员权重设为 1，即各成员偏好重要程度相等，尊重数据稀疏型用户偏好，以最大程度体现各成员偏好。均值策略将群成员偏好均值作为群偏好，是群推荐中最常用的偏好融合策略。但是由于均值策略会导致群内个别成员对推荐结果反馈较差，出现“痛苦”问题，而痛苦避免均值策略利用预设阈值避免“痛苦”问题，在均值计算前通过设置阈值过滤过低评分的数据资源，解决了均值策略出现的“痛苦”问题。利用痛苦避免均值策略对大数据联盟数据资源用户群内各用户的需求进行融合，形成群需求，保证了所获取的群需求能够最大化体现群内各用户需求。痛苦避免均值策略计算公式如下：

$$p_{gc} = \text{avg}(p_{uc}), \exists u \in g, p_{uc} > \theta \tag{7-47}$$

其中，p_{gc} 为用户群 g 对数据资源特征 c 的偏好；p_{uc} 为用户 u 对数据资源特征 c 的偏好；θ 表示阈值。

2. 大数据联盟数据资源匹配模型

大数据联盟数据资源群推荐前，由于符合用户群需求的数据资源较多，而最终推荐给用户群的列表内数据资源数量较少，因此在群推荐前需要对数据资源进行粗略匹配，筛选出符合群需求的数据资源，构建候选数据资源集，再由具体的群推荐方法对候选数据资源择优排序，将 TOP-N 推送给用户群。

1）大数据联盟数据资源匹配原则

由于大数据联盟数据资源具有多源异构、价值异质等特性，且数据资源处于动态变化中，因此大数据联盟数据资源匹配应遵循以下原则：①建立统一的数据资源描述模型，保证数据资源与用户能够进行信息交互；②充分考虑用户群偏好及需求，确保用户群对匹配结果具有较高的满意度；③对数据资源进行精确化描述，保证用户群需求能够匹配到最优数据资源。

2）大数据联盟数据资源匹配模型

在用户方面，由用户群需求确定用户群的需求领域、对数据资源的偏好、需求目标；在数据资源方面，主要分析数据资源基本特征、所属领域、数据资源类型、数据资源功能。此外，将特征相似、关联度较高的数据资源聚类形成群体数据资源，能够有效缩短数据资源匹配时间。

大数据联盟数据资源与群需求的匹配过程包括对用户群需求和数据资源的拆解分析，根据设定的匹配原则，建立用户群需求与数据资源的匹配关系，生成匹配结果。大数据联盟数据资源匹配模型核心在于关联规则与匹配关系的确定。通过分析用户群与数据资源的特征信息，挖掘用户群与数据资源的关联规则，建立匹配关系，并将群需求与数据资源特征信息作为限定条件，在数据资源池中检索符合条件的数据资源与用户群需求进行匹配。大数据联盟数据资源匹配模型如图 7-18 所示。

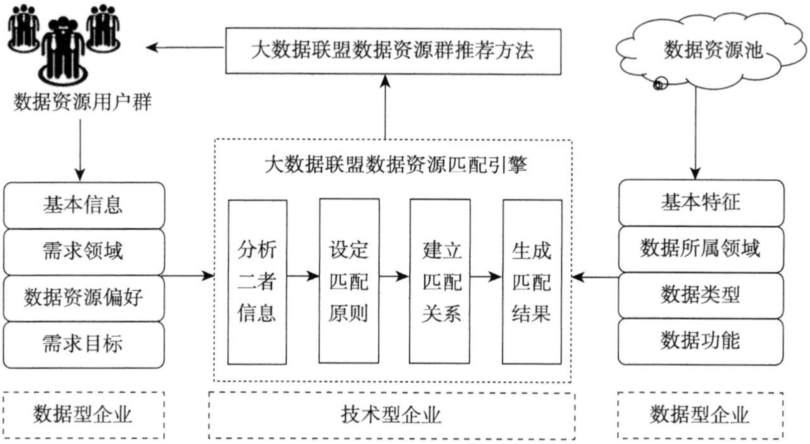

图 7-18　大数据联盟数据资源匹配模型

3）大数据联盟数据资源匹配算法

第一，领域匹配。将数据资源所属领域与用户群需求领域匹配相似度定义为

$$\text{DomainMatch}(D_{\text{dr}}, D_g) = \begin{cases} 1, & S_{\text{dr}} = S_g \in D \\ 0, & \text{其他} \end{cases} \quad (7\text{-}48)$$

其中，D_{dr} 表示数据资源所属领域；D_g 表示用户群需求的数据资源领域；S 表示数据资源领域 D 的子类；S_{dr} 表示数据资源领域子类；S_g 表示用户群需求的数据资源领域子类。

第二，类型匹配。大数据联盟数据资源可从多个角度划分类型，如格式、结构化程度、存储方式等，用户对数据资源的偏好由数据资源类型体现。在匹配过程中，由于难以将所有数据资源类型都实现精准匹配，因此只能在一定程度上提高匹配结果准确度。数据资源类型与用户群偏好匹配相似度如式（7-49）所示。

$$\text{TypeMatch}(T_{\text{dr}}, T_g) = \begin{cases} 1, & \text{同属一类} \\ 1/2, & \text{属于异类} \end{cases} \quad (7\text{-}49)$$

其中，T_{dr} 表示数据资源类型；T_g 表示用户群偏好的数据资源类型。

第三，功能匹配。大数据联盟数据资源功能描述文本分词预处理后可用向量表示为 $F_{\text{dr}}=(f_1,f_2,\cdots,f_n)$，用户群需求目标分词预处理后向量表示为 $O_g=(o_1,o_2,\cdots,o_m)$。利用 SS-CW 相似性计算方法计算大数据联盟数据资源功能与用户群需求目标匹配相似度，计算公式如下：

$$\text{FunctionMatch}(F_{\text{dr}},O_g)=\begin{cases}0, & \delta=0\\ 1-\dfrac{2\sum\limits_{\chi=1}^{\delta}\left|x_\chi-y_\chi\right|}{\delta^2}, & \delta>0\end{cases} \quad (7\text{-}50)$$

其中，δ 表示匹配的个数；$\left|x_\chi-y_\chi\right|$ 表示数据资源功能词 x_χ 与用户群需求目标功能词 y_χ 之间的相对距离，功能匹配度阈值取值依据具体情况而定。

第四，综合匹配。分别用 α、β、γ 表示数据资源领域匹配、类型匹配、功能匹配在综合匹配中的权重，计算综合匹配度。

$$\begin{aligned}\text{Match}(\text{DR},G)=&\ \alpha\text{DomainMatch}(D_{\text{dr}},D_g)\\ &+\beta\text{TypeMatch}(T_{\text{dr}},T_g)\\ &+\gamma\text{FunctionMatch}(F_{\text{dr}},O_g)\end{aligned} \quad (7\text{-}51)$$

其中，α、β、$\gamma\in[0,1]$，$\alpha+\beta+\gamma=1$。

大数据联盟数据资源与用户群需求匹配完成后，得到候选数据资源集 DR=(dr_1, dr_2, ⋯, dr_n)。

7.3.5　基于改进 VIKOR 的大数据联盟数据资源群推荐

1. 大数据联盟数据资源群推荐算法描述

现有群推荐方法研究重点大多集中在如何进一步提高群推荐准确度，但一味提升群体满意会导致部分成员不满升高。VIKOR 算法作为一种多属性决策方法，在群推荐时综合考虑群体满意与个体遗憾，能够为群用户提供最优折中方案。为了实现用户群整体满意度较高的同时部分用户的不满最低，针对传统的 VIKOR 方法进行改进，用于大数据联盟候选数据资源群推荐[19]。

1）传统的 VIKOR 算法群推荐流程

VIKOR 方法的基本原理基于 L_p–metric 集结函数：

$$L_{p,i}=\left\{\sum_{j=1}^{4}\left[\frac{w_j(a_j^+-a_{ij})}{a_j^+-a_j^-}\right]^p\right\}^{\frac{1}{p}},1\leqslant p\leqslant\infty,i=1,2,\cdots,n \qquad (7\text{-}52)$$

其中，a_j 为数据资源属性值；w_j 为数据资源属性权重；a_j^+ 和 a_j^- 分别为数据资源属性的正负理想解，通过最小化 $L_{p,i}$ 对候选数据资源进行折中排序。

采用 VIKOR 方法进行群推荐的常见流程：先将候选数据资源的各属性评分取均值构建群推荐矩阵，再采用主观或客观赋权方法对各属性进行确权，选取最大和最小的属性评分值作为正负理想解，得到最终折中排序群推荐列表。以上流程可以完成大数据联盟数据资源的群推荐，但 VIKOR 方法构建群推荐矩阵时将所有用户评分统一处理，并未考虑群内成员行为对最终结果影响的重要性，导致推荐结果偏离群用户实际偏好。此外，大数据联盟数据资源不同于一般性资源，不同数据资源的同一属性重要程度并不相同，采用常用属性赋权方法不能体现不同数据资源同一属性重要度的差异。基于此，对传统 VIKOR 算法加以改进用于大数据联盟数据资源的群推荐。

2）改进后的 VIKOR 算法群推荐流程

基于改进的 VIKOR 算法设计的大数据联盟数据资源群推荐算法的基本思想如下：

对数据资源属性值处理，构建群推荐矩阵，

对各数据资源的各属性进行确权，

按照 VIKOR 方法步骤逐步计算各候选数据资源妥协解，确定最终群推荐列表，采用平台主页推送、发送邮件等方式将数据资源推送给群用户，完成群推荐。大数据联盟数据资源群推荐算法流程如图 7-19 所示。

2. 基于用户视角的大数据联盟数据资源属性划分

现有推荐系统大多使用用户–项目矩阵来表示用户对项目的偏好，但这种方法过于粗糙，不能细致反映用户对项目的偏好信息，导致推荐结果不够准确，因此有学者提出采用多属性评分[21]。例如，Yahoo! Movies 要求用户采用故事情节、表演情况、导演阵容和视觉效果四个属性为电影打分[22]；在淘宝评分页，用户需要对所购买商品的店铺的描述相符、物流服务及服务态度进行评分。用户对项目的多个属性进行评分可以使推荐者获得更多的用户偏好信息及项目信息，以便为用户提供更满意的推荐方案。基于用户视角，从数据质量角度将数据资源属性拆分为准确性、完整性、时效性、可解释性，表示为(a_1, a_2, a_3, a_4)。

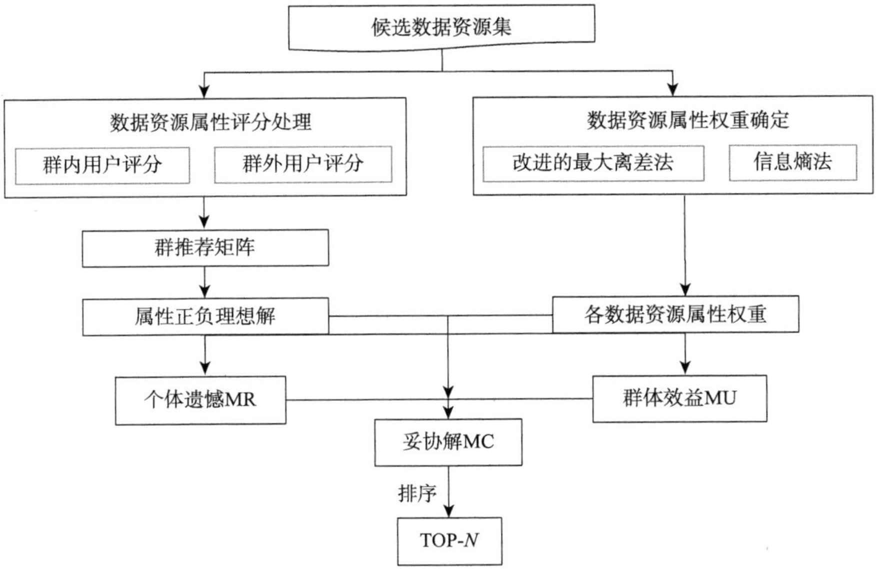

图 7-19　大数据联盟数据资源群推荐算法流程图

（1）准确性。准确性是指数据的字段输入、格式、内容等的准确程度，数据资源真实情况是否符合相关描述，是大数据联盟数据资源的关键属性，直接影响用户满意度。

（2）完整性。完整性是指为用户提供的数据资源是否完备，没有出现缺失或过度冗余，缺失的数据资源影响用户使用，过度冗余则会加大用户处理负担，完整的数据资源能够有效提高用户使用效率。

（3）时效性。数据资源与其他资源的最大区别在于数据资源在一定时间内具有价值，超过有效时间后数据资源价值将会骤减。时效性主要体现在为用户提供的数据资源是否是仍处在数据价值时效内的数据资源。

（4）可解释性。可解释性反映了所提供的数据资源是否容易被用户理解，在为用户群提供数据资源时要考虑各用户的理解能力，为用户提供开发程度不同的数据资源，满足用户需求。

3. 考虑群内外用户评分的数据资源群推荐矩阵

候选数据资源集 $DR=(dr_1, dr_2, \cdots, dr_n)$中共有 n 个候选数据资源，每个数据资源均有 4 个评价指标，利用用户对候选数据资源各指标的评分，并将评分结果以数据矩阵形式表现，建立大数据联盟数据资源群推荐矩阵。由于部分用户信息稀疏，有时会出现单纯依靠群内用户信息无法获得足够信息进行群推荐的情况，因此为了填补无群内用户评分的数据资源属性评分空白，利用群外用户中与群相似的用户评分信息进行填充[23]。

候选数据资源属性评分来自群内用户和群外用户，对于含有群内用户评分的候选数据资源，群内用户评分会对是否推荐此数据资源产生决定性作用[24]；对于不含群内用户评分，即仅含群外用户评分的数据资源，考虑到群外用户中与群相似的用户评分对推荐结果的影响程度较群无关用户高，因此将无群内用户评分的数据资源中群相似用户评分作为推荐时的重要参考。以下将从有群内用户评分信息和无群内用户评分信息两个角度对数据资源属性评分进行计算，以获得数据资源群推荐矩阵 $\boldsymbol{A}$。

1）有群内用户评分信息的数据资源属性值计算

根据用户评分信息的数据资源共 n_1 个，将数据资源 p（p=1, 2, …, n_1）中属性评分划分为群内用户属性评分信息均值 $\overline{s}_1$ 、群外用户属性评分均值 $\overline{s}_2$，计算公式如下。

$$\overline{s}_1=\frac{\sum_{p=1}^{n_1}s_{1p}}{n_1},\quad \overline{s}_2=\frac{\sum_{p=1}^{n_1}s_{2p}}{n_1}\tag{7-53}$$

引入调节因子 λ_1 将上述两个评分进行组合计算总得分。考虑到群内用户评分对群推荐结果影响较大，设定调节因子 λ_1 的取值为[0.5, 1]， λ_1 和 $1-\lambda_1$ 分别表示群成员和群外用户对数据资源属性评分时的权重，其取值根据具体的应用环境而定。有群内用户评分的数据资源属性值计算公式如下：

$$s=\lambda_1\cdot\overline{s}_1+(1-\lambda)\cdot\overline{s}_2\tag{7-54}$$

2）无群内用户评分信息的数据资源属性值计算

无群内用户评分信息的数据资源共 n_2（n_2=n−n_1）个。考虑到群外用户中，群相似用户评分和群无关用户评分对最终推荐结果影响程度不同，对群外用户进行划分。Pearson 相关系数利用用户对候选数据资源属性评分计算用户之间的相似性，考虑评分数量的影响，使用改进的 Pearson 相关系数计算与群相似的群外用户的相似度。

$$\text{sim}(g,u)=\frac{\text{DR}_g\cap\text{DR}_u}{\text{DR}_g\cup\text{DR}_u}\times\frac{\sum_{\text{dr}\in\text{DR}_g\cap\text{DR}_u}(r_{g,\text{dr}}-\overline{r}_g)(r_{u,\text{dr}}-\overline{r}_u)}{\sqrt{\sum_{\text{dr}\in\text{DR}_g\cap\text{DR}_u}(r_{g,\text{dr}}-\overline{r}_g)^2}\sqrt{\sum_{\text{dr}\in\text{DR}_g\cap\text{DR}_u}(r_{u,\text{dr}}-\overline{r}_u)^2}}\tag{7-55}$$

其中， $\text{DR}_g\cap\text{DR}_u$ 表示用户群 g 与群外用户 u 都有评分的数据资源的数量； $\text{DR}_g\cup\text{DR}_u$ 表示用户群 g 与群外用户 u 各自分别评分的数据资源数量之和；dr 表示 g 和 u 都有评分信息的数据资源； $r_{g,\text{dr}}$ 、 $r_{u,\text{dr}}$ 分别表示 g、u 对 dr 的评分， $\overline{r}_g$ 、 $\overline{r}_u$ 分别表示 g、u 对所有 dr 评分的均值。

通过设定相似度阈值 θ 来确定与群相似的群外用户，θ 的取值随具体情况而定。在将群外用户分为群相似用户和群无关用户后，采用与上文一致的方法确定无群内用户评分的数据资源属性值 s'：

$$s' = \lambda_2 \cdot \overline{s}_3 + (1 - \lambda_2) \cdot \overline{s}_4 \tag{7-56}$$

其中，$\overline{s}_3$ 表示群相似用户属性评分均值；$\overline{s}_4$ 表示群无关用户属性评分均值，考虑到群相似用户评分对群推荐结果影响较大，设定调节因子 λ_2 的取值为[0.5, 1]，λ_2 和 $1-\lambda_2$ 分别表示群相似用户和群无关用户对数据资源属性评分时的权重，其取值根据具体的应用环境而定。通过对数据资源属性值进行处理，可得群推荐矩阵：

$$\boldsymbol{A} = \begin{bmatrix} a_{11} & a_{12} & a_{13} & a_{14} \\ a_{21} & a_{22} & a_{23} & a_{24} \\ \vdots & \vdots & \vdots & \vdots \\ a_{n1} & a_{n2} & a_{n3} & a_{n4} \end{bmatrix} \tag{7-57}$$

4. 大数据联盟数据资源属性权重优化算法

在获得大数据联盟数据资源属性的群推荐矩阵后，需要结合数据资源属性权重计算群体效用及个体遗憾，进而获取折中排序后的群推荐列表。由于利用现有属性权重确定方法求解得到的属性权值在不同数据资源间相同，而大数据联盟数据资源类型复杂多样，价值高低不同，各属性在不同数据资源间重要性并不相同。因此，考虑到不同数据资源之间的差异性，通过优化数据资源属性赋权方法，对不同数据资源的不同属性分别确权，以更合理地体现各数据资源的实际情况。

1）信息熵法确定数据资源属性权重

数据资源各属性在同一数据资源中重要程度并不相同，为了体现数据资源属性自身的重要性，采用信息熵法来度量各属性重要度。信息熵由 Shannon 于 1948 年提出，用于对信息无序程度的度量，若某属性信息熵越大，则信息无序程度就越高，信息量越小，在总体中所占比重也越小。数据资源 dr_i 关于属性 a_j 的熵值为

$$e(a_{ij}) = -\frac{1}{\ln n}\sum_{i=1}^{n} p_{ij} \cdot \ln p_{ij} \tag{7-58}$$

其中，$p_{ij} = \dfrac{a_{ij}}{\sum_{i=1}^{n} a_{ij}}$，表示属性 a_j 下数据资源 dr_i 的属性值的比重。数据资源 dr_i 的各属性权重为

$$w'_{ij} = \frac{1 - e(a_{ij})}{\sum_{j=1}^{4}\left[1 - e(a_{ij})\right]} \tag{7-59}$$

2）改进的最大离差法确定数据资源属性权重

对于数据资源 dr_i，若其某一属性与其他属性差别较大，则这一属性发挥的作用也就越大，应该赋予较大的权重。传统的离差最大化法通过对所有数据资源的属性值离差之和计算属性权重，得到所有数据资源的各属性权重是相同的，但大数据联盟数据资源属性在不同数据资源中的重要程度并不相同，传统的离差最大化法无法准确对数据资源属性进行确权。基于此，借鉴层次分析法中的赋权法，对离差最大化法进行改进，得到不同数据资源各属性权重。

对于属性 a_j，用 ΔV_{ij} 表示数据资源 dr_i 下的属性 a_{ij} 与其他数据资源下属性 $a_{lj}(l=1, 2, \cdots, n)$之间的离差程度：

$$\Delta V_{ij} = \left|a_{ij} - a_{lj}\right| \tag{7-60}$$

则 $V_{ij} = \sum_{l=1}^{n}\left|a_{ij} - a_{lj}\right|$ 为数据资源 dr_i 与其他数据资源下属性间的总离差，由此得到离差矩阵 $\boldsymbol{C}_{n\times 4}$。基于离差最大化，借鉴层次分析法中的赋权法，对各数据资源属性间总离差两两对比，引用 1~9 标度，得到同一数据资源下 4 个属性间总离差的成对比较判断矩阵 $\boldsymbol{B}_{4\times 4}$：

$$\boldsymbol{B}_{4\times 4} = \begin{bmatrix} b_{11} & b_{12} & b_{13} & b_{14} \\ b_{21} & b_{22} & b_{23} & b_{24} \\ b_{31} & b_{32} & b_{33} & b_{34} \\ b_{41} & b_{42} & b_{43} & b_{44} \end{bmatrix} \tag{7-61}$$

对数据资源 dr_i 求解相对应的判断矩阵的最大特征根 $\lambda_{\max}$ 及其特征向量 $\boldsymbol{w}_j$，对其进行归一化处理，得到数据资源 dr_i 各属性权重。

$$w''_{ij} = \frac{\boldsymbol{w}'''_{ij}}{\sum_{j=1}^{4}\boldsymbol{w}'''_{ij}} \tag{7-62}$$

其中，$\boldsymbol{w}'''_{ij}$ 表示判断矩阵列向量归一化后按行求和得到的权重向量。

3）大数据联盟数据资源属性综合权重

根据最小相对信息熵组合权重，得到数据资源 dr_i 各属性权重。

$$\begin{aligned} &\min l = \sum_{j=1}^{4} w_{ij}(\ln w_{ij} - \ln w'_{ij}) + \sum_{j=1}^{4} w_{ij}(\ln w_{ij} - \ln w''_{ij}) \\ &\text{s.t.} \sum_{j=1}^{4} w_{ij} = 1(w_{ij} > 0) \end{aligned} \tag{7-63}$$

利用拉格朗日乘子法求解综合权重 w_{ij}：

$$w_{ij}=\frac{\sqrt{w'_{ij}w''_{ij}}}{\sum_{j=1}^{4}\sqrt{w'_{ij}w''_{ij}}} \tag{7-64}$$

求解得到的大数据联盟数据资源属性权重反映了数据资源各属性的重要程度，对候选数据资源的排序具有重要作用。

5. 大数据联盟群推荐候选数据资源折中排序

大数据联盟向用户群推荐数据资源，基于改进 VIKOR 法的群推荐算法对候选数据资源进行折中排序，选取排序后的 TOP-N 作为群推荐列表推送给用户群，具体步骤如下。

（1）将候选数据资源分为含有群成员评分信息和无群成员评分信息两类，对数据资源属性值分别处理，得到群推荐矩阵 $\boldsymbol{A}$。

（2）由于数据资源各属性均为正向指标，因此确定数据资源各属性的正负理想解如下：

正理想解：

$$a_j^{+}=\{\max a_{ij}^{U}\}, i=1,2,\cdots,n \tag{7-65}$$

负理想解：

$$a_j^{-}=\{\min a_{ij}^{L}\}, i=1,2,\cdots,n \tag{7-66}$$

（3）采用最小相对信息熵法，对由信息熵和改进的离差最大化法得到的属性权重进行综合，得到各候选数据资源各属性权重值 w_{ij}。

（4）求解群体效用值 MU 及个体遗憾值 MR：

群体效用值：

$$\mathrm{MU}_i=\sum_{j=1}^{4}w_{ij}\frac{d(a_{ij},a_j^{+})}{d(a_j^{+},a_j^{-})} \tag{7-67}$$

个体遗憾值：

$$\mathrm{MR}_i=\max\left[w_{ij}\frac{d(a_{ij},a_j^{+})}{d(a_j^{+},a_j^{-})}\right] \tag{7-68}$$

（5）计算第 i 个数据资源的妥协解 MC：

$$\mathrm{MC}_i=v\left(\frac{\mathrm{MU}_i-\mathrm{MU}^-}{\mathrm{MU}^+-\mathrm{MU}^-}\right)+(1-v)\left(\frac{\mathrm{MR}_i-\mathrm{MR}^-}{\mathrm{MR}^+-\mathrm{MR}^-}\right) \tag{7-69}$$

其中，$\mathrm{MU}^+=\max\mathrm{MU}$，$\mathrm{MU}^-=\min\mathrm{MU}$，$\mathrm{MR}^+=\max\mathrm{MR}$，$\mathrm{MR}^-=\min\mathrm{MR}$，$v$

为调节系数，v 的取值取决于对群体效用和个体遗憾的偏好，当 $0 \leqslant v < 0.5$ 时，表示更注重个体遗憾，当 $0.5 < v \leqslant 1$ 时，更重视群体效用，$v=0.5$ 时，兼顾群体效用和个体遗憾。得到 MC 后，通过对 MC 排序，选取 TOP-N 作为最终数据资源群推荐列表。

7.3.6 大数据联盟数据资源群推荐效果评估

现有推荐效果评估指标主要包括在线指标和离线指标：在线指标主要包括点击率、转换率等；离线指标包括用户对被推荐数据资源的接受程度、对推荐列表中数据资源的排序满意度等。考虑到在线指标需要实时处理用户数据，成本较高，且点击率、转化率的变化并不一定是由群推荐引起，具有较大误差，因此，采用离线指标评估大数据联盟数据资源群推荐效果，降低评估成本，保证评估的准确性。

1. 大数据联盟数据资源用户分群效果评估

大数据联盟数据资源用户分群结果的准确性对最终的群推荐结果有着重要影响，为评估用户分群方法对群推荐结果的准确度、用户对推荐列表内数据资源排序的满意度的影响程度，选择均方根误差、标准化折损累积收益（normalized discounted cumulative gain，NDCG）两个指标对提出的用户分群方法的有效性进行评估。

RMSE 用以评估预测评分与用户实际评分之间的误差，RMSE 值越低，说明预测值与实际值之间的差距越小，预测准确度越高。RMSE 计算公式如下：

$$\mathrm{RMSE}=\sqrt{\frac{\sum_{i=1}^{n}(r_i-r_i')^2}{n}} \tag{7-70}$$

其中，r_i 表示用户群对数据资源 dr_i 的实际评分；r_i' 为用户群对数据资源 dr_i 的预测评分。

NDCG 作为一种衡量排列准确度的指标，通过计算群内各用户的 NDCG，将群内用户的 NDCG 均值作为群体的 NDCG，群体的 NDCG 越大，则由算法计算得到的相关数据资源越靠近推荐列表前端，群用户满意度越高，NDCG 计算公式如下：

$$\mathrm{DCG}_u=\mathrm{rel}_{u,\mathrm{dr}_\eta}+\sum_{\eta=2}^{n}\frac{\mathrm{rel}_{u,\mathrm{dr}_\eta}}{\log_2 i} \tag{7-71}$$

$$\text{NDCG}_u = \frac{\text{DCG}_u}{\max \text{DCG}_u} \tag{7-72}$$

$$\text{NDCG}_g = \frac{1}{|g|}\sum_{q=1}^{|g|} \text{NDCG}_{u_q} \tag{7-73}$$

其中，$\text{rel}_{u,\text{dr}_\eta}$ 表示用户 u 对群推荐列表中排在第 η 位的数据资源 dr_η 的真实评分；DCG_u 表示用户 u 的 DCG；maxDCG_u 表示用户 u 重新排列列表后所有可能的最大值；$|g|$ 表示群内用户数量；NDCG_g 表示用户群的 NDCG。NDCG 的值越高，表明群推荐列表中数据资源的排序越准确。

2. 大数据联盟数据资源群推荐质量评估

考虑到大数据联盟数据资源用户评分数据过于稀疏，常用的群推荐效果评估指标 RMSE、MAE 等会导致计算结果准确度降低，因此，将准确率和覆盖率 C_g（coverage）作为衡量群推荐质量的两个主要指标。其中，准确率指标采用 NDCG，计算方法同上文。

个体推荐系统中覆盖率指标是用以度量推荐给所有用户的物品数占总物品数的比例，由于数据的稀疏性会导致有些群无法得到有效的推荐结果，因此群推荐也需要相应的指标来衡量其推荐的有效性[25]。依据个体推荐覆盖率公式，设计群推荐覆盖率计算公式：

$$C_g = \frac{|G_e|}{|G|} \tag{7-74}$$

其中，$|G_e|$ 表示能够得到有效推荐的群数量；$|G|$ 表示待被推荐数据资源的群数量。群覆盖率 C_g 的值越大，表明越多的群得到了有效推荐。

大数据联盟数据资源群推荐评估结果反映了群推荐过程中的用户分群效果与群推荐质量对群推荐结果的影响，可以依据评估结果动态调整各参数，保证用户分群与群推荐方法的有效性，提高群推荐准确度与用户满意度。

参考文献

[1]赵宏晨，翟丽丽，张树臣. 基于灰色关联度聚类与标签重叠因子结合的协同过滤推荐方法研究[J]. 计算机工程与科学，2016，38（1）：171-176.

[2]涂伟，甘丽新，黄乐辉，等. 个性化学术推荐系统的研究与设计[J]. 商业时代，2011，（18）：

46-47.
[3]宋梅青. 融合数据分析服务的大数据交易平台研究[J]. 图书情报知识，2017，(2)：13-19.
[4]Brealey R A，Myers S C. Capital Investment and Valuation[M]. New York：McGraw-Hill，2002.
[5]路晓伟，蒋馥，张欣欣. CRM 中客户识别的多维框架[J]. 软科学，2004，18(1)：40-43.
[6]李骥宇. 大数据交易模式的探讨[J]. 移动通信，2016，40(5)：41-44.
[7]穆会军. 国内大数据交易平台建设及交易情况的相关分析——以华中大数据交易所为例[J]. 信息系统工程，2016，(9)：123-124.
[8]邢海龙，翟丽丽，张树臣. 大数据服务平台用户价值识别与细分研究——基于 RFM 修正模型[J]. 情报理论与实践，2019，42(10)：131-136，145.
[9]郭春霞. 大数据环境下高校图书馆非结构化数据融合分析[J]. 图书馆学研究，2015，(5)：30-34.
[10]崔洪晶. 基于粗糙集的属性约简算法研究[D]. 哈尔滨工程大学硕士学位论文，2007.
[11]肖扬，王道平，杨岑. 基于三部图网络结构的知识推荐算法[J]. 计算机应用研究，2015，32(2)：386-390.
[12]高长元，段文彬，张树臣. 基于差异路径权重的二部图网络推荐算法[J]. 计算机应用研究，2019，36(3)：716-719，771.
[13]曾鸿，吴苏倪. 基于微博的大数据用户画像与精准营销[J]. 现代经济信息，2016，(16)：306-308.
[14]李佳慧，赵刚. 基于大数据的电子商务用户画像构建研究[J]. 电子商务，2019，(1)：46-49.
[15]孙守强. 基于用户画像的智慧图书馆个性化服务研究[J]. 图书馆工作与研究，2019，(7)：60-65.
[16]薛欢雪. 高校图书馆学科服务用户画像创建过程[J]. 图书馆学研究，2018，(13)：67-71，82.
[17]王凌霄，沈卓，李艳. 社会化问答社区用户画像构建[J]. 情报理论与实践，2018，41(1)：129-134.
[18]Guo Z W，Tang C W，Hui T，et al. A novel group recommendation mechanism from the perspective of preference distribution[J]. IEEE Curbing Crowdturfing in Online Social Networks，2018，(6)：5865-5878.
[19]翟丽丽，王笑笑，邢海龙. 基于改进 VIKOR 的大数据联盟数据资源群推荐方法研究[J]. 情报科学，2021，39(1)：120-127.
[20]Masthoff J. Group modeling：selecting a sequence of television items to suit a group of viewers[J]. User Modeling and User-Adapted Interaction，2004，14(1)：37-85.
[21]Dara S，Chowdary C R. A study on the role of flexible preferences in group recommendations[J]. Applied Intelligence，2019，(49)：3293-3307.
[22]Adomavicius G，Tuzhilin A. Toward the next generation of recommender systems：a survey of the state-of-the-art and possible extensions[J]. IEEE Transactions on Knowledge and Data Engineering，2005，17(6)：734-749.
[23]朱扬勇，熊赟. 数据学[M]. 上海：复旦大学出版社，2009：52-74.

[24]Zhang Y，Zhai L L，Shahbaz M. A novel fuzzy clustering approach based on Breadth-first search algorithm[J]. Journal of Computers，2019，30（3）：162-175.
[25]高长元，王海晶，王京. 基于改进 CURE 算法的不确定性移动用户数据聚类[J]. 计算机工程与科学，2016，38（4）：768-774.